新视界

始于未知　去往浩瀚

思如——著

壁上观
千年

上海遠東出版社

图书在版编目（CIP）数据

壁上观千年 / 思如著. —上海：上海远东出版社，2023
ISBN 978-7-5476-1916-2

Ⅰ.①壁… Ⅱ.①思… Ⅲ.①历史事件-中国-古代 Ⅳ.①K220.5

中国国家版本馆 CIP 数据核字（2023）第 089491 号

责任编辑 李　敏
封面设计 徐羽心

壁上观千年

思如　著

出　　版	上海遠東出版社
	（201101　上海市闵行区号景路 159 弄 C 座）
发　　行	上海人民出版社发行中心
印　　刷	上海信老印刷厂
开　　本	890×1240　1/32
印　　张	15
插　　页	1
字　　数	375,000
版　　次	2023 年 11 月第 1 版
印　　次	2023 年 11 月第 1 次印刷
ISBN	978-7-5476-1916-2/K·196
定　　价	68.00 元

目录

序　历史可以有不同的读法　001

1　时代的变换与无奈

"愤青"王莽改换"新"时代　003
《赤伏符》"精确"预言　011
与豪族共享天下　016
匈奴又分裂了　023
西域经略摇摆不定　029
换汤不换药的草原民族　036
博大精深的《说文解字》　042

2　没有赢家的争夺

谁是汉羌百年战争的受益人？　049
再见了，匈奴人　056
向上流动的新通道　063
冠盖满京华，煊赫彼世家　068
从"清议"到"党锢之祸"　078
汉灵帝的文化大工程　084
决战官渡，逆风翻盘　090

200 各行其是的霸业

进击的天师 099

"保塞内附"大翻车 105

破蜀汉腹地之危局 111

孑然一身,唯有执念 119

解密魏晋第一男团"竹林七贤" 128

同归于尽的"南鲁党争" 136

一场真实的权力的游戏 143

300 翻山倒海的民族融合

大分裂中的民族融合 151

河西走廊,乱世中的桃花源 158

帝垂拱,士当权,民出力 168

可叹王敦功败垂成 175

胡汉终归融合 179

桓温只差临门一脚 187

一步之遥的"苻坚大帝" 192

斗争与交融中的传奇 400

　　第一代西游记　203

　　鸠摩罗什，生来便是传奇　211

　　走向兴盛的佛教　217

　　霸王竞相登场　222

　　秉笔直书的下场　230

　　最是无情帝王家　236

　　奴隶起家的漠北传奇　241

500 分裂时代下的再分裂

　　南朝"铁王座"　251

　　惨遭群殴的北魏皇权　257

　　绵延四个朝代的"关陇集团"　264

　　北齐与北周的生死之争　271

　　突厥分裂的受益者　279

600 半真半假的颂歌

　　政权与神权的分分合合　287

　　机关算尽的"圣君"　295

　　作为"标配"的和亲公主　304

　　朝鲜半岛上的"大唐荣耀"　310

　　维护西域统治的四大支柱　317

抱火卧薪的盛世 700

继承人风波 327

"二次元"青年李隆基 335

东突厥死灰复燃 340

唐代"周杰伦" 347

一场意外的战争 352

唐朝续命的药方 359

黯晦消沉的贵族阶层 800

末代唐朝的最后荣光 369

四十余年的政坛拉锯战 376

最后的勇士 384

惨绝人寰的惊天杀戮 392

大唐余晖消失殆尽 400

900 功过是非任评说

耶律阿保机的帝国梦 409

票友皇帝的"演艺生涯" 416

五代十国大乱炖 422

权力之巅的人生赢家 431

卧榻之侧,岂容他人鼾睡乎 436

争夺燕云十六州 445

刘娥,史上最励志的皇后 452

1000

后记 那些我们习以为常,却又似是而非的往事 458

序
历史可以有不同的读法

我们读历史时,可以不再局限于某朝某代,而是把时间的横轴拉长,就像欣赏山水横幅一样,把焦点聚集在朝代的更迭、社会的起伏上。只要时间够长,你会发现每个朝代与人生一样,有成长期、青春期、成熟期和衰老期,每个朝代都有一定的寿命。朝代的更迭就像人类的繁衍,它是社会生命的延续。新朝代脱胎于旧朝代,秉承了旧朝代绝大多数元素,似乎是旧朝代的复制,但这个复制过程中会有一些变革。就像婴儿继承了父母的基因,但一定会有部分变异,基因变异是人种进化的原因,而社会变革是文明进化的动力。

按照"物竞天择,适者生存"的原则,绝大多数社会变革只是昙花一现,转瞬即湮灭在历史的长河之中。只有那些顺应时代潮流的变革才能保留下来,并向周围传播。当这类变革积累到一定数量时,体现的就是社会发展的方向,就是文明演化的轨迹。

只要你读的历史足够长,就一定会感悟到人类的渺小,人类只有经过不断的试错,才能找到正确的方向;你也一定会感悟到造物主的伟大,它用无形的手在控制着社会发展的方向。读历史的魅力也在于此。

思如同学的这本书采用了跨朝代更迭的叙述方法,从西汉灭亡、东汉兴起开始,讲述了隋朝的广袤、大唐的兴盛、宋朝的繁荣,以及魏晋南北朝和五代十国的故事，即从公元1年至公元1 000年这个千年所发生的事情。

在人类文明演化史上，1 000年算不上很长。早期现代人若从奥莫Ⅰ号人开始算起，至今有20几万年的历史，但公元后第一个千年乃是特征鲜明、意义重大，是文明演化过程中最重要的时段之一。

第一，从社会组织结构看，此时人类刚刚进入帝国时代，尚在适应调整过程中。

旧石器时代，人类的组织结构是游群。最早的部落出现在新旧石器更替时期，距今约1.2万年，广西的甑皮岩文化、浙江的上山文化是最早的部落之一。古国，又称为酋邦、城邦（实际上是部落联盟）出现在距今5 500年前后，红山、凌家滩、屈家岭是最早的古国之一。王权国家稍晚一点出现，如良渚（5 000年前）、二里头（4 000年前）是最早的王权国家。最早的帝国是秦朝，它不仅奉行扩张战略，控制范围很大（约300多万平方千米）、人口众多（500多万人口），更重要的是，它采取了复杂的四级管理体制，即中央、郡、县、里，秦朝仅存续了15年，这种四级管理体制却一直延续到今天，即中央、省、县、乡。由于刚刚采用这种复杂的管理体制，人们尚不能适应，这就有后来的诸多的变法。

无独有偶，欧亚大陆西部也在同一时期进入了帝国阶段。尤其是罗马帝国，在图拉真时代，帝国疆域达到500多万平方千米。有意思的是，东边的诸位皇帝一直采用以守为攻的策略，证据之一是从秦朝开始，历代皇帝都在修长城，一直修到明朝。证据之二是中国的古城特别多，仅史前古城就已发现80余座，是世界其他任何地区都无法比拟的。反观西方，罗马帝国则大肆修建公路，其公路的土石方量并不亚于中国的长城。他们认为，在罗马军队铁蹄之下，就没有解决不了的麻烦。

第二，从宗教思想观念来看，公元前后正处于古代宗教向现代宗教（此处的"现代"是指具有现代意义，而非时间划分）的过渡演化阶段。

旧石器时代属于原始宗教阶段（万物有灵），进入新石器时代后，逐渐转入古代宗教，即巫教、萨满教等等。中国的现代宗教指的是儒、释、道三家，它们都有完整的思想体系，以及宇宙观、价值观、伦理标准等等。可以说，中国现代文明思想体系的基础是在该阶段完成的。

1. 儒教

儒教一直是中国最正宗的传统思想，它的创立应以公元前500年左右孔丘学说的建立为标志，但若追根溯源，可以追溯到仰韶文化时期，因为儒教的基本观念在新石器时代广泛流行于黄河流域地区。

儒教基本特点包括：

• 敬鬼神而远之，这也是仰韶文化的基本特征，并一直流传下来。应该说在早期文明较发达的地区，这种现象是很罕见的。

• 重祭祀，"国之大事，在祀与戎"。但这里的祭祀仅指国家层面的祭祀活动，在"绝地天通"的影响下，民间祭祀是被禁止的。黄河流域的祭祀活动出现较晚，在距今5 000年前后，可能是受长江地区文化的影响，但规模宏大，等级分明，形成了规范的礼制仪式。

• 社会受礼制的影响，分为三六九等，三纲五常是基本社会秩序的保障。

• 重占卦。胡适曾说，"整个孔子学说，在我看来就是一部《易经》"。占卦也是黄河流域早期文化的特点，但从周朝开始，原先的卜骨占卦逐渐转为使用蓍草的易经占卦，《易经》也成为四书五经之首。由此可见，儒教在黄河流域是有深厚基础的，孔子认为这套礼仪制度在周朝达到了顶峰，所以要"克己复礼"。

儒教形成后受到统治阶层的欢迎和维护,在董仲舒"罢黜百家,独尊儒术"思想的影响下,儒教成为汉朝的国教,此后历代皇帝也都拥护儒教。

2. 佛教

佛教是泊来的,它创立的时间与儒教几乎同时,但传入中国的时间要晚一些,普遍认为在公元前后。汉明帝时期(67)请来天竺和尚及经书、佛像,并在洛阳建了白马寺,这是中国的第一座寺院。但从考古资料看,新疆及河西走廊发现的一些佛教遗址早于该时期。

由于传播路径不同,进入中国的佛教分为三支:云南少数地区为上座部,上座部最为保守,恪守释迦牟尼创立的教义。青藏地区为藏传佛教,它吸收了大量雍仲苯教的内容。其余地区为北传佛教,也称汉传佛教,为适应在中国发展的需要,汉传佛教有了很大的改进,渐与儒教、道教融合,并传至日本、韩国等地。

佛教在大唐时期达到了鼎盛,尤其是在武则天时期,佛教已然为国教。武则天推崇佛教还有另一层原因,即儒教男尊女卑思想对她极为不利,而佛教没有男尊女卑的传统,所以武则天选择了佛教。佛教在历史上曾受到多次打压,典型如"三武一宗灭佛",但佛教的生命力极强,依然是中国人最主要的宗教之一,尤其是在黄河流域及南方地区。

3. 道教

道教追求的最高境界是"道",就是那个"道可道,非常道"的道,也是"修仙得道"的道。但老庄的道家与道教是有区别的,老子的"道德经"写于公元前500多年,而道教的创立在公元141年(张道陵创立"五斗米道"),晚了600多年。只是道教也信奉道家学说而已。

从本质上看,道教是从巫教中分化出来的。它可能不止一个源头,而是多地起源。在道教创立初期有两个重要的派别,一个是张道陵创立的五斗米道,因每个入教之人需交五斗米而得名,后来改称为"天师道",也称为"正一派"。另一个是黄巾起义首领张角创立的太平道,信奉的是黄老学说和《太平经》,也被称为"黄老道"。而在千年之后,王重阳创立了全真道。道教原本宗派林立,但到宋朝之后,南方诸派整合为正一派,北方则以全真派为主,形成南北两大派系。

道教曾受到不少皇帝的推崇和痴迷,如魏武帝崇道反佛、隋文帝先佛后道,尤其是宋朝,因宋徽宗的推崇,道教已成为国教。但道教到元朝之时开始走下坡路,"文革"之际,几乎绝迹;改革开放后,逐渐恢复,目前全国注册的道观有2 000余所,道士3万余人。

总体来看,中国的三大宗教虽然形成时代相近,但内容有很大差异。西方的犹太教、基督教、伊斯兰教均属于一神教。中国的儒教主张民众敬鬼神而远之;佛教的佛不是神,而是每个人经过修炼都可达到的境界,即"放下屠刀,立地成佛"中的佛;道教的道也不是神,是一种境界,修炼的结果是成仙,可见两个区域的文化差异十分明显。

第三,从技术方案发展角度看,此时刚刚进入铁器时代,瓷器也刚刚问世,人类社会在此之前经历了石器时代、陶器时代、青铜时代。虽然在商朝已发现有铁刃铜钺,但使用的是陨铁,人类尚未掌握炼铁技术,最早的冶炼铁是虢国的玉柄铁剑,但大量使用铁器是汉代以后的事了。

铁不仅可以制造兵器,还可以制造农具,尤其是铁犁的出现,极大地提高了生产效率,是农业发展史上的里程碑。此外,铁还可以做成铁锅,中华饮食文化中的小炒出现在南北朝时期,最早的炒菜是韭菜炒鸡蛋,这个经典国炒一直流传至今。

小麦是在距今4 500年前从中亚引进的,但直到东汉年间才逐渐取代黍和粟，成为北方地区最重要的粮食作物。这要归功于两大原因：一是原先的春小麦已改为冬小麦，冬小麦更适合中国的气候条件；二是以人力、畜力、水力作为动力的石磨、石碾、石臼杵得到普及——小麦只有磨成粉才更加入口。西方人用小麦制作面包和馕，用的方法是烘和烤；中国人用小麦制作面条和馒头，用的方法是煮和蒸，这也是东西方饮食文化最重要的区别之一。

中国真正的瓷器出现在东汉年间。至此，陶器演化了1万多年，终于取得质的突破。古代中国同样是以瓷器闻名于世，海上丝绸之路交易的主要是瓷器。

还可以找到一些技术进步的例子，但铁器、小麦与瓷器对中国人的影响是巨大且深远的。

啰啰嗦嗦这么多，无非是对思如同学新书的时代背景作一介绍和归纳。显然，公元后第一个千年在社会组织结构、思想意识形态、科学技术水平三方面均呈现出重大变化与提高，把书中的故事镶嵌到这一背景之中，应该对读者阅读此书有所帮助。

思如同学知识面很广，文笔也很优美，此书值得一读。她要我作序，只好勉为其难，算是狗尾续貂吧。

（陈亚民）

2023年9月于上海

时代的变换与无奈

"愤青"王莽改换"新"时代

一场模仿《周礼》的复古运动

王政君是西汉第 11 位皇帝汉元帝刘奭的正宫皇后。外戚王氏，九人封侯、五人坐到了汉朝最高人臣的位置大司马，号称西汉最显贵的家族。王莽是王政君的侄儿，公元 9 年，王莽代替西汉建立"新"朝，在位 15 年（实际上前后执掌天下共 20 余年之久）后，新朝灭亡，东汉成立。

王莽是一位备受争议的历史人物，古代史学家以"正统"的观念认为其是篡位的"巨奸"，但近代以来，王莽又被很多史学家冠以"改革家"的美誉。有人说王莽是处心积虑地篡位，但在当时，他更贴近于圣贤再世的"完人"，最终在诸位大臣、士人群体以及普罗大众的共同推举下坐上皇位，覆灭西汉，成为封建时代"禅让"的尝鲜者。

青云直上的仕途

王莽年幼丧父,而且他这一支在王氏家族里的地位并不高,因此王莽并不像他的兄弟叔侄一样生活奢靡,声色犬马。据《汉书·王莽传》记载,"莽独孤贫,因折节为恭俭……事母及寡嫂,养孤兄子,行甚敕备。又外交英俊,内事诸父,曲有礼意。阳朔中,世父大将军凤病,莽侍疾,亲尝药,乱首垢面,不解衣带连月。"王莽为人简朴恭顺,又事亲极孝顺,这在汉代足以当得上士之楷模了。

汉元帝病逝后,汉成帝刘骜继位,太后王政君把持着朝政,为了维护家族利益,王政君竭力扶持自己的兄弟以致朝廷中遍布王氏外戚的成员。王莽23岁时,其伯父王凤(时任大司马一职)病重,临终前将王莽托付给太后王政君,王莽随后获封黄门郎。秦汉时,宫门大多漆成黄色,"黄门郎"的职责是传送皇帝和官员之间的公文,这可是能与皇帝直接接触的职位,也就是说,"领导"能直接观察到王莽的工作表现。永始元年(前16),汉成帝下召册封王莽为新都侯,封地在南阳郡新野的都乡,这年他仅29岁。

王莽受封后仍然束身自好,在朝野中享有很高的声望,一时间王莽誉满天下,之后王莽的仕途只能用平步青云来形容了。他只用了九年就先后升迁为骑都尉、光禄大夫、侍中,再后来就接任了大司马大将军一职,38岁时已跃居几位本家叔伯之上,进入了政权的核心圈,大权在握,名声斐然。

此时恰逢汉成帝溺毙于赵氏姐妹的温柔乡并且没有留下子嗣,于是皇族子弟刘欣继位。刘欣就是历史上著名的"断袖之癖"主人公——汉哀帝,但汉哀帝并不待见王莽,王莽很快被边缘化。汉哀帝仅在位7年就突然暴毙,老太皇太后王政君重出江湖,主持朝政,将皇室中年仅9岁的刘衎扶上了皇位，史称"汉平帝"。汉平帝继位之初，王政君便下旨称"大司马董贤年少，不合众心。应交还印绶，撤销其官职"，令新都侯王莽为大司马，掌丞相事。

疑云密云的"天意"

汉平帝元始元年（1），西南蛮夷献上了一只代表祥瑞的"白雉"（可能是一种白色野鸡）。阿谀之徒借此大做文章拍王莽的马屁，大肆宣扬王莽的功德感动了上天，当年周公辅成王时，越裳氏就献过白雉，今天王莽辅政，又出现此种祥瑞，说明王莽有安定汉家之大功，可与周公媲美，应加封王莽为"安汉公"。王政君立即下诏封王莽为安汉公，位列一切朝臣之上，加封二万八千户的封地。王莽假意推辞了一番。王政君又说，王莽功劳盖世，不能因为是皇亲国戚就避嫌不受封，王莽这才接受封号，一切看上去就像是一场天衣无缝的戏。

王莽一方面运作自己的晋升之路，另一方面加速巩固到手的政治权力：

> 请求将皇室疏远无势的宗亲封为列侯。滥封一来可以削弱新帝，二来可以笼络人心，可谓一箭双雕。
> 直管官吏。为保官员政治立场的"纯度"，要求今后选拔上来的官吏，应事先去拜见王莽；另外王太后年事已高，出于"孝

元始元年春，正月，王莽风益州，令塞外蛮夷自称越裳氏重译献白雉一、黑雉二。莽白太后下诏，以白雉荐宗庙。于是群臣盛陈莽功德："致周成白雉之瑞，周公及身而托号于周，莽宜赐号曰安汉公，益户畴爵邑。"太后诏尚书具其事。
——《资治通鉴·汉纪二十七》

道",由王莽来主持今后官吏的考核任免。

- 掐断汉平帝与身边人的联系。"皆留中山,不得至京师"。
- 继续大造舆论。假借黄支国献犀牛、越巂郡传信长江出现黄龙,为之后的布局大造声势。

元始四年(5),在王政君的主持下,王莽的女儿又被立为皇后,相当于已经把整个江山交到王莽手中了。事态演变至此,王政君自己也没料到,她对王莽的全力扶持已逐渐令她自己陷入尴尬的境地,因为王莽已不满足于做没有皇帝名义的皇帝了,他已准备就绪,要做真皇帝!

居摄元年(6),年仅14岁的汉平帝刘衎病故,2岁的刘婴被立为新帝,朝中的政务由王莽代为处理。局势再次发生变化,有人称在挖井时挖到一块石头,上面赫然写着"告安汉公莽为皇帝",代表天降符命。这件事越传越广,官吏百姓纷纷认为这是上天的旨意,朝野上下请求王莽当皇帝的呼声越来越高。盛情难却,王莽当了一个"摄政"的假皇帝,说是等将来皇帝长大再将权力归还。

不过王莽的团队并不满足于此,很快,在长安,一个叫哀章的太学生进献了一个铜盒,声称是老天爷一天晚上摆在他枕边的,打开后竟然是高祖皇帝刘邦写给王莽的一封信,信中说要将刘家的皇位禅让给王莽。于是王莽便顺水推舟地登上了皇位,改国号为"新",也就是新朝,也许是他希望天下经过他的改革后能焕然一新。

疯狂的"穿越者"

王莽"上位"是其施政理念和私心合流的结果。崇拜儒家的王莽十分向往周朝的政治制度,他迫切地希望能依托先秦儒家的理想制度进行全方位的变革。身为人臣做不到的改革最终通过篡位的方式实现了。登上皇位后，王莽疯狂热衷于设计他理想中的制度，似乎是感觉形势接近失控，不如推倒重来。

王莽不遗余力地进行"意识形态"建设，他眼中的正统价值观念得以弘扬，从王公贵族到知识分子，再到普通百姓，都觉得"道德楷模"王莽具备超人的品格和能力，是人民信得过的"领袖"。短时间内，与此前一派乱象相比，社会在王莽的治理下看似开始拨乱反正。

> 交趾之南，有越裳国。周公居摄六年，制礼作乐，天下和平，越裳以三象重译而献白雉；曰："道路悠远，山川阻深，音使不通，故重译而朝"成王以归周公。
> ——《尚书大传》

> 名不正则言不顺，言不顺则事不成。
> ——《论语·子路》

在儒家思想的独家熏陶下，天下人都是"愤青"，王莽更是"愤青"的领袖，所以篡位后什么都得改。除了国号改成"新"，连地名都改得很"愤青"，比如把"平邑"改成"平胡"，"天水"改成"填戎"，"琅琊"改成"填夷"，"代郡"改成"厌狄"等，就差真的踏平周边的少数民族。更有甚者，他把"匈奴单于"改称为"降奴服于"，把"高句丽"改称为"下句丽"，听起来就高人一等，着实带劲。

"愤青"想建立一个上古尧舜时代的"理想国"，制度改革自然是重头戏，他的措施大致为：施行平均主义政策、搭建"计划经济"框架、建立"国家银行"、推崇科技进步、崇尚人权独立。

王莽颁布了一道著名的诏令，"今更名天下田曰'王田'"，即废除土地私有制，实行土地国有制，私人不得买卖。细则诸如，一家有男丁八口，可受田一井，即九百亩；一家男丁不足八口，而土地超过九百亩者，须将多出部分分给宗族邻里；原来没有土地者，按上述制度受田，共同奔向小康。这种制度有别于之前的"井田制"，故被称为"王田制"。

另外，盐、铁、酒等大宗商品一律由国家专营，不允许民间任何"资本"涉及其中，自然资源也一律被收归国有。王莽还设立了类似于物价局之类的部门，专门用来稳定市场价格的波动。

王莽还禁止民间借贷，由国家专门设立部门来处理借贷问题，有农商借贷需求的人可以向国家借款，利息仅为利润的十分之一，因祭祀和丧事借款的人，甚至免除利息。他认为此举可以杜绝民间高利贷，维护社会稳定。

此外，王莽为了实践"人人平等"，一纸限令就把奴婢废除了，他单纯地认为这可以从根源上杜绝奴婢的买卖。

王莽的币制改革至少有四次，其间钱币混乱，有五铢钱、错刀、契刀、大钱、小钱、金、银、龟、贝、铜、布，导致了社会经济的严重混乱。由"钱货两清"变成"物物交换"本身就是一种为了复古而复古的病态举措。

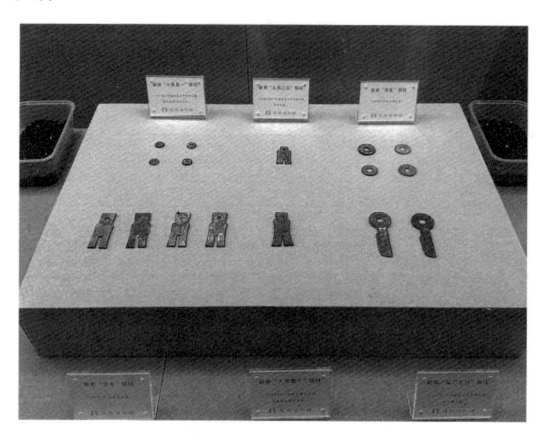

王莽时期的货币（摄于茂陵博物馆）

不仅如此，王莽还鼓励科学实验和发明创造，比如他组织解剖人体，再比如他参与发明了一个飞翔器，据说还能飞行数百步。

这就是中国古代儒家所崇敬的"尧舜之国"，一场古代的理想化社会大实践。但有句话说得好，领先时代半步是天才，领先一步是疯子，封建文明到近现代文明的跨度何止千年？

乌托邦的幻灭

王莽改制是一场效仿《周礼》的复古运动，是一场以儒家思想为核心进行的理想化运动。《周礼》被不断"改造优化"最终成为那个时代的《圣经》，周公也被塑造成为道德楷模（因为他是孔子的楷模）。王莽像极了一个满腔热血的新时代进步青年，空有理想抱负，却不切实际，这种从根本上动摇整个社会的改革举措不仅不符合贵族世家的利益，就连"仁政"维护的百姓也难以幸免，混乱至极。

> 将人间变成地狱的原因，恰恰是人们试图将其变成天堂。
> ——［德］荷尔德林

（公元8年）春，地震。
——《资治通鉴·汉纪二十八》
（公元9年）真定、常山大雨雹。
（公元11年）濒河郡蝗生。
河决魏郡，泛清河以东数郡。
（公元13年）夏，四月，陨霜，杀草木，海濒尤甚。六月，黄雾四塞。七月，大风拔树，飞北阙直城门屋瓦。雨雹，杀牛羊。

再加上在公元8年至公元23年间自然灾害频繁，旱灾、蝗灾、水灾、地震等灾害接连不断地在各地发生。最终，以赤眉、绿林起义为主的农民大起义爆发，随后墙倒众人推，官僚贵族和地主豪强也纷纷打出反王莽的旗帜，各股势力趁乱而起。新朝地皇四年（23），王莽逃至渐台，被商人杜吴所杀，这场轰轰烈烈的理想主义"改革"在现实中彻底碰壁，新朝遂告灭亡。

王莽失败的原因大致体现在两个层面：

一是改革措施过于超前，没有技术配套跟进。例如贷款利率的计算和货币改革的推广，货币制度是很复杂的程序,涉及大量的运算、换算等复杂的会计成本,但那个年代根本无法提供这些人才。《汉书·王莽传》有曰,"于是农商失业,食货俱疲,民人至涕泣于市道",在缺乏基本社会条件下推行的改革,结果只能是一片混乱,大家根本没办法做生意。

二是过于迷信严刑峻法和道义,忽视了自然形成的社会惯性和人的自私本性。王莽自以为执行正义,所以无所畏惧,遇到所有反对的声音,其唯一对策就是镇压。"敢有非井田圣制,无法惑众者,投诸四裔,以御魑魅",当时全国各地都络绎不绝地运输着各种囚车,里面关押着反对王莽新政的各种犯人。

以废奴婢为例,道德层面的确至高无上,但真正实施起来呢?首先奴婢主就反对,因为奴婢是其财产的组成部分,怎么可能简单地就放弃自己的财产呢?奴婢们也反对,因为在土地兼并严重的封建时代,卖身为奴可能是他们唯一的活路了。况且如何安置突然释放的众多奴婢?这些活不下去的奴婢只能加入造反行列。

白居易《放言五首》有诗云:"周公恐惧流言日,王莽谦恭未篡时。向使当年身便死,一生真伪有谁知。"似乎道尽了后人对这位"穿越者"皇帝的评价。

> 缘边大饥,人相食。
> (公元15年)邯郸以北大雨,水出,深者数丈,流杀数千人。
> (公元16年)三年二月乙酉,地震,大雨雪,关东尤甚,深者一丈,竹柏或枯。
> 是月戊辰,长平馆西岸崩,邕泾水不流,毁而北行。
> (公元18年)荆、扬之民率依阻山泽……连年久旱,百姓饥穷。
> (公元19年)是时,关东饥旱数年。
> (公元20年)遇枯旱蝗螟为灾,谷稼鲜耗,百姓苦饥。
> 是月,大雨六十余日。
> (公元21年)秋,陨霜杀菽,关东大饥,蝗。
> (公元22年)枯旱霜蝗,饥馑荐臻,百姓困乏。
> 夏,蝗从东方来,蜚蔽天,至长安,入未央宫,缘殿阁。
> ——《汉书·王莽传》

《赤伏符》"精确"预言

宗教化的皇权，神圣化的儒学

据说，《赤伏符》是天上的汉高祖刘邦传到人间的"天旨"，指名道姓地预言了有一个叫"刘秀"的人有一天会当皇帝，因此被夸张成了一本神秘的预言书。汉高祖的"天旨"准确率极高，要知道，王莽称帝也是假借了来自赤帝（刘邦）的"赤帝行玺某传予皇帝金策书"之名。

当时一位西汉宗室大臣，也是文学家刘向的儿子——刘歆（后改名为"刘秀"），曾谋诛王莽，失败后自杀。不过坊间流传其失败的原因是，他原名不是刘秀，改名的不算，只有原名是刘秀的人才有可能成为真命天子。若干年后，另一位叫刘秀的人称帝，建立东汉，即光武帝。

预示吉凶的"谶言"

"谶（chèn）言"是秦汉间巫师、方士编造的预示吉凶的隐语，在先秦及两汉时期非常流行，秦始皇时期最有名的谶言当属"今年祖龙死"与"亡秦者胡也"。那时的人们都相信云山雾罩的"谶纬学说"，认为上天会将它的指示通过各种图谶传达给人间，于是社会上诞生了一大批专门研究"谶纬"的儒生，他们就像"通天神汉"，为人们解读"天语"，并让大家相信天命不可违。

两汉之交有一部非常有名的谶纬学说作品《赤伏符》，其中一句谶言为"刘秀发兵捕不道，四夷云集龙斗野，四七之际火为主"，直接关系到了王莽的新朝灭亡以及东汉的创立。

"刘秀发兵捕不道"，意思是一个叫刘秀的人会带着义军推翻无道昏君王莽；"四夷云集龙斗野"，指四方之人和有识之士纷纷起兵叛乱，一时之间群雄争霸；"四七之际火为主"，根据五行学说，人们认为秦为水德，刘邦建汉为火德，汉武帝在位期间取"土克水"改汉朝为土德，西汉末年再次改为火德，此句意指汉朝建立的第四个七十年间，原本衰败的汉朝将重新复兴。结合当时王莽篡位的现实，整句谶言就是暗示王莽的新朝即将走向覆灭，刘姓者将重新登上帝位，而这人叫刘秀。

"刘秀为天子"的指示

汉光武帝刘秀登基时曾引用了不少《赤伏符》的语言，以证明自己的合法性。不过还有种说法认为"刘秀为天子"这句谶言中的刘秀指代的不是汉光武帝刘秀，而是由刘歆改名为刘秀的西汉末期古文经学家刘秀。

刘歆是西汉宗室,刘邦的弟弟刘交的后人。实际上刘歆改名刘秀,最初不是为了应验谶言以坐上皇帝宝座,而只是为了避讳皇帝的名字而已。避讳在古代是很常见的,尤其对于皇帝的名讳,不仅活在当时的人需要避讳,就连已经死去的人也不能例外。

绥和二年(前7)三月,汉成帝崩于未央宫,次月丙午,汉哀帝刘欣继皇帝位。哀帝刘欣继位之时,刘歆早就已经跟随父亲进入天禄阁,负责整理校订国家收藏的书籍,是名正儿八经的官员。皇帝继位,身为大臣的刘歆为了前途命运,立马将名字改为刘秀。虽然刘歆的改名与谶言无关,但他的死却与"刘秀"这个名字有着莫大的关系。

刘歆是王莽的好友,也是重要盟友。不过新朝末年(王莽在位最后一年),这对好友翻脸了,当时的大司马董忠和卫将军王涉准备发动政变,劫持王莽改立刘歆为帝,恢复汉朝。可惜劫持计划提前泄露了,董忠被处死,王涉、刘歆被迫自杀!不过刘歆的死也有可能是王莽先下手为强,为的是除掉民间传说中的"刘秀"。

语焉不详的《赤伏符》

虽然劫持计划失败了,但《赤伏符》的说法流传开来。谶言越传越神秘,可谓是天下皆知,但就是没人见过其真面貌。推测当时刘歆很有可能参与密谋,欲取代王莽改朝换代,只不过鉴于刘歆在历史上的地位,后世儒家学者对此多有隐晦,故意将这个事实隐瞒,还编造了"此刘秀乃南阳刘秀"的说法。不过,刘歆被迫自杀时,南阳的刘秀还是一名在家伺候庄稼的农夫。

但是南阳的刘秀听说《赤伏符》的内容后大喜,还跟人开玩笑说:"你怎知这个刘秀不是我?"他大言不惭的说法惹得哄堂大笑。所谓世事难料,仅仅几年后,刘秀成了拥兵几十万的大军阀,离皇位那么近!

作为一名儒生,刘秀年轻时研究的学问就是《尚书》,内有一篇《洪范》就是专门研究天人感应理论的。因此刘秀极度迷信,曾数次拒绝了部众的拥立,在见到梦寐以求的《赤伏符》之前,他是不敢造次的。此时邓禹(云台二十八将之首的猛人)明悉了刘秀的心思后,想出了个办法——造一个《赤伏符》,学习王莽利用谶言将刘秀神化。自古套路得人心。那个时代"图谶"满天飞,基本是伪造的,只是为了达成目的,大家心照不宣而已。

"洪"的意思是"大","范"的意思是"法","洪范"即统治大法。《汉书·五行志》曰:"禹治洪水,赐《洛书》,法而陈之,《洪范》是也。"故亦称"洛书",并提出水、火、木、金、土"五行"及其性能作用,诸如夏侯始昌(一说伏生)曾作《洪范五行传》。《洪范》中认为龟筮可以决疑,政情可使天象变化,刘向所著的《洪范五行传论》中就有天人感应之说。

> 光武先在长安时同舍生强华自关中奉赤伏符,曰"刘秀发兵捕不道,四夷云集龙斗野,四七之际火为主。"群臣因复奏曰:"受命之符,人应为大……宜答天神,以塞群望。"
> ——《后汉书·光武帝纪上》

邓禹找到了当年刘秀在长安求学时的同学——强华,强华根据记忆中的《赤伏符》谶言制作了一个符谶,除了"刘秀发兵捕不道,卯金修德为天子"与原版有出入外,新版还有一句增补:"王梁主卫作玄武。"后来刘秀就是凭这句话欲提拔"王梁"为大司空。看来王梁很可能是邓禹或者强华的私交,其任命可能是"夹带私货"的结果。这其实就是照抄了王莽朝哀章的做法,当年哀章伪造"金匮策书"时就添加了"王兴、王盛"两个官员的任命。

无独有偶,当时刘秀与割据巴蜀的公孙述之间除了军事斗争外,还有图谶之争。公孙述也学会了王莽的套路,在蜀称帝时征引谶语:"《录运法》有云'废昌帝,立公孙';《括地象》有云'帝轩辕受命,公孙氏握'。"

刘秀称帝

不过刘秀登基后,《赤伏符》就凭空消失了,按理这件东汉立国的重要物证应该被当作神物一样供奉起来,史官对它的材质、尺寸和文字等做详尽的描述。也许在登基仪式过后,刘秀悄悄地处理掉可能引来是非的《赤伏符》,以至于没人弄得清《赤伏符》原文的内容到底是什么。此后,呈现在人们眼前的就是不着边际的江湖传言。

像《赤伏符》这样的政治流言,历史上比比皆是,谶纬学说是那个时代的流行病,也是当时社会危机剧增、局面动荡的另一种反映。古人相信天命观,无论哪个王朝建立或是哪个皇帝登基,都要借用法理和天命来验证其合法性。董仲舒创立的新儒学所提出的"天人感应学说",更是为"谶纬学说"的流行提供了理论依据。从此,野心家们大肆利用迷信操纵国家命运。

与豪族共享天下

贯穿东汉帝国的豪族政治

虽都是以"汉"为帝国的名号,但相较于诸如东西两晋和南北两宋之间的一脉相承,东汉与西汉则有着天壤之别。两者间的区别,不仅表现在血缘上的疏远(刘秀不过是十多万刘氏子弟中的一员,到他那个辈分时就只是平民百姓了),更表现在两汉建立的功臣群体来自于不同的社会阶层。

西汉高祖刘邦起兵争霸,由于其本身只是沛县小吏,所以跟随他的功臣大多也是布衣出身;与之相对的东汉,开国功臣大多出身于豪族。

"豪族政治"的兴起

自西汉高祖以来,社会的权力结构逐渐产生分化,形成了天子皇权与将相功臣上下分治的现象。在最高皇权的外围,有诸多群体:宗室、外戚、文官、宦官、武将、地方豪强,这些力量相互制约。

汉代社会的基本架构,简单来说,主要以地方豪族与生产小农构成,而豪族就是各地大批量土地的拥有者,他们借由同姓宗族聚居,十分重视"宗族"与"乡党"的关系。豪族以大家族为中心,许多"家"和单人靠政治或经济的关系依附着家族,整合起来就成了一个豪族单位。

王莽篡汉十五年,政权即告瓦解。王莽以外戚身份夺得政权,在政治、经济及对外关系上的失败,使庶民百姓的生活沦落至痛苦深渊,平民百姓开始眷恋旧王朝的稳定,于是民变四起,起兵者皆自称西汉王室之后,以求正统。

东汉帝室是西汉景帝后代的旁支,原封舂陵,后来因为其地低湿且多恶疫,于是移居到了南阳,但仍称"舂陵侯"。由于南阳郡早已开始"豪族化",因此刘秀在南阳起兵获得了地方豪族的支持,由此也可以认为东汉的建国功臣是以南阳豪族为主体的豪族集团。

东汉的豪族大致可分成两大类:一类是凭借中央势力迅速得势,即宗室、外戚与宦官;另一类是自身渐渐发展起来的,即普通高官和地方豪强。

豪族之间相互竞争,同时皇权也在衰落。原本围绕在皇权周围的宗室、外戚、宦官、大臣、地方豪族,起到的作用是辅佐皇帝,并且相互制衡，以防某一支力量做大。可惜到了东汉后期，世家大姓越做越大，如顶级大族——汝南袁氏，尊享"四世三公"的"咖位"，可谓势倾天下，甚至在地方上有自己的武装力量。同时，皇权也在外戚和宦官的干扰下愈显式微，直至最后董卓"弑主鸩后，荡覆王室"，天下四分五裂，地方上豪强各自为主。

"四世三公"，指一个家族有四代人曾担任过"三公"的职位。《春秋公羊传》有云："天子三公者何？天子之相也"，所以"三公"指的就是天子之下的最高管理者，是中国古代最尊贵的三个官职的合称，"司空、司徒、太尉"皆为东汉三公。因此，"四世三公"是一种身份，一种地位，一种荣耀，是权势的象征，更是望族的象征。

宗族背景比个人能力更重要

西汉建立过程中，跟随刘邦起义的众人，除了张良是六国贵族子弟外（中途加入），大部分人出身于社会中下层，比如樊哙是杀狗的屠夫，灌婴是卖布的小商贩，周勃以编织薄曲（养蚕的器具）并兼职丧礼吹箫为生，萧何、曹参也不过是县里的小吏。

这些人大多数是单枪匹马地追随刘邦，只有萧何带领宗族几十人从军，这样的局面被两千年后的清代著名史学家赵翼称为"布衣将相之局"。而在东汉建立过程中，出身豪族的功臣在起义时大都带领着大批宗亲宾客跟随刘秀。所以，相较于个人才华，刘秀更看重他们的宗族背景。

虽然当时刘秀这一支有所衰败，但南阳刘氏宗族的整体势力并不小。刘秀的舅舅樊宏，善于农业种植和经商，拥有三百多顷的土地，又四代不分家，是南阳湖阳县著名的乡里大族；刘秀的姐夫邓晨，世代二千石，是南阳新野县的一方望族；刘秀的结发妻子阴丽华，出身新野的巨富之家阴氏，奴仆车驾的规模堪比一方诸侯；鼓动刘秀起兵的李通，出身世代经商的富豪大族，与其父二人都擅长谶纬之术，是宛城的一方豪强。

正是在南阳刘氏宗族、姻亲家族以及李通兄弟等诸多豪族的支持下，刘秀、刘縯成功聚集起了七八千人的起义队伍，开启了轰轰烈烈复兴汉室的事业。在小长安（今南阳市南瓦店镇）惨败于王莽大军后，刘氏起义军不得不联合进入南阳的绿林军，开启了反王莽起义中具有战略决定性的"昆阳之战"。在这场以少胜多的经典战争中，四十多万的王莽大军败于不足两万人马的刘秀之手，新朝的主力部队损

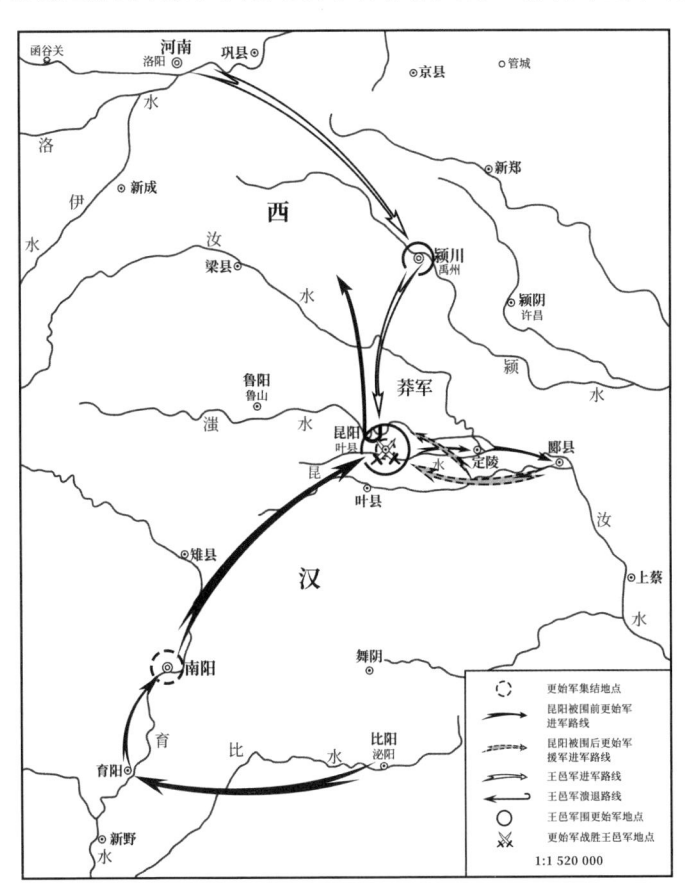

昆阳大战形势图（图片来源于网络）

失惨重，而王莽的命运也由此注定。公元23年，长安被攻破，王莽死于乱军之中，新朝灭亡。

就在刘秀取得昆阳大捷的稍早时刻，刘縯也攻克了南阳重镇宛城，兄弟二人于是声名大噪，自然也引起了绿林军诸多将领的猜忌。同为刘氏宗亲的绿林军领袖更始帝刘玄，虽心有不忍，可也无力约束手下草莽，刘縯就在这种相互猜忌的情形下无辜被杀，其时距离昆阳之战并不久。

> 光武敛宗人所得物，悉以与之，众乃悦。进拔棘阳，与王莽前队大夫甄阜、属正梁丘赐战于小长安，汉军大败，还保棘阳。
> ——《后汉书·光武帝纪》

"豪族抱团"的夺权资本

刘縯被杀，刘秀虽然痛苦万分，但也不敢有丝毫表露，他立即前往宛城请罪，之后也以一副丝毫不受影响的姿态示人，"影帝"刘秀的表现几乎瞒过了更始君臣。更始元年（23）十月，定都洛阳的更始帝派遣刘秀代行大司马事，渡河北上，招降河北各郡。自此，刘秀摆脱了绿林军的控制，开始独立发展势力。

> 禹进说曰："更始虽都关西，今山东未安，赤眉、青犊之属，动以万数，三辅号位，往往群聚。更始既未有所挫，而不自听断，诸将皆庸人屈起，志在财币，争用威力，朝夕自快而已，非有忠良明智，深虑远图，欲尊主安民者也……于今之计，莫如延揽英雄，务悦民心，立高祖之业，救万民之命。"
> ——《后汉书·邓寇列传》

我简直太厉害了！

刘秀

刘秀刚到河北不久便遭遇一次重大危机，卜者（以龟占卜的人）王郎在河北刘氏宗族和当地豪强的支持下自立为帝，并发布通告，悬赏捉拿刘秀，除了信都、和戎这两郡，各郡纷纷响应。虽握有更始政权授予的象征皇命的符节，但刘秀此次北上只带着不多的随从，并无大队人马。

在此危机关头，同为南阳人的信都太守任光接纳了刘秀，成为其复起的根基。同时，以昌城的豪强刘植为首的一众势力率数千宗族，附带各自城池，归顺了刘秀。在刘植的牵线下，拥有十多万人马的刘氏宗室真定王刘扬也归顺刘秀。刘秀随后又迎娶了刘扬的外甥女，同为河北大族的郭氏之女郭圣通为妻。总之，刘秀通过种种举措团结了一批河北豪族势力，实力大增。

时任上谷郡（今河北省张家口一带）功曹的寇恂是本地的世家大族，耿弇为上谷太守耿况之子，其家族也颇有势力，早在汉武帝时期便因为家世二千石而迁往扶风茂陵，耿弇邀请寇恂、闵业两人说服耿况带领上谷突骑归附刘秀。还有吴汉，在燕、蓟一带贩马经商而发家致富，结交了大批豪杰宾客，他帮着说服渔阳太守彭宠，带领渔阳突骑归附了刘秀。来自渔阳、上谷的幽州突骑，是当时的天下精兵，他们的加入极大地增强了刘秀的军事实力，成为其日后征战天下的核心资本。

在这些豪族势力的帮助下，刘秀攻破邯郸灭了王郎势力，随后招降了河北的农民起义军铜马军，彻底奠定了割据河北的局面。至此，刘秀终于有了逐鹿中原的资本，这一切皆是建立在若干豪族势力支持之上的。因此，刘秀集团所建立的东汉帝国可以说是一种"豪族政权"，豪族们的势力是帝国得以崛起的支柱力量。

汉光武帝建国之初，为求政权的稳固不得不倚靠地方豪族，以至于后来皇族与豪族联姻互取其利成了一种惯例，地方豪族的权势自然而然地膨胀起来。最终造成不可逆的负面作用。东汉除了前期的光武帝、明帝、章帝三朝较为平顺外，其他年少即位的幼帝统治时期，太后临朝、外戚专权的情况屡见不鲜，导致东汉朝政日益腐化，直至衰亡。

打天下不是请客吃饭，搞不了从容雅致。刘秀在史书记载中显得完美，恰恰说明有些必须做的事情他没做，比如削平豪强，解决土地兼并问题。他杀人不多，所以评价好。东汉甚至未把豪族迁往五陵，所以直到末期依旧是豪族的天下。

匈奴又分裂了

南匈奴内附汉朝，开始融入华夏

公元前60年左右（西汉时期），虚闾权渠单于（匈奴第12世单于）过世，由此引发了内部分裂，先后出现五单于争立的情况，相互间混战不断，最后演变为郅支单于（虚闾权渠单于长子）和呼韩邪单于（郅支单于的弟弟，后娶王昭君为妻）的相互攻伐。公元前53年（汉宣帝甘露元年），呼韩邪单于依附了汉朝，是为南匈奴；郅支单于为北匈奴首领，后击败大宛、乌孙等国，威震西域，一度领导了匈奴的短暂复兴，后在汉朝的持续打击下大规模西迁。

公元48年（汉光武帝建武二十四年），匈奴内部再次因争夺王位发生动乱，匈奴贵族相互残杀，于是再次分裂为南匈奴和北匈奴。南匈奴与东汉有着相对稳定且频繁的交往，互相影响了各自政治、军事和经济等方面的发展，促进了南匈奴的"汉化"和东汉的"胡化"。

匈奴政治联合体的内斗

匈奴的王位继承制度不明，在不同阶段，"嫡长子继承"和"兄终弟及"制混用。呼韩邪单于临终之时，遗言让自己的儿子们依次做单于。新朝天凤五年（18），单于之位传到了他的儿子舆的手上，舆做了单于。按照约定的游戏规则，此时应任命王昭君的儿子右谷蠡王伊屠知牙师为左贤王（在匈奴官制中地位最高），做下一个接班人。

可是舆做了单于后，不把呼韩邪的遗言放在眼里，修改了游戏规则，想把单于之位传给自己的儿子。于是舆找了个借口，剥夺了伊屠知牙师的接班人资格并杀了他，立自己的儿子乌达鞮侯为左贤王，成为单于的继承人。舆的所作所为惹恼了时任右薁鞬日逐王比，于是他发牢骚："如果按兄弟次序，右谷蠡王伊屠知牙师应当继位；如果可以传给儿子，那我是前任单于的长子，我应当继位。"

西汉时期，朝廷将归顺的匈奴人安置在边境的八个郡县，保留其部族结构，依旧由其自治，称为属国。直到王莽新朝末期，汉匈边境再起战火，这些属国很快重新归顺匈奴，成为匈奴骑兵进攻汉地的先锋。呼都而尸道皋若鞮单于(舆，呼韩邪单于之子，乌累若鞮单于之弟）在此处设置了八部大人，比是他们的总头目。

呼都而尸道皋若鞮单于在位29年后病死，儿子乌达鞮侯即单于位，但可惜他是个短命鬼，于是主政的贵族们又立乌达鞮侯的弟弟做了单于，称蒲奴单于。由于比在单于继承战中被剥夺了参赛资格，于是心怀愤恨，欲与蒲奴单于分庭抗礼。

乌珠留单于有子曰比，为右薁鞬日逐王，领南边八部。比见知牙师死，出怨言曰："以兄弟言之，右谷蠡王次当立；以子言之，我前单于长子，我当立！"

——《资治通鉴·汉纪三十六》

南北匈奴争相与汉结交

东汉光武帝建武二十三年（47）春，蒲奴单于害怕东汉王朝趁匈奴灾荒之际出兵讨伐，便希望与东汉和亲。右薁鞬日逐王比深知，汉匈一旦和亲，自己就转为弱势，于是先行一步，借身处边塞之便，密派汉人郭衡带了匈奴的地图到了西河郡，献给西河太守，要求归顺汉朝。

鉴于他的祖父——呼韩邪单于归顺汉朝，换来匈奴几十年的安定，于是比决定袭用"呼韩邪"的名号，权且称他为呼韩邪二世。呼韩邪二世二年（48）春，八部匈奴贵族赞成比归顺汉朝的主意，立比为单于。

这年冬天，呼韩邪二世来到五原塞，向东汉表示永为藩篱，抵御北虏（北匈奴）。从称自己的同族为"虏"就可以看出，八部匈奴因为长期汉化，与北匈奴在生产方式、文化形态上的差异逐步变大，南匈奴已经在潜移默化中接受了汉人的"夷夏之辨"，自认为脱离了"夷"的行列，开始融入华夏文明圈。

汉光武帝总觉得匈奴主动归顺应是想图谋什么，大部分朝臣也认为匈奴人性情乖戾莫测，归顺的事情不能草率答应。此时开国名将耿弇之弟耿国却认为："应照孝宣皇帝接受呼韩邪单于归顺的旧例，接受比的归顺，让他们在东方抵御鲜卑，在北边抗拒北匈奴，带领四夷保卫边郡，使塞下再无夜开城门之警情，实在是保万世安宁的良策。"

耿国的话简单概括就是，只要"以夷制夷"，东汉就可以"坐山观虎斗，趴桥看水流"，集中精力发展经济。刘秀深知手下众将对付各路豪强地主等无组织的乌合之众还凑合，但对付强悍的匈奴铁骑胜算实在不大，再三权衡之下，刘秀采纳了耿国的建议，同意八部匈奴归顺汉朝。

南单于俯首称臣

呼韩邪二世见汉朝迟迟没有回音,唯恐发生意外,于是在即位后第三年(49,建武二十五年)三月,再度遣使者到朝廷进贡,请汉朝派使者进行监护,并要求将王子送到汉朝做人质,重修旧日和约。

建武二十六年(50),刘秀派中郎将段郴、副校尉王郁出使南匈奴,帮助比在五原塞以西八十里处建立单于庭,又仿照西汉对待呼韩邪单于的旧例,颁给金质玺绶、冠带、衣服、车马、锦绣等物及米两万五千斛、牛羊三万六千头。不过,汉朝使者命单于伏地跪拜,接受诏书。

当年呼韩邪二世的爷爷拜见汉宣帝时,汉宣帝待之以国宾之礼,位次在诸侯之上,受尽荣宠,而这次呼韩邪二世要跪拜,跪拜的还不是东汉皇帝,仅仅是皇帝的一纸诏书。匈奴人自许天之骄子,即使是当年呼韩邪归附汉朝之后,匈奴对汉也仅仅是属国性质,如今行如此大礼,着实也难为了呼韩邪二世。

呼韩邪二世必定是经过了激烈的思想斗争,最后才无奈地跪了下去,彻底"俯首称臣"了。跪拜完毕,他让翻译告诉汉朝使者:"单于新近即位,在左右群臣面前跪拜实在羞惭,希望使者不要在大庭广众下使单于屈节。"

> 诏遣中郎将段郴、副校尉王郁使南匈奴,立其庭,去五原西部塞八十里。使者令单于伏拜受诏,单于顾望有顷,乃伏称臣。拜讫,令译晓使者曰:"单于新立,诚惭于左右,愿使者众中无相屈折也。"诏听南单于入居云中,始置使匈奴中郎将,将兵卫护之。
> ——《资治通鉴·汉纪三十六》

呼韩邪二世拜受诏书

南匈奴不断内迁

事实证明，呼韩邪二世的这一跪是不吃亏的，东汉朝廷为笼络南匈奴，赏赐的财物比以前更多。但呼韩邪二世对迁居五原塞并不满意，于是趁段郴、王郁回国复命的机会，进一步提出了迁居云中郡的请求。

光武帝下诏，听任南单于进入云中郡居住，还赐予冠带、玺绶、车马、金帛、甲兵（武器）、什器等，又从河东郡调发干饭（干燥米）二万五千石、牛羊三万六千头支援南单于。当时经略西域各国一年的经费总计七千四

遣中郎将段郴授南单于玺绶，令入居云中。始置使匈奴中郎将，将兵卫护之。南单于遣子入侍，奉奏诣阙。于是云中、五原、朔方、北地、定襄、雁门、上谷、代八郡民归于本土。
——《后汉书·光武帝纪》

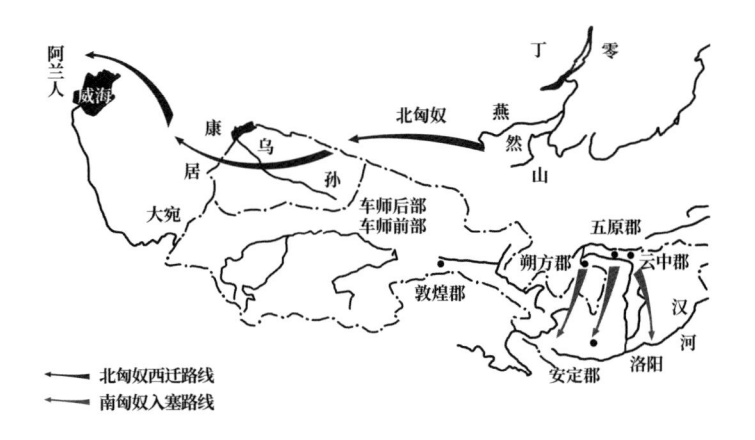

南、北匈奴迁徙图

百八十万钱，笼络南匈奴一年的经费总计竟有一亿九十余钱，东汉朝对南匈奴是何等厚待！

此外，光武帝还命令中郎将段郴率领免刑囚徒五十人，跟随南单于，参与处理诉讼案件并伺察动静。这样东汉朝廷不仅可以监视南匈奴，还可以参与南匈奴政务，为之设立官府，配备人员，协助中郎将工作，从此常设驻匈奴官职。

从此，匈奴分裂为南、北二部。南、北匈奴的分裂，使匈奴势力再次受到削弱，成为匈奴由盛转衰并西迁的转折点。

匈奴从西汉初年实力占优的兄弟之国，转为宣帝时期享有特殊礼遇的藩臣，再转为光武帝时期主动内附的臣子，整个过程也是南匈奴"汉化"程度不断加深的过程，代表着南匈奴逐渐成为华夏民族的组成部分。

西域经略摇摆不定

三通三绝，争夺西域

自汉代以来，"西域"狭义上指玉门关、阳关以西，葱岭即今帕米尔高原以东，巴尔喀什湖东、南及新疆广大地区；广义上指凡是通过狭义西域所能到达的地区，包括亚洲中、西部地区等。公元前60年（汉宣帝神爵二年），西汉政府在西域设置西域都护，进行军事和政治管理，这是西域归属中央政权伊始。

东汉时期，中原王朝对西域的经营与控制是非常不稳定的，经历了一个相对曲折的过程。东汉初年，北匈奴控制了西域，直至公元73年（汉明帝永平十六年）和公元89年（汉和帝永元元年），东汉两次派兵打败北匈奴，重新设置西域都护，又恢复了对西域的统治。据《后汉书·西域传》记载："自建武至于延光，西域三绝三通。"

一绝（25—27）	东汉初无暇经营西域	一通（73—75）	班超前往西域
二绝（76—89）	汉章帝罢西域都护	二通（90—106）	班超经营西域
三绝（107—122）	任尚统西域	三通（123—东汉末年）	班勇经营西域

通西域以断匈奴"右臂"

汉武帝刘彻为了打败匈奴,巩固边防,决定"列四郡,开玉门,通西域,以断匈奴右臂,隔绝南羌、月氏"。公元前138年(建元三年),汉武帝派张骞出使西域,打算联合西域各国以断匈奴的"右臂",但因月氏人已无力与匈奴为敌,因此未能达到与月氏结盟的目的。公元前119年(武帝元狩四年),张骞再度出使西域,此时乌孙因内讧无暇顾及联汉抗击匈奴,因而也未达目的。虽两次未果,但张骞的出使实际上加强了西汉与西域诸国的联系,为日后共同对付匈奴奠定了基础。

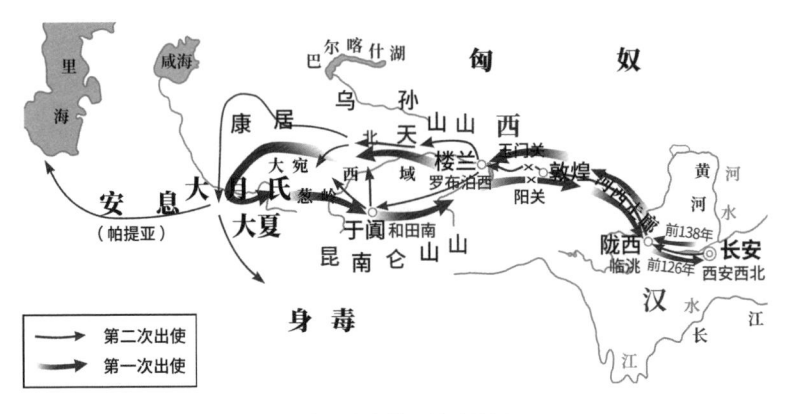

张骞两次出使西域路线图

"厚赂"是当时西汉对于西域各国的经济策略,张骞建议武帝"诚以此时厚赂乌孙,招以东居故地,汉遣公主为夫人,结昆弟,其势宜听,则是断匈奴右臂也。既连乌孙,自其西大夏之属皆可招来而为外臣"。于是汉武帝拜张骞为中郎将,令其携带"牛羊以万数,赍金币帛直数千万巨",率领三百人前往西域"厚赂"乌孙,西汉的"厚赂"西域诸国政策由此开始。

公元前121年（武帝元狩二年），汉朝大将军霍去病大败驻牧于河西走廊一带的匈奴部属，汉朝在此置武威、酒泉两郡（汉武帝元鼎六年，又从上述两郡中析出张掖、敦煌，为四郡），从而切断了匈奴同氐、羌诸部的联系，继而又同西迁至伊犁河流域的乌孙联盟。公元前109年（武帝元封二年），汉军将领赵破奴等人率部西征，攻破西域楼兰、姑师等重镇，之后天山"南道皆属"。公元前102年（武帝太初三年），汉军攻破大宛（位于今中亚乌兹别克斯坦费尔干纳盆地），汉朝在西域威望大增。翌年，汉朝在西域的轮台（天山南麓，距库尔勒187千米）、渠犁（今新疆库尔勒，尉犁以西）等地驻兵屯田，并置使者校尉统领之，这是汉朝在西域设立的最早的地方军政官员。

总体上，西汉对西域的管理可以说是"恩威并施"。据《资治通鉴·汉纪十八》记载：西域都护"督察乌孙、康居等三十六国动静。有变以闻，可安辑，安辑之，不可者，诛伐之"。此处的"督察"就是对西域诸国进行监视，而不是处理各国日常事务；"变"的意思则是西域诸国中出现不安定因素或是反叛西汉；"安辑"是指以和平方式解决，若不能"安辑"才可兴兵"诛伐之"。

骞既失侯，因言曰："臣居匈奴中，闻乌孙王号昆莫，昆莫之父，匈奴西边小国也。匈奴攻杀其父，而昆莫生弃于野。乌嗛肉蜚其上，狼往乳之。单于怪以为神，而收长之。及壮，使将兵，数有功，单于复以其父之民予昆莫，令长守于西（城）。昆莫收养其民，攻旁小邑，控弦数万，习攻战。单于死，昆莫乃率其众远徙，中立，不肯朝会匈奴。匈奴遣奇兵击，不胜，以为神而远之，因羁属之，不大攻。今单于新困于汉，而故浑邪地空无人。蛮夷俗贪汉财物，今诚以此时而厚币赂乌孙，招以益东，居浑邪之地，与汉结昆弟，其势宜听，听则是断匈奴右臂也。既连乌孙，自其西大夏之属皆可招来而为外臣。"天子以为然，拜骞为中郎将，将三百人，马各二匹，牛羊以万数，赍金币帛直数千巨万，多持节副使，道可使，使遗之他旁国。

——《史记·大宛列传》

五 争 车 师

"车师"原名姑师,位于准噶尔盆地的东边缘,扼天山缺口,其国都在交河城(今新疆吐鲁番东北)。

首先,由于车师所处的战略地位十分重要——向北可以遮阻汉王朝通向乌孙国之交通路线;向西又可制止汉朝通向焉耆、龟兹、疏勒之通道;向南又可节制楼兰(即今罗布泊附近)而控制西域之门户。其次,前后车师王庭非但军事、政治、经济等战略地位非常重要,而且皆处天山南北绿州地带,土地肥沃,水源充足,是发展农牧业生产的优良地区。此外,车师前后王庭靠近匈奴,匈奴怕汉朝得了后"必害人国",因此"不可不争"。

> (宣帝)元康二年五月,匈奴大臣皆以为:"车师地肥美,近匈奴,使汉得之,多田积谷,必害人国,不可不争。"由是数遣兵击车师田者。
> ——《资治通鉴·汉纪十七》

故而西汉与匈奴对车师展开了长期的反复争夺,前前后后共发生了五次,史上也称"五争车师",最终以匈奴日逐王率众降汉结束。公元前68年(汉宣帝地节二年),汉遣侍郎郑吉、校尉司马憙(一作熹)率屯田渠犁的田卒1 500人,及西域诸国兵万余人,共击车师,破交河城。公元前60年,郑吉领屯田及诸国兵五万迎降匈奴日逐王,并首任西域都护,统辖天山南北及帕米尔高原50余国,人口120余万,使中原王朝疆域"开史上空前之盛况"。

倒贴式外交

公元前60年(汉宣帝神爵二年),西汉于乌垒(今轮台县策大雅乡）设西域都护府，这是中央王朝在西域首次设立的最高政权机构，因"兼护南北两道之属国，故号都护"，对西域地区实行政治、军事、屯垦等管理，其最高官吏为"都护"，相当于汉朝地方行政最高一级长官——郡太守。东汉基本沿袭西汉旧制，到公元83年（汉章帝建初八年），西域都护由西域长史替代，东汉的楷模班超也曾任此职，功绩彪炳史册。

在屯田方面，公元前48年（汉元帝初元元年），汉政府将屯田中心从渠犁转移到了车师，在此设置了屯田官戊己校尉，驻车师前部高昌壁（今吐鲁番高昌古城）。其下属设"丞、司马各一人，候五人"。此外，西域各地还置有相应的屯田机构和屯田官，如鄯善伊循城的"伊循都尉"。

焉耆出土的汉朝赠西域首领的八龙纹金带扣（图片来源于网络）

"遣使纳贡"是西域各国政权对汉朝中央政权表示服从的一种方式，也表明了西域各国政权对中央政权的隶属关系。为了表示对汉朝的臣属，西域各国往往以"侍子"作为"遣使"的人质。此外，西域各国每年还携带各自的贡品前往长安"纳贡"，回程时，人人都能得到汉朝政府的馈赠，实际上馈赠品的价值远超过了"贡品"的价值。

"牛人"班超

在东汉对西域无明确政策的统治风格下，出了一位另类的猛人——班超。班超出身史学世家，他的父亲班彪是史学家和文学家，作《后传》60余篇；哥哥班固是史学家和文学家，编成《汉书》；妹妹班昭是中国历史上第一个女历史学家，也是文学家，班固去世后，《汉书》最终也是由班昭补充完整的。

若说班家是史学世家，那么班超就是一个异类，他要自己创造历史让后人铭记。公元73年（汉明帝永平十六年），42岁的大龄有志青年班超随窦固出击北匈奴，他率兵攻打伊吾（今新疆哈密），与北匈奴大战于蒲类海（新疆巴里昆湖），战绩颇丰，展现了过人的军事才能，受到窦固的赏识。于是窦固派班超保护从事郭恂，一同出使西域诸国，自此拉开了班超西域军事外交的事业版图。

班超驰骋西域31年，坚定执行了汉朝"断匈奴右臂"的政策，战必胜，攻必取，收服西域五十多个国家，瓦解和驱逐了匈奴势力。班超对西域的经营不仅维护了东汉的安全，还加强了与西域各属国的联系。

> 彪既才高而好述作，遂专心史籍之间。……彪复辟司徒玉况府。时东宫初建，诸王国并开，而官属未备，师保多阙。彪上言……书奏，帝纳之。……后察司徒廉为望都长，吏民爱之。建武三十年，年五十二，卒官。所著赋、论、书、记、奏事合九篇。
> ——《后汉书·班彪列传》

班超出使西域

班超死后，任尚继任西域都护，不久后西域诸国反叛，各路通道再度断绝。直到 20 年后，班超的儿子班勇回到西域，才又重新打通了中原王朝通往西方的道路。

东汉和西汉对于西域管理的理念和态度是不一样的，一来，部分东汉大臣认为西域乃化外之地，得之无用反而徒费政府的财力，不理解西域对于守卫河西与关中的重要性；二来，自东汉起，匈奴的力量也在变弱，联合西域抗衡匈奴的诉求不再那么强烈。

换汤不换药的草原民族

所谓民族，本质是一种政治体

在东汉帝国纠结如何处理和匈奴关系的时候，周边其他地区的势力正开启了前所未有的大变革。古老的亚洲没有一寸无主之地，从海岸到高原，从东亚到西亚，东汉、匈奴、贵霜、帕提亚，几乎都卷入了波谲云诡的形势中。

为了争夺生存的权利和发展的空间，几大势力先后加入了一场场波澜壮阔的史诗级鏖战中。各势力的博弈就像一盘大棋局，入局者势必牵一发而动全身。

点到为止的交手

公元 90 年（东汉永元二年夏），贵霜帝国派兵东越葱岭（今帕米尔高原和昆仑山脉西段、喀喇昆仑山脉东南段），攻打班超。由于班超兵少，大家都很恐慌，但班超却说："月氏兵虽多，然数千里逾葱领来，非有运输，何足忧邪？但当收谷坚守，彼饥穷自降，不过数十日决矣。"班超口中的"月氏"是指贵霜帝国的军队。大月氏五翕侯之一的贵霜翕侯丘就却建立了贵霜帝国。

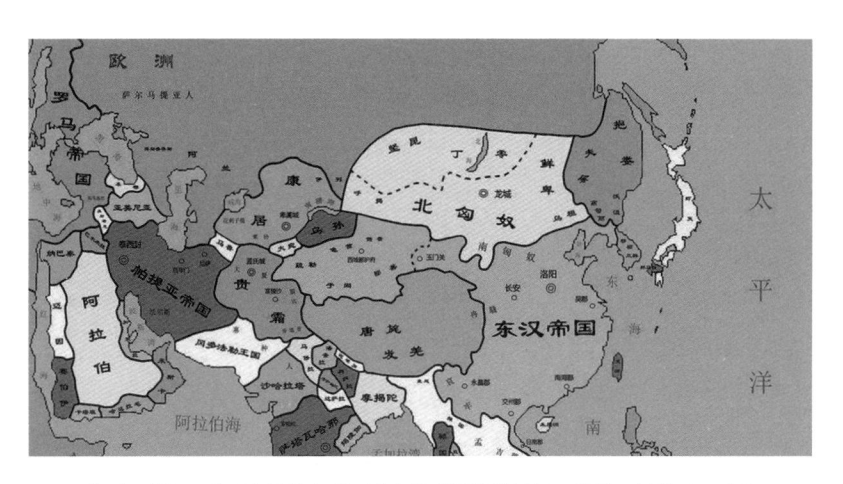

公元 2 世纪，欧亚大陆从东到西分布的帝国分别是汉、贵霜、帕提亚、罗马
（图片来源于网络）

果然，贵霜的士兵进攻班超，既无法攻克，又抢掠不到粮草，很快便疲惫不堪了。班超推测若是对方粮草将尽，必定会向龟兹求救，于是预先命几百士兵在其必经之路上埋伏。不出所料，敌人带着金银珠宝去龟兹求援，班超伏兵此时杀出，大胜后还遣人将情况告知了贵霜的带兵将领。贵霜副王谢大惊，进退两难，只能遣使向班超请罪，

最后与东汉和解。

鲜卑、乌桓与匈奴

公元前60年到公元91年（汉宣帝神爵二年至汉和帝永元三年）间，匈奴联盟不断上演着内斗和分裂的戏码，北匈奴被迫西迁。而此时，乌桓开始西进，鲜卑开始南移，这种持续的各民族迁移，必然会伴随着民族间的冲突和关系变化。

鲜卑的前身可追溯到东胡，西汉初年，东胡遭到匈奴冒顿单于毁灭性的打击，残部向东逃窜到了乌桓山与鲜卑山一带，成为乌桓与鲜卑两大支系。鲜卑居乌桓之北，又分为东部鲜卑和拓跋鲜卑，大体上这两支的分布是一北一南，拓跋鲜卑在北，东部鲜卑在南。

乌桓自驻牧于乌桓山之后，两汉期间还进行过两次南迁。在汉武帝元狩四年（前119），乌桓第一次南迁至五郡塞外。西汉时期，鲜卑一直在乌桓以北活动，乌桓第一次南迁后，东部鲜卑也随之从大兴安岭南段迁入乌桓原驻牧地。鲜卑走出森林来到了宜农宜牧的辽西地区，获得了更大的发展空间，因而迅速发展。随着鲜卑日渐强大，不断向南拓展，到了东汉初年，东部鲜卑再次南迁至燕北五郡塞外一带，开始与中原政权频繁交往，而乌桓只能被迫内迁。

> 乌桓者，本东胡也。汉初，匈奴冒顿灭其国，余类保乌桓山，因以为号焉。
> ——《后汉书·乌桓鲜卑列传》

汉匈双方都争相拉拢和利用乌桓、鲜卑以牵制对方。匈奴整体西迁后，其东北部对汉朝的战争主要借助乌桓、鲜卑的势力。但乌桓、

> 二十二年，匈奴国乱，乌桓乘弱击破之，匈奴转北徙数千里，漠南地空，帝乃以币帛赂乌桓。二十五年，辽西乌桓大人郝旦等九百二十二人率众向化，诣阙朝贡，献奴婢、牛马及弓、虎豹貂皮。
> ——《后汉书·乌桓鲜卑列传》

鲜卑与汉朝在经济上具有互补性，他们想要通过"互市"获得必要的物资，于是东汉利诱乌桓、鲜卑归附，协助攻击匈奴。建武二十五年（49），辽西乌桓首领郝旦率部众归附汉朝，匈奴、鲜卑、乌桓的军事联盟土崩瓦解。鲜卑和乌桓反水，加上南匈奴与东汉的夹击，北匈奴逐渐衰弱，中原边塞再无寇警。

再往后，鲜卑替代了匈奴，成为东汉的主要威胁。到了汉安帝时，鲜卑联合匈奴和乌桓入侵汉朝，辽东鲜卑、辽西鲜卑、代郡鲜卑屡屡袭击代郡以东地区。汉安帝后，鲜卑频繁攻掠代郡、雁门、定襄等缘边诸郡，不断西进。在鲜卑占据了匈奴故地后，北方民族关系开始上演一轮新的循环。

檀石槐时期的鲜卑与东汉

到了东汉桓灵时期，塞外鲜卑出了一位杰出的首领——檀石槐，一个强大的鲜卑帝国呼之欲出，成为东汉帝国在北方最强劲的对手。

根据《后汉书》记载，檀石槐的父亲名叫投鹿侯，曾经在南匈奴的军队中服役，回乡后发现妻子居然生了一个男孩，于是把他扔到了荒郊野岭自生自灭。妻子的族人偷偷把男孩捡回来并养大，这就是命大的檀石槐。

大约在檀石槐14岁时，邻近部落的一个首领率众攻打他所在的部落，掠去了不少牛羊。檀石槐得知后，单枪匹马勇闯敌部，把被抢走的牛羊追讨回来，他的勇敢赢得了本部落人的尊敬，于是被推举为部落首领。檀石槐开始制定各类规则，并设置王庭，其部落日渐强盛，成为草原升起的新星，其他部落纷纷归附。

檀石槐的势力向南扩张至东汉边境，向北与丁零对抗，向东击败夫余，向西侵掠乌孙，占尽匈奴故地。檀石槐的地盘东西一万四千里，南北七千余里，几乎可以媲美东汉帝国，他也成为鲜卑史上最伟大的英雄之一。

至此，檀石槐的目标已不仅是在草原上纵横了，兵锋转而南下，贪婪地盯住了南方的东汉。桓帝永寿二年（156），檀石槐侵入东汉的云中郡，李膺被命为度辽将军，坐镇边疆，檀石槐认为李膺是块难啃的硬骨头，便转而进攻辽东。不过鲜卑人的运气实在不好，他们在辽东遇到了一个军事天才——日后平定了羌乱的段颎。那时正值段颎担任辽东属国都尉。段颎精于谋略，鲜卑人中了其埋伏，几乎全军覆没。

由于东汉政府腐败无能，北疆的局势日渐严重。灵帝建宁元年至熹平五年（168—176）间，鲜卑六次攻打并州，四次进攻幽州，一次进犯北地，侵略越来越频繁。熹平六年（177）春始，鲜卑的军队竟然在东、西、南三面同时迎战东汉，前后共战三十余次。此时的鲜卑拥有十万大军，可与当年的匈奴相媲美。

不过命运之神又一次挽救了东汉帝国，灵帝光和四年（181），鲜卑的一代雄主檀石槐病逝，时年仅四十五岁。檀石槐的儿子和连被推立为鲜卑首领，但其能力和魄力与其父相差甚远，族人多半不服。和连对汉边境继续用兵，最后在一次攻打北地郡的战斗中中箭身亡。和连死后，他的儿子骞曼与侄子魁头之间爆发权力斗争，统一的鲜卑局面开始被打破，各部落的联盟瓦解，鲜卑又一次四分五裂，对中原王朝的威胁自然也弱了许多。在失去了一位强有力的领袖后，鲜卑开始走下坡路，再经过一百多年的内斗和迁徙，纷乱的鲜卑重组为拓跋、慕容、宇文等部，这些部落开始了又一轮的发展，为永嘉之乱后逐鹿中原做好了准备。

鲜卑骑兵

东胡强盛时，他们是东胡；匈奴雄霸时，他们是匈奴；乌桓发展时，他们是乌桓；鲜卑威武时，他们是鲜卑；西夏横绝时，他们是西夏；……民族的本质其实很简单，名称更多像是一种代号，核心不过是一种政治体。

博大精深的《说文解字》

流芳百世的汉语言巨作

《说文解字》,简称《说文》,由东汉经学家和文字学家许慎编著,初稿成于汉和帝永元十二年(100),但直至汉安帝建光元年(121)才定稿。此书是中国最早系统分析汉字字形和考究字源的语文辞书,是文字学和文献语言学的奠基之作。

对于《说文解字》的书名,许慎是这样解释的:"仓颉之初作书,盖依类象形,故谓之文。其后形声相益,即谓之字。文者,物象之本;字者,言孳乳而寖多也。"仓颉开始造文字时,大概是按照万物的形状临摹,所以这种图画似的符号叫"文",之后,形与形,形与声结合的符号便叫"字"。如此,"文"就是描绘事物本来的形状,"字"的含义是滋生、繁衍。所以简单地概括,"文"和"字"实际上反映了汉字发展的两个阶段——图画符号阶段和概念符号阶段。

经学催生的文字学

儒家前代典籍经历秦火洗劫后，已所剩无几，博士所传的经书大多靠伏生等宿儒口耳相传，到汉代才重新用隶书写成文本（隶书为汉代的通行文字，因此叫"今文经"）。后来刘向和刘歆父子在校书时，发现了不同于"今文"经书的"古文"经书（所谓"古文"就是用先秦古文字抄写的经书，俗称"蝌蚪文书"）。

据《汉书·儒林传》记载，汉武帝兴太学后："黜黄老、刑名百家之言……立五经博士，开弟子员，设科射策，劝以官禄，讫于元始，百有余年，传业者寖盛，支叶蕃滋，一经说至百余万言，大师众至千余人。"

"博士"，古为官名，秦汉时为掌管书籍文典、通晓史事的官职，后成为学术上专通一经或精通一艺、从事教授生徒的官职。

"经书"，此处指儒家经典著作，如《周礼》《易经》《春秋》《论语》《礼记》《孝经》《书经》《诗经》《仪礼》等儒家经传。

蝌蚪文（篆）

除了字体的不同，今文经和古文经的内容也不同，比如鲁恭王坏孔子旧宅，所得的古文《尚书》，比伏生（汉代时期经学家，曾为秦博士）口授的今文本多出二十五篇。刘歆后来想把古文经也列于学官，和五经博士讲论经义，从而引发了中国学术史上持续近两千年的今文经学和古文经学之争。

汉代文化发展昌盛，为文字学的发展创造了天然的条件，而今、古文经学之争则加速了文字学创立的步伐。为了"打假"今文学家，古文学家要研究文字的发展演变；若指责今文学家"破坏形体"，"未尝睹字例之条"，则需揭示汉字构造之规律。《说文解字》就是在这样的环境下诞生的，也可以说是为了解释经书而编写。

> "鲁恭王坏孔子旧宅"，汉鲁恭王喜欢兴建宫室，紧邻的孔子旧宅有碍于宫室的扩展，所以鲁恭王便派人去拆孔子的旧宅，结果在孔宅壁缝中发现了许多用古文字书写的典籍，包括很多失传已久的逸书。

字圣许慎

许慎，约出生于汉明帝永平元年（58），年少时便广泛学习经籍，研读《诗》《书》《礼》《易》《春秋》及诸子百家著作。许慎的专业功底受到当时经学界的敬重，包括经学大师马融也很推崇他。

汉章帝建初三年（78），许慎步入仕途，担任郡功曹。建初八年（83），补为太尉南阁祭酒，后任五经博士，校书东观（"东观"是

> 许慎，字叔重，汝南召陵人也。性淳笃，少博学经籍。马融常推敬之。时人为之语曰："五经无双许叔重"。为郡功曹，举孝廉。再迁，除洨长。卒于家。初，慎以五经传说臧否不同，于是撰为《五经异义》，又作《说文解字》十四篇，皆传于世。
> ——《后汉书·儒林传》

东汉宫廷中贮藏档案、典籍和从事校书、著述的处所)。许慎认为各家对《五经》的解说混乱而褒贬不一,于是写了《五经异义》进行论证。章和二年(88)年,许慎被举为孝廉。

在长期的学习和研究中,许慎搜集到了大量小篆、古文、籀文资料,并且以广博的经学知识为基础,根据"六书"条例(象形、指事、会意、形声、转注、假借),在从贾逵受古学之时,即着手编写《说文解字》,历时十年,于汉和帝永元十二年(100)正月初步完成了这部巨著。

> "举孝廉",汉朝的一种由下向上推选人才为官的制度,孝廉是察举制的主要科目之一。被举者大多为州郡属吏或通晓经书的儒生。

> "五经",一般指儒家典籍《诗经》《尚书》《礼记》《周易》《春秋》的合称,为历代学子主要研习的书经。

为了令其更加完善,许慎一直都没有定稿,而是不断地将新的发现和收获补充进去。直到公元121年,许慎才将《说文解字》定稿,全书共分540个部首,收字9 353个,另有"重文"(即异体字)1 163个,共10 516字。此后,许慎就在家乡及附近村庄授经教书,直到公元147年前后因病去世。

千古流芳,泽及后世

《说文解字》是文字学史上最有权威的书,许慎的名字与他的杰作成为后人阅读古籍、探讨古代文化、研究古文必不可少的魔盒钥匙。

> 博大精深:其内容取材大致包罗了许慎以前的字书、金石资料。
> 言之有据:取材于儒家经典,注重用经传训诂来说解、查证古字之来历,纠正了时人随意解说文字的弊病。
> 阐明"六书"条例:按"六书"的原则来说解文字,奠定了文字

学研究的基础。

- 建五百四十部首：按部首分类法统摄每一个汉字，是许慎的重大创造，也是汉字发展史上的一个里程碑。许慎将古汉字分列于五百四十个部首之下，按"始—终亥、据形系联"的原则，把庞杂纷繁的汉字归纳成一个比较清晰的系统。
- 注重形、音、义三者相结合：于每篆之下，首先说明字义，其次说明形体结构及音读。若有经籍、通人之说或别说者，再简要征引。

因此《说文解字》也成了历史文化知识的典藏。此书问世后很快引起了当时以及后世学者的重视，他们在注释经典时常常引证《说文解字》。如：郑玄注三礼，应劭、晋灼注《汉书》，都曾援引《说文解字》以证字义。到了南北朝时期，学者们对《说文解字》已经有了比较完整、系统的认识。唐代科举考试规定要考《说文解字》，唐代后一切字书、韵书及注释书中的字义训诂都依据于此。清代更是《说文解字》研究的高峰时期，研究此书的学者不下200人。

虽然《说文解字》是以小篆为主要内容，但书中的阐释重点在于体现字义。汉字不仅仅是字或者交流的工具，更重要的是，它把事物的本质形象地表现出来，让人一眼认识到事物的根本，甚至不需要再解释。

没有赢家的争夺

谁是汉羌百年战争的受益人？

不间断的少数民族侵扰

如果说西汉最大的外患是匈奴，那么东汉最大的外患就是羌乱。羌人曾在西汉宣帝时期就作乱，老将赵充国对屡次侵犯边郡的先零羌就地打击；到了东汉时期，东汉与羌人又开始交战，陆陆续续打了百余年，直到东汉末年，羌乱犹未平息。

羌，在汉藏之间

自古以来，中国就有"华夷之辨"，认为整个天下只有两种人，一种是华夏人，或者叫"诸夏"，生活中原地区，有着共同的文化、礼仪、服饰与生活习惯；另一种是蛮夷人，与华夏人是相对立的。"蛮夷"与"华夏"的差异，主要体现在文化上。

古中原之地，四方有所谓"羌、胡、夷、狄"。其中，"羌"是西方的少数民族总称，即西羌，主要居于青海草原，其种类很多，有研种、烧当、先零、白马等。汉朝时期，羌人的活动范围囊括了今天甘肃、青海以及四川等许多地方。"羌"是一个象形文字，是"人"和"羊"的合体，近代发现的商朝甲骨文中有这个字，说明在当时就已经有"羌"这个族群了。根据《说文解字》的注解，"羌，西戎牧羊人也"。

甲骨文"羌"字

西汉宣帝和元帝时，西羌进攻甘肃一带，被汉军击败。之后羌人不断内徙，其社会结构和民族特征都发生了重大变化。一般将安定、西河、上郡等地的羌人称为"东羌"。到了东汉，"西羌"就是专指羌人中内迁定居于陇西诸郡的一支。

史学家王明珂先生认为，要把羌族及其文化放在汉藏两大民族文化系统中看待，羌族就像是汉、藏间的变色光谱，愈往东南，这儿的羌族便愈像汉族；愈往西北去，当地的羌族就愈像藏族。

内附的羌人

羌族内徙大致分三种情况：一是西羌豪酋主动请求内属；二是西

羌豪酋进犯内地，但在战争中被俘或投降；三是汉军出塞进攻羌人，降俘入塞。羌人不间断地内徙一直持续到西晋，那时内徙的羌人主要分布在今陕西南部、西南部以及甘肃境内，十六国时，羌族姚氏聚集族人在关中建立了后秦。

汉光武帝统一西北地区后，如何处理原先依附于隗嚣（新朝末年地方割据军阀）的羌人成了老大难的问题。从安抚的角度考虑，光武帝最终采纳了司徒掾班彪的建议，设立了护羌校尉，并授予部族首领封号及官印。同时，朝廷允许羌人内附，许其迁入关内定居西北四郡：武威郡、张掖郡、酒泉郡、敦煌郡。

内附的羌人并没有消停，武装行动频繁，与当地的汉人时常发生冲突，加之西北地方官多数残酷苛暴，导致羌人反抗此起彼伏。建武十年至十二年（34—36），先零的酋豪与其他羌人部族勾结，再度进犯金城、陇西、临洮一带，光武帝先后派中郎将来歙、陇西太守马援率兵击破。马援将归服的羌人徙置天水、陇西、扶风三郡，分散治理，陇右得以保持相对平静。

建武中元二年（57），光武帝刘秀病逝，内附的羌人中实力强劲的一个部落分支——烧当羌反叛汉朝，进攻陇西郡，拉开了羌人与汉帝国百年战争的序幕。汉明帝刘庄继位后，对羌人软硬兼施，虽然汉羌之间紧张的攻战稍有缓和，但小规模的冲突却不断。一系列冲突并没有引起东汉的官方重视，很快从星星般的野火烧成了燎原之势。

> 先零羌与诸种寇金城、陇西，来歙率盖延等进击，大破之，斩首虏数千人。于是开仓廪以赈饥乏，陇右遂安，而凉州流通焉。
> ——《资治通鉴·汉纪三十四》

```
                    滇良
                  (23?—56)
                     │
                    滇吾
                  (56—59?)
            ┌────────┴────────┐
           东吾               迷吾
         (59?—77)          (77—87)
           │                   │
           东号               迷唐
         (89—107)        (87—101 或 110)
      ┌────┴────┐
     麻奴       犀苦
   (107—124) (124—131?)
```

烧当羌首领在位世系表

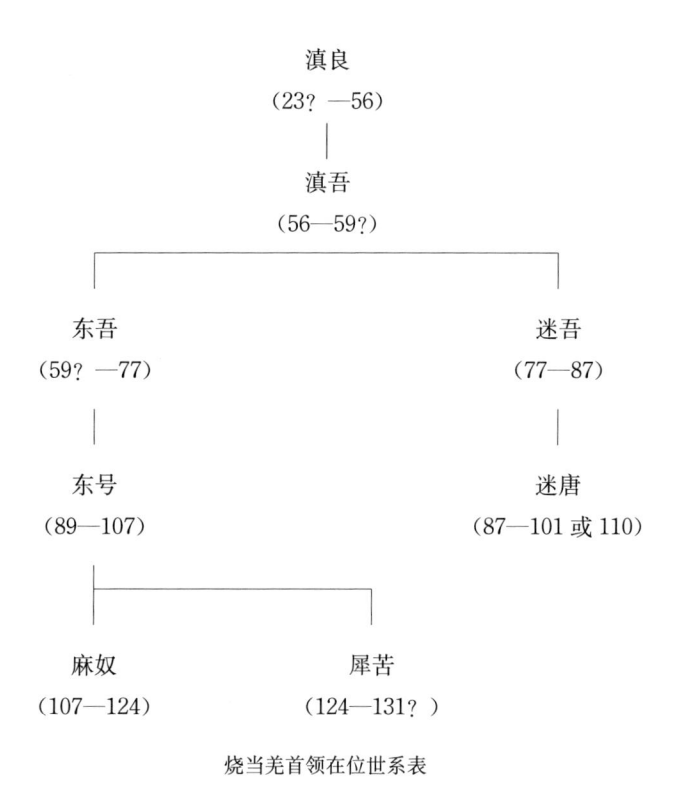

  "烧当羌之乱"从建武中元二年（57）一直持续到汉和帝永元十三年（101），并且愈演愈烈。东汉对烧当羌迷吾、迷唐父子的征伐，耗费巨大。公元101年，烧当羌首领迷唐率兵回到赐支河曲（今青海贵德县以西、共和县以南区域），接近汉朝边塞，护羌校尉周鲔和金城太守侯霸率兵三万出击，打败了迷唐。迷唐越过赐支河首（今青海西南玛多、玛沁等县境的黄河）远逃，投靠了发羌，至此，烧当羌算是瓦解了。多年后，迷唐病死，他的儿子来隆前来归降汉帝国，部众已是稀稀落落。

无尽的羌乱

终于,烧当羌暂时消停了,但羌人的另一个大部落——丁零羌又闹腾了。这场叛乱持续了十一年,又耗费了汉朝大量的人力和物力。到了安帝永宁元年(120),东汉终于忍无可忍,决定倾全国之力,一鼓作气彻底解决羌乱的问题。朝廷派出名将马贤和赵冲,率精锐部队和大量物资前往西北,和各个闹事的羌人部落进行了二十多年的拉锯战。

尼雅遗址古城曾出土了一块织锦护臂,上面织有八个篆字:"五星出东方利中国。"后续仍有文字,已被考古人员修复出来:"讨南羌,四夷服,单于降,与天无极!"讲的正是汉朝讨伐南羌之事。(图片来源于网络)

- 安帝永宁元年(120)六月,护羌校尉马贤率兵一万去往张掖讨沈氐羌(西羌的一支),斩杀一千八百余人,俘虏了一千余人。后来,烧当羌听说马贤大军返回了金城郡(今甘肃兰州市西),又联合烧何羌进攻张掖郡,杀害官吏。

- 安帝建光元年(121),烧当羌的忍良等一众人因不满马贤对麻奴(烧当羌部落首领东号的儿子)兄弟的态度,率部侵犯湟中、金城郡;同年八月,马贤率军回击但未能取胜,于是麻奴等人趁势进攻武威,最终马贤只能采用招抚引诱之计,使麻奴南返湟中。

- 安帝延光元年(122),马贤追击麻奴至湟中,大破西羌军,麻奴在部下逃散后,只能率领残部投降汉阳郡太守耿种。

> 顺帝永和三年（138）十月，烧当羌首领那离等人再次叛乱，率领三千余骑兵入侵金城郡，但被马贤击败。
> 顺帝永和四年（139）四月，马贤率军讨伐烧当羌，那离被斩首，烧当羌一千二百余人被斩杀和俘虏。

长年拉锯战的结果是，羌人非但没有被完全扑死，反而像滚雪球一样越滚越大。顺帝永和六年（141），马贤中伏阵亡；建康元年（144），赵冲也战死。至此，东汉终于认清了一件事，他们陷入了羌人的陷阱里，不断从内地调兵长途跋涉与羌人对抗是行不通的，反而应该用当地周边的武装力量去对付羌人。

于是，东汉开始在河西四郡选拔优秀的将领和士兵，给予了当地的将领和太守很大的自主权，让他们带兵对抗羌人。后来河西四郡就涌现了很多优秀的将领，如段颎、皇甫规、张奂（被时人称为"凉州三明"）等，他们带领河西四郡的勇士把羌人修理得嗷嗷叫。但很快，这种政策的副作用开始显现了。

豪强割据势力抬头

从汉安帝后，凉州地区开始爆发类似周期性的羌乱，大规模的有四次：

> 汉安帝时期（107—118）第一次羌乱
> 汉顺帝时期（139—145）第二次羌乱
> 汉桓帝时期（159—169）第三次羌乱
> 汉灵帝时期（184—214）第四次羌乱

公元184年爆发的第四次羌乱，与前几次不同，那时随着东汉统治走向崩溃，原本躲在幕后的河西四郡地方势力再无顾忌，大张旗鼓地招兵买马，在和羌人作战的过程中借机壮大自己的势力，开始在西北割据，部分势力甚至和羌人合伙祸乱西北边境。以韩遂、马腾为代表的凉州豪强很快实现了割据一方的愿望，凉州也成为黄巾起义后首个实现独立的地区，成为东汉王朝彻底瓦解的先声，该地区的割据直到三十年后曹操西征才落幕。

汉灵帝时期，无论是讨伐鲜卑檀石槐，还是镇压黄巾起义，都过于依赖凉州地方武装，其间崛起了两个最重要的力量——皇甫嵩和董卓。在关东士人的认知里，以镇压羌人名义起家的凉州军阀已与羌人无异，东汉公卿甚至把董卓麾下的凉州军士都称作羌胡杂种。接下来的发展就是大家熟悉的故事，大军阀董卓越来越骄横跋扈，以公然抗命著称于世。公元189年，汉灵帝逝，外戚何进与宦官矛盾激化，董卓趁机进军洛阳，控制了朝政，挟持汉献帝迁都长安，东汉帝国名存实亡。

外戚、宦官、羌乱，堪称东汉后期的三大痼疾。如果说外戚和宦官乱政，标志着东汉皇权在中央层面受到严重侵蚀而衰落，那么羌乱反复爆发，凉州地方豪强借羌乱之手，与东汉朝廷展开利益博弈，则最终导致了东汉地方秩序和中央集权的脱钩。

再见了，匈奴人

班家"猛人父子"，威震西域

汉安帝永初元年（107），西域诸国屡有背叛，此时东汉政府的财政难以继续支撑西域的经营。无奈之下，朝官们认为只要关闭玉门关，便可安居无事，于是汉安帝诏罢西域都护，放弃西域。不料北匈奴残部收服西域诸国后，又开始侵犯东汉边境，直接威胁河西四郡。安帝元初六年（119），北匈奴攻陷伊吾卢（今新疆哈密），杀死了汉将索班，用事实给东汉上了一课，"弃西域则河西不能自存"。

为了对付西域的北匈奴，东汉朝廷任命班勇为西域长史，屯兵柳中（今新疆吐鲁番一带）。延光二年（123），汉安帝派班勇率兵出关经营西域；汉顺帝永建元年（126），班勇率西域兵大破北匈奴呼衍王，又击退了北单于兵，北匈奴向西逃遁，葱岭以东诸国重新归附汉庭，西域的局势开始稳定。

班超"以夷制夷"

汉章帝建初二年（77），天降旱灾，财政更加吃紧，难以维持西域屯兵的开支，于是汉廷决定撤走设于天山东段北麓的伊吾卢屯兵，北匈奴趁机进驻守军。东汉拱手将一处良好的后勤基地和西域屏障送给匈奴，可谓一大失策。

虽然东汉在西域的存在感日渐薄弱，但班超在西域仍采取了进攻战略，只不过来自中央的支援越来越少。西域的北道有匈奴军队活动，各城邦在匈奴势力的直接影响下，对汉人的态度不太友好。而南疆各国除了莎车外，基本站在东汉一边，再加上东汉此时在西域已经没有大部队驻扎，所以给南疆诸国造成的直接压力要小很多，避免激起当地人的过分警惕和反感。在这种情况下，班超"以夷制夷"的策略就可以发挥作用了，调动西域各国的本地力量，借力打力，对抗匈奴。

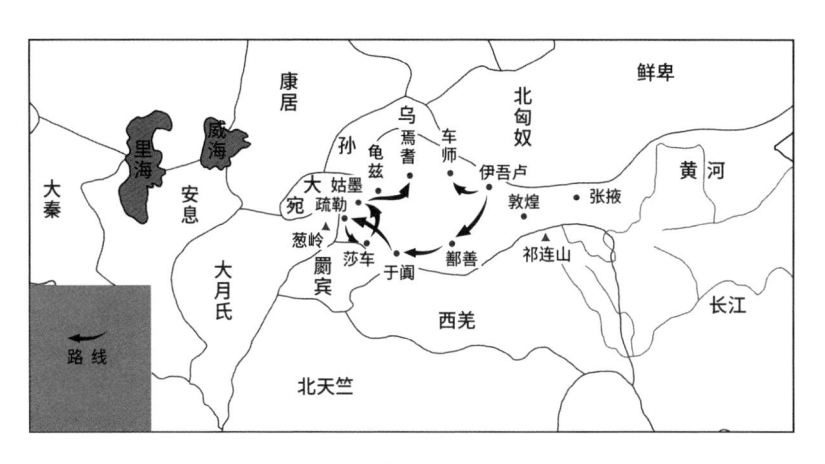

班超出使西域路线图

建初三年（78）四月，班超率疏勒、康居、于阗等国联军一万余人，进攻了吐火罗系的小国——姑墨。班超又借此契机上书中央请求派兵支援，并提出借由敌方的内部矛盾，发起由大宛、乌孙和康居等国构成的反"匈奴—龟兹"联盟。孤立了亲匈奴的吐火罗系城邦后，平定西域的曙光显现了。

不见兔子不撒鹰，元和元年（84），汉章帝觉得班超在西域似乎有了起色，派了约八百人支援班超。于是班超发动疏勒和于阗的军队，一同夹击莎车。不料莎车暗地里贿赂和教唆疏勒反汉，占领了乌即城。无奈之下，班超只能立疏勒府丞成大为疏勒王，并遣使者说服康居王逮捕前任疏勒王。总体而言，这是又一次"以夷攻夷"的胜利。

> 建初三年，超率疏勒、康居、于阗、拘弥兵一万人，攻占墨石城，破之，斩首七百级。超欲因此巨平诸国，乃上疏请兵曰："臣窃见先帝欲开西域，故北击匈奴，西使外国，鄯善、于阗，即时向化。今拘弥、莎车、疏勒、月氏、乌孙、康居复愿归附，欲共并力破灭龟兹，平通汉道。"
> ——《后汉书·班超传》

北匈奴西逃

汉和帝永元二年（90），大将军窦宪派校尉阎盘（一作耆）率精骑三千突袭漠北，在今新疆哈密一带重创了北匈奴别部。永元三年（91），汉军又在南匈奴的配合下长途奔袭五千余里，在金微山（今阿尔泰山）与北匈奴主力短兵相接，将北匈奴主力彻底击溃。经此一役，部分北匈奴兵将归降东汉，一部分突围出

> "吐火罗"，公元前1500年，欧亚大陆发生了印欧人迁徙浪潮，波及了当下的新疆地区，吐火罗人经阿尔泰山进入西域。这些人经过且末等地，推进到了罗布泊附近，乃至更东之地。这里的吐火罗人逐步形成了两个历史悠久、文化灿烂的吐火罗人国家：焉耆和龟兹。

去的残余部众逃至鄂尔浑河流域,后被迫融入另一个游牧部族——鲜卑。

在汉、匈联军的持续打击下,北匈奴单于只得引残部继续西逃。逃亡途中,北匈奴居然接连击溃乌孙、大宛等西域小国,一时威震西域,又渐成了一方霸主。

后来汉廷撤走了西域都护府,西域重新陷入纷乱的境地,竟有十多年没有东汉的官吏涉足。直到汉安帝元初六年(119),出于战略重要性考虑,时任敦煌太守的曹宗派长史索班率领一千多人驻扎在伊吾卢,车师前王和鄯善王纷纷来降。可仅仅几个月后,北匈奴就与车师后国联合出兵,攻打伊吾卢并杀害了索班,他的部属无一幸免。随后北匈奴与车师后国联军又打败了车师前国军队,占领了西域北道。鄯善国见情况危急,立刻向曹宗求救,曹宗请求朝廷出兵五千人攻打北匈奴,并借此机会再次收复西域。

邓太后(汉和帝第二任皇后)召集大臣们商议,并点名班勇列席(班勇出生于疏勒国,他的母亲疏勒夫人为疏勒国王室成员)。班勇认为西域好比是匈奴的内脏,历史证明,只要守住这里就相当于掐住了匈奴要害,放弃则后果不堪设想。经多方协商,朝廷恢复敦煌郡营兵三百人,在敦煌设置了西域副校尉。汉安帝延光二年(123)四月,朝廷任命班勇为西域长史,率领兵士五百人出塞,驻扎在柳中。延光三年(124)正月,班勇抵达楼兰。

在班勇的努力下,鄯善王尤还归附汉朝。不久后,龟兹王白英带领姑墨、温宿两国王一起归降。在一片大好形势下,班勇乘机征调龟兹等国的步骑兵一万余人,前往车师前国王庭,于伊和谷赶走匈奴伊蠡王,收编了车师前国军队五千余人,从此车师前国开始重新与汉朝建立联系。

延光四年（125）七月，班勇调集了敦煌、张掖、酒泉等郡的六千骑兵，以及盟友鄯善、疏勒、车师前国的军队，进攻车师后国，大获全胜，替索班（在对车师后国战斗中牺牲）报仇，并一雪前耻。汉顺帝永建元年（126）十一月，班勇改立车师后国前任国王的儿子加特奴为王，又派遣部将斩杀东且弥国王，并另立其本族人为王，均衡了各部的势力。至此，西域六国全都归附汉朝，只要趁势打残匈奴，西域就可以从此安定下来。

> 尚书复问勇："利害云何？"勇对曰："昔永平之末，始通西域，初遣伊郎将居敦煌，后置副校尉于车师，既为胡虏节度，又禁汉人不得有所侵扰，故外夷归心，匈奴畏威。今鄯善王尤还，汉人外孙，若匈奴得志，则尤还必死。此等虽同鸟兽，亦知避害，若出屯楼兰，足以招附其心，愚以为便。"
> ——《资治通鉴·汉纪四十二》

退出历史舞台

汉顺帝永建元年（126）十二月，班勇调集联军攻打匈奴呼衍王，呼衍王逃走，他的部下两万余人全部投降。此外，联军还抓到了单于的堂兄，班勇让加特奴亲手将他斩杀。这招其实挺狠，车师后国一向与匈奴走得很近，几乎将匈奴当作靠山，匈奴也同时把车师后国当跳板，双方是唇齿相依的关系，但是车师后国王亲手斩杀了匈奴王，双方以后绝无可能和平相处了。

果然，北单于亲自率领一万余骑兵攻打车师后国，但还是败于强大的联军，从此退出车师后国的政治舞台。目睹了车师后国的跌宕起伏，西域其他城邦陆续都选择归服汉朝，只有焉耆王元孟还在观望。

永建二年（127）六月，班勇上奏朝廷，请求出兵攻打元孟，朝廷派敦煌太守张朗带领河西四郡之兵三千人，配合班勇。班勇调集西域各国之兵，共四万余人，与张朗分两路进击焉耆。班勇从南道走，张朗从北道走，约定日期到焉耆城下会师。不料张朗因先前有罪，急于求功赎罪，就赶在约定日期之前抵达爵离关，并提前进攻，斩首两千余人，元孟害怕被杀，派使者请求投降。此战过后，张朗因军功得以免除先前的罪责处罚，而班勇因迟到被征回京都洛阳，下狱免官。不久，班勇得到赦免，后来老死家中。

汉顺帝永和二年至汉桓帝元嘉元年（137—151），汉将裴岑、司马达先后率汉军远征西域一带，司马达的军队在今新疆的巴里坤湖（古名蒲类海）一带击毙北匈奴呼衍王，取得大胜。匈奴余众已彻底无法立足于西域，被逼无奈下，再次狼狈西逃。而依附于汉廷的南匈奴则在漠北继续繁衍生息，其王族被赐姓刘，血脉逐渐融入汉族或其他游牧部族中。至此，称霸漠北、与汉人鏖战数百年的剽悍匈奴人，渐渐消失在中国古代的文献记载中。

匈奴控弦之士

北匈奴西迁后踪迹成谜，销声匿迹长达两百余年，后来有一种传说：匈奴军队在几代单于的率领下东征西讨，在欧亚大陆搅起血雨腥风，后来实力膨胀的匈奴帝国将王庭设于今天的匈牙利首都布达佩斯附近，"上帝之鞭"阿提拉单于在位期间，匈奴骑兵相继征服东、西罗马帝国，攻陷君士坦丁堡、罗马等核心城市，几乎整个欧洲都在这条马鞭下颤抖。

向上流动的新通道

察举制与征辟制，官吏选拔的改革

官吏选拔是维护统治必不可少的手段，选拔制度会对社会运转产生重大影响。汉朝初期，选官主要有四种方式：军功受爵（因军功得官）、任子（凭借父兄功绩得官）、赀选（"赀"通"资"，即捐财得官）、积久为官（根据做官年岁升迁）。

天下初定之时，这四种选官制度符合治世之权威，但随着江山日益稳固，对外征战相较于汉初大大减少，凭借军功得官的优秀人才随之减少。此外，虽然其他三种制度所选官员增多，但所选之人良莠不齐，汉朝初年的选官制度逐渐无法适应汉廷对于人才的需求，改革官吏选拔制度势在必行。

"察举制"的建立与完善

春秋战国的选士之风一定程度上奠定了"察举制"的基本格局，此外在汉代"罢黜百家，独尊儒术"主流思想的影响下，孝悌之风得以盛行，两者叠加，直接影响了汉代的选官制度，汉高祖刘邦便曾下诏征举贤能。汉文帝即位后也下诏求"贤良方正能直言极谏者"，要求地方向中央举荐贤良人才；汉文帝十五年，又命诸侯、公卿、郡守举贤良之士，被推举者达百人。这些举措成为汉代"察举制"的雏形。

汉武帝正式将"察举制"作为汉代选官的主要制度，自此"察举制"基本成了汉代选官制度的代名词。察举制即观察并推荐当地的廉洁、孝行之辈入朝为官，《汉书·武帝纪》记载："元光元年冬十一月，初令郡国举孝、廉各一人。"每个郡、诸侯国的长官每年要向中央至少举荐一个孝顺清廉的人才参加考试，称为"举孝廉"。

汉代的"察举制"是逐步完善和制度化的，所需察举的科目也是由少到多不断增加的。察举考试一般分为"岁科"和"特科"两种，岁科的意思便是每年举行一次，而特科一般没有固定的周期，视情况而定。岁科的考察项目有孝廉、茂才、察廉、光禄四行，其中以"孝廉"最为重要；特科又分为常见特科和一般特科两种，选材看中贤良方正。

> 夏、商、西周实行"世卿世禄制"，到了春秋战国时期，统治阶层出于富国强兵的急切需求，开始破格任用一些地位低下却才干出众的人。战国时期出现"军功爵制度"，统治者又兴起"养士"之风，不论出身，招揽有才干、善言辞的人才。到了汉代，自下而上推选人才的制度名为"察举制"，也叫"选举"。

"孝廉"有孝子廉吏的意思，孝廉出仕的官吏在汉代被认为是正途、清流，更容易得到朝廷或地方的重用，升官的速度也会更快。作为察举中最为重要的科目，两汉时期以孝廉录取的官员人数自然也是最多的。西汉时举孝廉以郡为单位，东汉时改为以人口为单位，人口不满十万的郡三年可举一个孝廉，不满二十万的郡两年可举一个，以此类推，对边疆地区则适当放宽。

"茂才"本叫秀才，东汉时为避讳光武帝刘秀的名字，改为"茂才"。不同于孝廉，茂才是主要针对现任官吏的一项考核，被举者通过考试后可直接担任千石俸禄的官职。通过孝廉科考试的一般需先担任郎官，通常只有六百石的俸禄，因此，与"孝廉"相比，"茂才"更有"含金量"。

"征辟制"为更多人才打开入仕通道

所谓"选拔"，"选"就是选那些没有官职在身的读书人，"拔"就是提拔下级官吏。"察举制"的展开主要依靠中央的三公九卿、列侯等核心权力的掌控者，他们在选拔过程中或多或少都有私心，导致有些德高望重的人不能够被察举入仕。因此在"察举制"的基础上，汉朝的选官制度又增加了"征辟制"。汉武帝元光五年（130），依照"征吏民有明当世之务、习先圣之术者"的理念，"征辟制"开始大规模施行。

"征辟制"又可以分为"征"和"辟"，两者都代表着一种自上而下的选官制度。"征"即"征召"，主要行权者是皇帝。征召对象主要有两类：一是隐于社会的名流，此类人一般不为官，但在当地有着莫大的影响力；二是具有真才实干的低级官吏或者被革职的官吏。这两类人被征召后皆有拒绝的权利，比如当初曹操将司马懿征辟为幕僚，司马懿托病不去，但一旦应允，往往身居高职。"辟"即为"辟除"（除为授官之意），辟除官吏的官员被称为辟主，根据辟主所任职之处，又可以分为中央部署辟除和地方州郡辟除。西汉时期中央部署辟除的行权者主要是"三公"，到了东汉时期，"三公"以外的"九卿"和其他中央高级官员也可行使这项权力。

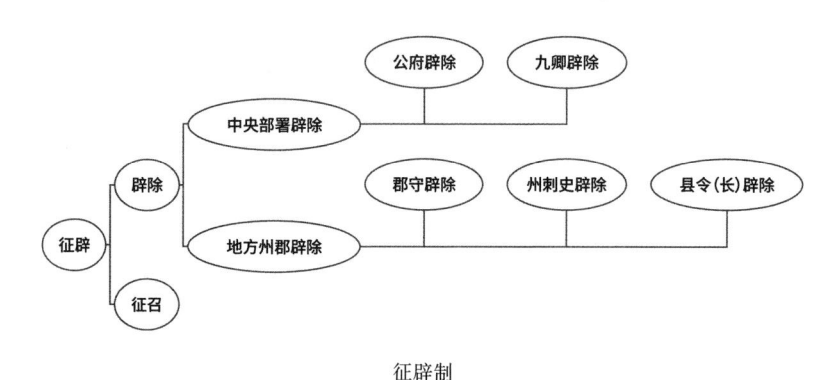

征辟制

人才被征辟后会立即进入察举的流程，若符合条件，便会根据辟主所处的位置担任不同的官吏，随后这些官吏将被纳入汉代考课流程中进行考察，再决定其升迁与否。征辟制的本质还是封建统治者为巩固政权、加强中央集权的一种特别手段，虽然征辟者入朝为官的数量不多，但大部分是皇帝的嫡系。此外，一些本不愿入朝为官的名儒之士也由此途径被迫加入封建统治阶层，统治者还能获得爱惜人才的名声。

"征辟制"的实施改变了传统的世卿世禄制，为官吏选拔增添了一条新的途径，是历史的进步。但这种制度的弊端也很明显——"人"在其中起到了决定性作用。尤其到了东汉，这种弊端就显现出来，特别是在郡县级官员中，他们时常绕过中央，通过征辟制与地方世家大族建立联系，以此笼络地方实力派。长此以往，政府部门渐渐全部被世家大族把持，皇权渐渐式微，当然，这也与东汉的建立是基于豪强家族扶持密切相关。

公元220年，随着东汉王朝的覆灭，历经两汉近四百年的"察举制"终于退出了历史的舞台。作为早期的人才选拔制度，"察举制"虽不完美，却是一次创新，并为之后的"九品中正制"打下了基础。

冠盖满京华，煊赫彼世家

皇帝亦不过是世家的一员

所谓"世家大族"，就是指那些世代高官的士大夫家族。西汉后期，随着豪族势力快速发展，已有一些世代官至二千石的家族（"二千石"是秦汉时期官秩最高级别官员的待遇，大致相当于后世的"一品"），甚至还有父子相继为相的现象。东汉开始，世代公卿的家族越来越多，这些大族的势力进一步膨胀，成为东汉豪族阶层中的一个特殊群体，在政局变幻中举足轻重，直到两晋时期登顶。

由于东汉的建立本就借助了南阳豪强地主和河北豪强大族的势力，因此东汉政权一开始就是皇权和大族并存。光武帝刘秀一方面要笼络世家大族，另一方面又要收缩其权力以抑制这些大族。刘秀为了防止世家大族结党营私，对大臣抱团采取了相当严厉的手段，比如太尉西曹掾蒋遵因微过免官禁锢，侍中戴凭为之求情，刘秀发怒说："汝南子欲复党乎？"刘秀释放出强烈的信号，大臣不得"朋党比周"。

世家大族的教育体系

汉和帝时期，政治环境日益恶化，在外戚、宦官的淫威之下，也有一些大臣敢于抗争。窦氏专权时，尚书仆射乐恢弹劾窦氏党羽"无所回避"，并上书汉和帝"诸舅不宜干正王室"，后遭窦宪迫害而"饮药死"；司空任隗和司徒袁安"同心毕力，持重处正，鲠言直议，无所回隐"。窦氏被诛后，汉和帝任命乐恢的儿子乐已担任郎中一职；任隗死后，和帝"追思隗忠"，提拔他的儿子屯为步兵校尉；袁安死后，和帝"追思前议者邪正之节。乃除安子赏为郎"。汉和帝对这些忠臣的褒奖，可以说是为世家大族指明了未来发展方向，孕育了汝南袁氏等一批新兴的世家大族。

世家大族的门风在当时得到了舆论的好评，特别是在桓灵之际的清议运动中，"郭林宗、贾伟节为其冠，并与李膺、陈蕃、王畅更相褒重"，太学中流传着："天下模楷李元礼，不畏强御陈仲举，天下俊秀王叔茂。"士大夫们共相标榜，虽然后来的党锢之祸令一批已经兴起或即将兴起的世家大族被扼杀，但世家大族清廉正直的门风却得到了世人的普遍认同。

"教育功能"是东汉世家大族最重要的特征之一，以"公族"为代表的世家大族有良好的教育条件和礼法门风，是培养统治人才的天然场所。这一特征使得世家大族与普通权贵、豪族、学者有所区别，也为后来世家大族向门阀士族的转变，以及门阀制度、士族政治的形成，奠定了社会基础。

狂欢拉开序幕

《后汉书·仲长统传》记载，"光武皇帝愠数世之失权，忿强臣之窃命，矫枉过直，政不任下，虽置三公，事归台阁。自此以来，三公之职，备员而已。"从刘秀开始，世家大族的势力便开始渗入整个国家统治阶层。皇帝要倚仗世家大族来管理国家，而世家大族获得权力后又要不断招揽门生来维护自身的政治地位。世家大族通过这种方式一代代延续，家族政治地位和势力才得以与日俱增。久而久之，东汉的实际权力转移到了世家大族手中，他们正等着合适的机会改朝换代。

汉灵帝光和七年（184）爆发了历史上规模最大的一次宗教性质的农民起义，那年因全国大旱，颗粒无收而赋税不减，天下饿殍遍野，走投无路之际，饥民们开始跟着张角走上了起义之路，这就是东汉末年的"黄巾之乱"。黄巾军喊着吃饱穿暖的口号向官僚地主发起了猛烈攻击，对朝廷的统治产生了巨大的冲击。当时的东汉政府从上到下腐败到了极点，同时也是宦官、外戚争权夺利最激烈的时期，汉廷不得已只能征召各地世家大族起兵勤王，以平息起义。虽然轰动一时的"黄巾之乱"被平定了，但此时东汉已经开始四分五裂了。世家大族起兵勤王的结果就是，国家大权最终尽数掌握在了世家大族之手，相当于形成了一个诸侯军阀割据的状态（几乎所有的诸侯军阀都是世家大族出身），朝廷名存实亡。

"黄巾之乱"虽然揭开了东汉乱世的序幕，但时间却极为短暂，真正的主要角力者都是世家子弟。与其说是东汉末年的乱世是一场农民起义引发的动乱，不如说是一场"世家大族的狂欢"。在绝大多数的朝代更迭中，虽然引爆乱世的大多为平民，但最终取代前朝建立政权的几乎都是大族子弟，平民皇帝少之又少，最出名的也就是汉高祖刘邦和明太祖朱元璋而已。造成这种现象的主要原因就是教育资源。世家大族有能力培养自家或者自己看中的人才，这些人具备了一定的权力后会反哺大族本身，到头来，封建王朝的最高权力必然会一直掌握在世家大族手中。那时虽有少数的平民子弟入朝为官,但基本上都掌握不了最高权力,即使有例外,也绝对无法撼动世家大族的权力。

袁氏和杨氏:两大"四世三公"家族

"四世三公"是指一个家族四代人相继做过"三公"级别的高官,东汉末年有两个这样的家族——汝南袁氏和弘农杨氏,这两大家族在东汉中后期可谓是权倾天下。虽然弘农杨氏和汝南袁氏一样有着显赫背景,但东汉末年只有汝南袁氏是亲自上阵逐鹿天下的,杨氏和其他家族基本上是依附于一方势力。

汝南袁氏祖籍在汝南郡(今河南上蔡县西南),东汉末年,这个家族的名声来自两个人,一个是袁术,一个是袁绍。袁术和袁绍(两人实为同父异母的兄弟)的高祖袁安官至司空、司徒,叔曾祖袁敞官至司空,祖父袁汤官至司空、司徒、太尉,生父袁逢官至司空,叔叔袁隗官至司徒、太傅,家族中四世居三公之位者多达五人。汝南袁氏"四世三公"的称号绝对名副其实,其门生更是遍布天下。

官渡之战后,袁绍抑郁而死,袁家陷入内斗,曹操则乘虚而入。袁绍之子袁谭被曹纯麾下虎豹骑所杀;在曹操的压力下,袁尚与袁熙被公孙康所杀。至此,汝南袁氏开始谢幕并进入低调期,虽然后来汝南袁氏也有复兴,但像

"三公"是中国古代朝廷中最尊显的三个官职的合称,汉武帝时期以"丞相、御史大夫、太尉"为三公;汉成帝确立了"大司马、大司空、丞相"鼎足而立的三公制;东汉初改大司马为太尉,改大司徒、大司空为司徒、司空。

袁安一脉下来接连几代都权倾天下的局面再也没有出现。另一支比较低调的陈郡袁氏开始崭露头角，发展成为与琅琊王氏、陈郡谢氏、兰陵萧氏并列的世家大族，影响中国几百年，陈郡袁氏在三国时期的代表人物是袁涣，曾经被刘备推荐为茂才（即秀才）。

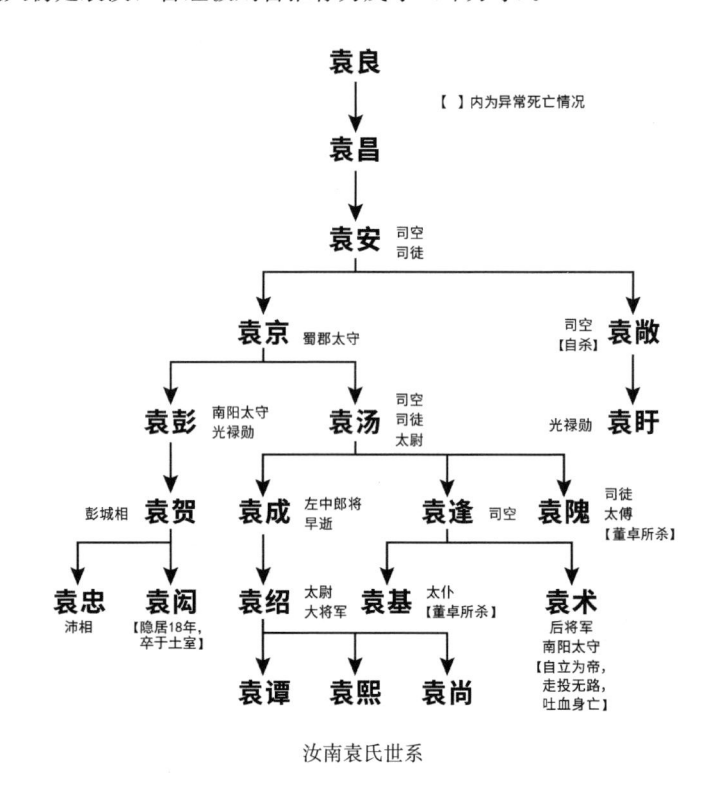

```
袁良
 ↓
袁昌
 ↓
袁安  司空 司徒
 ├────────────────────────────┐
袁京 蜀郡太守              袁敞 司空【自杀】
 ├──────────────┐           ↓
袁彭       袁汤  司空司徒太尉   袁盱 光禄勋
南阳太守    ├──────────┬──────────┐
光禄勋    袁成       袁逢 司空   袁隗 司徒太傅【董卓所杀】
 ↓     左中郎将早逝   ├────┐        ↓
袁贺 彭城相  ↓      袁基   袁术
 ├──┬──┐  袁绍 太尉大将军 太仆   后将军南阳太守
袁忠 袁闳        ├──┬──┐  【董卓所杀】 【自立为帝，走投无路，吐血身亡】
沛相 【隐居18年， 袁谭 袁熙 袁尚
     卒于土室】
```

【 】内为异常死亡情况

汝南袁氏世系

弘农杨氏以博学清廉著称，祖籍位于今天河南省灵宝县内，由于出色的杨氏子孙在弘农境内最为集中，故有"天下杨氏出弘农"之说。弘农杨氏可追溯至西汉丞相杨敞，其玄孙杨震在东汉光武帝时官居太尉。从杨震起至杨秉后裔杨彪（八世）均为太尉，可谓门庭显赫，名满天下。东汉末年，这个家族的名声来自杨彪，不过他的儿子杨修的名气也不输于他。

颍川系：三国谋士的摇篮

《晋书·姚兴载记》："古人有言，关东出相，关西出将，三秦饶俊异，汝颍多奇士。""汝颍"指同属豫州、彼此毗邻的汝南、颍川二郡，东汉一朝，这两郡以盛产才学之士闻名于世，帝国朝堂上的达官显贵们也多来自此地。在今天的中国地图上找到河南省许昌市，以其为中心，围绕长葛、禹州、登封、平顶山、鄢陵等县市画一个圈，大致就是东汉颍川郡的范围。汝南郡的代表是袁氏，颍川郡则拥有四大家族：长社县的钟氏、颍阴县的荀氏、许县的陈氏和舞阳县的韩氏。这四家来往密切，彼此相善，互为婚姻。

汉桓帝时期，这四家各有一位担任县长的贤者：荀淑为当涂长、韩韶为嬴长、陈寔为太丘长、钟皓为林虑长。他们的政绩和口碑传遍了四方，名望甚至盖过了"三公九卿"，成了全国基层"公务员"的

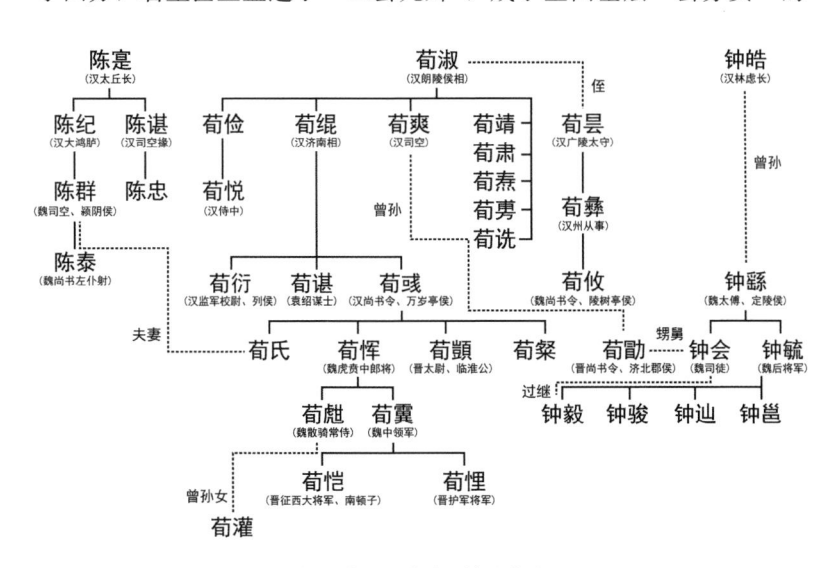

颍川荀氏、陈氏、钟氏世系

模范、知识分子争相传颂的君子贤良,并称为"颍川四长",颍川世家的政治时代就此开启。从党锢之祸到曹袁争霸,从三国鼎立到三分归一,颍川世家从未缺席,其中尤以颍川荀氏家族的轨迹为典型,基本代表了从东汉到东晋时期,中原士族从崛起到辉煌的历程,其间的汉末乱世、魏晋禅让、八王之乱、永嘉南渡、王与马共天下等事件,都对士族的发展路径产生了重要的影响。

荀氏家族代表人物:荀淑、荀彧、荀攸

荀淑——地方名人 荀家兴旺发达的奠基人,品行高洁、学识渊博、被称为"智人"。连党锢之祸中的党人领袖李膺、李固,都做过他的学生。荀淑有八个儿子,都很有才能,人称"荀氏八龙",其中最出色的老六荀爽,字慈明。

荀爽——天下大儒 "荀氏八龙,慈明无双",一度官至"三公"中的司空。一开始,荀爽对做官没有什么兴趣,特别是在第二次党锢之祸时,整个家族受到了很大的冲击,更让他决定远离权力中心潜心做学问,从而成了学富五车的大儒。后在董卓的笼络下不得不来京城任职,百日官至"三公"之一的司空,可以说是史上升官最快的人。荀爽表面上迎合了董卓迁都,实际上参与密谋除掉董卓,只是还没到下手的一天就病死了,时年六十二岁。

荀彧——首席谋士 由于亲叔父荀爽在朝中任职,因此荀彧也有了在京师任职守宫令的短暂经历,但见到董卓暴政后,他果断离开,后受韩馥之邀到了冀州。冀州被袁绍占领后,荀彧也跟随了袁绍几个月,后面发现袁绍难成大事,就投靠了曹操。荀彧入曹营后,从阵前军师张良的角色转变为后方主管萧何的角色。后来荀彧推了郭嘉、堂侄荀攸、程昱、陈群等颍川世家大族的高才。

荀悦——帝王之师 大才子荀悦是荀彧的堂兄,一直在汉献帝身边陪他读书论政。作有《申鉴》五篇，引用总结了历代治国理政经验，作为献帝借鉴的工具。献帝很想有所作为，可惜为曹操挟制，只能继续当傀儡了。

荀谌——袁绍谋士 荀彧的兄弟，在袁绍手下当幕僚，促成了韩馥出让冀州给袁绍。

荀攸——军事奇才 荀攸是荀彧同宗支族中的一个晚辈，却比荀彧大六岁，所以比荀彧更早入京为官。密谋诛杀董卓失败后，荀攸被下狱，直到董卓被王允设计杀死后才被释放，后去荆州避乱，不久后经堂叔荀彧推荐入曹营，拜为军师。他劝阻曹操退兵，并献计水淹下邳，活捉了吕布；在官渡之战中献计声东击西，斩杀了颜良、文丑等。

荀恽——曹操女婿 为了跟士族联姻，曹操将女儿安阳公主嫁给了荀彧之子荀恽。不过荀恽跟曹植私交甚好，与夏侯尚不和，政治立场错误，犯了曹丕的禁忌。

荀粲——曹洪女婿 荀彧幼子，娶了骠骑将军曹洪的女儿。后来曹洪因不借钱给曹丕而得罪了曹丕，连累荀粲也难受曹丕的待见。

陈氏家族代表人物：陈寔、陈群、陈泰

陈寔——颍川四长之太丘长 陈家的奠基人，和荀淑齐名。因为担任过太丘县长，人送外号陈太丘，为政清廉，论事公正，深受世人爱戴。党锢之祸时自请入狱，党锢解禁后对政坛丧失信心，不愿意出山了。

陈群——"九品中正制"之父 陈寔之孙，早年被刘备辟为豫州别驾。曹操入主徐州后，陈群分别做了司空西曹掾属、参丞相军事、御史中丞、吏部尚书、尚书令、镇军大将军、中护军、录尚书事，直到司空。陈群制定了"魏律"，创立了"九品中正制"。陈群还娶了荀彧的女儿，延续了荀陈两家世代交好的传统。

陈泰——尚书仆射　陈群之子，早年任散骑侍郎，后接替父亲爵位，历任游击将军、并州刺史、尚书右仆射等职，在地方政绩不错。高平陵之变时，陈泰因劝曹爽投降得到司马氏的信任。为了回避朝廷内部的斗争，陈泰最终主动外出雍州任职，多次成功防御蜀将姜维的进攻。

钟氏家族代表人物：钟皓、钟繇、钟会

钟皓——士人领袖　钟氏家族奠基人，党人领袖李膺（东汉名士，太尉李修之孙）也曾师从于他。钟皓比陈寔大17岁，曾经举荐过他，也与荀淑齐名。后因党锢之祸的牵连，钟皓的儿子们都没有做官，直到钟繇一代才重回官场。

钟繇——出将入相　钟繇曾受命镇守关中，他采取怀柔政策，写信给马腾、韩遂，成功劝说其送质子入朝，稳定了局势。官渡之战时，钟繇从盟军处弄到了二千匹急需的战马，有力支援了曹操。贾诩去世后，钟繇接替其太尉一职，与司徒华歆、司空王朗并称三公。此外，钟繇开创了隶书到楷书的新貌，被称为"楷书之祖"。

钟会——当世神童　钟繇74岁时的老来子。钟会从小能熟记四书五经，被称为神童，是后三国时期主要的几个大人物之一。

韩氏家族代表人物：韩韶、韩馥

韩韶——颍川四长之赢长　山贼土匪听闻他的贤能后都不入其管辖境内作乱，周围许多县的难民都逃难至其境，韩韶开仓赈粮，备受赞颂。

韩馥——汉末诸侯　先在洛阳担任御史中丞，后出任冀州牧，被袁绍欺骗后郁闷自杀而亡。

此外，颖川还有两个不错的家族——辛氏和郭氏，代表人物有辛毗、辛评、辛宪英和郭嘉、郭图等。袁绍用人十分看重出身，郭图若是寒门则不会为他所重用。可惜在袁绍帐下，颖川和冀州集团的竞争都以惨败告终：郭图在南皮城破后被斩杀，辛评一家被审配杀害，还好弟弟辛毗投靠了曹操为辛氏留下了种子。还有一批颖川士人在汉末乱世中南下，代表的有诸葛亮的举荐人水镜先生司马徽、诸葛亮好友徐庶和石韬。

世家大族掌握了教育资源，源源不断地培养忠于他们的人才，并由此掌控着整个国家的权力，在国家灭亡之际就纷纷涌现出来争夺新的统治地位。所以，皇帝也是世家大族的一分子，只不过属于最大的一个世家罢了。

从"清议"到"党锢之祸"

宦官抱团迎战世家大族

"党锢之祸"是指东汉桓帝、灵帝时期,士大夫、贵族等对宦官乱政的现象不满,与宦官发生权利争夺的事件,因宦官以"党人"罪名禁锢士人终身而得名。"党锢之祸"以反宦官集团的失败而告终,反宦官人士受到了严重的打击和残酷镇压。

禁锢,主要指禁锢其身不得出仕。对文人而言,受"禁锢"之罚如同宦官遭到阉割之辱,有志之士对参政议政望而却步,东汉政坛再无"新生力量"。

"清议之风"兴起

从汉武帝开始，统治阶级开始重用儒家思想，提倡经学，儒学成为主流思想，社会上出现了大批有修养的儒生，儒生逐步成为官僚集团的中坚力量。到了东汉时期，出现了一些累世治经学的世家大族，大部分的太学生出于此。汉安帝、汉顺帝相继扩充太学，笼络儒生，例如顺帝时，仅太学生就多达三万人，精舍（私人学校）和地方郡国学的学生数量更多。于是，儒生和世家大族逐渐成为有近似政治立场的利益集团。

东汉末年，外戚与宦官势力交替掌权，而本该拥有最高权力的皇帝成为两者的争夺对象和弄权工具。无论外戚还是宦官，想要掌权都必须拥立便于掌控的幼主，但他们手握权力却不顾大局，为私利贪残无道，使得东汉政权日益腐败，社会动荡不安。

由于外戚和宦官交替掌权，扰乱了选举制度，太学生等儒生上进无门。面对政治腐败的黑暗现实，由儒生和世家大族组成的官僚集团和太学生推动了"清议之风"，他们从品评人物发展到议论国事，对东汉后期的政治风气产生了巨大影响。"清议"也成了东汉后期知识分子（官僚士大夫）等评论政治和人物的一种时论。

洛阳的太学是当时"清议"的中心，因此清议又被称为"太学清议"。善于清议的士人被看作是天下名士，杰出人士被冠以"三君""八俊""八顾"等称号。"三君"指被标榜为一代宗师的窦武、刘淑、陈蕃；李膺等八人被标榜为人中英杰，号称"八俊"；郭泰等八人被标榜为道德楷模，称为"八顾"。

寄生于皇权的宦官团体

自汉和帝开始，东汉的皇帝大多短命，继位者基本上是少年天子。由于帝王年幼，后宫顺理成章地成为皇权的代言人，外戚的势力顺势增长。外戚势力的壮大阻碍了皇帝直接使用权力，于是夺权成了皇帝长大后唯一的想法，但朝臣忠奸不可辨，环顾四周，只有贴身伺候的宦官看似可以依靠。因此皇帝成年后，开始依靠宦官从外戚手中夺权，摆脱外戚的控制。不过，这样一来，大部分权力又落入了宦官势力手中。从汉和帝开始，和宦官合作成为东汉无权皇帝的首选。

东汉皇帝在位情况表

东汉（公元25年—220年，共195年，历14帝，建都洛阳）							
序号	皇帝	姓名	在位	在位年份	登基年龄	享年	备注
	汉更始帝	刘玄	3年	23～25	32	34	更国号为汉
1	汉光武帝	刘秀	33年	25～57	30	62	光武中兴
2	汉明帝	刘庄	18年	57～75	29	47	
3	汉章帝	刘炟	13年	75～88	18	31	
4	汉和帝	刘肇	18年	88～106	9	26	东汉鼎盛"永元之隆"
5	汉殇帝	刘隆	1年	106	0	1	登基时刚满百天
6	汉安帝	刘祜	19年	106～125	12	31	
7	（前少帝）	刘懿	206天	125	10	10	阎太后，外戚阎显专权
8	汉顺帝	刘保	19年	125～144	10	29	宦官与外戚梁氏专权
9	汉冲帝	刘炳	1年	144～145	1	2	
10	汉质帝	刘缵	1年	145～146	7	8	
11	汉桓帝	刘志	22年	146～168	14	35	宦官当权
12	汉灵帝	刘宏	21年	168～189	11	32	
13	汉少帝	刘辩	1年	189	13	14	在位5个月
14	汉献帝	刘协	31年	189～220	8	53	禅位曹丕，亡于曹魏

相较于秦朝,东汉的宦官已经不是一个人在战斗,而是一个团体。从郑众到十常侍,东汉掌权的宦官大部分具有一定文化水平,他们十分机警,能做皇帝的智囊团成员。

宦官势力的崛起对外戚和朝臣士大夫这两大势力影响最大,宦官完全依附于皇帝,自然而然成了最好的工具人,被皇帝用来制约外戚和朝臣。宦官产生于权力,服务于权力,就是服务人员的定位,若不是皇帝的原因,他们永远在社会的底层。东汉特殊的政治土壤造就了宦官集团的势力壮大,使他们成为皇权政治的代表,并且逐渐影响到了外戚和士大夫阶层的势力范围。

反宦官斗争与"党锢之祸"

官僚士大夫上书苦谏,要求整顿吏治,对时局提出了尖锐的批评,只可惜没有奏效,白马令李云还因奏疏言辞激烈获罪致死。太学生在各地揭露和抨击宦官的罪行,并与官僚相互依托,赞扬不害怕宦官的大臣,贬斥畏惧宦官权威和谄媚宦官的官员。他们称自己和不惧宦官、外戚的大臣为"清流",称谄媚宦官的官员为"浊流"。这种清议可以说是官僚集团的政治"公论",大家试图通过舆论的力量来反对外戚,特别是宦官,希望以此澄清政治,挽救东汉王朝。再接下来,反对宦官、外戚的官僚士大夫开始利用职权,直接弹劾掌权宦官,甚至诛杀其党羽。从延熹六年到八年(163—165),在官僚士大夫的弹劾和太学生的努力

> 延熹二年秋,霖雨逾月。是时梁冀新诛,而徐璜、左悺等五侯擅贵于其处。又起显阳苑于城西,人徒冻饿,不得其命者甚众。白马令李云以直言死,鸿胪陈君以救云抵罪。璜以余能鼓琴,白朝廷,敕陈留太守发遣余。到偃师,病不前,得归。心愤此事,遂托所过,述而成赋。
> ——蔡邕《述行赋·序》

下，宦官侯览、具瑗相继被罢免。一时之间，大小宦官纷纷匿迹，不敢走出宫门。

宦官并不甘于失败，延熹九年（166），宦官赵津、侯览等党羽与张泛、徐宣等人为非作歹，诬告李膺与太学生结为朋党，诽谤朝廷。汉桓帝大怒，下令逮捕李膺，并在全国排查逮捕关联人，宦官借此制造冤狱牵连200多人。后来在一众士大夫的营救和舆论的压力下，李膺及其他党人被放归田里，禁锢终身。这是第一次"党锢之祸"。

建宁元年（168），汉灵帝继位，窦皇后被尊为皇太后。窦武因身为皇太后父亲而被任命为大将军，陈蕃再度被任命为太尉，两人与司徒胡广一起掌握朝政。名士李膺、杜密、尹勋、刘瑜等人得以重新被起用，民间大多认为，贤人在朝，重回太平盛世就有希望了。可不幸的是，宦官首领曹节、王甫等人在窦太后面前谄媚侍奉，窦太后在他们的怂恿下多次乱下命令。虽然窦太后在窦武等人建议下处死了宦官管霸、苏康等，却保护了曹节等人，不愿处罚他们。残余宦官见窦武、陈蕃、李膺、杜密等名望仍在，不肯罢休，于是向灵帝进谗言，诬陷党人"欲图社稷"，意图谋反。年仅14岁的汉灵帝被他们欺骗，随即兴起大狱，追查士人一党，李膺、杜密、翟超、刘儒、荀翌、范滂、虞放等百余人被下狱处死，各地陆续逮捕、杀死、流徙、囚禁的士人有600多人。这是第二次"党锢之祸"。

八年之后的熹平五年（176）闰五月，永昌太守曹鸾上书为"党人"鸣冤，要求解除禁锢，汉灵帝不但没有听从，反而处死了曹鸾。接着，汉灵帝又下诏书，凡是党人门生、故吏、父子、兄弟任官的，一律罢免，禁锢终身，并牵连五族。党锢的范围瞬间扩大，波及了更多无辜者。

世家大族笑到最后

东汉桓、灵二帝之前，宦官、外戚虽然专权，但有名臣陈蕃等人主持朝政大局，士大夫和豪强至少还是心向朝廷，局势尚未到不可收拾的境地，即《后汉书》中所说的"汉世乱而不亡，百余年间，数公之力也"。但经历几次"党锢之祸"后，清正的官员不是被害，就是被禁锢，宦官更加为所欲为，残害百姓，进而激起了民变。

中平元年（184）春二月，黄巾之乱兴起，汉灵帝怕之前处置的党人与黄巾一同作乱，遂于夏四月丁酉日大赦天下。中平六年（189），汉灵帝病死，少帝刘辩继位，外戚何进担任大将军，执掌朝政大权。何进图谋诛除擅权的宦官张让、赵忠等人，反被宦官诱入后宫杀害。为替何进报仇，世家大族出身的袁绍领兵冲入皇宫，把宦官杀戮殆尽，结束了宦官长期专权的局面，史称"十常侍之乱"。最终还是世家大族获胜，获得了历史的解释权。

当皇帝在关键时刻使用宦官时，就赋予他们权力，却忽视了政令落地后的影响。最终，士大夫、豪族离心，黄巾之乱爆发后，群雄并起，东汉最终走向了灭亡。用"饮鸩止渴"来形容东汉皇帝们是最恰当不过的。

"清议"虽然没有挽救走向衰败灭亡的东汉，却在士大夫的仕途进退上产生了很大的影响。东汉选举官员的主要依据是乡间声望，善于清议之人对人物的褒扬或贬斥能在很大程度上影响这个人物的声望。只可惜"清议"发展到后期，士大夫为了抬高声望，开始沽名钓誉，忘记了"清议"的初衷。

汉灵帝的文化大工程

政治专治的一个重要前提是文化专制

建元五年（前136），汉武帝设置儒学五经博士，同时罢免其他诸子博士，把儒学以外的百家之学剔除出官学，史称"抑黜百家，表彰六经"。元朔五年（前124），汉武帝采纳董仲舒、公孙弘的建议，在长安兴办太学，用儒家经书教育青年人，从此儒学成为官办学校教育的主体内容。

到了东汉时期，出于进一步维护统治地位的需求，汉灵帝下令校正儒家著作。作为历史上最早的官定儒家经典刻石，《熹平石经》便是刻于东汉灵帝熹平四年（175）至光和六年（183），共46块石碑，每块石碑高3米多，宽1米多。刻成后，石碑立于当时洛阳城开阳门外太学所在地，因此又叫"太学石经"。由于石经是用隶书一体写成，字体方平正直，也被称为"一字石经"。

帝国统治下的"一种声音"

今古文经之争是汉代始兴的儒学内部的一场派系斗争，一直延续到汉代末年。"经"一是指历来被尊崇为典范的著作或宗教典籍，二是指旧时图书目录中的儒家经典部分。"文"是指记载经典所使用的文字，"今文"指的是汉代通行的隶书，"古文"则指秦始皇统一中国以前的古文字（蝌蚪文），即大篆或籀书。

儒家经典本为古文篆字所写，历经秦始皇焚书坑儒后损失巨大，因而西汉流行的儒学多无旧典文本，靠幸存的经师口授相传，再由从习经生记录下来，记录所用的文字便是西汉通行的隶书，属于当时的"今文"，故而这类经书被称为"今文经"。汉武帝末年，鲁恭王拆孔子旧宅时，在孔府旧宅的墙壁夹层中发现大批儒家藏书，这些藏书都是用六国时代（战国时期山东六国）的蝌蚪文书写的，因此被称为"古文经"。

由于今、古文经在篇章、文字上都有较大出入，因而产生了两大学派之间的争论，对经文的不同解说是两大学派间的根本分歧所在。今文经学派注重阐述经文中的"微言大义"，为迎合统治者的喜好，解经时喜欢掺杂当时流行的谶纬迷信，竭力把经书和神学迷信相联系；而古文经学派则注重文字训诂，虽然未能完全摆脱神学迷信的羁绊，但反对讲灾异（一些异常的自然现象）和谶纬，注重实学。

西汉时期，今文经学派得到了朝廷的支持，属于官学，反倒是古文经成了"在野巨儒"的私学。但古文经学也一直在争取成为官学，以期取得与今文经学相对等的地位，从而打破今文经学家垄断学术乃至政治舞台的局面。实际上，今古文经学之争已远远超过了正常的学术之争的范围，成了政权在经学领域的延伸。

文化工程，思想专制

既然被定为官学，那么儒学一派就要有一部标准本作为评定正误的依据。东汉时期，汉灵帝派蔡邕等人把儒家七经（《鲁诗》《尚书》《周易》《春秋》《公羊传》《仪礼》《论语》）抄刻成石书，这对纠正俗儒的穿凿附会、臆造别字，维护文字统一，起到了积极的作用。这就是《熹平石经》的诞生。

《熹平石经》的落成轰动全国，"观视及摹写者，车乘日千余两（辆），填塞街陌"。石碑刚完工之时，每天前来参观摹写的车辆都过千，连道路都堵塞了，可见其影响之大，观学者之众。《熹平石经》规模浩大，气势恢宏，引领了其后历朝历代以经典文献为内容的大规模刻石工程。此外，石经精严端庄的字体结构也是研究汉代书法的珍贵资料。

《熹平石经》问世的第一功臣是蔡邕，据《后汉书·蔡邕传》记载，蔡邕在校书时发现经书因为辗转流

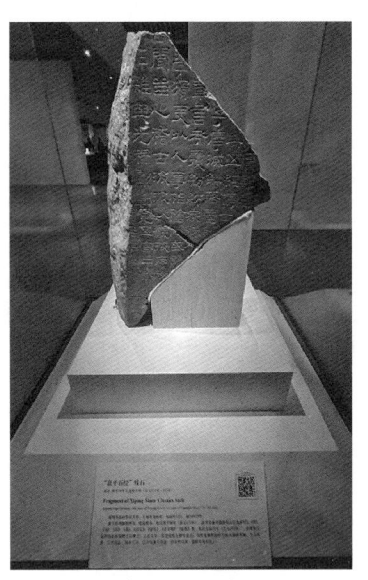

《熹平石经》残石
（摄于中国国家博物馆）

又后汉镌刻七经，著于石碑，皆蔡邕所书。魏正始中，又立一字石经，相承以为七经正字。
——《隋书·经籍志》

传日久，文字出现了很多错谬，他和五官中郎将堂谿典，光禄大夫杨赐，谏议大夫马日䃅，议郎张驯、韩说，太史令单飏等人上书汉灵帝，要求正定《六经》文字。

另一位重要功臣是宦官李巡，李巡虽身为宦官却博学多才，曾注过《尔雅》。他认为诸位博士监考甲乙科（泛指科第，根据条规考核确定次第等级），都互相不服气，为了一争高下不惜泄题徇私，甚至有人贿赂兰台（当时的图书馆）的管理人员，在所藏的书经上作改动，把符合自己这派经意的文字写上去，以求获得承认，于是李巡向灵帝请求自愿与诸位大儒共修《五经》文。现在能看到的汉石经残拓中有"巡欲凿石正书经字立于太学"的字样，其中的"巡"即李巡。

可惜《熹平石经》立后不久，汉献帝初平元年（190），董卓烧毁洛阳宫庙，太学荒废，石经遭破坏。北齐时期，高澄将石碑从洛阳迁往邺城，然而石碑中途落水，运达目的地后已不存一半。隋朝开皇年间，石碑又被从邺城运往长安，但营造司竟用石碑做柱子的基石。经几度损毁后，唐贞观年间，魏徵去收集残存石经时，石碑已毁坏殆尽。

汉代隶书之典范

汉字的发展经历了从繁到简的演变历程，最大的一次变革就是从秦统一文字后使用的小篆简化为简单易写的隶书。因为政治经济发展的需要，文字简化和美观变得重要，这为隶书的发展提供了良好的环境，因此书写隶书盛行于汉代。

蔡邕为才女蔡文姬之父，东汉末年的大儒，才华横溢，除通经史、善辞赋之外，又精于书法，擅篆、隶书，尤以飞白枯笔闻名于当时,深受后世喜爱,其书法更是被《书断》评为"妙有绝伦,动合神功"。据记载,汉灵帝曾命人修建鸿都门,工匠们在墙上用刷白粉的扫帚写字,蔡邕深受启发,便创造了飞白体。飞白体一笔一划,<u>丝丝露白</u>,好像是用快要干枯的毛笔一气呵成的,在当时是一种独特的书法字体,也被后世书法家所酷爱,影响甚远。

蔡邕领衔书丹的《熹平石经》,字体严整匀称,宽严得体,然其法度森严,中规入矩,体现了汉代隶书的大成之势,被当时的书法学习者推崇为书法的典范。直到清朝,它仍是隶书的标准。

> 书法的"法度":后人学习前人的汉字书写规则,主要包含笔法、笔势、形式等要素。

鸿都门学,政治斗争的产物

鸿都门学创立于东汉灵帝光和元年(178),以尺牍、小说、辞赋、字画为主要学习内容,打破了专习儒家经典的惯例,可以看作是汉代学习、研究文学艺术的高等专科学校。鸿都门学的学生皆由州、郡、三公择优荐举,多数是没有名望,被士族看不起的豪强子弟(暴发户),以文艺见长而受汉灵帝宠信。鸿都门学一度非常兴盛,学生多达两千人,虽然设立时间不长,从中也涌现了一些著名的书法家,他们擅长鸟虫篆和八分书,代表人物有师宜官、梁鹄、毛弘等。

汉代盛行的灾异学说、皇室好尚文艺以及试赋取士的文化传统,都对鸿都门学的设立起到了推波助澜的作用。但扶植新兴势力、谋求多元政治格局、变革选举制度、消弭统治危机和捍卫皇权,才是汉灵帝设立鸿都门学的底层原因。

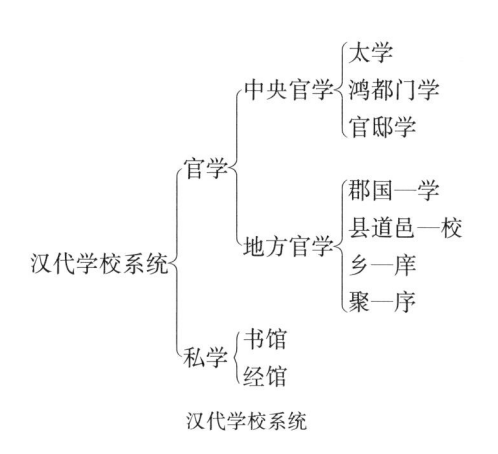

```
                         ┌ 太学
              ┌ 中央官学 ┤ 鸿都门学
              │         └ 官邸学
       ┌ 官学 ┤
       │     │         ┌ 郡国—学
       │     │         │ 县道邑—校
汉代学校系统 ┤     └ 地方官学 ┤ 乡—庠
       │               └ 聚—序
       │     ┌ 书馆
       └ 私学 ┤
             └ 经馆
```

汉代学校系统

"党锢之祸"后,上层儒林集团处于低迷状态,作为汉代统治基础的乡举里选制度连带受到冲击。趁此机会,灵帝一方面需要采取一些安抚儒林的措施,缓解朝廷与知识分子的矛盾;另一方面仍然严厉阻止文人团体为党锢事件翻案。鸿都门学正能够培养新兴的分化势力,以分化知识分子阶层,维持党禁。

此外,虽然士大夫集团在这一时期经过党锢之祸受到重大挫折,但在舆论上仍然占据主导地位。由于宦官集团社会地位低下,始终不能获得知识分子的认可,在舆论上常常处于被压制的地位,他们深感培养自己的知识分子团队的重要性。宦官集团为了壮大势力,对鸿都门学的学生特别优待,多给予其高官厚禄。

专制君主统治臣民,不但要控制其人身自由,更要控制其思想,文化层面的专制和中央集权制度是一脉相承的。

决战官渡，逆风翻盘

曹操崛起，延缓汉末社会结构转变的速度

汉献帝建安四年（199），袁绍纠集十万大军向许昌进发，企图一举歼灭曹操，当时曹操兵力不过两万，与袁绍相较，实力悬殊。两军在官渡（汉末古地名，今河南中牟东北）对峙期间，曹军几次进攻都不敌袁军，最后只好退回营垒坚守不出。双方相持了几个月后，曹军开始粮草匮乏，军心不稳。

面对这种情况，曹操一度想班师回许昌，在荀彧的劝谏下，他还是选择了坚守阵地。就在曹操快坚持不下去的时候，转机出现了，袁绍手下许攸叛变投靠了过来，向曹操提供了一个重要情报——袁绍粮草的储存地在乌巢（今河南延津县僧固乡东史固村）。于是曹操连夜偷袭乌巢，使袁军大乱，最后大败袁绍。可以说，官渡之战的核心就是"乌巢"这一场战役，官渡之战是以少胜多的经典战例。

官渡之战的命门

吕布被曹操终结后，当时能与曹操抗衡的只有袁绍了，二人都有一统中原的狼子野心。建安五年（200）年十月，袁曹两军各自摆开阵势，对峙于官渡，决战一触即发。综合实力方面，袁绍拥兵十万，坐拥的冀州是天下最富庶的地盘，粮草和军备充足；曹操东拼西凑，也就两万左右兵马，名义上虽是雄霸六州，但这几个州连年征伐，再加上曹操依靠皇权加大税收，导致人口也在不断外逃，曹操的地盘上早已是十室九空，曹军粮食严重短缺。所以理论上，只要袁绍有耐心，就能耗死曹操。但是，历史总是充满了意外。

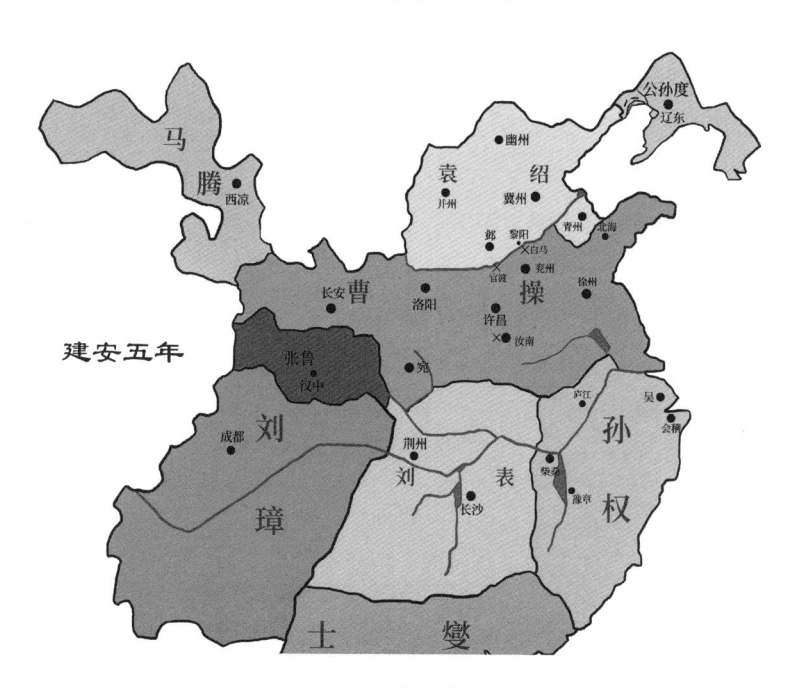

建安五年军阀形势图

袁绍派大将淳于琼率万余人护送军粮，集结在大营后方四十里的乌巢，谋士沮授建议增派将军蒋奇率军守护乌巢翼侧，以防曹军抄袭。谋士许攸此时还提出，曹操兵少，倾全力拒战，后方许昌必然空虚，若派精骑轻装偷袭则可奉迎天子，执天下牛耳（曹操挟天子后，从洛阳迁都许昌），即使不能生擒曹操也必能将其击败。这些建议袁绍采纳任何一条，也许历史就会被改写，但奇怪的是，袁绍全都不采纳。

更要命的是，就在官渡之战吃紧的时候，许攸叛变了。虽然有说许攸因为贪财而被袁绍赶走，但到底为什么离开袁绍已经不重要了。万万没想到的是，他投奔了曹操。许攸向曹操献计，袁绍在乌巢存了大量军粮，虽有士兵把守，但兵力薄弱，只要派轻兵急袭乌巢，放一把大火烧了，过不了三天袁军自己就败亡了。曹操欣然采纳了许攸计谋，亲率骑兵五千趁夜从小道疾驰乌巢，沿途还诈称奉袁绍的命令前去加强乌巢守备，居然骗过了袁军的盘问，轻松到达乌巢，开始四面纵火围攻。

守营大将淳于琼见曹军人不是特别多，于是立即集结部队企图反扑，但曹军迅猛冲击，不留给淳于琼排兵布阵的时间。袁绍见乌巢漫天的红光，便认定曹操倾巢出动袭击乌巢，官渡大营必定空虚，坚持要先攻下曹军官渡大营以断曹操归处。于是袁绍只派了少数兵力援助淳于琼，亲率部众强攻曹营，不但久攻不克，还险些被埋伏的曹仁"包了饺子"。

当增援的袁军迫近乌巢时，曹操没有分兵阻击，严令士兵全力攻破淳于琼营寨，斩杀淳于琼，将屯积的全部粮草和车辆焚毁。然后曹操令手下割掉被俘袁军的鼻子及所获全部牛马的唇舌，向袁绍援兵示威。战争到最后，往往比的是谁更没有底线。

虽然曹操相较于那个时代的其他军阀，算得上稍微有点人情味，但是世家大族出身的袁绍,显然底线更高一些。见此惨状,袁军顿时军心大乱,内部开始分裂。至此,官渡之战的胜负已见分晓,袁绍从此一蹶不振。乌巢一隅决定了官渡大战的走向,不得不感叹战机的稍纵即逝。

困扰曹操一生的宦官阴影

寻一寻家谱,曹操的祖上还是汉高祖刘邦的重臣曹参,然而这只是传说,不可证,其现实的正牌祖上却是宦官曹腾。有一种说法,曹操的生父曹嵩本为夏侯氏,因为过继给曹腾当养子而失去了家谱中的根脉,这便是曹操的隐痛。由于宦官名声不好,为世家大族所不容,因此曹操很难混到社会主流中。根据《让县自明本志令》记载:"后征为都尉,迁典军校尉,意遂更欲为国家讨贼立功,欲望封侯作征西将军,然后题墓道言'汉故征西将军曹侯之墓',此其志也。"对于当时的曹操而言,能成为平定叛乱的将军,他就已经心满意足了。

在那个重视门第家世的时代,曹操没有刘备、袁绍那样可以作为资本的出身,他的家世反而给他的事业增添了许多困难,像梦魇一样纠缠着他。曹操曾在《让县自明本志令》中自道:"孤始举孝廉,年少,自以本非岩穴知名之士,恐为海内人之所见凡愚,欲为一郡守,好作政教,以建立名誉,使世士明知之。故在济

《为袁绍檄豫州》是汉魏时期文学家陈琳在官渡之战前夕为袁绍撰写的晓谕刘备及各州郡讨伐曹操的檄文。文章从袁绍与曹操两人对比出发,从社会主流价值观与士大夫心理层面,重点批判曹操的不良与非正义,以达声讨他的目的。

南,始除残去秽,平心选举,违忤诸常侍。"由此可见,曹操虽为宦官家庭出身,但他很早就在思想上脱离了宦官集团,心中对身世的自卑和对不公正评论的愤恨都转化为实现自我价值的努力。

陈琳("建安七子"之一)在《为袁绍檄豫州文》中斥骂他:"操赘阉遗丑,本无懿德,僄狡锋侠,好乱乐祸"。身为"赘阉遗丑"的曹操几乎被排挤出上流贵族圈,失去了堂堂正正称王称雄的参赛资格。也许正因为此,曹操从青年开始就疏离于两汉正统经学观念之外,加上当时官方儒家文化也早已虚伪不堪,曹操根本不信当时官方宣扬的那套理论。

借助皇权,依靠士族

虽然遭到世家子弟的歧视,但曹操的心底还是有一颗追随党人领袖的种子。汉灵帝建宁元年(168),大将军窦武、太傅陈蕃谋诛宦官,事败后被宦官曹节(曹操的曾祖父)等所杀。汉灵帝光和三年(180),曹操第二次征拜议郎后上书朝廷,申诉窦武、陈蕃之冤:"陈武等正直而见陷害,奸邪盈朝,善人壅塞。"言辞激烈,颇有党人之风。汝南月旦评主持者许劭曾称曹操为:"治世之能臣,乱世之奸雄";颍川李膺之子李瓒认为:"天下英雄,无过孟德。"所以在曹操后来的事业中,汉末士大夫中的汝颍人物始终是他倚重的力量,如荀彧、荀攸、钟繇、陈群、荀悦、杜袭、戏志才、郭嘉等,大多为汝颍地区的士族。

陈寅恪先生在《书世说新语文学类钟会撰四本论始毕条后》中认为曹操是汉末宦官集团代表,"其在汉末,欲取刘氏之皇位而代之,则必先摧破其劲敌士大夫阶级精神上之堡垒,即汉代传统之儒家思想,然后可以成功"。这种说法似可商榷,在曹操的文学创作中,儒学中的人文精神，恰恰构成其作品深挚的感人魅力。此外曹操在汉献帝建安十二年（207）颁布的《封功臣令》中提出："吾起义兵诛暴乱，于今十九年。所征必克，岂吾功哉？乃贤士大夫之力也。"从历史渊源来看，这些人基本属于汉末士大夫集团。

总结自己的奋斗经验，曹操认为天命论荒谬至极，个人的命运不是由天来决定的，而是凭自己的智慧和血汗奋斗而来的。因此后来曹操对看重出身的汝颍士大夫集团也是有所戒备和打击的，并且他试图打破世族和豪强对统治权力的干扰，不惜触犯大族的利益，采取了唯才是举的方式，选拔了一部分自己需要的人才。

士族最终获胜

只要皇权比较稳定，世家大族在政治上一般来说是愿意效忠皇权的，他们倾向于把自己的宗族利益寄托于一姓皇朝，所以东汉中后期，虽然世家大族已经崛起，但对于朝廷，他们并不敢轻启觊觎之心以完全占统治地位。甚至在汉和帝之后，当皇权政治出现异常时，公卿大夫面折廷争，布衣之士私议救败，都是为了恢复正常的皇权统治秩序。所以说，如果皇权稳固，士族是皇权的支撑者；如果皇权式微，士族便力图匡复；如果皇权已经瓦解，那么士族就会理所当然地成为新皇权的角逐者。随着东汉的灭亡，世家大族们开始加速发展，推动社会结构的转变，直至完全成为新的统治阶级。

世家大族本寄希望于袁氏集团的胜利，建立一个士族阶级作为统治阶级的时代。可惜拥有四世三公背景的袁少爷并不中用，官渡之战败于曹操，自此历史翻篇了。曹魏政权的起点可以说是三国里最低的一个，虽身处中原地带，占据东汉王朝政治和经济中心，但大本营自东汉末年黄巾起义开始历经战火洗礼，民不聊生。

频繁的战乱对北方的士族和豪强造成了很大的打击，一定程度上限制了其势力发展，这使得曹魏政权很大程度上避免了北方士族的掣肘。不过还没等到曹魏政权真正稳固下来，就被强大的士族司马氏取代了，算是士族取得了最后的胜利。

袁绍来自世家大族，而曹操只是"赘阉遗丑"，即使官渡之战后曹氏掌权，也没有被世家大族所认可。司马氏有儒家背景，是真正的世家大族，司马懿夺权之后很快就得到了世家大族的支持。

历史总是充满意外，生活到处都有转折，有些人命悬一线之际成功翻盘了，有些人形势一片大好之际却功亏一篑。时也？命也？

各行其是的霸业

进击的天师

宗教领袖兼大军阀张鲁的事业路线

说到道教，很多人都会将其与"老庄"联系起来，实际并非如此。道家是起源于先秦的思想学说，主张天道自然；道教则是起源于民间的一种宗教组织，早期更多受民间巫术、鬼神崇拜以及汉代儒学的影响，后来才逐渐与老子的《道德经》、庄子的《南华经》（《庄子》）捆绑在一起。

作为中国的本土宗教，道教在东汉末年才真正开始登上历史舞台。首先登台的是张角，他不仅是黄巾军起义的领导人，还是早期道教派别太平道的创始者，与之比肩的另一位道教大佬就是割据汉中的张鲁。对于张鲁的认知，一般人仅限于他投降了曹操，但如论对历史的影响，其综合地位远超一众三国群英，因为他是大名鼎鼎"五斗米道"的宗教领袖，对中国道教的发展贡献卓著。

道教的创始"三张"

道教是土生土长的中国宗教,历史上不乏很多道教世家,例如书圣王羲之所属的琅邪王氏,世代信奉五斗米道,王羲之曾用手抄道教《黄庭经》与山阴道士换了一群大白鹅。

创建和壮大道教的当属"三张"——张道陵、张衡和张鲁祖孙三代,信徒称张道陵为天师,张衡为嗣师,张鲁为系师。张道陵被尊为道教的创始人。

东汉顺帝时期,沛国丰人(江苏丰县)张道陵到达蜀地,在大邑县鹤鸣山创建了五斗米道。由于要求凡入道之人要交五斗米,所以被称为"五斗米道",后世官方名称为"天师道"。原始道教认为,只有外丹修炼有成,服食外丹才能够成仙,达到长生不死的目的。张道陵遍访名师,经艰苦修行,终于在嵩山石室之中获得炼丹的秘笈《黄帝九鼎丹经》。除了丹经,炼丹场所也至关重要,张道陵游历天下后,最终在江西贵溪云锦山炼制金丹,传说丹成之时,天上有龙、虎下凡护佑,云锦山也因此改名为龙虎山。

张道陵活了大约一百二十多岁,之后他的儿子张衡接班,但历史上关于张衡的记载不多,带领道教发展壮大的关键人物是其孙子张鲁。张鲁实实在在于中国历史上留下了浓墨重彩的一笔,这和东汉末年宣扬"末世论"的大环境氛围也有关系——给了他一展身手收获信众的宏观条件支持。

乱世势起,雄踞汉中

在民不聊生的大环境中,容易通过制造恐惧,吸引信众来寻求

"拯救"。在道教里，若是有救世主的观念，也是政治性的救世主。信众们所期待的救世主是一位"明君"，这位明君将带领大家建立太平盛世。

东汉末年，天下大乱，农民起义如火如荼，当时的益州牧（四川成都的最高长官）刘焉非常崇拜天师道，于是在汉献帝初平二年（191）任命张鲁为督义司马（督率信教的义民），与别部司马张修一起挥师北上，袭击汉中太守苏固。将苏固击杀后，张鲁干脆一不做二不休，连同将并肩作战的张修也杀了，并收编其部众。

> 益州牧刘焉以鲁为督义司马，与别部司马张修将兵击汉中太守苏固。
> ——《三国志·张鲁传》

汉末形势图

刘焉做梦都没想到张鲁竟如此"生猛",但他无法阻止张鲁的雄心。献帝兴平元年(194),窝着一肚子火的刘焉死了,其子刘璋继位,刘璋以张鲁不顺从调遣为由,尽杀张鲁母及其家室,又派遣庞羲等人攻打张鲁。张鲁与刘璋彻底撕破脸皮,直接公开割据汉中。

张鲁一方面巩固边防,趁势消灭南部的豪强势力;另一方面加紧内部组织的完善,以五斗米道教化人民,逐渐推行"政教合一"的地方管理架构。张鲁以"师君"的身份行使"神授"的权力以统治民众,其组织形式还带有一些空想色彩乌托邦主义,比如生产资料全民所有,平均分配,人人都参与劳动等。

政教合一收人心

张鲁所建立的政教合一的统治模式,成了五斗米道政治合法性的基础。加入五斗米道,须先从"鬼卒"开始做起,待业务纯熟后可升任"祭酒"。祭酒一方面相当于老师,带领学徒修道;另一方面,他也是行政长官,负有地方管理的责任。

"老师"的教学内容很不科学,凡有病就得磕头忏悔,饮用符水。此外,信众还要学习文化课,教材是《道德经》,实际上很可能是张鲁编撰的《老子想尔注》,此书在道教典籍中的地位仅次于《道德经》,是后世道教徒的必修科目。不过《老子想尔注》逐渐失传了,直到清末敦煌莫高窟发现了古本典籍中有《老子道经想尔注》残本,现收藏于大英博物馆。

张鲁还设置义舍和义米肉,为过路的行人提供免费的住宿、免费的吃食,但要求行人自觉,吃多少拿多少,谁贪心就诅咒他("若过多,鬼道辄病之")。此外,张鲁施行仁政,自张鲁以下所有的行政官员(祭酒)都要有道德自觉,对于犯法者,通常会给予三次原谅的机会，如若再犯才会施以刑罚。

从结果上看，张鲁采取宽惠政策统治汉中的方案很有效，不少流民都开始逃往相对安定的汉中地区，如关西民从子午谷（关中通汉中的谷道）逃奔汉中的就有数万家。张鲁还得到巴夷少数民族首领杜濩、朴胡、袁约等人的支持，五斗米道的信徒也越来越多。

东汉末年，社会动乱，谁有人口优势，谁就有战略优势，于是张鲁成为汉末一支颇有实力的割据势力，"雄据巴、汉垂三十年"。

降曹北迁，开启跨地域传播

乱世中，张鲁治理下的汉中成了周围民众竞相投奔的一方乐土，直到曹操大军压境，打破了这里短暂的宁静。汉献帝建安二十年（215），曹操亲率十万大军直奔汉中而来，权衡局势后，张鲁说："我早有归顺朝廷的意愿，一直未曾如愿。这次我们退却巴中，避开曹操的锋芒，并非是出于恶意，宝货仓库，应归国家所有，就留给曹操享用吧。"

曹操收到张鲁送的这份大礼时，觉得已经没必要打仗了。曹操拿下汉中后，对五斗米道采取了恩威并重的两手政策。一方面拜将封侯，极尽笼络。拜张鲁为镇南将军（因而后世道教徒称张鲁为"张镇南"），封阆中侯，邑万户；同时封其五子为列侯，且与之联姻。另一方面想方设法削弱五斗米道的势力，将张鲁等骨干团队北迁至邺城，以便更好地控制，这

陈寅恪在《崔浩与寇谦之》一文中考证：六朝天师道信徒以"之"字为名者甚多，之在名中，代表宗教信仰，如佛教之"释""法"类。"之"非特专之真名，可以不避讳，可以省略。

也是道教大规模跨区域传播的重要开端。

到了西晋时期，道教已经渗透进了上层阶级。比如东晋时期的王羲之笃信天师道，名字里的"之"就是标志（按历史学家陈寅恪的说法，名字带有"之"字的，极大可能就是天师道信徒）。琅琊处在东部滨海一带，在两晋时期已经成为天师道的一个传播中心，因此琅琊王氏家族必定深受其影响。

除王羲之外，琅琊王氏凡在历史中有记载名字的，名字几乎都带有"之"字。据统计，王羲之一辈名有"之"字的12人，子侄辈有"之"字的22人，孙辈以下亲属有近40人。此外这个时期的类似名人还有：王坦之、刘牢之、司马孚之、王怀之、司马昱之、寇谦之、裴松之、顾恺之等，不胜枚举。

五斗米道的发展不仅是当时本土民族意识形态的一种反映，也是当时历史现状和社会生活的一种折射，更开启了道教学说及其思想不断发展的新途径。

"保塞内附"大翻车

五胡内迁,汉魏给西晋留下的定时炸弹

在西汉到曹魏的约三个世纪期间,胡人内迁定居并没有出现什么问题。同时,"以夷制夷"的策略也颇具成效,这招不仅为汉朝以及曹魏分担了部分军事压力,也促进了汉民族与各少数民族间的融合与交流,总体上是利大于弊的。

但客观存在的问题是,"非我族类,其心必异",周边民族与中原朝廷自然不可能是一条心,叛乱的隐患其实一直存在。

五胡内迁，屏障失效

"五胡"指的是匈奴、鲜卑、羯、氐、羌这五个少数民族。胡汉融合后，这些少数民族和汉人一起居住在内地，而非长城以北，所以当他们起兵时，便没有了长城的阻碍。

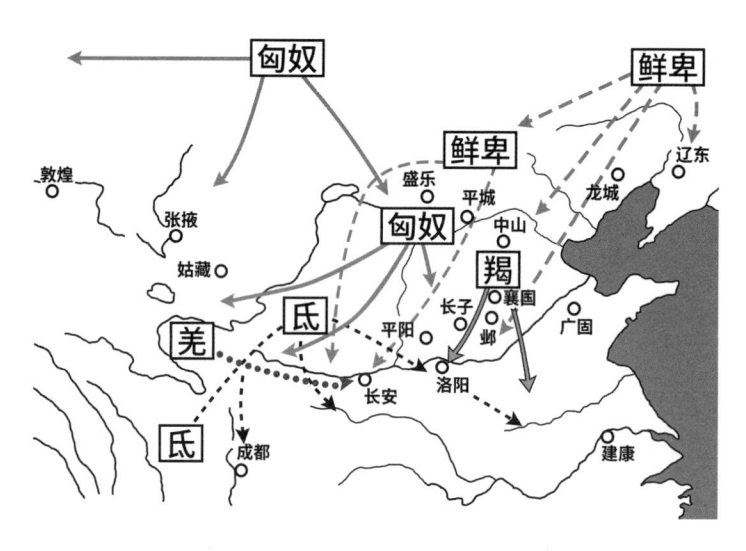

五胡内迁路线图

【匈奴】 汉宣帝时期，南匈奴迁到了长城以内的山西和陕西北部一带地区，汉朝想利用他们构建一条防御北匈奴的"人肉长城"，为大汉保卫边疆，是为"保塞内附"；到了光武帝时，他们进一步深入内地，定居在了西河。"黄巾起义"爆发后，东汉朝廷用匈奴人征讨黄巾，于是他们进一步南迁，到达了河南南部。董卓废立天子，天下大乱，匈奴人趁机劫掠一番后便驻扎在了河内（黄河中游北面地区）。

【鲜卑】 鲜卑的前身是东胡，东胡在和匈奴的战争中被打垮，后分成了两支,分散居住在乌桓山和大鲜卑山,而分别被称为"乌桓人"和"鲜卑人"。乌桓山离长城更近,因此汉朝便选择将乌桓人内迁,安置于右北平、渔阳、辽西和辽东等长城沿线的边塞,继续实行"以夷制夷"的策略。而原本是残兵败将的鲜卑人,随着南匈奴内迁、北匈奴西迁、乌桓被灭,得到了发展的机会,迅速接管了偌大的草原,成了一支不可小觑的力量。

【羯】 羯族是南匈奴中的一个小部落,即"匈奴别落",随着匈奴一起内迁。因他们分散居于上党、武乡、羯室,便以羯为族名。羯人实际上是匈奴贵族的奴隶军队,因此常有异心。

【氐】 根据《魏略·西戎传》记载:"氐人有王,所从来久矣。……其自相号曰盍稚,各有王侯,多受中国封拜。"汉代,朝廷为了管辖氐人,在其聚居地设武都、陇西和阴平三郡,置十三氐道等行政机构。随着氐人的迁徙,氐人逐渐扩散到甘陕一带与汉人混居。

【羌】 神爵元年(前61),汉宣帝平定羌人叛乱后,将他们迁到了凉州的金城郡一带,以便管理。汉末连年战火,关中地区人口凋敝,也缺乏抵御蜀汉的有效军事力量,曹操便将羌人迁到了关中,利用他们来防御蜀汉。事实上,那时的曹魏和蜀汉都在拉拢羌人,企图为己所用。

内战的混编军

东汉末年,中原进入全面混战,乌桓此时出现一个雄才大略的领袖——蹋顿。袁绍与南匈奴、乌桓联盟,利用强悍的游牧部族骑兵对付诸侯,南匈奴和乌桓的势力也趁机深入汉朝疆域。著名的"官渡之战"中,袁绍的阵营里就有南匈奴和乌桓的士兵,曹操大破袁绍后,袁绍的两个儿子袁尚和袁谭率领残部继续依靠南匈奴和乌桓对抗曹操。汉献帝建安七年（202），曹操的大将钟繇在平阳（山西临汾）又一次大破南匈奴与袁尚兄弟的联军。

袁尚兄弟率领残兵投靠乌桓，加之当时很多被曹操击败的地方势力也都投奔了乌桓，乌桓便趁乱掳掠汉人。眼看乌桓日渐坐大，曹操认为应趁早铲除之，建安十二年（207），曹操亲自带兵突袭，日夜兼程抵达柳城附近的白狼山（今辽宁太阳山）开启攻代，并斩首蹋顿，乌桓随之崩溃，二十几万人全部投降。柳城之战后，曹操将投降的乌桓人全部迁徙到境内分散居住，乌桓一族至此在历史舞台上无足轻重。

> 钟繇不但是名将，还是历史上非常有名的书法家，擅篆、隶、真、行、草多种书体，与之后晋朝的"书圣"王羲之合称为书法界的"钟王"。中国书法从汉朝以前的隶书演化为楷书，钟繇是关键人物之一，对后世书法影响深远，后世尊其为"楷书鼻祖"。

后来袁尚又逃到辽东郡，辽东太守公孙康不敢收留，为了向曹操示好，捕杀了袁尚等人。建安十一年（206），曹操击败了割据并州的高干（袁绍的外甥），彻底消灭了袁绍残余势力，完成了华北地区的统一。

并州，胡汉融合的前沿阵地

随着南匈奴渐渐无法立足，首领呼厨泉单于只好在建安二十一年（216）到邺城（今河北邯郸临漳县）向曹操投诚。曹操将南匈奴部众分为左、右、南、北、中五部，分散安置在并州，其中左部在兹氏县，右部在祁县，南部在蒲子县（今隰县），北部在新兴县（今忻州），中部在大陵县（今文水县），每一部设统帅，并让汉人担任司马一职，进行监管。同时，曹操将南匈奴单于扣押在邺城当人质，使右贤王去卑和左贤王刘豹在并州相互制衡。自此，并州成为胡汉融合的前沿阵地，最终孵化出了五胡十六国，甚至还有往后的隋唐，恐怕连曹操自己也未曾想到此举的深远影响。

五胡十六国以并州为中心兴起，符合天时、地利、人和。所谓"天时"，汉末到两晋长期内乱，没有强大集权，容易形成割据；所谓"地利"，并州是进取中原的高地；所谓"人和"，胡人人口比例大增，容易割据。

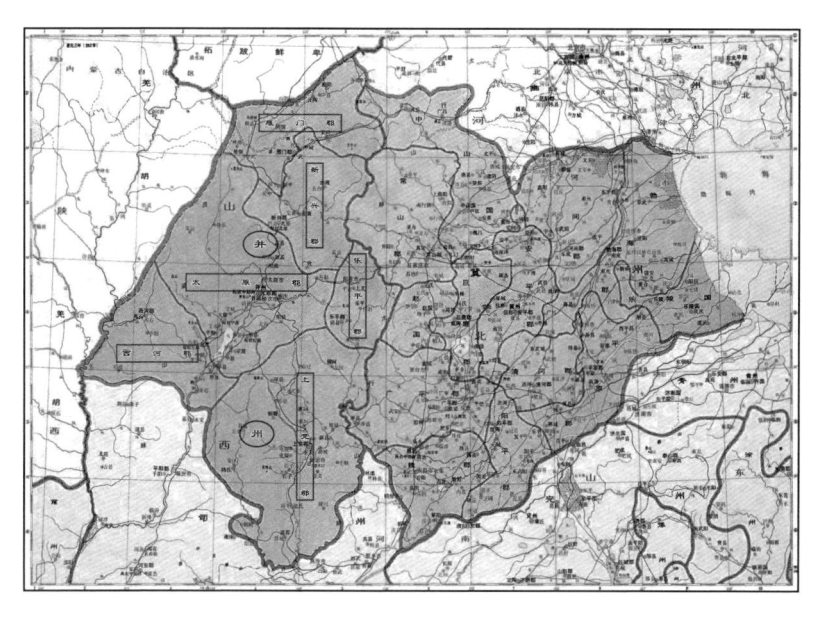

并州下辖6个郡：雁门郡、新兴郡、太原郡、西河郡、乐平郡、上党郡

曹操在世时，除了和蜀、吴争霸，还要控制边疆地区，游牧势力常常乘机捣乱，蠢蠢欲动，因此将他们内迁可以顺便死死看住。此外，为填补中原的人口空缺，曹操将并州汉人百姓分批迁往中原，这就造成了并州人口锐减，而并州和司隶、冀州相邻，为北部边境，是抵御北方游牧民族侵扰的前线，战略位置十分重要，所以必须填补并州的人口空缺。这些被安置在此的南匈奴人形同编户齐民，缴纳赋税，并逐渐汉化。

除了充实人口，曹操内迁南匈奴还出于联合其对抗鲜卑的需求。鲜卑多次侵扰东汉，幽州、并州深受其害，南匈奴迫于鲜卑的压力也不得不南下，所以在对抗鲜卑的问题上，曹操和南匈奴有共同的利益出发点。借助南匈奴之力，曹操可以极大地减轻压力，此举可谓一石多鸟之计。

"五胡乱华"的序幕

到了西晋时期，情况突然转变。西晋统治阶层趋于腐朽，对南匈奴横征暴敛，致使南匈奴人怨声载道。同时，八王之乱的混战不仅削弱了西晋的统治，还让南匈奴彻底看清了西晋的实力。

晋惠帝永兴元年（304），左贤王刘豹之子刘渊在左国城（今山西离石）起兵反晋，追尊蜀汉后主刘禅为孝怀皇帝，并称帝建立汉赵政权，他的儿子刘聪在十二年后推翻了西晋，拉开了"五胡乱华"的序幕。

晋愍帝建兴四年（316），西晋都城长安被匈奴大军围困两月之久，城内断水断粮，百姓将士饿死大半，年仅16岁的晋愍帝司马邺在吃完酿酒用的曲饼后，饿得实在没有办法，出城向匈奴人投降，立国仅51年的西晋王朝正式灭亡。

讽刺的是，灭亡西晋的匈奴人是曹操从塞外内迁而来的，其首领也是他一手培养扶植起来的。曹操肯定做梦也想不到，他生前的一个举动，竟然为后来西晋灭亡埋下了伏笔，间接报了司马氏篡夺曹魏之仇。

火药可以用来开山采矿，也能让自己丧命。"保塞内附"就是这样一个炸药包，可以用来解决许多麻烦，同样也能炸死自己。

破蜀汉腹地之危局

平定南中，诸葛亮维系蜀国统治的必然选择

刘备去世后，越巂的高定、建宁的雍闿、牂牁的朱褒相继叛变，南中豪强孟获亦有参与，最后诸葛亮亲率大军南下，平定南中，史称"南中平定战"。

《出师表》中所提到的"五月渡泸，深入不毛"一事，说的就是诸葛亮在蜀后主建兴三年（225）五月渡过泸水，深入不长草木的南中平定叛乱。"泸水"就是金沙江，也正是今天四川、云南两省的交汇之处。

夷越之地"南中"

自先秦以来，南中为夷越之地，其风俗"编发左衽，随畜迁徙"，汉朝称呼其为"西南夷"。蜀汉的南中涵盖了今天的四川西南部、云南、贵州，以及缅甸东北部等地，那里世代都是少数民族与汉人的杂居之处。

汉武帝时期，朝廷分别派唐蒙、司马相如等人经营管理西南夷地区，先后建立了南中四郡：犍为郡，武帝建元六年（前135）开；越嶲郡，武帝元鼎六年（前111）开；益州郡，武帝元封二年（前109）开；牂牁郡，武帝元鼎六年（前111）开。现藏于中国国家博物馆的西汉"滇王之印"金印，是云南隶属中央统治的最早物证，于云南省晋宁区上蒜镇石寨山古墓群中出土，印面凿刻篆书"滇王之印"四字。

"滇王之印"金印（图片来源于网络）

到了东汉明帝时，这四郡演变为越嶲郡、犍为属国、牂牁郡、益州郡、永昌郡，其中数牂牁郡最贫穷，益州郡不但有富饶的盐池和田地，还盛产金银，永昌郡土地相对肥沃能养蚕产布，越巂郡则有安宁河平原可产粮。

自开辟以来，从汉武帝至王莽，南中地区都叛乱不断。王莽天凤元年（14），三边蛮夷尽反，王莽前后动员凉州和巴蜀军民三十万人，征战三年尚不能平定；光武中兴，南中的叛乱稍有平复，但建武十八年（42），又爆发大规模叛乱……

三路大军征南中

到了东汉末年，战争经济对南方少数民族压榨太甚，凡可用于战争的物资都被诸葛亮搜刮来以作军用。在这样沉重的剥削下，南方少数民族不可避免地再起叛乱。

蜀汉章武三年（223）四月，刘备病逝；五月，刘禅即皇帝位，改元建兴；六月前后，益州郡的汉族豪强雍闿策动牂牁郡太守朱褒、越巂郡叟王高定以及益州郡少数民族头领孟获等一起叛乱。他们杀死了益州郡太守正昂，又把接任的太守张裔抓起来送往东吴，同时还杀死了越巂郡郡将焦璜和牂牁郡从事常颀，大家联合起来反对蜀汉政权。由于蜀汉在夷陵大败，加之刘备刚刚去世，诸葛亮没有立即采取平叛的军事行动，而是采取了招抚的措施。直到公元225年初，蜀汉经调整后，具备了南下平叛作战的条件，诸葛亮大军才开始行动。

南中地区是三个郡发生叛乱，诸葛亮南征

> 亮收其俊杰：建宁爨习、朱提孟琰及孟获为官属。习官至领军，琰辅汉将军，获御史中丞。出其金、银、丹、漆、耕牛、战马，给军国之用。
> ——《华阳国志·南中志》

也是兵分三路,首先沿水路自成都快速到达僰道(今四川宜宾),而后以僰道为前进基地开始分兵行动:东路马忠军自僰道向东南的牂牁郡进兵;中路的李恢军自驻地平夷沿小路南下益州郡,偷袭孟获的后方;诸葛亮的西路主力自僰道折向西面,进军到安上(今四川屏山)一带。根据《中国战争史》的分析,由于南中地区特殊的民族、地理和气候特点,双方兵力不可能很多,蜀军大约2万~3万人,叛军主力部队的人数是比较少的,主要依靠鼓动和胁迫当地百姓参加以壮大声势。

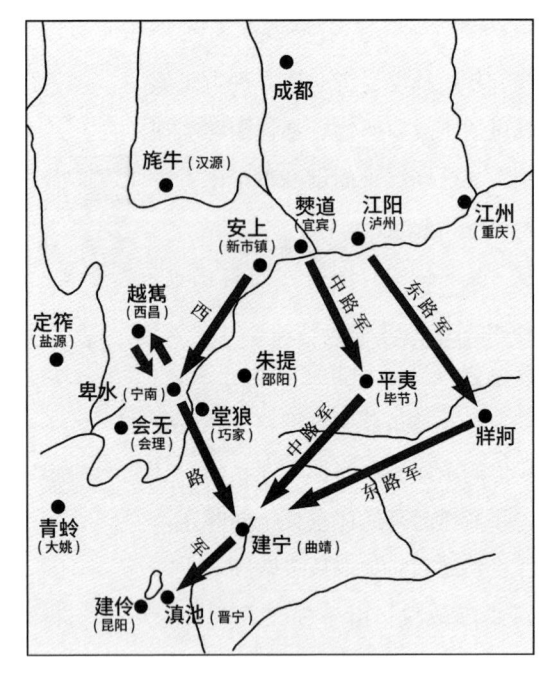

诸葛亮三路进军平定南中

高定的主力主要集结在旄牛、定笮、卑水(今四川美姑)一线,诸葛亮为了吸引叛军主力决战,到达卑水地区后暂停前进,等待叛军向卑水集中以便一举消灭之。高定的主力果然向卑水地区集中,自益州郡北上增援的雍闿、孟获部队也在向这个地区靠近。此时叛军内部发生了内讧，高定部将杀死了雍闿，孟获军也停止了向卑水地区的增援。诸葛亮看到已经不能将叛军聚而歼之，于是果断及时击败了高定军，与此同时，马忠的东路军在牂牁郡击败了朱褒部队。

这时孟获军已经开始向益州郡老家撤退，而李恢军荡平了益州南部地区，占领了孟获的根据地，切断了孟获军的退路，诸葛亮大军立即乘势展开追击。蜀后主建兴三年（225）五月，诸葛亮大军渡过泸水，进入益州郡，在味县（今云南曲靖）以北地区追上了孟获的部队，并生擒孟获。接着诸葛亮大军南下到达味县地区，与李恢的部队会师，随后大军向西挺进，进兵滇池（今云南晋宁东），并分兵平定了四周的部族，于是年秋顺利结束了南征战役。

为何"七擒七纵"孟获？

"七擒孟获"一词在《汉晋春秋》《华阳国志》中出现，《三国志》中却没有，所以一直有质疑指此事只是虚构。但裴松之的《三国志注》及司马光的《资治通鉴》都将七擒孟获载入书中，而且与《三国志》记载没有冲突或出现史料上的错误，又有二重史料印证，所以七擒孟获大概率是真实发生过的。

高定杀了雍闿后，具有相当声望的孟获就成了首领。据《华阳国志·南中志》记载，"定元部曲杀雍闿及士庶等，孟获代闿为主"。对于这样有声望和号召力的人物，诸葛亮采取了马谡提出的"攻心为上，攻城为下，心战为上，兵战为下"的方针，认为南方有很多部族，杀掉一个孟获，还有很多孟获，并且南人之间也会因此征伐不断。南方若乱必定会波及蜀国的边陲，那么蜀军必将第二、第三次平乱，局势会更加难以处理。这样治标不治本的平乱还会导致蜀国在南方大量屯兵，分散国力，不利于北伐大计，不如设计让孟获心服口服。

因此，战前诸葛亮下令只许生擒孟获，不许伤害他。双方开战时，蜀军设置埋伏生擒了孟获，孟获中计被俘，心里不服，于是诸葛亮让他观看蜀军阵容，然后予以释放。孟获整军再战，结果再次被擒，诸葛亮又放了他。这样再战再擒，前后七次，孟获终于心服，表示不再叛乱。

诸葛亮七擒孟获，终于使其心服

南中平定后，诸葛亮首先重新划分南中地区的行政区域，在保留越嶲、牂牁、益州、永昌四郡的基础上又划出了云南（郡治在今云南祥云县）、兴古（郡治在今云南砚山县西北）两郡，并将益州郡更名为建宁郡，通过较多的行政区域划分来分散当地少数民族的势力。其次，除了郡太守这一级别的官员外，其余依旧由当地的豪帅充任，允许少数民族在一定程度上自治，把南中变成一个"纲纪粗定，夷汉粗安"的自治地区,只要其名义上归顺朝廷,不再生事,并且按时供应军需即可。

此外,诸葛亮还收拢南中劲卒豪帅,根据《华阳国志·南中志》记载,诸葛亮"移南中劲卒青羌万余家于蜀",号为"飞军",提升了蜀汉军队的战力,又将剩下青羌中羸弱的配给大族富豪做部曲。

人口抢夺战

从古至今,人口与土地都是立国之本。早在西汉平帝元始二年(2),汉帝国人口就已达到了5 767万人,虽然东汉的国力有所减退,但东汉桓帝永寿三年(157),人口也有5 648万人,与西汉鼎盛时期大抵相当。但经历东汉末年长达几十年的大规模战乱、瘟疫、饥荒后,人口锐减,三国时期人口已下降至700多万,一度是西汉帝国最为繁盛地区的关中平原此时已是"无复人迹",东汉核心的洛阳一带更是"死者不可胜计",而在黄河下游的华北平原一带则是"墟邑无复行人"。

当时三国之中,蜀汉人口最少,约为94万人,所以对于诸葛亮和他的继任者姜维而言,掠夺和收编人口一直是最为重要的任务之

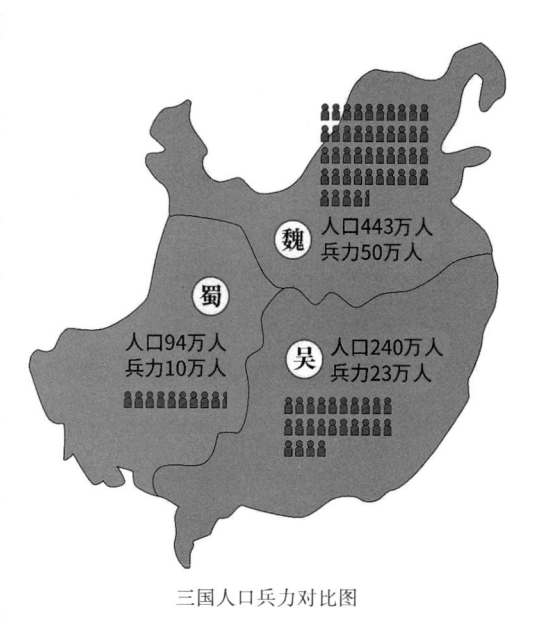

三国人口兵力对比图

魏 人口443万人 兵力50万人
蜀 人口94万人 兵力10万人
吴 人口240万人 兵力23万人

一。蜀汉后主建兴六年（228），第一次出师北伐的诸葛亮不得已仓皇撤兵，临撤退前他下令把西县1 000多户人家，强行迁徙到蜀汉控制下的陕西汉中。后主延熙十七年（254），姜维再次出征陇西失利，回军过程中，"拔（魏国）狄道、河关、临洮三县民，居于（四川）绵竹、繁县"，这种"拔"就是强行将魏国的人口迁徙到蜀国，以此来补充蜀国人力，保证兵源、税源和农耕，以及扩大蜀国的人口繁殖。

当时张鲁控制下的陕西汉中一带由于相对安宁，北方流民涌入，人口一度高达50多万，所以汉中成为曹操与刘备的争夺要点。从建安二十年至建安二十四年（215—219），曹操与刘备在汉中地区进行了近四年的争夺战，最终刘备赢得汉中。但曹操也一步步掠夺了刘备管辖境内的人口，比如将甘肃武都一带的5万多户氐人，强行迁徙到曹操控制范围内的扶风、天水两郡，以此加强自己的人口实力，同时也削弱刘备控制下的人口数量。

与曹操和刘备类似，孙权也很注重对人口的掠夺：建安十二年（207），孙权直接发兵攻打占据荆州的刘表部将黄祖，并"虏其人民而还"；建安十三年（208），孙权又派兵追杀黄祖并"虏其男女数万口"；建安十九年（214），孙权亲征皖城，"获庐江太守朱光及参军董和男女数万口"；此后直到晋武帝泰始年间（265—274），东吴仍不断派兵进入司马氏的晋国境内掠夺人口。此外，在征服散居在今天的苏南、安徽南部、浙江、江西等几个省山区的山越后，东吴将越人从山地迁徙到平原，总数约有十万多人。

南征是诸葛亮治蜀的一个重要政绩，他将军事行动与政治斗争相结合，巧用"攻心为上"之策，胜利平定了南中叛乱。

孑然一身，唯有执念

出师未捷身先死，长使英雄泪满襟

关羽丢了荆州，刘备复仇出兵，不幸夷陵战败，落了个白帝城托孤，自此诸葛亮扛起了蜀汉大旗。北伐是诸葛亮的志愿，也是刘备的遗愿，诸葛亮在隆中制定的北伐大计是有前提实施条件的，需要"跨有荆、益，保其岩阻，西和诸戎，南抚夷越"。现下荆州已失，必须坚定执行南抚夷越之策了。

夷陵之战后，诸葛亮暂且与吴联盟，稳定后方及内部，令蜀汉得以喘息，之后便开始南征，平定了夷越之地，解了北伐的后顾之忧。盘点五次北伐，诸葛亮如此执着，直到生命尽头也在思考如何北伐一统天下，反而让人觉得他过于拘泥于"北伐"二字，以至于陷入了军事冒险。

北伐前必先稳南中

三国时期，南中的地理范围很大，包括现今云南、贵州、四川南部和缅甸东北部等地，从秦至东汉的几百年间，陆续有汉人迁至南中，形成了南中部落首领与汉族地方豪强共存的局面。当时的益州分为北部和南中两大块，大致以长江为界，面积相当，北为北部，南为南中，南中的各类物资也相对丰富，比如朱提铜、越巂铁、堂古铜、云南银、采山锡、律高锡等。诸葛亮内心明了，如果以益州为北伐基地，那么南中就是益州的大后方。没有益州，北伐无法启动；没有南中，益州就实力减半。

刘备当年入蜀后，在益州南部、南中地区设置了戍卫重镇的平夷庲降都督府，专管南中事务，出任庲降都督一职的通常都是刘备和诸葛亮的心腹，比如李恢、马忠等人。若是南中叛乱不止，诸葛亮自是没有底气北伐的，平定南中后，诸葛亮调整了南中的行政区划，进一步郡县化以便于统治。随后，蜀汉加大了开发南中的力度，兴修水利，大兴屯田，开凿更多交通要道以加强蜀汉与南中的联系。

此外，南中地区还是重要的兵源征集地。由于蜀汉人口比较少，夷陵之战又折损了大量士兵，有了南中兵源补充后，诸葛亮北伐的底

自228年春至234年冬，诸葛亮兵出汉中，对曹魏发动五次征伐：

【第一次北伐】建兴六年（228）春，诸葛亮设疑兵于斜谷，自己率大军攻祁山。张郃大破马谡于街亭，诸葛亮返回汉中。

【第二次北伐】建兴六年（228）冬，诸葛亮出散关，包围陈仓，攻打二十多天，蜀军粮尽退军。

【第三次北伐】建兴七年（229），诸葛亮派遣陈式攻占武都、阴平。魏将郭淮带兵援救，诸葛亮亲自率军至建威，郭淮撤退，蜀汉成功得到二郡。

【第四次北伐】建兴九年（231），蜀军包围祁山，司马懿和张郃带兵援救。李严运粮不继，蜀军粮尽退军。张郃追击蜀军至木门，被蜀军射杀。

【第五次北伐】建兴十二年（234），诸葛亮率大军出斜谷道，据武功五丈原，因未能成功抢占北原而与魏军僵持百余日。秋，诸葛亮逝世，蜀军退回汉中，至此诸葛北伐结束。

气才又更足了些，且南中民风剽悍，提升了蜀军的整体战斗力。终于，以"兴复汉室、还于旧都"为己任的战争机器发动了。

以血肉之躯积累经验

诸葛亮的五次北伐大致可分为两次大型全面战争（第一次和第五次），两次小型局部战争（第二次和第三次），以及一次中型区域战争（第四次）。据正史记载，诸葛亮的五次北伐中，仅有两次是真正从祁山出兵伐魏的。

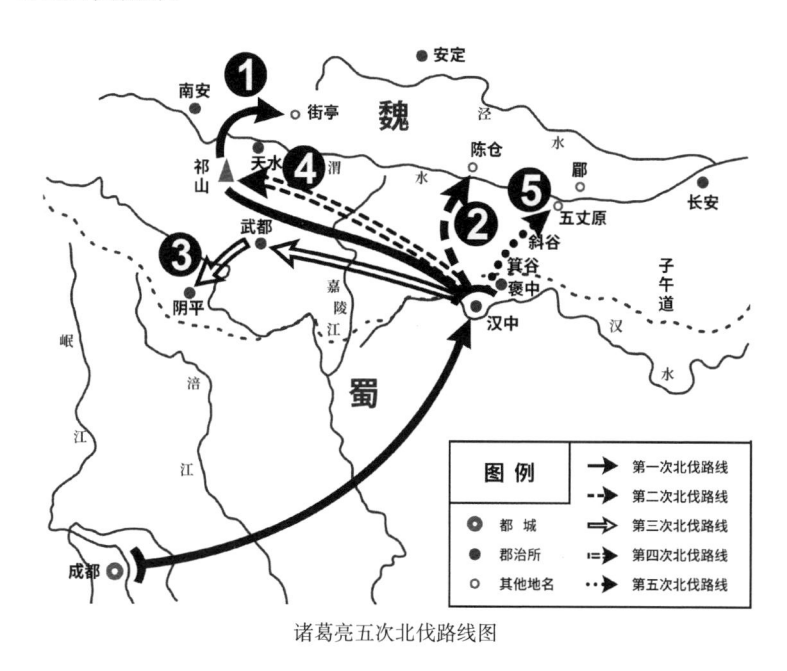

诸葛亮五次北伐路线图

公元226年，年轻的曹叡在洛阳即位，是为魏明帝，魏国出现了混乱。看准时机后，诸葛亮于公元228年，"使赵云、邓芝为疑军据箕谷，魏大将军曹真举众拒之。亮身率诸军攻祁山，南安、天水、安定三郡叛魏应亮，关中响震"（出自《三国志》）。当时赵云还在，也没有太多的内忧，可以说是最有希望成功的一次。不过蜀汉军团遭到了曹魏军团的顽强抵抗，诸葛亮原计划通过攻占祁山来开辟一条通道，但由于粮草缺乏，第一次北伐行动效果欠佳。接着开启了第二次、第三次、第四次北伐，诸葛亮都面临缺粮缺资和曹魏大军的强势反攻，均未能大获全胜。

诸葛亮的最后一次北伐，也是最具戏剧性的，无论是司马懿的围攻，还是蜀汉的内讧，都令这次北伐阴影颇重。虽然诸葛亮吸取了前几次的教训，分兵屯田以保障粮草，但在与司马懿对峙一百多天后，并没有得到他想象中的胜利。最终诸葛亮病死于军中，临终进行了最后的部署，杨仪和费祎统领各军撤退，魏延和姜维负责断后，历时6年的北伐终于结束了。对于诸葛亮而言，失败是成功之母，更是下一次胜利的铺垫，临了还获得了"鞠躬尽瘁，死而后已"的殊荣，但对蜀汉的百姓而言则是无穷无尽的灾难。

定军山下的诸葛亮墓（摄于汉中）

后世也有观点认为，诸葛亮北伐虽然没有达到预期目标，但还是起到了牵制曹魏的作用，尤其夺取武都、阴平二郡，有利于加强蜀汉的防御。但事实上，蜀汉连年用兵，耗尽了刚取得的经济发展成果。诸葛亮病逝后，蒋琬等人则采取了防御战略，直到姜维掌军权后重启北伐，几乎年年出兵，结果只能是民不聊生，蜀汉最终于公元263年崩溃。据《三国志》载，当时蜀汉全国"领户二十八万，男女口九十四万"，可是"带甲将士十万二千，吏四万人"。也就是说九十四万人口，却要供养十四万二千的军人和官吏，兵民、吏民比例严重失调，正常的工农业根本就无法进行，难怪东吴五官中郎将薛珝出使蜀汉时，感叹看到的衰败景象："经其野，民有菜色。"

何故执意北伐？

后主刘禅即位后，诸葛亮主政蜀国，最终心力交瘁，身陨北伐征途，令人慨叹不已。蜀国贫弱，但蜀地却易守难攻，为何诸葛亮以经天纬地之大才，竟不顾现实以短击长，且曹魏也非速亡之国，北伐根本就是一件看上去就不会成功的事情，他为何明知不可为而为之？

首先，蜀汉之所以能够割据益州，和当时中原战乱后人口流失有关。东汉末年，中原的经济和社会惨遭破坏，但诸如益州在刘璋，荆州在刘表，扬州在孙策的治下，相对而言要安稳些，北方逃难而来的流民还可以补充发展力量。一旦北方缓过神来后，统一南方只是时间问题，益州再怎么发展也到头了，这就是《后出师表》中所述"王业不偏安"的大环境考量。再者，诸葛亮的另一个考量可能是想引起新的动乱，进而阻挠北方社会恢复。《隆中对》有言"天下有变"再去打，若是天下没有大的变化，那就只能创造变化。

祁山三国古战场遗址（摄于祁山堡）

另外，诸葛亮北伐虽然没有为蜀汉争取到太多的实际利益，但在铲除异己和转移内部矛盾方面还是颇有成效。马谡失街亭、魏延被逼反、费祎被刺杀……一个个看似孤立的事件背后，是蜀汉集团内部一系列的明争暗斗。

刘备在世时，以他的威望，尚能保持内部的稳定，但他病逝后，蜀汉内部的矛盾就开始显露出来，根本诱因就是益州的世家集团与诸葛亮的荆州集团之间的斗争。在那个时期，真正影响历史走向的，并不是所谓的英雄人物，而是世家大族。以北伐为由，把蜀汉内部的矛盾转移到外部，避免益州与荆州集团间的矛盾继续激化，至少先忙着同仇敌忾一致对外。

再比如，当时对诸葛亮一派威胁最大的是李严，刘备病重时，他与诸葛亮一同受遗诏辅佐少主刘禅，以李严为中都护，统管内外军事，留下镇守永安。李严在益州东部有很深的势力，但在北伐中因押运粮草延误时日被废。历史学家田余庆先生在《李严兴废与诸葛亮用人》中认为,"李严被废"一事"过于乖谬,不符常理",根本不像李严的为人,因而推断"颇疑其间另有文章"。

被拔高的诸葛亮

诸葛亮本就是一介书生,并不是将略之才,在张飞、关羽等一众武将过世后,他也逐渐跌下了神坛。同时,诸葛亮的擅权与曹操并无两样,连职务也和曹操一模一样,都是丞相,推行"虚君实相"以达到自己的政治目的,刘禅何尝有权?大家印象中的刘禅,就是扶不起、智商低且能力差,但刘禅并不是弱智。举个例子,诸葛亮去世以后,刘禅立即废除了丞相制度,命蒋琬主管行政,命费祎主管军事,将原本都在诸葛亮下的权力一分为二。所以诸葛亮到底有没有扶过刘禅,谁也不知道,但是不扶刘禅就可以专权于身了。

拜文学创作所赐,诸葛亮和曹操,或者诸葛亮和司马懿之间的形象才有了如此大的差别,因为社会的舆论宣传需要符合当下利益的正面和反面教材。华夏文明的历代统治者喜欢强调忠君,但专制的政治文化也陷入了无法自圆其说的矛盾中,一方面将商汤与周武王以武力推翻前朝的行为统称为"汤武革命",另一方面却将曹操、司马懿、司马昭等人当作篡位奸贼。刘禅是位玉玺皇帝,军权异化为皇权概率很高,但受制于派系矛盾以及百姓对汉室的依附心理,诸葛亮不敢贸然行事,直到五丈原命陨都没敢踏出实质性的一步,恰巧便完善了其人格。诸葛亮这种公开的人设在封建社会中是最被需要的,因为篡权往往与内战相关联,但社会需要实打实的安定。

《出师表》中那句著名的"此诚所以报先帝而忠陛下之职分也",从政治视角看亦愚昧可笑,但符合普通人知恩图报的道德衡量标准。其实,愚忠与报恩是两回事,普通人报恩是以牺牲自己的利益为代价，政治家回报私恩时常会无视百姓的利益，对分裂动乱时期穷兵黩武带来的灾难都可以视而不见。

以诸葛亮和司马懿的后世评价为例，他们去世多年后有两人撰写了两部史书，记载的内容一样，但是两位作者对诸葛亮和司马懿的风评却大不同。东晋习凿齿写的《汉晋春秋》以蜀汉为正统，对于诸葛亮自然是吹捧歌颂，对《三国志》作者陈寿则颇有微词，认为陈寿回护司马懿战败，还对司马氏弑君篡位的事件轻描淡写。而同处东晋时期的孙盛很重"史德"，其所著《晋阳秋》口碑很好，孙盛在书中对诸葛亮的治国才能予以了极高评价，但是对于其军事才能提出了不同看法；同时孙盛对于司马懿的军事能力颇为赞赏，他认为司马懿的军事指挥才能高于诸葛亮。

《汉晋春秋》的影响力很大，刘宋的裴松之也仰慕诸葛亮，再加上刘宋本身政权的需要，所以对蜀汉更是大加赞扬，于是在其所著的《裴注三国志》中大量引用了《汉晋春秋》的记载，对于后世人评价诸葛亮起到很大的引导作用。

作为诸葛亮的"死忠粉"，裴松之在自己的著作中刻意回避了孙盛提出的历史考证问题，还与孙盛的某些观点进行辩论。

《汉晋春秋》和《晋阳秋》两部同时代的史书记载了同一时期的历史，但叙事评价却大不同，可见史学家本身的思想对于历史回溯的巨大影响。理解起来也很简单，因为习凿齿是襄阳人，而诸葛亮曾隐居于襄阳，在当地很有影响力，他必定从小是听着诸葛亮的传说长大的。另外，东晋这种偏安政权令一部分人和蜀汉共情，习凿齿可能也是如此，包括后世的裴松之等人。

历来，官方喜欢将诸葛亮作为忠良标杆进行宣传，民间喜欢将诸葛亮过度神化以满足心里对于英雄救世的期待，以至于连鲁迅先生都觉得《三国演义》中对于诸葛丞相的描述是"状诸葛之多智而近妖"。诸葛亮算出庞统要死,庞统还是死了;诸葛亮神机妙算,荆州还是丢了;诸葛亮算出关羽有危险,关羽还是被杀了;诸葛亮献计刘封要攻孟达,结果刘封兵败回成都,上庸三郡悉数归曹魏;诸葛亮点七星灯延寿,却不能阻止灯灭。三国之间的博弈,不是靠个人玄幻类妖的能力,而是靠整体的智慧和实力。

解密魏晋第一男团"竹林七贤"

真实存在过的隐世精英

如果古代有朋友圈,那么魏末晋初的那几年间,甚至放眼整个中国历史,最有名的朋友圈肯定少不了"竹林七贤"。这圈儿里的七位成员,嵇康、阮籍、山涛、向秀、刘伶、王戎和阮咸,除了博学多才,个个还都是天马行空的艺术大师,饮酒、抚琴、清谈、饮啸、佯狂。浊酒一杯,思接千载,这个朋友圈产生了清俊的诗歌、璀璨的思想,是魏晋风度的代表。

竹林七贤

父与子的不同悲剧

在这个朋友圈中,关系最扑朔迷离的就是嵇康和山涛。山涛,字巨源,按年龄来说,他在"竹林七贤"中应该算老大哥了。山涛(205—283)长嵇康(224—262)近二十岁,他与嵇康、阮籍第一次见面就感觉十分默契投缘,对嵇康尤其欣赏,谓"嵇叔夜之为人也,岩岩若孤松之独立;其醉也,巍峨若玉山之将崩"。后来山涛步入仕途,任吏部尚书多年,执掌用人大权,深得司马氏信任。山涛邀嵇康出仕,嵇康作了那篇流传千古的《与山巨源绝交书》公告天下,将山涛贬损得一塌糊涂。

嵇康为曹魏宗亲,娶长乐亭主(曹操的曾孙女)为妻;山涛则与司马懿之子司马昭是表兄弟。随着曹氏、司马氏两大集团斗争日趋白热化,摆在士族面前的只有两条出路:一是继续支持曹魏皇室,一是转而投靠司马氏。此时司马氏集团势力方兴未艾,甚至欺压王室,"直性狭中"的嵇康选择了坚决不与司马氏合作。于是嵇康被列入了司马昭的黑名单——既然不能为我所用,不如尽早干掉——后来司马昭借吕安弟兄事件杀了嵇康。虽然嵇康与山涛的政治立场注定无法一致,但是这两人的私交还是不错的。嵇康被行刑时,他的儿子嵇绍刚

> 《与山巨源绝交书》是嵇康写给朋友山涛的一封信,也是一篇名传千古的散文。嵇康听到山涛由选曹郎调任大将军从事中郎,想荐举他代其原职的消息后,写信拒绝,指出人的秉性各有所好,申明他自己赋性疏懒,不堪礼法约束,不可加以勉强。他强调放任自然,既是对世俗礼法的蔑视,也是他崇尚老庄无为思想的一种反映。

刚十岁，他将儿子托付给了山涛，《晋书》对这件事的描述则更是有声有色："康后坐事，临诛，谓子绍曰：'巨源在，汝不孤矣。'"

再后来，二十八岁的嵇绍在山涛"识时务为俊杰"的开导下走上了晋朝的仕途。《世说新语·政事》曰："嵇康被诛后，山公举康子绍为秘书丞。绍咨公出处，公曰：'为君思之久矣！天地四时，犹有消息，而况人乎？'"晋武帝司马炎这方面的政治头脑与他父亲如出一辙，既然有山涛作保，提拔一个"异端"者的子女更能拉拢人心，嵇绍就是一个再合适不过的典型。

嵇绍为朝廷尽忠竭智，深得信任。"八王之乱"中，嵇绍血溅御服，晋惠帝下令勿洗，自此成为不可多得的思想政治教育展品。嵇绍死后又多次得到封赐，晋怀帝（司马炽）赐谥嵇绍为"忠穆"，东晋成帝（司马衍）又追述嵇绍的忠心而封赐其孙嵇翰，嵇绍成为晋王朝的一个封妻荫子的楷模。魏晋动荡的政治环境，造成了嵇康父子不同的人生悲剧。

漩涡中的魏晋名士

曹魏中后期出现了非常激烈的政治斗争，从正始元年（240）往后的二十余年间，司马氏集团与曹氏集团展开了激烈的斗争。当时聚集在曹爽周围的主要是一些所谓的魏晋名士，这些人是典型的公子哥，文化修养很高，擅长诗词歌赋，又爱探讨哲学问题，代表人物就是何晏，嵇康也厕身其间。

嵇康的妻子是长乐亭主，何晏的妻子是金乡公主（曹操的女儿）。何晏本人的身份也很有意思。何晏的爷爷何进，出身屠户，妹妹是东汉灵帝刘宏的皇后，生汉少帝刘辩，何进以外戚身份青云直上，后因破黄巾军有功而封侯。何晏的父亲很早就去世了，母亲尹氏由于长得美被曹操纳入府中,于是小小的何晏就以曹操养子的身份生活在曹操的府邸中。

事实上,何晏在政治上并不如意,曹操和曹丕都没给过他政治权力,曹叡上台后虽封了他一个没有实权的闲职——驸马都尉(据说是我国历史上第一位有名有姓的驸马都尉,自此后世称皇帝女婿为驸马),但很快以"浮华交会"的罪名把他赶出了朝堂,直到好友曹爽掌权后,何晏才终于尝到手握实权的滋味。何晏不仅容貌俊美,还学识渊博,他甚好玄学,是清谈领袖、魏晋玄学的创始人之一,堪称"正始名士"。司马懿掌权后,故意让何晏彻查曹爽,无论何晏想要怎么撇清干系,终究都不能幸免,被司马懿以谋逆罪诛灭三族。

"竹林七贤"朋友圈中另一位非常重要的人物叫阮籍,曾任步兵校尉,世称"阮步兵"。作为名门之后——建安七子之一阮瑀的儿子,阮籍不愿意被捆绑在任何派系上,他选择了明哲保身和谨言慎行。当年曹爽征召阮籍出任参军,要拉他进入曹氏集团,阮籍便托病辞官归里;同样司马昭欲为其子求婚于阮籍,他就把自己灌醉整整两个月,使得司马昭连开口的机会都找不到。其实躲避政治斗争对一个贵族而言是非常不容易的,所以他内心很苦闷,就把情绪抒发到诗歌中,所以说"竹林七贤"中数阮籍的文学成就最高。

曹魏正始十年(249),"高平陵之变"血色登场。被剥夺朝政实权且称病不起的太傅司马懿,趁大权在握的大将军曹爽兄弟奉魏帝曹芳(曹魏政权的第三位皇帝)之命,来到洛阳郊外的高平陵祭拜之际,与部分曹魏老臣联合,以暗中豢养的三千死士为根基,突然发动政变,开启了血腥的司马氏代魏的历史进程。

政变后,司马氏希望拉拢名士为己所用,"竹林七贤"朋友圈中的好友也随之发生了分化。真正称得上遗世独立的唯有嵇康一人,但最终被杀。迫于无奈的阮籍响应司马懿的征召再度入朝,任从事中郎

（帝王近侍官），终其一生再未辞官。作为阮籍的侄子，阮咸像是阮籍的小跟班，跟着阮籍做了不少蔑视礼法、惊世骇俗的事，以求自保。山涛与王戎（出身琅琊王氏）则主动入仕，最终位列三公，都是与世沉浮的高手。向秀为避祸，不得已顺应朝廷威逼拉拢而出仕，先后任黄门侍郎、散骑常侍等职，但"在朝不任职，容迹而已"，他只做官不做事，消极无为。"醉侯"刘伶活得最自在，出仕后做了建威参军的闲职，遭罢免后终日以酒为伴。

无论是曹魏政权的奠基者曹操，或是篡汉的曹丕，他们都有知识分子的一面，对这些于权无碍的文人还是相对宽容的。但在司马氏眼中，知识分子群聚清谈是不可接受的，清谈大部分是妄议朝政的，行为更是反礼教的。所谓的"竹林清谈"，代表了对权威的反抗和对朝廷的藐视，瓦解清谈团体势在必行。

魏晋玄学的诞生

清谈在魏晋时期十分流行，"玄学"是清谈的主题之一。有一则非常有趣的故事：王戎素闻玄学家阮瞻（阮咸之子）声名卓著，有一天便问他："老庄与孔子有什么相同和差异呢？"阮瞻回答道："将无同。"（意思就是"恐怕没有什么不同"）。面对这样模棱两可的答案，王戎竟觉得非常有道理，当即征辟阮瞻为属官，当时人都称阮瞻为"三语掾"（对幕府官员的赞美）。

曹魏正始年间，何晏、王弼阐发《老子》《庄子》和《周易》的思想，形成了一个新的思想流派——"玄学"。何晏和王弼从探究宇宙本源出发，从《老子》的"天地万物生于有，有生于无"出发，认为"天地万物，皆以无为本"。"玄学"是黄老思想与儒家思想相结合的产物，它摆脱了庸俗的"天人感应论"的影响，着重于抽象的思辨，从自然本体论上升到认识本体论的高度。过往无论是传统的道家、儒家，还是合道于儒的董仲舒，探讨的都是"现实的存在"，道家是"自然的存在"，儒家是"社会的存在"，董仲舒是"自然社会对应的存在"，这都是对现实问题的体验和描述，都未摆脱"自然"的羁绊，都未真正从认识论的角度来研究问题。

王弼"以无为本"的哲学理论标志着玄学的诞生，它开始从认识论的角度研究问题，把自然本体论上升为认识本体论。他的"贵无"哲学扫除了自然、社会和纲常名教对人的精神的束缚，提高了人的抽象思维能力和人的精神的价值，是一次思想解放，对儒家的名教思想产生了巨大冲击。

何晏、王弼一边著书立说，一边举行论辩来阐释玄理（即所谓"清谈"）。两人皆出身高贵，身居显职，因此很快便博得了官僚士族的赞誉，大家竞起仿效，阮籍和嵇康就是典型代表，"尚无"之风成为强大的社会思潮。过往传统的价值体系忽略了个人存在的价值，只重视国家秩序，魏晋的"叛逆者"们希望能够在群体中发现个人存在的意义，这也是他们在经历时代痛苦和虚无之后的一种精神找寻。

魏晋南北朝是中国思想史上的一个特殊时期，经历了汉王朝的崩溃、农民起义的兴起、军阀豪强的割据，整个社会处于动荡之中，需要全新的核心价值观体系。绝对中央集权式的统治被打破了，因而为之服务的"经学"也逐步被"玄学"所取代，从思想层面为门阀士族重建社会秩序做好了理论准备。余敦康先生在《魏晋玄学史》中指出：魏晋玄学有一个母题，这个母题在玄学话语体系中叫作"名教自然之辨"；在哲学话语体系中叫作"天人关系"；在政治话语体系中叫作"社会秩序的重建"。

时代的文化符号

"竹林七贤"留下的最珍贵、也最令人称道的应该是对玄学文化的弘扬,使其成为一个时代的文化标签。魏晋士人的喜怒哀乐、露才扬己,乃至他们的病态与疯狂,全都缘于执着"我"字,与自我意识之觉醒息息相关,而自我意识的觉醒与张扬正是魏晋时代异于其他时代的重要特征之一。

南京博物院的镇馆之宝——《竹林七贤与荣启期砖画》(南朝),由200多块古墓砖组成,分为两幅,竹林七贤中的嵇康、阮籍、山涛、王戎4人占一幅,向秀、刘伶、阮咸与荣启期4人占一幅。人物之间以银杏、槐树、青松、垂柳、阔叶竹相隔,8人均席地而坐,各自呈现出一种最能体现个性的姿态,士族知识分子自由清高的理想和风骨,在这块画像砖上得到了充分的表现。

砖画竹林七贤与荣启期(局部,摄于南京博物院)

事实上,"竹林七贤"这个概念并不是诞生于七贤所生活的曹魏时代,它的真正出现已经是东晋时代了,也就是说,在所谓"竹林七贤"已经离世大概四五十年之后,才有了这个团体称号。按照东晋孙盛所著《魏氏春秋》及南朝宋刘义庆所著《世说新语》中的说法，是因为七人"游于竹林""常集于竹林之下，肆意酣畅"，所以世人称他们为"竹林七贤"，此说延续至今已然成为主流观点。

但根据历史学家陈寅恪的研究，所谓的"竹林七贤"其实是不存在的。这里说的"不存在"不是说这些人不存在，而是"竹林七贤"的命名与七人竹林集会无关，所谓竹林之游"都是东晋好事者捏造出来的"。陈寅恪认为"七贤"是附会《论语》"作者七人"而来；而"竹林"是从印度的古称天竺而来，当时佛教刚刚流行，社会上有佛教术语和本土语言相融合的趋势。也就是说，"竹林七贤"系东晋士人受佛教"格义"学风影响，取当年释迦牟尼说法的"竹林精舍"之名，附会《论语》"作者七人"而成，并非历史实录。

另外，比较"竹林七贤"成员之间的年龄差异，七人也不太可能同时聚会于山阳（今河南焦作修武县）。正始九年（248），山涛43岁，阮籍38岁，嵇康25岁，而王戎才刚刚14岁，这么小的年龄似乎不太可能参加名士的清谈集会。

往事越千年，名士风流已被雨打风吹去。但作为一个时代的文化符号，"竹林七贤"留给后人的不仅是他们的生平逸事和官场浮沉的故事，他们的人格精神、潇洒怀抱、文学创作，都给后人以虽不能至而心向往之之感，他们凭借各自的脱俗之举影响了一个时代的思潮。

同归于尽的"南鲁党争"

兄弟相残,东吴政坛大地震

三国时期,东吴的东宫称为"南宫","南鲁党争"就是东吴太子孙和与鲁王孙霸之间,因争夺储君之位而引发的党争,又称"二宫之争"。

"南鲁党争"大约始于吴赤乌五年(242),结束于赤乌十三年(250),朝中大臣因分别支持太子和鲁王而分裂,东吴政权内耗巨大,其间充斥着流血事件,以至于东吴政治长期处于一种黑暗、混乱的格局中。最终,孙和被废,孙霸被赐死,孙权改立第七子孙亮为太子。

争相弥补空缺

根据古代"嫡长为尊"的继承制度,太子之位本轮不到孙权第三子孙和与第四子孙霸。孙权早先立长子孙登为太子,全力培养其成为接班人,可惜孙登在赤乌四年(241)便英年早逝,年仅三十三岁,孙权的次子孙虑比孙登去世还早。没得选,于是孙和于赤乌五年(242)正月正式被册立为太子。此时,百官上奏要求立王夫人(孙和的母亲)为皇后,封第四子孙霸为王,孙权以天下尚未安定,不宜尊宠妾和皇子为由拒绝了。同年八月,部分官员再次提出相关要求,最终孙权同意立四子孙霸为鲁王。

孙和成为太子,孙霸被封为鲁王,但两人仍然居于同一宫殿中,并没有正式区分品级和等第。一些大臣担忧这种情况会威胁孙和的地位,于是请求孙权降低孙霸的待遇,或者直接让其出镇地方。孙权在大臣建议下,对太子和鲁王采取了符合礼制的区隔,两人开始分宫别僚,嫌隙也因此越来越大,最终各树党羽,开始激烈又残酷的政治倾轧。鲁王认为自己地位下降是太子及其党羽所害,有了自己的侍御宾客后,便与之共同诋毁太子及相关支持者,欲除之而后快,取而代之。

孙和被立为太子后,孙权本打算立孙和的母亲王夫人为皇后,但全公主(孙权长女孙鲁班)多番阻止。孙权一度卧病在床,派孙和到宗庙祭祀,太子妃之父张承的弟弟张休的住所靠近宗庙,便邀请孙和到家中,不料被全公主的眼线盯到,于是全公主

太子孙和与鲁王孙霸势力不相上下

诬陷孙和不在宗庙而是在妃子家暗谋大事，又说孙权生病时王夫人面有喜色，孙权因此愤怒，责骂王夫人，王夫人郁闷而逝。自此，孙权与太子之间的关系逐渐冷淡，孙霸一党趁势走上政治舞台。

由于孙权在孙和与孙霸之间态度模糊，一些政治投机者嗅到了机会，从朝堂重臣、地方郡守、外戚宗亲、旧勋之后，到世家子弟，纷纷加入了"二宫之争"。有的人站在孙霸一方，有的人出于政治正确的立场支持孙和，古代继承制度讲究"嫡长为尊"（孙登、孙虑去世后，孙和成为实际上的长子）。东吴内部迅速形成了以孙和与孙霸为核心的两大朋党，史载"中外官僚将军大臣举国中分"。

> 初权既立和为太子，而封霸为鲁王，初拜犹同宫室，礼秩未分。
> ——殷基《通语》

"太子党"与"鲁王党"

两党之争越来越激烈，朝堂上下"举国中分"，孙权终于控制不住局势，此时无论孙和与孙霸哪一方上位，都会造成东吴政治格局的大地震，胜利者势必对失败者进行残酷的清洗。愤怒之下，孙权终于决定痛下杀手，同时对两方进行残酷打击。

"太子党"：陆逊（丞相）；诸葛恪（大将军，诸葛瑾之子）；顾谭（太常，顾雍之孙）；顾承（京下督，顾谭之弟）；朱据（骠骑将军）；孙鲁育（孙权之女，朱据之妻）；滕胤（会稽太守）；施绩（大都督，朱然之子）；丁固（尚书）；陆胤（御史，陆逊同族）；吾粲（太子太傅）；姚信（陆逊外甥）；屈晃（尚书仆射）；陈正（无难督）；陈象

（五营督）；张纯（辅义都尉）；杨穆。

"鲁王党"：步骘（骠骑将军）；吕岱（镇南将军）；全琮（大司马）；全寄（全琮次子）；孙鲁班（孙权之女，全琮之妻）；吕据（左将军，吕范之子）；孙弘（中书令）；吴安（吴景之孙）；杨竺（杨穆之弟）；孙奇（疑为孙氏宗室、孙坚侄孙辅之后）；诸葛绰（诸葛恪之子）。

孙权先是禁闭孙和，朱据、屈晃用"泥头自缚"的方式向孙权劝谏，陈正、陈象亦各自上书劝谏。孙权大怒，将朱据、屈晃杖责一百。后屈晃被罢官，朱据也被贬谪为新都郡丞，还未赴任便遭到孙弘构陷，孙弘还趁孙权病重时矫诏将朱据赐死。此外，陈正、陈象也被处死。孙权接着废掉了孙和，将其流放于丹阳郡故鄣县。后来，朱据的两个儿子朱熊、朱损，在孙亮在位时期被孙鲁班构陷而死，可视为"南鲁党争"的余波。

"鲁王党"也没什么好下场，孙霸被赐死，全寄、吴安、孙奇都被处死，杨竺被流尸于江。

"南鲁党争"以两败俱伤的结局收尾，之后吴国几乎失去了与北方的曹魏抗衡的实力。尽管东吴政权后续又存在了三十年，但实际上是苟延残喘的三十年。对于"南鲁党争"的处理，似乎又是孙权不得已而为之的。

东吴政权中的吴郡四姓

"南鲁党争"表面上是两大党派间争夺继承人的争斗，实际上是孙氏集团和江东世家大族矛盾的彻底爆发。孙吴政权主要分为两大团体，一为淮泗派系，一为江东派系。在孙策的争霸计划中，他是要坚决打过淮泗挺进中原的，是主战派，所以淮泗派将领受到了孙策的重用；而在孙权的争霸计划中，他更倾向于稳住江东，伺机北伐，稳住根基才是王道，是主和派，所以孙权对于南方的开发是极尽其能。

孙吴起家淮泗，但根基在江东，所以这两个派系对孙氏来说都非常重要，处理不好他们的关系，孙吴将永无宁日。对于江东世家大族来讲，孙氏集团实际上是外来侵入者，因此最开始双方的冲突相当激烈。

孙氏集团的第一代闯入者孙策采取暴力镇压的方式，杀了很多江东的世家霸主，世家大族奋起反抗，最终孙策死于吴郡太守许贡的门客之手。到了孙氏集团第二代的孙权时代，孙权知道不能像哥哥那样硬干，他开始与世家大族合作，在他的战略体系中，江东本土派成了最重要的一环，"吴中四姓"——顾、陆、朱、张，就是孙权的重点发展对象。而此时这四大家族也希望江东可以有一个强有力的军事集团与他们自己的地方武装相结合，组建成一个理想的平衡政权，共同维持江东的局面。

在东吴政权形成的初期，统治集团内部是比较团结的，东吴政权和江东世家大族的利益一致，通过联姻、谈判等手段拉拢江东大族，可以说是东吴政权的"江东化"。孙策的女儿嫁给了陆逊、顾邵；孙权称王以后任顾雍为相长达十九年；朱桓也被重用，有部曲（军队）上万人；陆氏一家出二相、五侯、将军十余人。"吴中四姓"的子弟，普遍担任了各郡县守令。

不同于蜀汉政权以诸葛亮为首的荆州集团完全压制益州士族发展，孙吴政权在不同的发展时期，对早期跟随起家的淮泗集团与本地江东士族之间的权力配置有所侧重。随着三国鼎足之势已成，北伐难以突破，东吴政权内部的权力配置不能不朝着有利于江东士族的方向发展。作为淮泗集团背后的靠山，孙权不愿看到江东士族过度坐大，便利用各种机会打压江东士族的崛起。

在整个孙吴建国六十余年的过程中，贯穿始终的就是孙氏集团和世家大族之间既合作又斗争的关系，这种关系到孙权晚年发展到了白热化的程度，"南鲁党争"也是孙权与吴郡四姓政治较量的体现之一。

三国应对"门阀士族"之策

从东汉中后期开始，社会结构发生了一个很大的变化——世家大族开始崛起。随着中央政权的衰落，世家大族和地方势力不断崛起，最终与中央政权发生了激烈的争斗。到了三国时期，这些世家大族已有举足轻重的地位，但曹魏、蜀汉、东吴对其的应对不尽相同。

东吴孙氏对士族的态度，多数情况下是怀柔的。江东之主虽为孙氏不假，但实际上江东是由士族和孙氏共同治理的，就像东晋时期的"王与马，共天下"。不过孙权晚年借"南鲁党争"之事，一口气除掉了士族集团的中坚力量，就连陆逊也忧愤而死。但孙权没想到的是，士族集团的失势，竟然间接引起了孙氏宗亲的乱政，在其死后的数十年间，整个东吴朝堂一片飘摇，稳定发展的东吴自此走向了衰败，因此东吴与这些大族可谓是"合则两利，分则俱损"。

曹操前期实力并不出色，但他却能迅速在诸侯混战中脱颖而出，这其中离不开颍川士族集团的鼎力支持。颍川郡是中原地区颇负盛名的大郡，其中有不少大族曾是袁绍和曹操麾下的中坚力量。在荀氏、钟氏、陈氏等士族的帮助下，曹操顺利搭建起了魏国的文官体系，这才逐渐有了逐鹿中原的资本。但曹操生性多疑，尽管士族集团给了他很大的帮助，但他不会放任士族继续壮大，不久后便开始对士族采取严厉打压的政策。整个曹魏时期，士族反叛的事例数不胜数，曹氏与士族集团之间的矛盾非常尖锐。老谋深算的司马懿在隐忍了多年以后，终于找准时机，发动了高平陵之变，趁着魏帝和大将军曹爽外出祭祖之时，一举夺得了大权。

至于蜀汉，刘备对士族的态度可以说是过河拆桥。对于自己信赖的荆州士族集团，刘备持肯定态度，以诸葛亮为首的众多荆州籍人士都在蜀汉担任着重要的角色。但对于后来的益州士族集团（主要指益州境内的本地大族，比如刘备的妹夫吴壹、后来力主投降的谯周等人），刘备和诸葛亮都是持打压态度的。后主刘禅继位之后，掌权的诸葛亮更是不给益州士族集团半分出路，蜀汉当时的各个重要官职大多由荆州系人员担任。

"南鲁党争"的主角孙和与孙霸两败俱伤，最后年仅七岁的少子孙亮被立为太子。随后诸葛恪、孙峻、孙綝先后掌权乱政，孙綝更是废掉孙亮，立孙权第六子孙休为帝。可以说，"南鲁党争"是东吴衰弱的重要转折点。

一场真实的权力的游戏

司马杀来杀去，八王之乱的血腥盛宴

太熙元年（290），晋武帝司马炎病逝，太子司马衷继位，他的皇后就是臭名昭著的贾南风，但朝政大权仍在皇太后的父亲杨骏手中。由于司马衷是一个呆蠢的皇帝，贾南风趁机想独揽大权，于是她命人暗中联络晋惠帝的叔父汝南王司马亮和弟弟楚王司马玮进京勤王，吹响了"八王之乱"的序曲。

这场把西晋王朝拖入深渊的动乱从晋惠帝元康元年（291）开始，直到光熙元年（306）才完全结束，历时十六年。司马氏家族为了皇权，兄弟相残，事实上参与这场动乱的藩王多达十几个，只是八个藩王是主要人物而已。这场"八王之乱"断送了西晋王朝的统一局面，在诸王忙于武装斗争期间，北方少数民族各部趁西晋政权内部空虚，纷纷起兵脱离晋朝控制，陆续建立割据政权，最终西晋宣告灭亡。

埋下隐患的分封

三国时期，司马懿就处心积虑地把持朝政，司马懿死后，其子司马昭灭蜀国，被封为晋国公，地位是一人之下万人之上。司马昭把控了所有的军政大权，可尚未来得及逼宫篡位就一命呜呼了。司马炎继承了司马昭晋国公的爵位，终于在魏咸熙二年（265）完成了家族使命，逼迫魏元帝禅位于他。司马炎建都洛阳，定国号为晋，由此历史迈入西晋时期，司马炎为西晋第一位皇帝，史称"晋武帝"。

晋武帝执政初期，采取了休养生息的执政理念，发展农业、兴修水利、改革税赋等，国力得到了一定的发展。咸宁五年（279），司马炎兴兵南下，水陆并进直取建业（今南京），一举灭了东吴，结束了三国以来的分裂局面。

司马氏篡位之所以能如此轻松，还是因为曹魏宗室力量太弱。历代曹魏皇帝防自家兄弟就像防贼，为了防止诸侯王叛乱危及中央政权，曹魏皇帝限制了诸侯王的军权、财权、官员任命权等等。曹魏这么做虽然有效限制了诸侯王，但有个致命的弊端，就是一旦王室有难，藩王们根本没办法给予支援。所以司马氏夺权时，曹氏宗室竟没有人站出来起兵支援。

有了曹魏这个历史教训，司马炎就走向了另一个极端，在位期间大规模分封诸侯王，把自家几十个兄弟子侄全部封王，先后在全国封了二十七个诸侯国。西晋的诸侯王大部分都担任一方长官，掌握封国的军政大权。司马炎打的算盘是，即使将来有夺权事件发生，皇位依然还是司马氏的。可司马炎万万没想到，出于害怕权力落入外姓之手而进行分封，却把西晋送上了另一条不归路。

失策的候选人安排

西晋垮台的重要原因，除了大规模分封外，还有一个原因就是候选人不当，直接点燃了"八王之乱"的导火索。司马炎年轻时没有定下太子，直到晚年才选出两个皇位的备选人，一个是自己的弟弟司马攸，另一个是自己的长子司马衷。昔日司马昭活着时便有意立司马攸为太子，不过碍于司马炎是长子，所以作罢。此时，朝中大臣几乎一致推选司马攸为储君，这事反而给司马炎造成了心理阴影。司马攸虽被封为齐王，却留在京师多年，司马炎几次让其回封地，他都推脱不就，最终在司马炎的各种打压下病故。

晋武帝终于为司马衷铲除了最大的威胁司马攸，只可惜司马衷是个智力有缺陷的傻子，还闹出了"何不食肉糜"的历史笑话，但他的儿子司马遹十分聪明，被司马炎夸赞像极了当年的司马懿。既然要把儿子扶持成皇帝，那么就要选好辅政大臣，不出意外的话，可以让司马衷顺利传位给皇孙。

司马炎选了两位辅政大臣——一位是岳父杨骏，背后有强大的外戚势力；另一位是他的叔叔司马亮（司马懿的第四个儿子），代表藩王势力。司马炎有意在外戚与藩王之间达成平衡。

太熙元年（290），晋武帝临终时命弘农杨氏出身的车骑将军、杨皇后杨芷的父亲杨骏为太傅、大都督，掌管朝政。晋惠帝司马衷即位后，皇后贾南风为了让自己的家族掌握政权，

> （司马攸）清和平允，亲贤好施，爱经籍，能属文，善尺牍，为世所楷。才望出武帝（指司马炎）之右，宣帝每器之。
> ——《晋书·列传第八·齐王攸》

于永平元年（291）与楚王司马玮合谋，发动禁卫军政变，杀死了杨骏，但政权却阴差阳错落在了汝南王司马亮和元老卫瓘手中。贾后的政治野心未能实现，于是便挑拨楚王司马玮杀了汝南王司马亮，然后反诬楚王司马玮矫诏擅杀大臣，将司马玮处死，贾后终于得到了执政大权。

史上空前大内讧

司马氏同姓王之间为争夺中央政权开始的内部混战，引发了多米诺骨牌效应式的"藩王杀藩王"，直至亡国。这场权力角逐中的核心人物有汝南王司马亮、楚王司马玮、赵王司马伦、齐王司马冏、长沙王司马乂、成都王司马颖、河间王司马颙、东海王司马越等八王。傻子皇帝司马衷则成了权力的游戏中的傀儡玩物，成为西晋开国皇帝司马炎一生最大的败笔！

八王与晋惠帝关系表

王号	姓名	宗室关系
汝南王	司马亮	惠帝四叔公
赵王	司马伦	惠帝九叔公
河间王	司马颙	惠帝再从伯（或叔）
东海王	司马越	惠帝再从伯（或叔）
楚王	司马玮	惠帝五弟
长沙王	司马乂	惠帝六弟
成都王	司马颖	惠帝十六弟
齐王	司马冏	惠帝再从兄（或弟）/原为惠帝堂兄（或弟）

贾南风是史上出了名的毒妇人，她自己没有儿子，司马遹就成了唯一的继承人，不过司马遹是才人谢玖所生，她与贾南风一向不和。

贾南风寝食难安，想着法儿地要除掉司马遹。永康元年（300），贾南风如愿以偿，终于杀了司马遹。贾后谋害太子的消息不胫而走，朝野震惊，官愤民恨，宗室诸王及其子弟更是义愤填膺。虽然他们平时各怀私心，甚至抱有不可告人的目的，但在反对贾后这一问题上却不谋而合。于是各地诸侯王纷纷树起了诛讨罪魁祸首贾南风，为太子复仇，捍卫司马王室的旗帜，贾南风的死期即将到来。

不久后，统领禁军的赵王司马伦（司马懿第九子）联合齐王司马冏起兵杀贾后。赵王司马伦于永宁元年（301）废晋惠帝，擅自称帝。司马伦篡位后，齐王司马冏又起兵讨伐，成都王司马颖与河间王司马颙举兵响应，迎晋惠帝复位，杀司马伦。之后，晋惠帝司马衷成了势力强者或捷足先登者挟持的对象，各方都以他皇帝的身份和名义号令天下。与此同时，都城也忽东忽西，一会儿是洛阳，一会儿是长安。

直到永兴三年（306），东海王司马越从山东起兵进攻关中，击败河间王司马颙，攫取朝纲，一场乱战总算终结。六月，司马越迎晋惠帝回洛阳，改元光熙，但司马衷这位傀儡皇帝经历了连续的大乱后身心俱疲，于当年十一月突然死亡（也有人说是被司马越毒死）。接着司马炽继位（司马炎第二十五子，司马衷异母弟），是为晋怀帝，怀帝刚登基便下诏任命司马颙为司徒，令其回朝。司马颙到新安（今河南渑池东）雍谷时，被南阳王司马模所派遣的将领梁臣掐死在车内，他的三个儿子也被杀死，司马颙绝后，"八王之乱"至此终结。

东海王司马越在"八王之乱"后掌握朝权，但他对外无力控制日益壮大的各少数民族政权，对内又残暴地排除异己，大失人心。永嘉五年（311），晋怀帝下诏，任命征东大将军苟晞为大将军，并发布司马越的罪状，要求各方讨伐，司马越听后急血攻心病死于项城，后被胡人石勒挫骨扬灰。

"八王之乱"把所有人推向动乱的深渊，不仅参战诸王多相继败亡，社会经济也被严重破坏，隐伏着的阶级和民族矛盾爆发，最终社会秩序大崩溃。中原政权出现统治真空，周边部族趁势而起，于是酿成永嘉之祸，西晋朝堂自顾不暇，被迫南渡。

虽然引发八王之乱的贾南风和"八王"最后都死了，但这场乱局的遗祸却并没有随着这些皇族之死而结束。皇族成员的胡闹耗尽了晋朝那点可怜的荣光，直接导致了五胡乱华时代的到来，各种胡族政权在接下来的三百年中先后割据。

翻山倒海的民族融合

大分裂中的民族融合

百年胡汉杂糅，暴力拉开序幕

西晋门阀士族独占政权，排斥寒门士族和少数民族，加之"八王之乱"王室兵戈相残，给社会带来了极大灾难，统治机构分崩离析，统治力量急剧削弱。匈奴诸部贵族密议"兴邦复业，此其时矣"，于是共推刘渊（新兴郡匈奴人）为首领，于晋惠帝永兴元年（304）举兵反晋。

在公元304年至公元439年（西晋永兴元年至北魏统一）间，南至淮河，北至阴山，西至葱岭，东至东海，东北至鸭绿江下游以北，西南至澜沧江以东，相继冒出了十六个分裂割据政权，即西晋永兴年建立的成（巴氐）、汉（匈奴），西晋亡后建立的前赵（匈奴）、后赵（羯）、前凉（汉）、前燕（鲜卑）、前秦（氐）、后秦（羌）、后燕（鲜卑）、西秦（鲜卑）、后凉（氐）、北凉（匈奴）、南凉（鲜卑）、南燕（鲜卑）、西凉（汉）、夏（匈奴）、北燕（汉）。汉和前赵算一国，史称"十六国时期"。此外，还有冉魏（汉）和西燕（鲜卑）。

入主中原的五个主要少数民族为匈奴、鲜卑、羯、氐、羌，史称"五胡"。这一时期是中国历史上最黑暗的时期之一，激烈又残酷的民族融合不断在上演。

"荆棘铜驼"之悲

"铜驼荆棘"是一个成语,喻指世乱荒凉、山河残破或人事衰颓,如陆游的"只愁又踏河关路,荆棘铜驼使我悲"。典故原文出自《晋书·列传第三十·索靖》:"靖有先识远量,知天下将乱,指洛阳宫门铜驼,叹曰:'会见汝在荆棘中耳。'"意思是,西晋的安乐亭侯索靖,预感到天下将乱,便指着洛阳宫门前的铜制骆驼叹道:"我将看到你们卧伏在荆棘中。"

一语成谶,元康九年(299),太子司马遹被废,诸王为了争夺中央政权,彼此征伐,这场内战让本就不稳定的西晋王朝陷入了一发不可收拾的乱局之中,最终导致了西晋亡国,虎视眈眈的少数民族趁机偷袭。长达十六年的动乱("八王之乱"),令当时的政治秩序和经济活动遭到了严重的破坏,很多地区被焚烧毁坏,人们的生命得不到保障,许多人饥饿而死。

各路藩王的状况也是相当糟糕,他们动用了少数民族的力量,结果非但没获利,反而使少数民族更加猖獗,似脱缰的野马。与此同时,西晋政权内部也变得腐败至极,士大夫虽然身系国家要职,但为了明哲保身,崇尚清谈,鄙弃政事俗务,如王戎、王衍、乐广等,位居三公,平日不论世事,更不修地方防务。

永兴元年(304),匈奴贵族刘渊在左国城(今山西离石)起兵反晋,并一步步控制了并州。刘渊自称汉王,并于永嘉二年(308)正式称帝。永嘉五年(311),匈奴兵攻陷西晋京师洛阳,俘虏了晋怀帝,然后纵兵烧掠,杀王公士民三万余人,史称"永嘉之乱",不久后,晋怀帝就被匈奴人杀害了。晋怀帝驾崩后,他的侄子司马邺(晋愍帝)在长安被拥立为帝。此时,众多皇室成员和世家大族已纷纷迁到了江南地区，西晋王朝名存实亡了。建兴四年（316），匈奴兵攻入长安俘虏了晋愍帝，自此西晋宣告灭亡。

张轨筹谋，出镇凉州

张轨祖籍甘肃平凉，后来迁徙到河南宜阳县。张轨年轻时拜同乡皇甫谧为师，隐居在女几山中刻苦求学。皇甫谧是东汉名将皇甫嵩的后代，很有学问，交际广泛，他觉得张轨才华出众，是一位有理想抱负的青年，就把张轨推荐给朝廷重臣张华、杨珧。张轨先当了一个五品官，张华称赞他为"二品之精"（二品等级中最优秀的），此后张轨为太子舍人，后来又被提拔为散骑常侍，相当于皇帝的顾问和陪同（可以看作封疆大吏的备选人）。

虽然张轨在洛阳的仕途很顺利，但他还是跑了。当时洛京的政局过于混乱，最开始贾后诛灭外戚三杨，提携张轨的弘农杨氏三杨之一的卫将军杨珧被杀，但贾后还要依靠张华执政，所以张轨暂时无事。后来赵王司马伦政变推翻贾后，赏识张轨的张华被杀，靠山又倒了一个。不过好在司马伦重用其兄梁王司马肜，司马肜为太宰守尚书令，而张轨曾多次随同司马肜在凉州一带驻守，所以张轨依然安然无恙。但张轨自知不可能每次都这么好命，此时他想到了窦融。

轨少明敏好学，有器望，姿仪典则，与同郡皇甫谧善，隐于宜阳女几山。泰始初，受叔父锡官五品。中书监张华与轨论经义及政事损益，甚器之，谓安定中正为蔽善抑才，乃美为之谈，以为二品之精。卫将军杨珧辟为掾，除太子舍人，累迁散骑常侍、征西军司。

——《晋书·列传第五十六·张轨》

西晋"三杨"：杨骏和他的两个弟弟杨珧、杨济。

王莽时期,天下扰乱,窦融辞去河北巨鹿太守之职,镇守河西,政绩显赫,青史留名。张轨心想,不如效仿窦融,远走河西成就一番事业。根据《资治通鉴·晋纪六》所述:"永宁元年。春,正月,以散骑常侍安定张轨为凉州刺史。轨以时方多难,阴有保据河西之志,故求为凉州。"司马彤很快批准了张轨的请求,张轨遂出为"持节护羌校尉、凉州刺史"。

为什么选择凉州?当时正是三王讨伐司马伦前夕,齐王司马冏镇许昌、河间王司马颙镇关中、成都王司马颖镇邺城,都心怀鬼胎窥视洛阳,已形同割据。其余地方,如北方幽州已经落入了势力庞大的太原王氏王浚手中;川中地区,正值李特带领流民建立成汉,混战不休;南方的孙吴亡国不过二十年,江东世族依然根深蒂固,连此后开基江左的司马睿都艰难立足。张轨家族虽然在洛阳算不上大族,但回到河西就是毫无疑问的大族了,"世孝廉,以儒学显",张轨母陇西辛氏同样是凉州大族。

张轨到凉州后大败反叛的鲜卑,树立了个人威信,然后大力拉拢凉州本地大族,宋配、阴充、汜瑗、阴澹为其得力谋士,此外还拉拢了敦煌索氏、陇西李氏、敦煌张氏等当地豪强。张轨还在凉州征召九郡国子学生员五百人,建立学校,开始设置崇文祭酒,地位如同别驾,春秋时节行乡射之礼。在张轨的不懈努力下,凉州内政清明、秩序井然、经济繁荣,号称"天下方乱,避难之国,唯凉土耳","中州避难来者,日月相继"。

永嘉之乱爆发后,中州士人跑到河西避难,故凉州号称多士。虽然风流文采比不了一

> "别驾",全称为"别驾从事史",亦称"别驾从事"。汉置别驾,为州刺史佐吏,因其地位较高,刺史出巡辖境时,别乘驿车随行,故名"别驾"。魏、晋、南北朝,诸州置别驾如汉制。

流士族的顶级门阀，但托命河西还是要比在战乱不休的河北、山东等地安定太多，故而多有世传经学的家族旧门在此讲经授徒，而这些旧门又不像江左士族一样崇尚玄学，反而保留了大量昔时儒学经典。待到北魏统一北方，河西士人融入北魏统治，又为北魏甚至隋唐典章制度的制定做出了些许贡献。

五凉争霸，烽烟再起

这是一个群雄并列的时代，河西大地同样英雄辈出。"五凉政权"是指五个存在于五胡十六国时代的政权，分别是：前凉、后凉、北凉、南凉、西凉。各民族在完成内部斗争和整合后纷纷崛起，建立了政权，各立一方，各自掌控一片区域。

- 前凉政权的实际创始人为西晋的大臣张轨，从西晋惠帝永宁元年（301）张轨出为护羌校尉、凉州刺史算起，到东晋孝武帝太元元年（376）前秦灭前凉，前后共历七十六年。张氏子孙世代据守凉州，先后打退了刘曜、石虎的进攻，又西越流沙，攻龟兹，西域诸国先后归附。后又击败伊吾戍己校尉赵贞，在其地设立高昌郡，控制了从陇西到高昌的广大地区，全盛时疆域覆盖今甘肃、新疆及内蒙古、青海各一部分。前凉还同时与前赵、后赵相周旋，最后因苻坚的进攻而走向灭亡，以张天锡投降告终。
- 后凉政权的建立者为氐人吕光，太元十一年（386），前秦大将吕光自西域回师途中，据凉州建后凉，历五帝、十七年。都城为姑臧（今甘肃武威市），疆域东起黄河，西至葱岭，南至祁连山，北至居延泽，东晋安帝元兴二年（403）灭于后秦。
- 西凉政权为李暠（自称李广后裔，李氏世代为凉州大族）于东晋安帝隆安四年（400）建立，东晋安帝义熙元年（405）迁都酒泉，逼近北凉，疆域在今甘肃西部、内蒙古西南部及新疆部分。义熙十三年（417），武昭王李暠卒，子李歆嗣位。东晋恭帝元熙二年（420），李歆与北凉交战，被沮渠蒙逊所杀，其弟敦煌太守李恂在敦煌嗣位，次年北凉军继续围攻敦煌，李恂战败，乞降不成后自杀，西凉自此被北凉攻灭。西凉太祖李暠被唐朝皇室尊为先祖，唐玄宗李隆基于天宝二年（743）追尊其为兴圣皇帝。

✓ 北凉政权由段业于隆安元年（397）建立，定都张掖（今甘肃张掖市西北），义熙八年（412）迁都姑臧（今甘肃武威）。隆安五年（401），沮渠蒙逊（匈奴支系卢水胡人）诬陷沮渠男成谋反，段业斩沮渠男成，沮渠蒙逊以此为借口攻杀段业，仍称凉州牧，改元永安，继承凉州王霸之地。北凉控制今甘肃西部、宁夏、新疆、青海的一部分，是凉州一带最强大的势力，并于北魏明元帝泰常六年（421）灭了西凉。北魏太武帝延和二年（433），沮渠蒙逊去世，其子沮渠牧犍继位。太延五年（439），拓跋焘率北魏军围攻姑臧，沮渠牧犍出降，北凉灭亡。

✓ 南凉政权为河西鲜卑秃发乌孤于隆安元年（397）所建，定都乐都（今属青海），鼎盛时控制着今甘肃西部和宁夏一带，共历三主。"秃发"即"拓跋"的异译，汉魏之际，拓跋氏的一支由酋长统率，从塞北迁到河西凉州，被称为河西鲜卑。他们在此居住了约两个世纪，部众渐盛，最早依附于后凉吕光，后来到了秃发乌孤时期，以廉川堡（今青海民和西北）为中心不断发展势力。义熙十年（414），秃发傉檀率军西掠时，西秦偷袭乐都，南凉灭亡。

五凉政权中，虽然前凉、后凉和西凉占领了不少地盘，但都很短命。首先，这几个政权四面强敌环绕，北方有势力强盛的柔然，南方青藏高原有羌部、吐谷浑部等势力依仗高原俯压，西方有西域众多小国，东方面对中原政权的窥伺。其次，这些政权所辖地区的地理条件易攻难守，南北有高原阻隔，无法形成纵向优势，只能集中于狭长地带抵御中原军事势力的进攻。汉武帝时期，霍去病轻骑奔袭，直接击败河西走廊数个匈奴部落，就是因为河西走廊地区易攻难守。最后，五凉政权所在河西走廊是中原与西方经济来往的通道，经济富庶，还一直都是重要的战马产地，自然会遭人惦记。所以五凉政权虽能依仗河西之地的地利优势建立政权，但在中原政权有精力西进之时难以形成很好的守势。

十六国时期虽是大分裂时代，但对中国的历史发展有着深远影响，开创了少数民族入主中原的先例。汉族门阀士族统治的独占被突破了，代之以少数民族上层与汉族寒门士族的联合统治。此外，少数民族由被统治民族变为统治民族，如何正确处理民族和阶级矛盾成了新的历史课题，有的政权一开始就解决得不好，有的政权初期处理得还行，实现了北方的统一，但后来矛盾凸显，其统治很快就崩溃，北方再度陷入了分裂状态。

河西走廊，乱世中的桃花源

古代外贸要道，农商富庶不减中原

对往来于西域与中原的粟特商人来说，河西走廊是他们最熟悉的一段道路。南边是雪峰连绵的祁连山，北边是山峦起伏的龙首山－合黎山－马鬃山，发源于高山的河流冲击出这片狭长的平原，成为中原到西域的咽喉要道。武威、张掖、酒泉、敦煌四郡一字排开，由此再往西去，出了阳关、玉门关，便与更广阔的西域建立了联系。

精明的粟特人嗅到了这条道路沿途的商机，于是驼铃在黄沙绿洲间响起，他们将西方的奇珍异宝带入中原，把中原精美的丝绸与漆器带向西方。一来一回间，粟特人积累了大量财富，装点了自己的城邦。

动荡时代的避难所

虽五凉政权所辖土地各有不同，但主要统御之地都在河西走廊地区，其所管辖的四郡——武威、张掖、酒泉和敦煌，便是源于汉武帝收复河西走廊地区之后设立的"河西四郡"。

河西四郡

河西，西晋乱世中的一座大坞壁，南北两山夹峙，西有沙漠阻隔，东有黄河为界。河西原本就是优良的天然牧场，祁连山雪水的浇灌，使这里水草丰茂，当年匈奴人离开此地时，悲歌"失我祁连山，使我六畜不蕃息"，而《汉书·地理志》中也称此地"水草宜畜牧，故凉州之畜为天下饶"。特别是河西一带出产骏马，当时京师歌谣曰"凉州大马，横行天下"，可见一斑。

在之后的百余年间，移民潮将一波波向河西袭来，平旷的土地渐渐被城市与村庄充盈。首先，河西的人口快速增长，在《后汉书·郡国志》中，河西四郡人口不过十万余，而二百来年后的北凉时期，仅姑臧一城人口就达到二十余万，相较于中原急剧的人口损耗，河西是一个奇迹。其次，人能创造出财富，河西的丰饶也是有目共睹，在后凉吕光时代，河西粮仓充实，"中仓积粟，数百千万"，而当太延五年（439）北魏拓跋焘进入北凉首都姑臧时，发现这里"仓库珍宝不可称计"。

曹魏以前，敦煌一带农民的耕作方式很粗放，因而收获不丰，后经曹魏时期几位励精图治的地方官员将中原先进的耕作和灌溉方法逐步推广，没过多少年，这里便"家家丰足，仓库盈溢"。农夫和牧民，有的是汉人，有的则是披发的羌人或辫发的氐人，甚至是髡头的鲜卑人，他们各自忙活着自己的生计。

畜牧图，甘肃省高台县魏晋墓画像砖（摄于甘肃省博物馆）

甘肃省博物馆收藏了许多出土的魏晋画像砖，这些画像砖揭示了那时河西地区农业生产的细节。那时，牛已是犁耕的主要动力。东汉时中原流行的二牛抬杠式犁耕，在河西魏晋早期的画像砖中可以见到，因为此时的耕犁还比较笨重，犁铧破土不深，需要两头牛才能挽拉。但稍晚期的画像砖中，一牛挽拉式犁耕便已出现，这是农耕上的一大进步，由于犁铧得到改良，脊部隆起，利于破土深耕，因此只需要一头牛便可耕作，在大大节省畜力的同时还能开垦出更多的田地。

牛耕图，甘肃省嘉峪关市新城魏晋墓画像砖（摄于甘肃省博物馆）

深耕后需用耢或耙来弄碎土块，使其更细碎松软，便于种子生长。耢以荆条或藤条编成，耙是带钉齿的铁农具，以牛拉之来回耙田，使土壤疏松均匀并除去杂草。经过耢耙的田地，土壤更能保涵水分，有保墒防旱作用，这在少雨的河西地区尤为重要。

耙地，甘肃省嘉峪关市新城魏晋墓画像砖（摄于甘肃省博物馆）

经此数番，土地便可等待播种，河西魏晋画像砖中表现的播种方式主要有两种：一种如下图《播种》，农妇持钵，随地播撒种子，之后再以耰击碎土块，覆盖种子，这种做法较粗放低效；还有一种方式就是一人用犁翻耕土壤时，一人在犁沟里撒播下种子，这种做法"省种而生科，又胜掷者"。播种后，也需用耢来使土地平整，这时的耢有两种使用方法：一种是耢上站人或压重物，称为"不空曳劳"，可以使种子和土壤结合得更紧密；另一种耢上不站人或不加重物，称为"空曳劳"，一般用于种子生芽之后，如此便不会伤到嫩芽。

播种，甘肃省嘉峪关市新城魏晋墓画像砖（摄于甘肃省博物馆）

经过春耕夏耘，河西的农夫们迎来了秋日收获。收割下来的谷穗，汇集在晒场上，接着需用连枷来进行脱粒。"枷，加也，加杖于柄头，以挝穗而出其谷也"，连枷就是在柄头上加了木条，通过拍打谷穗使谷粒脱落的农具。

脱粒，甘肃省嘉峪关市新城魏晋5号墓画像砖（摄于甘肃省博物馆）

脱下的谷粒，需在晒场晾晒，此时需要耙（杷）来摊开或聚拢谷物。一般"屈竹作杷"，即将竹子一段剖成若干开片，使之弯曲为齿，不过也有木制的。经过晾晒后，谷物便可颗粒归仓了。

农牧之外，桑蚕也是河西地区的重要产业。西晋张轨出任凉州刺史，便在境内"课农桑"。经当政者倡导，河西多植桑树。十六国时期，河西甚至以桑出名，以至于当会稽王道子问凉州张天锡西土有何出产时，他首先回答"桑葚甜甘"。桑树既多，则可养蚕制丝，丝帛被认为是财富的象征。当与中原的贸易阻断后，河西出产的丝绸仍能继续沿着丝绸之路输往西方。

采桑，甘肃省嘉峪关市新城魏晋5号墓画像砖（摄于甘肃省博物馆）

"河西"之外有"河南"

丝绸之路还有一条交通路线，即"河南道"，或也叫作"青海道"，是平行于河西走廊通往西域的丝绸南路，从今民和古鄯驿（古金城郡故地），经西宁、多巴、日月山、铁布加进入柴达木盆地东缘，再由天峻、希里沟、都兰寺折向今新疆若羌（古鄯善国都城），往西直抵西域。这是一条极难走的路，一是沿途缺少后勤补给，二是高原反应并且气候特别寒冷。

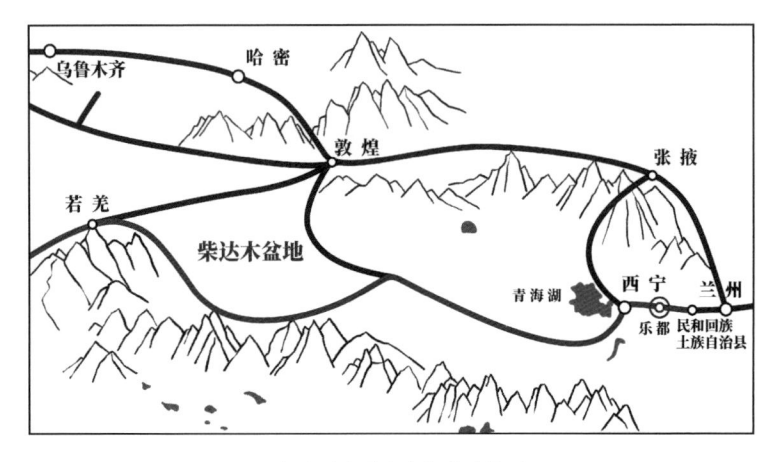

丝绸之路主道与青海道路线图

因此，青藏高原的存在，对于古代的华夏世界而言是没有什么意义的，它几乎隔绝了中国和西方世界的联系。如果要去往中亚或印度，主要还得依靠河西走廊。除非在极端情况下，比如南北朝时期，由于河西走廊被割据政权占领，南朝与西域的交往主要通过今青海境内的青海道。但在唐朝统一后，河西走廊又恢复了在丝绸之路中的主导地位。

虽然张骞在汉武帝时期就已凿空西域，但那时中国在丝绸之路进行贸易的动力并不是很强，主要是为了对付匈奴。反而是当华夏帝国解体时，各个民族的来往和整合变得激烈，激发了丝绸之路的商业活力。在张轨占领河西的时代，丝绸之路的贸易开始繁荣起来。

丝绸之路本是无数中转贸易站的组合，大多数商人从事的是短途或中途贸易，比如把货物从长安卖到天水，然后其他商人再把货物从天水卖到兰州，兰州卖到武威。因此，丝路贸易往往都是转手贸易，是无数贸易组成的商业系统。从长安到撒马尔罕，丝绸之路东段贸易的主宰者是粟特人。

精明的粟特商人

索格狄亚那（Sogdiana），中亚细亚古地名，中文直译为"粟特"。大约在公元前6世纪波斯帝国时期，粟特人就已经在中亚阿姆河、锡尔河之间的狭长谷地索格狄亚那一带定居，并因居住地得名，他们使用一种源自中古东伊朗语的语言，臣服于波斯帝国。公元前4世纪后期，粟特人俯首于亚历山大大帝；公元前3世纪又被并入希腊化的"大夏－希腊王国"。后来随着匈奴人崛起和大月氏西迁，索格狄亚那地区陷入战乱，粟特人一度从历史记载中消失。

敏锐的外交直觉与卓越的语言才能，是成为成功商人的基础条件。粟特人最初不过是把持着西域商业的贵霜王国（今阿富汗与北印度）商业网络中的区域性"业务员"，当公元3世纪贵霜与华夏两大帝国都开始衰落时，粟特人逐步摆脱了旧东家的控制，连通东方中国走马灯般轮换的政权、北方各游牧汗国和西方的罗马帝国，逐步建立起自己庞大的商业网络，使这些威加海内的君主成了在日常所需上依赖于粟特商人的消费者。他们将商业网络突破到丝绸之路东西两极，将中原输入突厥的丝绸低价收购来，躲开波斯的监控后成功输入拜占庭，在拜占庭与北突厥之间直接建立起丝绸贸易线路，打破了以往波斯对这一高利润贸易的垄断。

粟特商人的主要"经营范围"是从突厥或中原购买丝绸贩到西域，又从西域运进玻璃珠、玉石、玛瑙、珍珠等价值高而体积小的商品。虽然粟特商人以善于鉴别宝物著称，但也不放弃因地制宜地做一些技术含量较低的"短线"交易，例如在新疆贩卖牲畜和奴隶。此外，粟特商人还会放高利贷，不仅贷钱，还可以贷绢帛。在魏晋南北朝各政权林立的时代，粟特商人在业余时间还会兼职做些各政权间的翻译工作。

然而到了公元7世纪，"大食"的兴起终结了粟特商人的黄金年代，为了避开中亚和西亚的战乱，大批粟特人迁入中原。公元8世纪，以康国为宗主的各粟特城邦被阿拉伯灭亡后，粟特人逐渐入籍中原，开始在史籍中以"昭武九姓""九姓胡"或"胡"留名，盛唐前后，各种与"胡风"相关的器物和习俗大多与粟特人相关。

千年前的来信

公元1907年，英国人斯坦因在敦煌西北汉长城烽火台遗址发现了八封古粟特文信札，丝质邮包上还用粟特语写着"寄往撒马尔罕"，信札中提到许多用于商品交易的商品名称，包括丝线、亚麻、胡椒、麝香，甚至还有产于亚热带的樟脑，还提到诸如洛阳、长安、武威、酒泉和敦煌等地名。

这些信件尽管来自不同的城市，但纸张大约都是39厘米至42厘米长、24厘米至25厘米宽，许是那时纸张的"标准件"。信中写着粟特人的信息与他们的乡情，这些信当时被折成长9厘米至13厘米、宽2厘米至3厘米的"漂亮的小方块"，而不是被装在信封里。

其中有一封叫"米娜"的粟特女人千年前写给丈夫的信，这是一个被自己的丈夫抛弃在了敦煌的粟特女人，她绝望地说："我像对神一样双膝跪地，向高贵的老爷、（我的）丈夫那奈德表示祝福和致敬……当我听到你身体安好的消息，我感到自己是永远不会死的。可你瞧，我生活得……很糟糕，很不好，很凄惨，我觉得我自己已经死去！我一次又一次给你写信，却从来没有收到过你哪怕一封的回信，

收藏于美国国立亚洲艺术博物馆的粟特文古信札（图片来源于网络）

我已经对你完全失去了希望。"她伤心地将绝望转化为愤怒，声嘶力竭地呼喊着说："我遵从你的命令来到敦煌，我没有听从我母亲的话，也没有听从我兄弟们的意见，一定是我遵从你的命令那天惹恼了诸神，我宁愿嫁给猪狗，也不愿做你的妻子！"

这个叫米娜的粟特女人当时已经拿不出回家的路费，她请求一起来中原的其他粟特人的帮助，想从他们那里弄到路费。只可惜这封信被永远地留在了敦煌，直到千年以后被斯坦因"收到"了。

牛羊在起伏的草原上啃噬着鲜草的嫩叶；麦田连绵，麦粒渐渐鼓囊，预示着丰年的来临。牛羊肥，仓廪实，丝帛足，河西算得上是当时乱世中的一座桃花源。

帝垂拱，士当权，民出力

东晋皇权制度的畸形生态

皇权过于强大会导致地方贵族无法发展，因此在历史长河中，大部分时间贵族政治并不是主旋律。但漫长的发展偶尔也会有突变，东晋一朝便是如此。终东晋一朝，朝政大权一直控制在琅琊王氏、颍川庾氏、陈郡谢氏、太原王氏和谯国桓氏手中，这五大家族是东晋政治的主要构成。

这种将秦朝以来，封建王朝不断推崇和强化的至高无上的皇权角色抛置于脑后的门阀政治，实际上是中国古代君主专制发展的一种"变态"，扭曲为"祭则司马，政在士族"的政权模式。大意就是，形式上掌握国家祭祀等礼仪的是司马氏，但实际上掌握真正权力的是这些世家大族，这是东晋时期非常特殊的政治现象。

永嘉南渡

"永嘉"(307—313)是晋怀帝司马炽的年号,永嘉之前,中原地区发生了持续十六年的"八王之乱",外加这一时期匈奴和羯族的首领刘曜、石勒等率领部众残酷地屠杀汉人,北方汉人为逃避战乱,纷纷举族南迁。大量人口从中原迁往长江中下游,这是古代出现的第一次人口南迁高潮,也是历史上第一次南北大融合,史称"永嘉之乱,衣冠南渡",简称"永嘉南渡"。由于晋时士族峨冠博带,衣冠楚楚,风度翩翩,故又有"衣冠南渡"之称。

就魏晋士族而言,他们于两晋之际,在"八王之乱"和"永嘉之乱"后也出现了一次大分化,有的死守北方旧居,有的播迁江左。大体说来,真正根深蒂固、族大宗强的士族,特别是旧族门户,往往不肯轻易南行,例如范阳卢氏、博陵崔氏、弘农杨氏等等,甚至与司马睿关系甚深的河东裴氏,都宁愿留在北方。其余世家大族和达官显贵则乘西晋永嘉年间的南渡风潮,纷纷来到了东晋政权的庇护之下,成为所谓的"侨姓士族"。他们凭借着自身的政治、经济以及文化思想优势,不断在东晋政权统治集团内渗透,逐渐成为东晋的主要操纵者。当然,南来的侨姓士族并非都是门阀士族(以宗族为纽带所形成的封建贵族特权集团),也并非都居于高层的当权地位,当时门阀士族的典型代表为:琅琊王氏、陈郡谢氏、汝南袁氏、兰陵萧氏,合称"王、谢、袁、萧",尤以王、谢两族最早追随晋朝入江南,因而得以及时掌握东晋权力中枢。

北方的很多士族和大地主携眷南逃,同乡人也随着这些大户南渡,随从一户南渡的往往有千余家,人口达数万之多。为了安排这些南渡人口,东晋建立了很多"侨州""侨郡""侨县",即在大江南岸的郡县里划出一块地区,让南渡人口集中居住,仍以北方原来的郡县命名。例如,从建康到京口(今镇江市)一带,以山东和徐淮地区来的人最多,就在京口设立"南徐州",对他们进行统一管理,而设在建康地区的各侨郡和侨县,大部分归南徐州管辖。

> 异哉,晋氏之有天下也!自洛阳荡覆,衣冠南渡,江左侨立州县,不存桑梓。
> ——《史通·邑里》

皇帝垂拱

结束自东汉末年以来长达近百年的分裂割据后,西晋王朝完成了再次大一统的重要历史任务,奈何来之不易的统一大业仅维持了短暂的半个世纪,便分崩离析了,军阀混战局面再现于世。公元316年,汉赵进攻长安,晋愍帝投降被俘,西晋政权就此覆灭。司马睿在晋朝宗室与南北大族拥戴下,于公元317年即位为晋王,于公元318年(太兴元年)正式即位,史称"晋元帝",东晋政权就此建立。

东晋王朝尚未建成之前,时任安东将军并且都督扬州江南诸军事的司马睿就已在南方培植自己的势力,为今后司马氏家族的政治出路打算,当时东海王司马越将司马睿派往江南地区任职之时,北方世家大族的代表——王导,作为辅政之臣一同前往。王导为之后司马睿在南方地区的发展以及统治基础的奠定不断出谋划策,成为日后东晋政权建立的首要功臣。

随着王氏家族的根基在南方地区不断稳固,王导对于司马睿的重要作用也就愈加凸显出来。东晋王朝建立后,为了表达对于王导的感谢,司马睿任命其为丞相,主掌东晋一切事务。与此同时,司马睿还任命王导之兄王敦为东晋的镇东大将军,之后王敦基本接掌了东晋所有州郡的军事之权,成了当时王导之下的二号权力人物。

虽然东晋政权的建立代表了司马氏的统治权力在南方，特别在江南一带，得到了延续，但此时司马氏的皇权却显得极为尴尬。王氏家族逐渐成为东晋王朝建立初期的政治和军事垄断者，因而有"王与马，共天下"之语，王与马的结合，开启了东晋百年门阀士族专权的格局，这一局面反映了在东晋政权中，高门士族们势力已经大大超过皇权，几乎凌驾于皇权之上了。

士族专权

严格说来，在东晋时期的门阀政治中，居政而有实权者，只限于侨姓士族。吴姓士族（原来东吴时期延续下来的大族，属于江南士族）只不过是陪衬，在政治和经济上并未获得更多好处，大多只是虚名具位，并无实权。司马睿这种虚与委蛇的态度自然会引起吴姓士族的不满，因为在他们眼中，这批北方来的人，包括司马睿在内，不过是流窜南下的高级难民，而今居然喧宾夺主，怎能不令"吴人颇怨"？江南原住士族也要通过争取绝对的政治、经济特权来获取同样的话语权。

三定江南的周玘,"宗族强盛,人情所归",司马睿因而"疑惮之",加上他又被渡江士族刁协(东晋大臣,曾任西晋太常博士)所轻忽,于是想发动武装政变,事情泄露后忧愤而死,临死他对儿子周勰说:"杀我者,诸伧(吴人谓中州人'伧')子,能复之,乃我子也。"周勰秉承父志,纠集江东地主武装准备起兵,不料被其叔父周札知道了,周札告发了周勰等人的阴谋,于是周勰起兵失败。吴姓大族的武装力量对东晋政权而言是个严重威胁,此后东晋对如义兴周氏和吴兴沈氏等大士族的态度,由笼络而变为分化、削弱。江东之豪的周、沈二族,在东晋的分化政策下,于内讧中同归于尽。

> 周玘,江南地方士族的精神领袖,曾"三定江南"分别平定了张昌之乱、陈敏之乱、钱璯之乱,为南渡最重要的功臣之一。《晋书·周玘传》:"玘宗族强盛,人情所归,帝疑惮之。"

高门士族与司马氏皇族"共天下"的主要方针政策就是政治联姻,以保证其族姓的永世尊贵。士族与皇族之间通过婚姻关系结成了一个个复杂的、盘根错节的姻亲网络,成为特权阶层,高踞于权力金字塔的顶端。比如琅琊王氏与司马皇室为世代婚姻关系,王献之的妻子是简文帝女儿新安公主,王献之的女儿王神爱又是晋安帝皇后,王导重孙王嘏娶了司马皇室的鄱阳公主。

此外,王氏与陈郡谢氏、外戚庾氏、庐江何氏相互间也有姻亲关系,比如何充之妻是外戚庾亮的妹妹,庾亮的另一个妹妹庾文君则是晋明帝的皇后。王氏、庾氏、何氏三家都是东晋显赫的外戚和大权在握的重臣,加上彼此之间互为婚姻,结成"党体连亲"之势,这种格局保证了士族的"人伦之盛"和"簪缨不替"。

当士族成为外戚后,特殊身份也便于其领军控政以持续发展势力。侨姓士族中的大姓担任中书监和中书令而控制机要，总揽朝政，同时这些大姓也多担任荆州和扬州等州郡都督，掌握地方军事大权，以外治内。扬州是东晋政权中枢所在地，因此东晋以扬州为内户，而荆州居上游，若能控制荆州，就能威逼下游，控制朝政。东晋几家侨姓士族如王导、王敦、庾亮、庾冰等都出任地方都督之职，其中特别重要的就是控制建康的扬州都督和控制长江中游的荆州都督。

侨姓士族要保全司马氏的王朝统治，使司马氏对南渡士族能有所庇护，但他们绝不乐意晋元帝真正以皇权的威力来限制他们；反过来，晋元帝也不甘心与士族共享权力。因此要取得皇权与士族之间的平衡，还需经过一场实力的较量。

晋元帝重用刘隗、刁协，以抑制王氏兄弟。接下来，王敦第一次叛乱就以"清君侧"为名，即反对刘隗、刁协，得到了士族的普遍支持，足以说明士族在东晋的地位和权益是不容皇权侵犯的。不过，当王敦再叛，欲取代司马氏时，却遭士族共同反对而失败，这说明司马氏皇权也不容任何一姓士族擅自废弃。

流 民 御 边

在侨姓士族主导的江左政权中，吴姓士族在政治上始终无法跻身于统治阶级上层，故而在既得经济利益方面是决然不让步。吴姓士族绝不能容忍朝廷征发佃户、客者等隐匿人口为兵，这使得朝廷的兵役征发越发困难。

一般来说，偏居江左的政权，如果要抵御北方的入侵，必须要控制好三处战略要地：一是长江上游的梁、益两州，也就是巴蜀之地，一旦失守，敌方的水军就能顺流而下，直捣建康；二是长江中游的荆襄之地，就是荆州和襄阳，这是抗击北方铁骑的桥头堡，历史上围绕荆襄的争夺战比比皆是；三是长江下游的江淮地区，尤以京口和广陵最重要，京口在现在的镇江，而广陵就是现在的扬州，它们形成了拱卫建康的门户。

在这种情况下，北方南来、止于江淮的流民群成了东晋朝廷注目的对象。江左朝廷吸纳这种力量，令他们承担江北防务，用作抵御少数民族南侵的军事屏障，如京口重镇的北府兵和襄阳重镇之兵，皆以流民武装力量为基础。一些汉族豪强在南渡后，为图自保而招募流民，蓄养私兵，可称为"流民帅"。北方被胡人占领后，大量流民帅屯扎于江淮之间，比如郗鉴、祖逖、苏峻等人。

东晋朝廷对流民帅既重视又防备。这些流民帅掌握着军事武装力量，是抵御胡虏南下侵略江东的第一道防线，并有与胡人作战的经验，朝廷要借助他们的实力以防御北方入侵，所以也很重视他们。但同时，朝廷与流民帅相互猜忌，彼此之间有不小的隔阂，比如朝廷给予流民帅一定的地盘以供其部属驻扎，但不许他们过江。

侨姓门阀士族在东晋门阀政治中占据了主导地位，他们通过与皇族联姻，把持中央政治与军事大权，形成了皇族与侨姓门阀士族"共天下"的局面，奠定了东晋门阀政治的基本格局，维持了东晋百年政治。

可叹王敦功败垂成

是阴谋，还是无奈？

东晋琅琊王氏的王敦作为西晋和东晋两朝权臣，是晋武帝司马炎爱女舞阳公主的驸马，更是发动叛乱的野心家，一生不妥协，最终成了功败垂成的悲剧人物。

王敦之乱，又称"王敦之叛"，是东晋初年发生的一场动乱，爆发于晋元帝永昌元年（322），结束于晋明帝太宁二年（324）。

王敦与王导

琅琊王氏作为顶级门阀士族,虽然多以文为主,但东晋历史上却出现过一个著名的武将逆臣——协助司马睿建立东晋政权的丞相王导的堂兄,王敦。王敦娶了司马氏的公主为妻,之后"王与马共天下"的局面有一半就是受王敦的影响。

王导:我整顿内政
王敦:我平定外乱

后世评论中,王敦与其宰相弟弟王导不同,是个毁誉参半的人物。尽管永嘉之乱中,王敦和王导一文一武地支持了司马睿,是东晋的开国功臣,但王敦的野心和心性注定了他与王导终将踏上两条截然相反的路。

《世说新语》中记录着一件轶事,王敦和王导同为富豪石崇家的座上宾,石崇家的豪宴有个变态的规则,如果美女给客人劝酒时,客人不喝,美女就会因劝酒不力而被当众拉出去处斩。王导不忍看到无辜之人被杀,常喝得酩酊大醉;而王敦说不喝就不喝,好几名劝酒美女接连被杀,他都无动于衷。王导私下劝他要有悲悯之心,但王敦却说石崇杀他自家的美人与我何干。由此可见,王敦个性强硬,是个不会因他人原因而让步妥协的冷酷之人。

"功高盖主"的大将军

东晋建立时，司马睿考虑到王氏的功劳，同时维系政权稳定也需要世家大族的支持，因此重用了王导和王敦。司马睿初登基，自然有各种不同意的声音和各种战乱，例如当时的江州刺史就不想听从司马睿的命令，于是司马睿派王敦前去讨伐，其他大小战乱也都是王敦去平复的。

王导主内，王敦主外，朝堂渐渐被掌握在他们手里。但王敦与王导不同，他是个有极大野心的人。随着平叛的地方变多，王敦开始在每个地方培养属于自己的势力，自己任命官员等，是个名副其实掌管军政的大将军。

尽管王敦不是什么常胜将军，也不像后来的东晋权臣桓温那样，有开疆拓土之功，但他确实是当时为数不多的军队领袖，也就是所谓的"功高盖主"。加之王敦几乎统治了长江中游一带，像他这种出身世家又掌兵权的人，往往是最为君主所忌惮的。

> 敦既得志，暴慢滋甚，四方贡献多入其府，将相岳牧皆出其门。以沈充、钱凤为谋主，唯二人之言是从，所谮无不死者。以诸葛瑶、邓岳、周抚、李恒、谢雍为爪牙。
> ——《资治通鉴·晋纪十四》

两次叛乱

司马睿称帝后，也是不断在尝试加强中央集权，根据《资治通鉴》记载,他"诏免中州良民遭难为扬州诸郡僮客者,以备征役。尚书令刁协之谋也,由是众益怨之"。为了自己的利益,王敦从来不会妥协,因此司马睿的削权行为引起了王敦的激烈反应,他的应对方式非常激进。王敦曾两次兴兵向司马皇帝发难,一次打着"清君侧"之名成功了,而另一次却在胜利当口败给了死神。

王敦被封作镇东大将军,统领六州军事,其中包括荆州和扬州(当时的经济中心)。如此一来,王敦同时掌握了经济和军事大权。于是司马睿开始有意削弱王敦的兵权,分割王家的势力,希望能压压王敦的气焰。但这却使王敦兵行险招,终于在鄂州发动兵变。王敦从鄂州一路南下,很顺利就攻占了京城边的一处军事要塞,皇帝惊慌之下只能选择向王敦求和,做出了让步,赋予了王敦更大的权力。至此,朝政大权尽归王敦,司马睿被彻底架空,不久就因为思虑成疾过世。

王导接受遗诏,辅佐幼帝上位。继任的新君不像其父亲,他是一个既得民心,又有手腕的帝王,暗中联络忠臣,同时拉拢王导,与王敦对抗。王敦意图发动第二次兵变时,不巧得了重病。病榻中,王敦找来了亲信,对他们说,王应(王敦子)年少,不堪大事,在他死后最好立刻解散军队,归顺朝廷,此为上策;中策是退回武昌,有军队做后盾,对朝廷恭敬一些,这样皇室也能允许他们活着;下策是趁他还有一口气,另立朝廷。可惜他的亲信自作聪明地选择了下策,鼓动王应发起叛变,最后的结果是叛军全军覆没,大将军王敦一脉彻底绝后。

故事的结局就是,王导带着琅琊王氏全族上演了一出大义灭亲的戏码,与王敦划清界限。王敦不仅在死后被王家除籍,还被开棺戮尸,担下了所有的谋逆罪名。

胡汉终归融合

从民族压迫的匈奴时代、民族融合的氐羌时代，到坚定汉化的鲜卑时代

此时的华夏大地正处于四分五裂的状态，江左由西晋流亡朝廷成立的东晋王朝掌握，北方为后赵所有，巴蜀则在成汉手里，西北为西晋凉州刺史建立的前凉政权占据。这四方中，后赵的实力稍强一些，但也只是略胜一筹而已，并无吞并东晋或成汉的能力，甚至连实力最弱的前凉都无力吞并。

后赵开国皇帝石勒，本是前赵皇帝刘渊麾下的部将，刘渊死后，其继承者因皇位继承问题爆发内乱，石勒趁机壮大自己的实力，建立后赵政权，并灭亡了前赵。

一脉相承的残暴

前赵光初二年（319），石勒在襄国（今邢台市襄都区，项羽更信都为襄国）称赵王，建立后赵政权。石勒在世时，后赵国内虽然民族矛盾较深，但总体还算太平。后赵建平四年（333），石勒病死，太子石弘继位，石勒的侄子石虎为丞相，后赵境内开始暗流涌动。次年，石虎废了皇帝石弘，并将他和他的儿子们一并诛杀。

石虎在位十五年，执政期间骄奢残忍，穷兵黩武，是历史上有名的暴君。石虎不仅兄弟相残，还父子相残。其长子石邃为灭前赵立下了不少功劳，后被封为太子，可石邃同样也是个残暴之人，甚至打算弑君夺位，结果石虎提前知情，将石邃身边的所有亲信都给杀了，顺带着将他废为庶人。紧接着，石虎就派人把石邃和妻儿、同党全部诛杀。

石虎的二儿子石宣取代了大哥石邃成为后赵的太子，可石虎更喜欢小儿子石韬，一直有改立太子的想法。于是石宣索性把石韬给杀了，并且打算弑君夺位。结果石虎又把石宣给杀了，顺带着杀了石宣的所有妻儿，还牵连了东宫十余万卫士，其中一万多人在被发配凉州的途中起兵，屡次将后赵军打得大败。为了挽救摇摇欲坠的政权，石虎不得不求助于羌族部落的姚弋仲和氐族部落的蒲洪（"蒲"也读"苻"，蒲洪就是苻坚的爷爷），终于将义军镇压了下去。自此姚弋仲、蒲洪的武装力量不断壮大，后来直接威胁后赵政权的生存。

后赵太宁元年（349），石虎正式称帝，同年病死，后赵陷入一片混乱。历史总是惊人的相似，一直耻笑司马氏自相残杀的石虎做梦也没想到在他死后，羯胡石家版的"八王之乱"即刻上演：太子石世和石遵、石斌、石冲、石衍、石鉴、石苞、石祗等七个宗王，一个不多，一个不少，刚好八个，你杀我，我杀你，死伤无数。太子石世登基仅33天，就被他的兄长石遵所杀；石遵在位183天，被他弟弟石鉴杀害；石鉴做了103天皇帝，又被石虎的养孙汉人冉闵杀掉。后赵永宁元年（350），冉闵自立为帝，改国号为魏。

种族灭绝的始作俑者

冉闵是五胡十六国时期冉魏的唯一君主，《晋史》称其："身长八尺，善谋策，骁猛多力，攻战无前。"在那个扭曲的时代，冉闵的行为也是扭曲的，他利用民族对立的情绪，外加汉人对胡人的刻骨仇恨，一次次煽动胡汉纷争，搞得天下大乱，数百万胡人在他所发起的战争中死于非命。

冉闵致书北主各地，号召汉人起来屠杀胡人，并颁布了《杀胡令》，杀一个给钱，杀十个当官，煽动全民参与杀胡。在没有基因技术的支持下，如何判断一个人是不是胡人？那就是"以貌取人"：根据一个人鼻梁是不是"很高"，眼眶是不是"很深"来判断，很多长相有"原罪"的人因而遭到误杀。

据《晋书》记载，"闵知胡之不为己用也，班令内外赵人，斩一胡首送凤阳门者，文官进位三等，武职悉拜牙门。一日之中，斩首数万。闵躬率赵人诛诸胡羯，无贵贱男女少长皆斩之，死者二十余万，尸诸城外，悉为野犬豺

冉闵，魏郡内黄县（今河南省内黄县）人，初名石闵，石虎的养孙，屡立战功。石虎死后弑杀石鉴称帝，恢复冉姓。

狼所食。屯据四方者，所在承闵书诛之，于时高鼻多须至有滥死者半"。男女老幼无人可免，前后约有二十万人被杀，可谓是被"灭族"，自此羯人逐渐消失在中国历史上。

在混乱的时代，政客最喜欢看到民族的隔阂和种族的仇恨，因为他们可以浑水摸鱼，为自己赢取更大的利益。冉闵就是古代的野蛮政客，利用民族情绪来获取自己的利益和更大的权力，引发了那个时代最严重的种族屠杀。冉闵灭胡的真正原因可能不是民族仇恨，更多的是个人仇恨，因为后赵皇位继承问题和后赵宗室爆发的大规模冲突，冉闵借着"民族主义者"形象，更能拉拢人心。冉魏永兴三年（352），冉闵兵败突围不遂，遭前燕太原王慕容恪击败，后被燕王慕容儁所擒，斩于遏陉山，追谥武悼天王。

羯 人 源 流

后赵是十六国中，也是中国历史上唯一一个由羯人建立的政权。羯人分布广泛，绵延在中亚到山西北部之间，石勒的祖籍应为山西上党武乡人。根据冉闵时代中原百姓判断胡人的依据，羯人的长相特点是"深目、高鼻、多髯"，因此推测羯人很可能是具备白种人特征的族群。

大约在秦末，匈奴对外扩张，在东方征服了东胡部族，在西部控制了西域，迫使西域各国向匈奴臣服。而羯人很可能是西域的原住民，或者是从中亚乃至西亚迁入西域，最终被匈奴所兼并的部族，因此相关史料也将羯人称为"匈奴别部"。羯人被匈奴裹挟后，随着匈奴的分裂以及南匈奴的逐步内迁，开始进入中原。

中原的羯人和中亚人不仅生活习俗相似，而且信仰的宗教也相同，都信奉拜火教（祆教），因此后赵建立之初也崇尚祆教。后来石勒发现汉人接受不了这种宗教，此时随着佛教进入中原，叠加黑暗时代人在现实中没有出路，就有要在精神层面寻找救赎之路的需求，佛教开始在后赵盛行。羯人的后赵政权国祚虽仅仅三十一年，但其所实行的佛教政策却独树一帜，对后世多有影响。后赵皇帝石勒奉高僧佛图澄为"国之大宝"，以佛教思想作为治国的最高思想，使佛教在中国历史上第一次得到了最高政权的极力认可。

旧金山亚洲艺术博物馆收藏的鎏金铜坐佛，以青铜铸造，高39.7厘米，表面鎏金，铸造于十六国后赵太祖石虎建武四年（338），是现存最早的有明确纪年可考的中国佛教造像。它不但是一尊现存的有最早明确纪年的佛像，也是唯一一个与佛教高僧佛图澄传法时间和区域息息相关的历史文物。（图片来源于网络）

胡亡氐乱

　　五胡乱华之前，汉人的西晋政权比五胡好不到哪儿，中原百姓的日子也不好过。五胡乱华，其之所以乱，一个是认识上的乱，就是理不清楚；另一个是现实中的暴，就是杀伐太重。从汉人的角度看是至暗时刻，从胡人的角度看也绝非高光时刻。冉魏永兴元年（350），种族屠杀达到了顶峰后出现了拐点，各族的统治者都意识到不能再杀戮了，于是开始走向胡汉融合的道路。从时代问题解决方案和主导时代胡人种姓的角度，大致可以把五胡十六国的民族关系演变划分为三个时代：民族压迫的匈奴时代、民族融合的氐羌时代和坚定汉化的鲜卑时代。

由于内迁较早、人数最多、汉化程度较高，匈奴人先称雄，是北方第一胡人部族。不过匈奴人先是内部战争，前赵和后赵争霸拼死一波；分出胜负后接着又被冉闵灭掉一波。前后灭掉两波，匈奴时代就只能终结了，五胡十六国进入了种族更替的新时代，氐羌系和鲜卑系开始替代匈奴系主宰北方。北方出现了东西争霸的局面，东面是从东北内迁的鲜卑人，主要是慕容氏，消灭冉魏后建立前燕政权；西面是被刘曜迁入关中的二十余万氐羌，后赵灭国后建立了前秦政权。

这两个政权也要争取汉人的支持。在匈奴人残破中原的时候，一波汉人衣冠南渡，还有一波汉人北上投靠了慕容鲜卑。慕容氏为了能够争取汉人支持，积极收留这些流民，同时还颁布移民免役法令。至于关中的氐人和羌人，先是氐人领袖苻健拼命招揽汉人，冉闵屠胡后又拼命招揽西逃的胡人和羯人，关中力量立即爆炸式增长（古代的争霸较量主要就是人口的较量），后来氐人出了一位领袖苻坚，重用汉人王猛，一通山河整治把前秦打造成乱世第一强国。

拓跋鲜卑应该是鲜卑三支（宇文、慕容、拓跋）中最落后的一支，所以进入中原的时间也最晚。拓跋一支的发迹地应是匈奴北方草原，北匈奴被赶跑和南匈奴内迁后，拓跋鲜卑就占了匈奴人的地盘。尽管拓跋鲜卑很落后，但是进入中原后坚定走汉化路线。东晋成帝咸康四年（338），深受汉化影响的拓跋什翼犍成了领袖，加速了拓跋鲜卑的汉化进程，淝水之战后，其孙拓跋珪重新复国，开启了拓跋鲜卑的高光时刻。

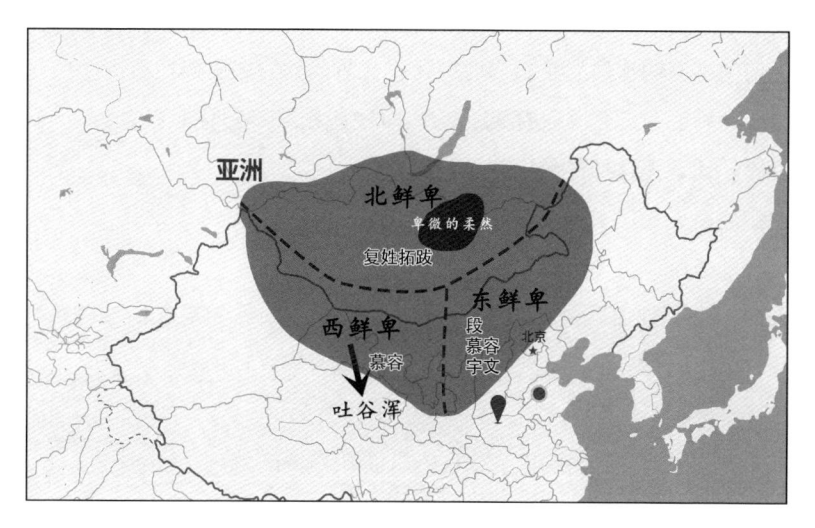

拓跋、宇文、慕容、段氏鲜卑各自势力范围

五胡乱华，汉人遭殃，但胡人同样遭受痛苦，因战争而死的胡人可能并不比汉人少，苍天饶过谁了？胡人群雄逐鹿，实际上每一个称雄的胡人若想维系政权稳定，就要获得汉人的支持，汉人与胡人的融合是历史前进的必然趋势。

五 胡 次 序

东晋孝武帝太元八年（383），苻坚率军南下攻打东晋，欲图统一天下，结果却遭到北府兵的抵抗而大败。前秦经此一战后，政权立刻分崩离析，而姚苌也借机崛起，最后将苻坚抓起来关在别室里，并向其索要传国玉玺。姚苌对苻坚说："苌次膺符历，可以为惠。"苻坚痛斥姚苌道："小羌乃敢干逼天子，岂以传国玺授汝羌也。图纬符命，何所依据？五胡次序，无汝羌名。违天不祥，其能久乎！玺已送晋，不可得也。"

何为"五胡次序，无汝羌名"？这句话涉及当时谶纬之学的信仰，所谓的"五胡次序"是指当时神秘主义者的预言之中确实有很多关于外族人将在中原建立王朝的预言，而这些预言都宣称是按匈奴、羯、鲜卑、氐、羌这样的顺序建立国家。

当时无论汉人还是胡人，对待星象、谶纬之学的态度都是十分严肃的。比如刘渊迁都到平阳的重要理由就是，"然遗晋未殄，皇居仄陋，紫宫之变，犹钟晋氏"，也就是说晋朝依然存在，而且因为匈奴汉国的宫廷寒酸简陋，所以上天紫微星的变化，依然还以晋朝为标准。后来又有人在汾水（即汾河，在今山西省中部，是黄河第二大支流）捞到一枚玉玺，上面刻有"有新保之"，也就是王莽篡位时的玉玺，但得到的人又在上面增加了"渊海光"三字，作为"自古以来"的谶语，来证明刘渊的合法性是几百年前就注定了的，于是刘渊改年号为河瑞。这说明五胡在建立政权之前就已经开始汉化，所有的胡人王朝在治国理政方面的主体思想都是郑玄经学，而郑玄经学的一个重要倾向就是将《尚书》的训诂谶纬化。

"郑学"，东汉末由郑玄开创的经学学派。郑学在遍注群经的基础上，以古文经学为主，兼采今文经学之长，初步统一了今古文经学。《后汉书·郑玄传》范晔评论郑玄云："郑玄括囊大典，网罗众家，删裁繁芜，刊改漏失，自是学者略知所归。"

任何一个建立政权的少数民族都要考虑统治地域内汉人的问题，一是因为汉人的数量太大，二是汉人的文明水准更高。"五胡"时代看着是你方唱罢我登场，实际上是胡人和汉人共唱一台戏，不断摸索胡汉融合之路。

桓温只差临门一脚

是北伐的将领，也是拧巴的权臣

回顾东晋始末，作为忠臣良将的祖逖，却不得信任，饮恨于黄河南岸；篡位自立的刘裕，也没见到天下一统的那一天。桓温，更像是夹于两人中间。

桓温的一生是被野心困住的一生。年少时手刃仇敌，战场上杀伐决断，政治欲望熊熊燃烧，既豪迈又有野心。而另一面，柔软伤感、重情重义又时时羁绊着桓温，最终阻碍他登上帝王之位。

开启东晋桓温时代

桓温出身世家,本该从小走名士路线,可他的父亲桓彝却在他十五岁那年受命镇压叛乱,在苏峻之乱中被叛军将领韩晃杀害,泾县县令江播曾参与其中。家道中落,桓温作为大哥不仅要谋生养家,更要为父报仇。后来江播去世,他假扮吊客混入葬礼,趁乱杀了江播的三个儿子,从此扬名京城,受人赏识。

刚出道的桓温,被派去协助另一个世家大族庾氏进行北伐。以当时的环境来看,桓温的家世并不厚重,远远不足以支持他走到权力的巅峰,真正转机来自一桩婚姻:在庾翼的大力推荐下,晋明帝将女儿嫁给了桓温,桓温从一个普通士族子弟一跃成为皇亲国戚。

东晋穆帝永和元年(345),庾翼去世,庾氏家族在东晋政治舞台上正式谢幕。荆州刺史的位置空了出来,世家和皇族又明争暗斗,最后桓温捡了个大便宜,在何充的建议下出任荆州刺史。荆州是东晋的重镇,这个任职对桓温意义非凡,而东晋也即将进入桓温时代。

> 桓温这个人勇猛又有才能是我东晋缺乏的人才!

充满争议的北伐

自陶侃平定苏峻之乱以后,东晋暂时安定了。但此时北方形势发生了变化，后赵内乱，大将冉闵称帝；而后鲜卑慕容儁又灭冉魏，建立了前燕；氐族苻健也乘机占领关中，建立了前秦。东晋朝廷趁北方大乱之机，派出了大臣殷浩北伐。

殷浩兵败而归，大权归了大司马桓温，于是桓温开启了东晋朝有名的三次北伐：第一次进入了关中，但未能立足，而后退回；第二次进到洛阳，祭扫了西晋诸帝陵寝，但最后依然撤回荆州，北伐收复的土地也旋即失去；第三次北伐，在枋头遇慕容垂，大败而归。

桓温的北伐，历来存在争议。有人认为桓温的实力在当时算得上一流，毕竟有平定蜀地、灭亡成汉的军功；同时又有人认为桓温军事实力平平，三次北伐败多胜少。事实上，桓温的北伐从来就不是单纯的军事行动，而只是在捞取政治资本，实际成效不大。

以第二次北伐为例，这是桓温三次北伐中取得成果最大的一次，不仅一度收复了洛阳，还将东晋的边境从汉水一带推进至黄河沿线。收复旧都本应算得上是北伐的重大胜利，往前看有诸葛亮心心念念"还于旧都"，却始终没有进得了长安，遑论洛阳；再往后几百年，岳飞止步于开封城外几十里的朱仙镇，也徒留千古遗憾。

但桓温这次北伐收复洛阳后，朝廷和桓温两方的反应都很奇怪。桓温上书朝廷，认为朝廷应迁都回洛阳，但朝廷却百般推辞：一则此时洛阳虽然收复，但处在前线，朝廷立身于此大有危险；二则朝廷也不愿意搬到桓温的势力范围中。而桓温对于河洛一带也没有用心经营，他既没有驻军于此，也没有屯田垦殖，仅仅是任命了地方官。而此时洛阳得以存于东晋的治下，主要也不是因为东晋的军事实力，而是因为北方战乱，前秦和前燕混战，暂时顾不上而已。

如果桓温真的意在北伐，那么他理应移兵北上，经营洛阳，巩固战果，伺机出击。但他只是静静地在待在江陵，直到洛阳周围的城镇逐渐被前燕侵占，最后只剩下洛阳这一座孤城，孤城也最终失陷。

取晋室而代之

客观而言，北伐不是桓温的目的，而是他的手段，他想以此扩大权威达到弄权的目的，甚至想取代晋室称帝。既然立威才是目的，那么就不能有一丝一毫有损威望的事情发生。第三次北伐失败后不久，桓温开始转移注意力，目标不再向外，而是对内。桓温借故废除了皇帝司马奕，改立司马昱为帝。在此之前，桓温已获得了"位在诸侯王之上"的殊礼。

当桓温还想再进一步的时候，门阀力量终于成了他最大的阻力。东晋立国，根基之弱，历朝罕见，"士族共荣"其实是东晋国祚绵延的一个保证。大家都在一张牌桌上，当赌徒、做庄家都可以，但如果你要掀桌子，那就只能被大家合力制止了。

简文帝司马昱在位不过八个月便病逝，他临终前，桓温拒不入朝，希望简文帝遗诏传位于他，而简文帝也确有此意，但最后被出身于太原王氏的王坦之所劝阻。简文帝病逝时，群臣害怕桓温威势，都不敢扶立太子即位，后来还是在琅琊王氏王彪之（王导的堂侄）的竭力推动之下，太子司马曜才得以继位，同时王彪之又阻止了让桓温摄政的提议。

年幼的新皇司马曜继位，桓温得知自己只是辅政大臣后，带重兵在建康城外摆好酒宴，请谢安、王坦之赴宴，想借此机会杀掉王、谢二人，扫清篡位路上的绊脚石。但桓温最终没下得了手，面对谢安旷远从容的气度，他想起以前两人共事的时光，想起了谢安的雅量与文采，最终撤去了伏兵。

此后桓温又想让朝廷为他"加九锡"，这是自汉魏以来权臣篡权的必然途径，但又被谢安所阻。谢安不愧是杰出的政治家，面对桓温的请求，他既没答应也没反对，而是用一个"拖"字解决了所有的麻烦。桓温已过六十，身体每况愈下，终没能熬过漫长的等待。

东晋孝武帝宁康元年（373），桓温的人生画上了终止线，距离皇权只有一步之遥的桓温最终还是被他所出身的门阀阻挡在了篡位的大门外。乌衣巷里的高门显贵终于长舒了一口气，皇权软弱、士族共和的局面又可继续维持了。在这种门阀的彼此制衡中，东晋最终仍走上了权臣篡位的道路。

桓温的缺点是在临门一脚时少了孤注一掷的勇气，积聚全部力量即将登顶却不敢翻牌，最终只留下了一个"木犹如此，人何以堪"的落寞背影。

"九锡"，中国古代皇帝赐给诸侯、大臣有殊勋者的九种礼器，是对大臣的一种最高礼遇。以前篡位的王莽、曹操、司马昭等人都获得过九锡。

一步之遥的"苻坚大帝"

淝水之战看似是东晋的军事胜利，本质却是前秦内部的分裂

东晋废帝太和五年（370），前秦灭掉了北方最具实力的强敌前燕。东晋孝武帝太元元年（376），苻坚派遣毛盛、姚苌等人率十三万人大军伐前凉，一路势如破竹，进而围攻姑臧，张天锡出降，前凉亡；灭凉之后，苻坚乘军队士气高涨之时，又派遣苻洛率军十万，邓羌等率兵二十万，一起北征代国，代国军队不堪一击，拓跋什翼犍出逃，不久后代国又发生内乱，前秦趁机攻下了云中（治今内蒙古托克托县东北古城），代国被灭。

至此，前秦基本统一了北方，与南方的东晋政权以淮水为界，南北对峙。苻坚依靠前秦强大的军力，开始筹划南征，意在消灭偏安的东晋王朝，四分五裂的华夏大地一度出现了重新统一的趋势。

拓跋鲜卑崛起漠南

拓跋氏最初是鲜卑一族地处最东北的一支,一开始在额尔古纳河和大兴安岭北段一带活动,后来拓跋部所建立的北魏王朝上承五胡十六国,下接南北朝,对中国历史的走向起到了决定性的作用。

拓跋猗卢(西晋时期鲜卑拓跋部首领)在位时期,拓跋鲜卑完成了从部落联盟体向中原王朝边疆属国政权的过渡,建立了拓跋氏的第一个政权——代国。拓跋什翼犍出生在拓跋部内乱频发的时代,后来被送到后赵做人质。由于后赵是一个融合了胡汉文化的政权,拓跋什翼犍常年接触儒家文化,所以后来他成为拓跋部的部落首领时,就把儒家文化带到了漠南。东晋成帝咸康四年(338),拓跋什翼犍继位代王,仿效中原定年号为建国;咸康五年(339),他又仿效中原设立百官,分掌众职,拓跋部至此已在政治体制上摆脱了部落联盟的状态,成为一个中原式样的国家;咸康六年(340),拓跋什翼犍定都云中盛乐,后又在故城南筑盛乐新城,发展农业。

拓跋什翼犍在东晋哀帝兴宁元年(363)和东晋废帝太和五年(370)两度北征漠北的高车人,都大获全胜;太和二年(367)西伐朔方的铁弗匈奴人刘卫辰,又大获全胜。正当其事业蒸蒸日上的时候,代国的统治集团内部再次发生了内讧,与此同时,代国的外部环境也发生了重大变化。诞生于后赵分裂之际的前秦以关中为基地,国力在苻坚成为统治者后得到了迅猛的发展,太和五年(370),苻坚派文武双全的王猛灭亡前燕,从此成为中原的霸主。苻坚为阻止拓跋什翼犍向中原发展,积极扶植刘卫辰与其对抗。

拓跋什翼犍对叛降不定的刘卫辰欲除之而后快,东晋孝武帝宁康二年(374),拓跋什翼犍再次西征刘卫辰,刘卫辰不敌拓跋什翼犍,只能于宁康三年（375）向苻坚求援。东晋孝武帝太元元年（376），苻坚出兵二十万讨伐代国，拓跋什翼犍先派白部和独孤部抵御前秦军，结果战败；其后，拓跋什翼犍又派刘库仁率领十万精锐骑兵抵御前秦军，结果刘库仁在石子岭再次战败。拓跋什翼犍连战皆败，只好逃亡阴山，高车诸部此时趁乱脱离拓跋什翼犍的统治，四处抄掠，令拓跋什翼犍的军队不得刍牧（割草放牧），拓跋什翼犍迫于无奈，只好返回漠南。

不料此时在漠南的云中，代国的统治集团内部再次发生内讧。拓跋什翼犍的庶长子拓跋寔为夺取继承权，不顾父子之情和国家危难，杀死了拓跋什翼犍和自己的兄弟们，代国一时群龙无首。太元元年（376），前秦消灭拓跋鲜卑建立的代国，代国原所统各部被一分为二，分别交给独孤部刘库仁和铁弗部刘卫辰（赫连勃勃的父亲）统领，拓跋寔的妻子贺兰氏带拓跋珪、拓跋仪及拓跋觚从贺兰部迁至独孤部，与南部大人长孙嵩等人同属刘库仁统领。

从拓跋推寅（公元前41年—公元13年为鲜卑首领）带领族人走出大兴安岭，到拓跋诘汾（东汉末年鲜卑索头部首领）带领族人迁徙到漠南，到拓跋力微（汉末至晋初鲜卑索头部首领）称雄漠南，再到拓跋猗卢被西晋封为代王，最后到拓跋什翼犍建立代国，时间跨度长达数百年。整体而言，拓跋部与中原的交流越来越频繁，接受的中原文化越来越多，汉化程度也越来越深，但它却始终未能完全摆脱游牧文化的影响，主要体现在没有建立一以贯之的继承制度，父死子继、侄死叔继、叔死侄继和兄终弟及反复交替，使得拓跋部的内乱频繁爆发，这既减慢了拓跋部的发展速度，也分散了拓跋部向中原发展的精力。

此外，拓跋部自始至终都是以部落联盟首领的身份统治漠南，没有采用中央集权的方式治理漠南，这就导致漠南的鲜卑诸部和漠北的高车诸部对拓跋部的向心力并不强,只要拓跋部的实力一变弱,他们就会脱离拓跋部的控制。虽然代国很快灭亡,我们却不能低估拓跋什翼犍尝试用中原文化改造拓跋部的意义,他为拓跋部的未来发展指明了方向。十年后,拓跋什翼犍之孙拓跋珪带领拓跋部重回历史舞台,成为新一代草原雄主。

前秦统一北方

东晋穆帝升平元年(357),苻坚杀苻生(前秦帝国第二位皇帝,景明帝苻健第三子,残忍暴虐)自立,称"大秦天王",改年号永兴,实行大赦。苻坚接手了一个烂摊子,土地、人口、经济、军事皆是各方角逐势力中最弱的,北有代国,疆域广大,东有不断扩张的前燕,西有雄踞多年的前凉,南有崛起的吐谷浑及仇池国,还有时不时会北伐的东晋。苻坚起用王猛等汉人子弟,开始实行低调治国的方针,整顿吏治,平息内乱,与民休养生息,开创了一番清明的政治局面,为日后统一北方打下了基础。

东晋废帝太和五年(370),前秦灭了前燕后成了最强大的国家;太和六年(371),前仇池杨氏称臣东晋,苻坚旋即命人进攻仇池,破城后将氐人迁往关中,前仇池国灭亡;同年,前凉张氏畏惧前秦势大,只得称臣,吐谷浑见状后被迫称藩,陇西鲜卑首领乞伏司繁被打败后请降;东晋孝武帝宁康元年(373),前秦又占据巴蜀;东晋孝武帝太元元年(376),前秦又将前凉彻底消灭,随后苻坚北取代国;太元八年(383),前秦派吕光平定西域,这是自东汉以来中原政权再度问鼎西域。可以说,此时十分天下,前秦占其七。

然而北方胡汉混杂依旧,王猛清楚地意识到,前秦最大的敌人不是南方的晋朝,而是国内各个胡族首领。苻坚为求控制诸胡,将其迁

仇池国，魏晋南北朝时期，氐族杨氏建立的政权，因其政治中心在甘肃省陇南仇池山而得名。前仇池国为前秦所灭，后仇池国为刘宋所灭，杨氏后裔所建立的武都国、武兴国、阴平国也被史学家认为是仇池国的延续。（摄于仇池国遗址）

入关中，又将本家氐族势力置于国内要冲，以巩固势力，这么一来，京师空虚。同时苻坚为求融合，亡国君臣皆授官位，任其率领旧部，掌控重兵，这些都是隐患！宁康三年（375），王猛病重，死前他对苻坚说："晋朝虽然僻处吴越之地，但为华夏正统。臣死之后，陛下千万不可图灭晋朝。鲜卑、西羌降伏贵族贼心不死，这才是我们的真正大敌，迟早变成祸害，一定要逐渐铲除他们。"

前秦的目标是整个天下，已处于半包围之中的东晋亡国，也许就在苻坚的一道命令之后。此时东晋已然不敢重提北伐，全国上下蔓延着一种亡国的气氛。苻坚对东晋虎视眈眈，早已把王猛的遗言抛诸脑后,早有不臣之心的慕容垂、姚苌等人也趁机劝说苻坚出兵东晋,想趁乱收割利益。

东晋孝武帝太元七年(382),苻坚决意亲率大军南下,欲以举国之力消灭东晋,统一天下。苻坚在初期进展顺利,但在关键的淝水一战中惨败,统一大业戛然而止。淝水之战后,投降前秦的各国贵族纷纷反叛,北方陷入分裂。而此后前秦也如多年前的王猛遗言所述,最终败亡于那些胡人豪酋之手,苻坚大帝也死在昔日手下慕容氏与姚苌手中。

> 猛曰:晋虽僻陋吴越,乃正朔相承。亲仁善邻,国之宝也。臣没之后,愿不以晋为图。鲜卑、羌虏,我之仇也,终为人患,宜渐除之,以便社稷。
> ——《晋书·载记第十四·苻坚下》

死于民族融合情怀的苻坚

随着西晋王朝的崩溃瓦解,中国的北方进入大分裂、大动荡的时代。汉人和胡人之间严重对立,相互仇视、杀戮,"战争"与"屠杀"是这个时代的关键词。先是羯人建立的后赵政权,皇帝石虎暴戾,奴役汉人,民不聊生,胡汉民族仇恨严重。当汉人冉闵在邺城建立起冉魏政权后,更是利用汉人对胡人的反感而对胡人实行大虐杀。而苻坚是一个不同于石虎和冉闵的君王,他有着更宏大的志向。

相对弱小的氐族出身君主要想实现统一天下,不可能不重用异族精英,更不可能将异族高层全部杀死或奴役,所以他并不打算利用胡汉间的民族矛盾来巩固自己的政权。相反,苻坚希望建立一个民族大融合且为正统华夏文明所接纳的世袭罔替的王朝。因此苻坚积极推行胡汉融合的民族政策,保护汉学,重用汉族士大夫,对其他被征服的鲜卑、羌等民族也采取罕见的宽容态度。但前秦内部宗室纷争叛乱不断,东晋哀帝兴宁三年(365)爆发"五公之乱",太元三年(378)

和太元五年（380）宗室苻重、苻洛又先后叛变，因此苻坚重用异族人才的政策还能削弱本族功臣亲贵实力，起到稳固皇权的积极作用。

在大分裂、大动荡的五胡十六国时代，民族融合和国家统一无疑是人心所向、大势所趋。苻坚敏锐地察觉到了这一点，渴望"以义致英豪，建不世之功"。然而苻坚在促进民族融合的方法上却明显操之过急和"过激"，比如他让氐族王室宗亲统领氐人十五万户镇守边郡，却把前燕故地的鲜卑人大量迁入首都长安所在的关中之地。

前秦统一北方后，与东晋隔淮水对峙

苻坚人为降低本民族地位，抬高被征服者地位，以实现民族和解的做法充满了浪漫的政治情怀。这种看似一视同仁、宽容大度的民族政策，实际上制造了新的不平等和矛盾。以至于淝水之战中，苻坚87万前秦大军惨败给8万东晋军队，表面上看这是东晋在军事上的胜利，本质上却是前秦内部分裂而导致的结局。

独孤部的前世今生

东汉前期，匈奴分裂为北匈奴和南匈奴。北匈奴继续游牧于漠北，后来在大将军窦宪的打击下西迁，而南匈奴则先后内迁归附大汉。入塞的南匈奴分为十九个部落，其中的一个部落就是屠各（亦称休屠）。屠各是入塞的十九种南匈奴中汉化最深的部落，南匈奴单于的家族，也从原来的挛鞮氏，转变为出身屠各部的刘氏。

出身屠各部的南匈奴单于刘渊发动的叛乱，一举推翻了西晋，掀开五胡十六国的序幕。经过部落间一系列的分化组合，到了十六国时代的后期，代北、朔方一带的屠各部民演变为黄河以东的独孤部和黄河以西的铁弗部。而独孤，正是"屠各"的另一种音译，独孤部正式登上了历史舞台。

独孤部本是匈奴部落，但它与拓跋鲜卑的关系非常密切，是拓跋部落联盟的核心部落之一，与拓跋部世代为婚，在代国灭亡的十几年中，拓跋部的王子拓跋珪正是托庇于独孤部。东晋孝武帝太元十一年（386），拓跋珪得到以贺兰部为首的诸部支持，在牛川大会诸部，召开部落大会，即位为代王，重兴代国，东晋安帝隆安二年（398）正式定国号为"魏"，史称北魏。

拓跋珪重建代国后，立刻对部落联盟中的其他部落进行离散，作为外家的独孤部和贺兰部，地位仅次于拓跋部，成了部落离散政策最重要的对象。所谓离散部落，就是让过去以游牧为主要生产和生活方式的部落分土定居，编户齐民，转化为在官府管理下从事农耕的定居百姓，同时剥夺部落大人统领部落的特权。在拓跋珪统治的二十几年时间里，独孤部被迅速离散了，而且在此后的历史中，独孤部再没有以一个统一的部落的形式存在。

独孤部民对部落离散政策并没有任何抵制，他们在远离了北魏权力斗争的漩涡后反而获得了稳定的生存条件，在此后的几百年间，从北魏到隋唐，出身于独孤部的人物大量涌现，其人才之繁盛，远较其他部落为多。大批出身独孤部的人物，都以"独孤"或"刘"作为姓氏，他们在北魏末年六镇大起义的战乱中以军功起家，其子孙形成了从西魏到北周、隋唐一脉相承的关陇军功贵族集团这一强大势力。

北朝时期，独孤氏涌现出的英才中最声名显赫的就是西魏、北周的名将独孤信。独孤信的长女是北周明帝宇文毓的皇后，谥号明敬皇后；独孤信的四女嫁给了北周的唐国公李昞，其长子就是唐朝的开国皇帝李渊，唐太宗李世民则是他们的孙子，其被追封为元贞皇后；而七女独孤伽罗则是隋文帝杨坚的皇后，隋炀帝杨广的母亲，谥号文献皇后。史书中说李渊与隋炀帝之间是姨表兄弟，渊源正在于此。

北朝早期，很多政权短命，重要原因就是民族混乱，比如羯人石勒建立后赵，只有羯人才算正儿八经的国民，汉人和其他胡人只配服劳役和兵役，这才有了之后冉闵借着民族仇恨反杀。苻坚同样如此，管理国家需要先进文明，汉化的统治模式几乎成了必选项，前秦时期滞留北方的士族认为南朝才是正统，所以苻坚必须兼并东晋，但他过于急躁了。一场淝水之战成就了谢安、谢玄的大名，而颇具雄才大略的苻坚最后沦为笑柄。

斗争与交融中的传奇

第一代西游记

伟大的往往不是结果,而是过程

乱世中,人命如草芥,即使是声名显赫的大族,抑或是坐拥天下的皇族,都有可能在兵荒马乱中瞬间凋零。各民族之间互相屠戮,政权飞快地更迭交替,人间饿殍遍地,生灵涂炭……人们的心灵无处寄托。

法显和尚西去取经

此时,有一位名叫法显的 65 岁高龄和尚,终于决定前往西方天竺取来真经,解救苍生。没有马也没有骆驼,只有两条枯瘦的腿。要知道,李白和杜甫都没活到这个岁数,就算在当代,65 岁也属于老年人范畴,何况在人生七十古来稀的古代。

从长安到塔里木盆地

魏晋南北朝时期，佛教开始在华夏大地加速发展，各种流派纷纷传入中土，全国各地广修佛寺，佛教信徒迅速增多，法显正是生活在这一时期。

法显出生于山西武阳（今临汾地区），自小就饱受饥寒之苦，三岁时被父母送到佛寺当了小和尚。在修习佛学经典的过程中，法显发现由于戒律经典缺乏，广大佛教徒无法可循，东方僧律混乱（宗教最重要的是禁忌，需要戒律来约束）。佛经翻译的速度赶不上佛教发展的速度，为了维护佛教"真理"，年近古稀的法显毅然决定西赴天竺（古代印度），寻找佛教的本源，寻找佛教的终极关怀（教人如何面对并克服生老病死），然后回来传道弘法。

东晋安帝隆安三年（399）春天，法显与慧景、道整、慧应、慧嵬四人一起从长安动身，向西进发，开始了漫长且艰苦的旅行。他们穿过河西鲜卑人建立的西秦与南凉，又得到了北凉王段业和敦煌太守李暠（西凉开国国君）的资助。次年，他们到达张掖（今甘肃张掖），吸收了智严、慧简、僧绍、宝云、僧景五人加入，后来又增加了一个慧达。这十一人取经团在河西地区休整后，将熟悉的世界抛之脑后，头也不回地踏进了白龙堆沙漠。

白龙堆沙漠是阻挡法显的首个地理要素，很多人在此处被流沙埋没。法显看到了一片死寂，后来他在《佛国记》中描写这里的情景："上无飞鸟，下无走兽，遍望极目，欲求度处，则莫知所拟，唯以死人枯骨为标帜耳。"他们冒着生命危险勇往直前，走了十七个昼夜，进入了西域诸国中的鄯善国（今新疆若羌），那里也是汉朝时的楼兰故土，居民最早是原始印欧人的一支，贵霜帝国崩溃后又融入了说犍陀罗语的流亡贵族。尔后，法显一行人又进入了焉夷国（今新疆焉耆），本地居民信奉小乘佛教，故而视法显一行信仰大乘佛教的人为异端，对他们很不友好，此时已有同伴因不能忍受艰辛而提前退团。

法显坚持来到了下一个西域大国于阗，这是古老的塞人城邦，也是东西混血频繁的据点，在肥沃土地的哺育下国泰民安，奉养了数万僧人，又因丝路上的商人往来众多，当地的寺庙还有钱庄、旅店的功能。于阗人对大乘和小乘佛法一视同仁，所以法显得到了不错的待遇，更重要的是，此时他就已经见到众多闻所未闻的经书抄本。法显不满足于西域的"二手货"，坚定地认为只有越过了葱岭才能接触到真正的佛法。之后，他们又先后拜访了子合国、竭叉国等地的佛寺，还受到信仰佛学的君王接见。

翻越葱岭，奔向天竺

瓦罕走廊是阻挡法显西行的第二个地理要素，四季寒冷的气候是他从未经历过的，如果没有赶上合适的时间翻山就容易被大风卷走，石梯大多位于山间，下面就是万丈悬崖。法显在强大信仰的支撑下前进，终于进入了今天的阿富汗地区。

北天竺有一个小小的陀历国，这是法显一行人遇到的第一个葱岭外的城邦，位于今天巴基斯坦北部的达历尔地区。这里有用木头雕刻的惟妙惟肖的佛像，在希腊化艺术的影响下，这些早期佛陀造像都是以希腊神祇为原型，灵感可追溯到古典时代的太阳神阿波罗。在古典时代晚期与中世纪前期，整个中亚东部也是古典希腊艺术的保留地之一。

接下来，法显抵达斯瓦特河边的乌苌国，他在这里完成夏坐（印度佛教和尚每年雨季在寺庙里安居三个月）后，又访问了附近的几个小王国，比如尸毗王割肉喂鸽子的宿呵多国。随后在遍布古迹的犍陀卫国，法显听当地人介绍佛陀将眼睛布施给他人的传说，收集了最接近原版的神话传说，以便翻译成汉语。在位于旁遮普的毗荼国，当地土邦王侯在得知他们来自遥远的秦地（西域对中国的一种称呼）后，十分赞扬他们的求法精神，支持他们继续求学。在翻越贾拉拉巴德和白沙瓦以西的雪山时，同行的一名伙伴口吐白沫后去世了。

目睹了各种圣物，也听闻了各种传说，法显已有充足的资本返回东土，但有感于北天竺的僧众主要靠口授佛法，没有可以凭信的文书作为依据，法显决定不背弃自己的初心，继续南下探寻真理。

开博尔山口以南的旁遮普是全世界佛像的起源地（图片来源于网络）

法显接着进入中天竺（中古时期印度全域中央部分之诸国）列国游历，先后参观了华氏城、蓝毗尼、鹿野苑等佛教创立初期的圣地。东晋安帝元兴三年（404），法显和他的同伴道整来到了佛教的发祥地——拘萨罗国舍卫城的祇洹精舍，传说释迦牟尼生前在这里居住和说法的时间最长。

东晋安帝义熙元年（405），他们走到了佛教极其兴盛的达摩揭提国巴连弗邑，法显在这里学习梵书梵语，抄写经律，收集了《摩诃僧祇律》《萨婆多部钞律》《杂阿毗昙心》《方等般泥洹经》《綖经》《摩诃僧祇阿毗昙》等六部佛教经典，一住就是三年。同伴道整在巴连弗邑十分仰慕当地沙门法则和众僧威仪，追叹故乡僧律残缺，便留住此处，法显便孤身继续周游了南天竺和东天竺（古代印度划为五区，称为五天竺），又在恒河三角洲的多摩梨帝国写经画（佛）像。法显在天竺游学时，正赶上笈多王朝的上升期，也是古印度佛教昌盛的最后阶段。

海上漂泊，终归故土

由于年事已高，又希望能在有生之年将正宗的佛法带回中土，75岁的法显终于决定踏上回程旅途。如果沿原路返回，再走一遍雪山、沙漠、江河、湖泊，明显力不从心；若不走原路，翻越喜马拉雅山脉，更加不现实（即使200年后的玄奘在25岁的壮年，也没有选择走这条大雪山路线）。法显只有走海路这个选择了，义熙五年（409）年末，法显离开多摩梨，搭乘商舶，纵渡孟加拉湾到达狮子国（今斯里兰卡），又求得了《弥沙塞律》《长阿含》《杂阿含》以及《杂藏》四部经典，随后坐印度海船返回故土。

不幸的是，船在半途遇到了大风，商人为减轻船只的载重，险些丢掉法显的佛像和佛经，法显宁可选择丢弃干粮和淡水，也要保住经文。船只九死一生地飘到了苏门答腊岛上的耶婆提国（古国名，在今印度尼西亚爪哇岛或苏门答腊岛，是古代中西海上交通线上的要地），法显换乘了一艘前往广州的商船，半途又遭遇风浪，大家认为是僧人给这艘船带来了厄运，法显险些被抛入大海祭祀神明。

最后还是因为风暴，这艘商船没能在广州靠岸，被吹到了山东半岛的崂山。在山东半岛登陆后，法显旋即经彭城、京口（江苏镇江）抵达建康（今南京）。他在建康道场寺住了五年后，又来到荆州（湖北江陵）辛寺，东晋恭帝元熙二年（420）终老于此，卒时八十六岁。他在临终前七年多的时间里，一刻不停地翻译佛经，共译出六部六十三卷。先前的胡汉僧人仅是懂得对方语言，而不似法显那样系统地翻译文献，因此是法显首先将完整的佛法带入东土，促进了宗教、文化等多个领域的发展。

在抓紧译经的同时，法显还将自己西行取经的见闻写成了一部不朽的世界名著《佛国记》。在后世的国际交通史研究上，法显的《佛国记》提供了有关西域和半个印度的一手翔实材料。

十五年的取经之路，历经无数磨难，出发时取经团共十一人，最后只有法显一人返回故土，他的经历光照后世，也指引了两百年后的玄奘。

法显所处的时代，中土佛教没有统一的戒律，反而与战乱杀戮相关联，于是他下定决心要找到能让佛学有戒律可遵循的经卷；而玄奘所在的时代，很多不同的派别对佛经产生比较激烈的争议，玄奘为了解答这些争论，寻找能正确解读佛经的依据而西行取经。玄奘和法显之间最大的区别就是，玄奘的佛教研究得到了当朝统治者的赏识和肯定。

佛教传入中国

荷兰著名汉学家许理和（Erik Zürcher）认为佛教从西北传入中国："可能发生于公元前1世纪上半叶（中国势力在中亚巩固的时代）和公元1世纪（佛教的存在首次在当时的中国历史资料中得到证实）

之间。"汉明帝永平八年（65），刘英（东汉楚王）祭祀浮屠，汉明帝梦佛，遣人求法。

史书记载表明楚王英是知晓佛教的，这时可看作佛教传入中国的第一个阶段，后逐渐和中国的传统文化融合，遂演变为中国化的佛教。到了东汉后期，中原地区陷入了群雄割据、连年混战的局面，百姓挣扎在死亡线上，残酷的社会现实利于宣扬人生无常、众生皆苦的佛教的流行。宗教解释了为什么快乐转瞬即逝、忧愁亘古恒久这个让人类既困惑又恐慌的谜题，人们需要一种比自身更强大的力量来支撑。

西汉时，天帝、鬼神、祖先崇拜和祭祀、占星、望气等种种方术（方技和术数）很流行，特别是求长生不老的神仙方术更为盛行。到东汉顺帝时，以黄老学说为基础，吸收传统鬼神观念和迷信方术的道教开始形成。道教是我国土生土长的宗教，早期教义学说比较简单，佛教作为比较成熟的宗教传入中国，对道教的进一步完善和发展无疑起到了一定的作用。道教开始时将佛教视为同道，为佛教的流传与发展创造了良好的氛围。

中国也没有对佛教全盘吸收，而是有选择地接受了大乘佛教。大乘佛教"一切众生皆可成佛"与中国传统"人人皆可成尧舜"暗合；大乘佛教"自度度人"的弘通思想，关于入世舍身、普度众生的主张也契合中国传统的入世精神。虽然小乘佛教在中国也有一定影响，但远不及大乘佛教的影响那样深远和广泛。

此外，陆上和海上"丝绸之路"的开通也为佛教东传奠定了基

> （楚王）英少时好游侠，交通宾客，晚节更喜黄老，学为浮屠斋戒祭祀。（永平）八年，诏令天下死罪皆入缣赎。英遣郎中令奉黄缣白纨三十匹诣国相曰："托在藩辅，过恶累积，欢喜大恩，奉送缣帛，以赎愆罪。"国相以闻。诏报曰："楚王诵黄老之微言，尚浮屠之仁祠，洁斋三月，与神为誓，何嫌何疑，当有悔吝？其还赎，以助伊蒲塞桑门之盛馔。"
> ——《后汉书·列传·光武十王列传》

础。汉时所谓的西域一般是指玉门关（现甘肃敦煌县西）、阳关（现甘肃敦煌县西南）以西，葱岭（帕米尔高原）以东，天山以南，昆仑山以北的广大地区，长期处于匈奴的控制之下。汉武帝派张骞出使西域，打算与大月氏联合抗击匈奴，尽管没有取得军事上的效果，但打开了东西交通的大门。此外，西汉时，中印海道已开通，自汉武帝以来，有印度南部的黄支国遣使朝贡。东西海上路线开通后，使者、商人接踵而至，西方文化也随之传来，尤其在三国、东晋后，从海道来中原弘法的高僧络绎不绝。

虽然法显在中国的知名度远不及玄奘，在人类探险史中更不及马可·波罗、哥伦布这样的大牌旅行家，但他以年过花甲的高龄完成了穿行亚洲大陆又经南洋海路归国的大旅行，此惊人壮举和顽强的个人意志是人类探险史上的奇迹。同时，法显留下的杰作《佛国记》不仅在佛教界受到称誉，更是成为无可替代的古印度文化剪影。

鸠摩罗什,生来便是传奇

对中国佛教影响最大的人

鸠摩罗什出生于西域龟兹国(今新疆库车),他半岁说话,三岁认字,五岁开始博览群书,七岁随母亲出家。他先习小乘,后入大乘,精通多国文字,翻译了大量佛经,开启了汉传佛教的大乘气象,与玄奘、不空、真谛并称中国佛教四大译经家,是中国佛教八宗之祖。

身为法师,鸠摩罗什一生中两次被逼舍戒还俗,娶妻生子,却"不负如来不负卿"。因此,也有人称他为离红尘最近的高僧。

鸠摩罗什传法

佛 国 神 童

魏晋时期，龟兹是西域的一个佛国，国师鸠摩炎据传来自天竺（今印度）婆罗门，为弘扬佛陀的大乘教法东度葱岭，到达西域。龟兹国王帛纯十分敬慕鸠摩炎，让他出任国师，还将妹妹耆婆公主嫁给了他。公元343年，耆婆公主生下了鸠摩罗什，龟兹王室非常重视这个孩子。

鸠摩罗什天资聪颖，龟兹王室在其幼年就用佛教义理教化他，希望他将来能弘扬佛法。鸠摩罗什七岁拜高僧佛图舌弥为师，佛图舌弥是4世纪中叶龟兹最有造诣的小乘佛教高僧，在整个西域甚至内地都很有影响力。九岁时，鸠摩罗什随母亲前往罽宾（今印度北部），拜名师盘头达多为师，盘头达多不仅是罽宾王的堂弟，而且其小乘佛教的造诣同样很高。十二岁时，鸠摩罗什和母亲离开罽宾，准备返回龟兹，到达沙勒（今新疆喀什一带）时，他听说莎车（今新疆莎车县）有大乘佛教，于是便前往莎车求学。在莎车，鸠摩罗什拜须利耶苏摩（莎车国王子）为师，学习大乘经典，此后鸠摩罗什改宗大乘佛教。二十岁时，鸠摩罗什在龟兹王宫受

> 龟兹国西去洛阳八千二百八十里，俗有城郭，其城三重，中有佛塔庙千所。
> ——《晋书·西戎》

克孜尔石窟鸠摩罗什广场
（摄于克孜尔石窟）

戒，跟随卑摩罗叉学习《十诵律》（佛教戒律书）。

鸠摩罗什天赋异禀，还有王室身份的加持，使得他年纪轻轻便已成为一位有名望的高僧。接下来的二十余年，鸠摩罗什留居龟兹，广习大乘经论。

如果说一个人的人生有分水岭，那鸠摩罗什人生的分水岭就在他四十岁时。

凉州十七载

十六国时期，统一北方的前秦皇帝苻坚笃信佛教，对高僧鸠摩罗什的佛学造诣及阴阳占算早有耳闻，一直想请他到长安为自己的统治服务。甚至有说法，正是为了得到鸠摩罗什，苻坚才派吕光、姜飞带兵七万攻打龟兹。公元384年（前秦苻坚建元二十年），吕光打败龟兹，俘获了时年四十岁的鸠摩罗什。

吕光率军队返回至凉州（今武威）时，听说苻坚兵败被姚苌所杀，便留在凉州称王，建立大凉（史称后凉）。鸠摩罗什也随军被困在了凉州，这一困就是十七年。不过吕光父子对佛教兴趣不大，只是让鸠摩罗什占候卜筮，为自己的统治服务，因此鸠摩罗什所追求的弘法事业也没有大的进展。但他不改初心，在凉州小规模地发展佛教信徒，学习汉语，熟悉汉文化，为其之后在长安的译经事业打下了基础。

在敦煌沙州古城的南侧，屹立着一座 9

"龟兹之战"，晋太元七年（382）九月，车师前国王弥寘与鄯善王密驮朝拜前秦，请苻坚发兵打击西域不安分的小国，并依照汉朝制度置都护。苻坚命吕光为都督西域征讨诸军事，统军征西域，后来吕光入龟兹，另立帛纯之弟震为龟兹王。

层、高 12 米的"白马塔",至今已有一千多年的历史。相传鸠摩罗什从西域到敦煌的路上,所骑白马可以不吃不喝行走七天七夜,走到敦煌时,白马给鸠摩罗什托梦,说它是上界天骝龙驹,因为鸠摩罗什弘扬佛法有功,佛祖特地派它来护送鸠摩罗什东行,现在到了敦煌,已经走上阳关大道,它的使命完成了,只能护送到此。第二天鸠摩罗什醒来后看见白马已死,深受感动,便将白马葬在敦煌城下并建塔纪念。这个传说流传至今,白马塔也因此成为鸠摩罗什到内地的第一个标志。

译经大师

毫无疑问,凉州的生活不是鸠摩罗什想要的,直到后秦姚氏父子的出现,改变了鸠摩罗什的生活状态。姚氏父子非常推崇佛法,姚苌多次邀请鸠摩罗什来长安,但是吕光担心鸠摩罗什的智慧被姚苌所用,因此一直没有放行。姚苌去世后,他的儿子姚兴终于在公元401年(后秦姚兴弘始三年)派陇西公姚硕德攻打后凉,凉军大败,凉王只能和后秦通好,姚兴这才迎鸠摩罗什来到了长安,并奉以国师之礼,请他入住皇家园林——逍遥园(现为西安市鄠邑区圭峰山北麓"草堂寺")。

在逍遥园,鸠摩罗什悉心讲法、译经,这对中国的佛教和文化产生了划时代的意义。鸠摩罗什既

鸠摩罗什雕像(摄于草堂寺)

精熟梵文又通晓汉文,第一次把印度佛学较为准确地翻译并引进来。他所译的佛典典雅而不失原意,简洁流畅,便于读诵,很多都成了此后中国佛教宗派及东亚佛教派别立宗的重要典籍。

据《出二藏记集》记载,鸠摩罗什在长安译经十余年间,译出经论35部,共294卷,被公认为"汉传佛教八宗之祖",大家所熟知的《金刚经》就是鸠摩罗什翻译的。此外,以《维摩诘经》为代表的佛经为石窟寺的壁画创作提供了生动、简洁的底本,如敦煌莫高窟的壁画《维摩诘经变》就是依据鸠摩罗什的译本所绘制。

除了译经,鸠摩罗什也注重培养僧才。他门下弟子三千,名僧数十人,其中以僧肇、僧叡、道融、道生最为著名,被称为"什门四圣",其中僧肇在玄学和佛学的结合方面做出了巨大创新。僧肇所处的时代,老、庄思想盛行,外来的般若思想与老、庄哲学有相似之处,他融会贯通道家玄学有无相生、动静相合等思想,以般若代道,以色空代有无。僧肇才思幽玄,精于谈论,被鸠摩罗什叹为奇才,称为"解空第一"。

作为中国佛教史上划时代的人物,鸠摩罗什将印度佛教哲学中龙树、提婆一系的中观思想首次介绍到中国,促进了汉传佛教对般若学的研究与实践。中观思想是大乘佛学的两大基本潮流之一,中心论题即是"空"。可以说,没有鸠摩罗什,就没有中国的大乘佛教。

大乘佛教的兴起

在佛教创始人释迦牟尼逝世后,佛教内部由于对释迦牟尼所说的教义有不同的理解和阐发,先后形成了许多不同的派别。按照其教理等方面的不同,以及形成时期的先后,可归纳为大乘和小乘两大基本派别,区别主要在于:小乘主张"自觉自利",注重自我解脱;大乘则主张"自觉觉他""自利利他",以"普度众生"为己任。

一般认为,小乘佛教先传入缅甸、泰国、越南,最后进入云南等汉地;大乘佛教则从阿富汗经过新疆传入汉地。汉地刚开始流行的是小乘佛教,后来在五胡乱华时期,北方建立了很多少数民族政权,其中最著名的就是石勒建立的赵国,石勒奉天竺佛图澄大师为国师,佛教随即成为国教,北方佛教大兴,而南方玄学大兴,为大乘佛法的流传奠定了基础。随着越来越多研究玄学的人开始接触大乘佛教经典,佛教开始在南方也流传起来。

除此之外,陈隋之际形成的"天台宗"和唐代中期创立的"华严宗",不仅吸收了大乘各学派的说法,还融合了中国道教、儒家等思想因素,已成为具有中原特色的佛教宗派了。"天台宗"以《妙法莲华经》为所依经典,可以说空宗色彩稍多些;"华严宗"以《华严经》为所依经典,则可说有宗色彩稍多些;至于唐代中期形成的"禅宗""净土宗"等宗派,是印度佛教所未有的,完全是由中国佛教徒独创的大乘佛教宗派。虽然小乘佛教在中国也出现过一些学派和学者,但没有进一步扩大发展,小乘佛教的各种经典、教理和戒律等只是备参考而已。

公元413年(后秦姚兴弘始十五年),高僧鸠摩罗什在长安与世长辞,传奇的一生画上了句号。鸠摩罗什翻译佛经和培养弟子,推动了中国历史上第一次大规模的外来文化与本土文化的碰撞、交融。

走向兴盛的佛教

从早期传入到本土化

在葱岭以东的塔里木盆地,南北两侧各有一系列沙漠绿洲接连起来的通道,组成了沟通东西方的主要管道,也是佛教输入中国的主要路线。北道以龟兹为中心,南道以于阗为中心。很多佛教经典都是先传到龟兹、于阗等地,然后再传入中原。

龟兹古国历史悠久,其国以库车绿洲为中心,鼎盛时期的疆域还覆盖了现新疆的轮台、拜城、阿克苏等地。根据《汉书·西域传》记载,"(龟兹)户六千九百七十,口八万一千三百一十七,胜兵二万一千七十六人"。龟兹还设有各部千长等官职,在西域诸国中比较早建立了一个较完备的官僚统治机构。

文明的中转站

龟兹是古代中国、古印度、古波斯、古希腊-罗马四大文明在世界上唯一的交汇之地。龟兹古代居民属印欧种,说印欧语系的龟兹语,汉语和佉卢文也曾在境内流行,佛教僧团还兼用梵文。印度和欧洲文化沿着丝绸之路越过昆仑山脉和帕米尔高原后,在龟兹的绿洲上四处扩散,与当地文化相融合,汉文化同样也在龟兹的大地上被吸收和传播。

龟兹的宗教、文化和经济在西域都较发达,龟兹人尤擅乐舞。佛教文化在龟兹文化中占有极为重要的位置,当佛教从古印度传到龟兹时,龟兹国臣民便虔心供奉,并开始大规模地开凿石窟以表虔诚。龟兹人还将佛教与龟兹音乐舞蹈相结合,创造了辉煌的石窟艺术,被称作"第二个敦煌莫高窟"。虽历经劫掠,龟兹故土现仍存五百余处佛教石窟和一万多平方米壁画,飞天、伎乐天等形象较为多见。

龟兹原属小乘佛教,后来因大乘论师鸠摩罗什出世,论战小乘教派的佛图舌弥,大乘佛教才渐步流行。后因鸠摩罗什前去长安,龟兹的大乘佛教声势又渐低,小乘佛教再度顺势发展。当唐朝玄奘大师西行印度之际,龟兹虽然已是小乘盛行地区,但是全国上下对于大乘僧侣仍是崇敬备至。当玄奘初抵龟兹时,国王亲率群臣及僧侣大德数千人前来迎接,隔天迎入王宫,恭敬供养,临别时还赠予驼马、脚夫和财帛。

唐朝时,龟兹佛教的伽蓝规模宏大,装饰

"黑汗王朝",也称"喀喇汗王朝",古代回纥人和葛逻禄人等族群在现今新疆南部、中亚地区建立的政权。公元1041年,汗国分裂为东西两部。

华丽，各寺僧众极多。到八世纪末叶，龟兹佛教还很活跃，学术研究依然昌盛。但往后的二百多年，龟兹就进入了黑暗时代，十一世纪末，龟兹归附黑汗王朝，从此不见于史书，而龟兹佛教也随之销声匿迹。

帝王佛教

历朝历代以长安为都的帝王都与佛教有着不解之缘，后秦皇帝姚兴是其中举足轻重的一位。虽为羌人之后，但姚兴从小受到比较好的文化教育，动乱中学习不辍，"不以兵难废业"。在姚兴的文人气质影响下，当时的"长安佛教"成了一种文化形态，鸠摩罗什的到来更是进一步将其推至极盛。

姚兴经常光顾逍遥园（鸠摩罗什居于此），亲受鸠摩罗什传教。从姚兴留下来的佛学言论中不难看出，他对大乘佛教空宗思想的理解很到位，比如他将"般若"称为"不住般若"，所谓"不住"即是"不执着"。在姚兴看来，既不着有，又不着空，"泛若不系之舟，无所倚薄"，这就是"般若"的含义。由于对佛学有精到的理解，姚兴也经常受邀参与鸠摩罗什的译经活动，连他身边的大臣也都喜欢向他讨教佛学问题，姚兴则来者不拒，乐于耐心地帮他们答疑解惑，俨然以佛学专家自居。

不过从整个中国佛教史上看，姚兴还真有居功自傲的资本。中国佛教思想的主流是大乘空宗（中国佛教八大宗派中除唯识宗以外的七大宗派都属于大乘空宗），其源头就是从西域来到长安的鸠摩罗什，而鸠摩罗什又是姚兴请来的。

译经的三个阶段

佛经的翻译,自安世高与支娄迦谶开始,发展至译经巨匠玄奘的时代,大抵能够分为三个时期——自东汉至西晋可称为前期,这一阶段的佛经翻译主要是由外来的佛僧担纲,最早来华的外国佛僧翻译家是伊存、迦叶摩腾、竺法兰,之后有安世高、支娄迦谶、真谛、昙无谶等(多来自天竺、安息、月支、康居);自东晋至隋代可称为中期,鸠摩罗什在长安组织了官方译场,继鸠摩罗什之后,外国译师来者相继,主要经论不断被翻译,形成了中国佛教的第一个译经高潮;自隋至唐中叶可称为全盛期,以玄奘组织的译场最为著名,这个时期中国佛教形成了八大宗派,标志着中原地区的佛教理论开始走向成熟。

> **安世高、支娄迦谶:**
> 东汉桓灵二帝时代(公元146—189年),关于佛教的记载才逐渐翔实。西域的佛教学者相继来到中原,如安世高、安玄从安息来,支娄迦谶、支曜从月氏来,竺佛朔从天竺来,康孟祥从康居来。由此译事渐盛,东汉末期的佛典翻译事业主要开始于安世高。

玄奘自唐太宗贞观三年(629),经西域前往天竺求学佛经,于贞观十九年(645)回到长安,历时十六年。玄奘带回了大量梵文佛经,共计657部,后在长安慈恩寺和弘福寺设立庞大译场,组织翻译佛经近二十年。玄奘在译经的同时,还以空宗为依据创立了规模庞大的佛教新宗派——唯识宗(或称法相宗、慈恩宗)。由于玄奘在世时极受唐朝太宗、高宗器重,唯识宗当年盛行于全国各地。

不同于"明心见性、直指人心"的禅宗,唯识宗是直接修证和修炼佛法的融理论和实践于一体的最高佛学宗派,非专业人士难以窥其奥妙。玄奘先后译出瑜伽学系的"一本十支"各论,并糅译了《成唯识论》,奠定了唯识宗的理论基础。正因为唯识宗固守佛教教义,提高了普通百姓学习的门槛，玄奘去世后，唯识宗持续了四五十年，随后便逐渐衰弱。

鸠摩罗什译经之妙

鸠摩罗什的佛经翻译重在准确传达主旨，他在翻译的过程中不仅能够做到充分理解原文，还在忠实于原文的基础上实现语言的流畅和优美，其译文既符合汉语读者的审美情趣，又具有韵律感，这可能和龟兹地区的音乐文化有一定关系。

鸠摩罗什的佛经翻译重文体。他认为，一切内容都要依存于形式的存在而持续发展，正所谓形存则神存，形谢则神灭，好的文体形式才能够更好地传达佛经的原意。鸠摩罗什还创造了一种新式文体——谒体，就是将原本散文文体的梵文佛经汉译为五言无韵诗。

此外，鸠摩罗什首开意译之风，创新式译经。由于梵文和汉文之间存在着很大的差异，鸠摩罗什在翻译的过程中兼顾了汉语的语言习惯，将佛经的语言、文体、风格、语法进行再创造。所以他能做到不拘泥于梵文的文本形式，将重心放在经文原意上，不再是死译。读鸠摩罗什的佛经译本，能够感受到其中的兼具梵文与汉语特色的调和之美。

在其翻译的过程中，古印度梵语中的一些词语开始进入汉语词汇并沿用至今，丰富了汉语语言文化。比如菩萨、神通、清净、极乐、微妙、如来、慈悲、智慧、因缘、境界等词，这些原本都是梵文的音译词。可以说，鸠摩罗什既是文明互鉴的先驱，也是文化交流的先驱。

只有不断交流和互鉴，文化才能不断向前发展，才能做到民心相通。佛经翻译家们跨文化区域传播佛教经典，已经远远超越了一般语言学或翻译学的意义，在往后的历史、政治、宗教、哲学、建筑、艺术和日常生活等诸多领域，产生了不可估量的影响。

霸王竞相登场

拓跋焘，十六国的终结者

东晋安帝义熙三年（407），刘勃勃（匈奴铁弗部人）脱离后秦自立为王，国号大夏，史上也称"胡夏"。立国之后，刘勃勃改了一个具有匈奴色彩的姓氏"赫连"，于是刘勃勃就变成了赫连勃勃。他还将部落名由"铁弗"改为"铁伐"，并将其作为旁系亲属后裔的姓氏，意思是夏国宗族子孙"刚锐如铁，皆堪伐人"。

义熙九年（413），赫连勃勃征十万胡汉民众，历时六年，在今陕西靖边县白城则村附近修筑起一座雄伟的都城，取名"统万"城，意为"统一天下，君临万邦"，表明其统一天下的雄心。

铁弗起源

匈奴自汉光武帝建武二十四年（48）分裂为南北两部。北匈奴西迁后，仍有一部分匈奴人留居故地，鲜卑人进入此地后，与这一部分匈奴人融合，产生了新的种族。东汉末年，南匈奴继续分裂，匈奴后裔纷纷进行了"资产重组"，先后出现了屠各、宇文、沮渠、贺兰、铁弗、独孤、稽胡等新部落。

"铁弗"是胡语，意思是"胡父鲜卑母"。准确地说，铁弗匈奴是由南迁匈奴的一支去卑（南匈奴之右贤王）后裔刘猛，于晋武帝泰始七年（271）率部叛逃出塞后，与迁居此地的鲜卑混合而成。铁弗匈奴形成之后，不断吸收其他民族，例如赫连勃勃生母苻氏为氐族人，由此可见赫连勃勃本身也有着氐族的血统，属于魏晋南北朝时期的一种杂胡。

晋穆帝永和十二年（356），铁弗部首领刘务桓死去，刘卫辰的兄长刘悉勿祈（刘务桓之子）继任铁弗部首领，三年后，刘悉勿祈又死了。刘卫辰杀了自己的侄子，夺取首领之位，随后向当时控制关中大片地区的前秦政权纳贡降服，依靠前秦这棵大树，开始发展壮大自己的力量。

晋孝武帝太元八年（383），前秦在淝水大战中惨败，地方势力纷纷崛起自立，刘卫辰占据朔方河套地区（今鄂尔多斯），宣布独立，并聚集力量进攻周边地区。太元十六年（391），刘卫辰进攻拓跋部失败后被杀，其幼子刘勃勃在族人的保护下得以逃脱，投靠了后秦。

野蛮残暴的赫连勃勃

刘勃勃是刘卫辰的第三子，失去父亲的他被送到一个鲜卑部落叱干部，叱干部头领叱干他斗伏怕与拓跋部结怨，决定将刘勃勃送还北魏，但叱干他斗伏的侄儿叱干阿利坚决反对，认为这不是仁者所为。后来，叱干他斗伏和叱干阿利想了一个折中的方案，将刘勃勃送给后秦的没奕于。没奕于是鲜卑族多兰部首领，当时没奕于臣服于后秦，受封为车骑将军、高平公。刘勃勃成年后，没奕于将女儿嫁给了他，许诺自己去逝后，刘勃勃将自动成为多兰部首领，并将刘勃勃推荐给后秦皇帝姚兴。

> 赫连勃勃獯丑种类，入居边宇，属中壤分崩，缘间肆愿，控弦鸣镝，据有朔方。然其器识高爽，风骨魁奇，姚兴睹之而醉心，宋祖闻之而动色。岂阴山之韫异气，不然何以致斯乎！虽雄略过人，而凶残未革，饰非距谏，酷害朝臣，部内嚣然，忠良卷舌。灭亡之祸，宜在厥身，犹及其嗣，非不幸也。
> ——《晋书》

东晋安帝义熙三年（407），后秦皇帝姚兴派遣使者与北魏讲和，这一举动令与北魏有杀父之仇的刘勃勃十分不满，于是他开始谋划脱离后秦，重建铁弗部势力。六月，刘勃勃宣称自己是大禹的后裔，建国号"大夏"，建年号"龙升"，自称大夏天王、大单于，改姓赫连，正式脱离后秦，宣布独立。到了义熙九年（413），大夏控制的区域已由今天的鄂尔多斯地区向南推移到今陕西省延安市黄陵县一带，并夺走了后秦辖内的榆林、延安、甘肃、岭北地区大片土地，大夏从此进入军事上的全盛时期。

随着军事实力增强，领土扩大，财富增多，赫连勃勃不再满足于游牧生活，他想像汉人一样建造一座雄伟坚固的都城，以保大夏万年基业。他相中了当时位于朔方水（今鄂尔多斯市乌审旗无定河上游红柳河）北，黑水（今鄂尔多斯市乌审旗纳林河）之南的一处位置，决定在这里修建都城，随后任命最信任的部下叱干阿利全权负责筑城事宜。

叱干阿利对工程质量要求极为严格，他下令征夫们夯土修建，每筑成一砖厚薄就要停下，由监工检查，检查的方法是用锥子去捅缝

统万城遗址（摄于陕西省靖边县）

隙，但凡锥子能插入城墙一寸，就直接把修这一块儿的征夫杀了筑入城中。至于统万城为什么是白色的呢？经现代考古研究发现，其筑城材料主要是石灰石，石灰石加水烧成熟石灰的过程中会升腾起白雾，让人误以为是在"蒸土"，石灰石、石英砂、白黏土和当地细沙等拌成的筑城材料类似于现代工程使用的三合土，用此筑成的城十分牢固，屹立千年风雨而不倒。这座都城建造历时六年之久，于义熙十四年（418）竣工，赫连勃勃将此城命名为统万城，取"统一天下，君临万方"之意，此时的赫连勃勃志得意满。

统万城修建时，正是大夏日益强大的时代，与此同时，后秦的发展却每况愈下。义熙十年（414），后秦皇帝姚兴病重，诸子为争皇位开始互相攻伐，虽然太子姚泓平息了内乱，但后秦的实力被严重削弱。东晋乘机对后秦发动战争，赫连勃勃也从北面攻占了后秦上邽、雍城等多座城池。义熙十三年（417）九月，东晋大将王镇恶攻克长安，后秦灭亡，晋军主帅刘裕只留下儿子刘义真镇守长安，便返回东晋首都建康争夺皇位去了。在离开长安返回建康前，为避免双方兵刃相见，刘裕派使者与赫连勃勃协商，结为兄弟，永世和好。

但这只是刘裕的一厢情愿，赫连勃勃实际上正忙着与谋臣王买德商量攻取长安。赫连勃勃命太子赫连璝率领两万骑兵南攻长安，三子赫连昌屯兵潼关，王买德在长安南截断晋军退路。攻克长安后，义熙十四年（418）十一月，赫连勃勃在陕西灞上筑起坛场，祭告天地，正式称帝，改年号为昌武，后又追尊高祖父刘训兜为元皇帝，曾祖父刘虎为景皇帝，祖父刘务桓为宣皇帝，父亲刘卫辰为桓皇帝、庙号太祖，母亲苻氏为桓文皇后。

大夏的落幕

赫连勃勃生性残暴，杀人无度。据史书记载，他经常手持弓箭，站在城墙上，只要看谁不顺眼，就当场射杀；有人直视他，就挖其眼睛；有人敢发笑，就撕其嘴唇；有人敢说话，就先割下他的舌头。

赫连勃勃的儿子们继承了他的残暴，却没有继承他的智谋。北魏太武帝始光元年（424），有人向赫连勃勃告密太子赫连璝计划在长安自立为秦王，赫连勃勃听后大怒，想要除废赫连璝，立四子赫连伦为太子。消息传到长安后，有勇无谋的赫连璝决定先发制人，率兵七万北攻赫连伦，赫连伦率骑兵三万抵抗，在平城被赫连璝击杀。接着三子赫连昌以替父平叛为名，率骑兵一万袭杀赫连璝，赫连璝战败被杀。赫连勃勃面对三子赫连昌，为防骨肉再次相残，也为防止自己被杀，随即立三子赫连昌为太子。

始光二年（425），赫连勃勃在统万城永安殿去逝，时年45岁，一代枭雄如流星般殒落，太子赫连昌继位。经过兄弟相残后，大夏国力大减，始光三年（426）十月，北魏太武帝拓跋焘乘大夏赫连勃勃病逝，新主皇位尚未立稳，国力衰退之机，率两万大军渡过黄河，大举进攻夏国。

西安碑林博物馆镇馆之宝——大夏石马，是我国目前发现的唯一一件有大夏纪年的文物（摄于西安碑林博物馆）

始光五年（428），北魏军队围攻上邽，赫连昌亲自出城迎战，结果战败，逃亡途中摔在马下，被北魏军队擒获。其子赫连定（赫连勃勃第五子）遂于当年二月集结部众一万余人从上邽退至平凉（今甘肃平凉），即位皇帝，改年号为胜光。赫连定一直想夺回统万城，屡次对北魏发动战争，终因实力悬殊多次战败，关中、秦、陇大部分地方被北魏占领，北魏太武帝神麚三年（430），平凉丢失。

神麚四年（431），赫连定派兵灭了鲜卑乞伏部建立的西秦国，得胜后计划渡过黄河进攻北凉国。此时，吐谷浑可汗慕容慕派遣慕利延统率三万骑兵，乘赫连定的大夏军渡河一半时突然攻击，赫连定被擒，大夏灭亡。北魏太武帝延和元年（432），吐谷浑可汗慕容慕将赫连定献给北魏，赫连定终被斩杀。

英雄出少年

两晋以前，拓跋部是鲜卑部落中最落后的一支。至于拓跋部落后的原因，并非是他们不愿意接受新的文明，而是因为他们内迁的时间最晚。拓跋部是在被东汉击溃的匈奴西迁之后，才得以填补匈奴离开的真空，从大兴安岭地区逐步迁徙到今内蒙古一带。

东晋孝武帝太元十一年（386），年仅十五岁的拓跋珪趁乱复立代国（西晋时期鲜卑索头部首领拓跋猗卢建立的北方少数民族政权，北魏王朝的前身），即位于牛川，后改称魏王。东晋安帝隆安二年（398）十二月，拓跋珪在平城（今大同）即皇帝位，正式建立魏国，这就是历史上的北魏，其孙子拓跋焘之后更是将北魏带入了另一个划时代的高峰。北魏明元帝泰常八年（423），16岁的拓跋焘即皇帝位，和他的爷爷拓跋珪在牛川恢复代国时的年龄相仿，可谓是英雄出少年。

北魏太武帝东巡碑，预示北魏即将完成北方的统一（图片来源于网络）

北魏面临的敌人，北面有柔然，南面有刘宋，东面有汉人的北燕，西面有匈奴人赫连勃勃建立的大夏和卢水胡人建立的北凉。对于北魏而言，刘宋虽然强大，可雄才大略的刘裕刚死，短期内还不会对北魏构成威胁，急需解决的是大夏和柔然。

可还没等拓跋焘先动手，柔然就主动向北魏发起了进攻，对柔然而言，北魏是个强大且具有威胁性的邻国，掌控着他们进入最繁华中原地区的通道，因此是必须要征服的国家。

拓跋焘即位的第二年，始光元年（424）八月，柔然向北魏发起了主动进攻，攻陷了拓跋部起家的盛乐，拓跋焘率大军亲征，将柔然赶回了大漠深处。次年，拓跋焘又分兵五路向柔然进攻，将柔然驱往北方，神麚二年（429），拓跋焘再领大军北伐柔然，柔然国从此一蹶不振，并向北魏纳贡称臣。

大夏灭亡后，拓跋焘又亲征北燕。太延二年（436），北魏仅派军一万攻打和龙城（本名"龙城"，因前燕慕容皝修建的和龙宫而得名），北燕王冯弘将宫殿付之一炬后，裹挟全城百姓逃往高句丽。

北燕被灭后，周边就只剩北凉了，北凉国主沮渠牧犍是沮渠蒙逊的儿子，他表面上对北魏称臣，却一直不安分，想做西域霸主，因此不断挑拨西域各国背离北魏。太延五年（439），拓跋焘越来越感觉到沮渠牧犍有二心，忍无可忍便无须再忍，于是率军亲征北凉。

北凉最终被灭，标志着从晋惠帝永兴元年（304）氐族李雄在成都称王建立成汉，以及匈奴刘渊在左国城（今离石）建立汉赵，至北魏太武帝太延五年（439）北凉灭亡为止，历经135年的十六国时代结束。雄才大略的北魏太武帝拓跋焘成了十六国历史的终结者，至此，华夏大地上只剩下两个主要政权——北魏和南朝宋，南北对峙。

秉笔直书的下场

北魏第一谋臣崔浩的悲剧

北魏,南北朝时期曾一统北方,由鲜卑拓跋部建立,是典型的鲜卑政权,于前秦瓦解之际崛起。一代雄主拓跋焘在传奇名相崔浩的辅佐下,成功统一了北方。

崔浩是南北朝时期杰出的政治家、战略家,是历史上少数敢于客观评判诸葛亮的几人之一,在诸如天文、历法、饮食、宗教等领域也很有建树,才干和能力当世无双。但他最终在"国史之狱"的浩劫中被夷灭五族,其一生可谓是精彩又遗憾。

含金汤匙出生

崔浩一生历仕道武帝、明元帝和太武帝，深得三位皇帝器重。在崔浩的辅佐和谋划下，北魏连续消灭了北燕、北凉政权，打败了柔然，顺利统一了北方。作为杰出的军事谋略家，崔浩是北方统一战争智囊团的灵魂人物，参与了北魏王朝三代帝王几乎所有的重大军事决策，足智多谋甚至是算无遗策，常自比张良。

崔浩出身清河崔氏，崔氏一直到隋唐时期都是名门望族，是历史上有名的"五姓七望"之一。《魏书·列传第二十三·崔浩》有载："崔浩，字伯渊，清河人也。……少好文学，博览经史。玄象阴阳，百家之言，无不关综，研精义理，时人莫及。……太祖以其工书，常置左右。"

崔浩的七世祖崔林，在三国曹魏时期官拜司空，封安阳乡侯；曾祖崔悦为后赵石虎的司徒右长史；祖父崔潜为后燕黄门侍郎；其父崔宏幼时便有"冀州神童"之称，北魏初年累官至吏部尚书、大人，赐爵白马公。此外，崔浩的母亲是西晋末、后赵文学家卢谌的孙女，范阳高门卢玄是他的表兄弟；崔浩的妻子和其弟崔恬的妻子都是太原高门郭逸的女儿。

"五姓七望"，隋唐时期，世家大族在社会上享有崇高的威望和地位，在所有尊贵的世家大族中有五支最为尊贵，即陇西李氏、赵郡李氏、博陵崔氏、清河崔氏、范阳卢氏、荥阳郑氏、太原王氏。其中李氏与崔氏各有两个郡望，所以称之为"五姓七望"，或"五姓七族"。

敢于批评诸葛亮

崔浩博学多才，常与友人畅谈古人功过。据《蕉轩随录》记载，崔浩曾与好友毛修之讨论《三国志》中的诸葛亮，他认为陈寿在评述诸葛亮时有过美之嫌。诸葛亮辅佐刘备，正当九州鼎沸，英雄奋发，君臣相得之际，可他不与曹氏争夺天下，却舍弃荆州退入巴蜀，诱夺刘璋，伪连孙氏，据守穷困崎岖之地，僭号边夷之间，这便是下策。

诸葛亮据有蜀地，依山势险固，不达时宜，不量势力。严威酷法，控制蜀人；矜才负能，意气矫举，想以边夷之众与上国抗衡。出兵陇右，再攻祁山，又攻陈仓，疏漏迟缓失去时机，大败而返；后入秦川，不再攻城，要求野战，魏兵知其意图，闭垒坚守，以不战使诸葛服。诸葛智穷势尽之后，郁愤攻心，发病而死。

由此说来，诸葛亮怎能与古代善战将帅相提并论？

倍受太武帝信任

崔浩成年后，开始服务于北魏统治集团。一开始，道武帝拓跋珪喜欢他的书法，常让他跟随左右。拓跋珪晚年威严太过，左右官员常因小小过失而被治罪，唯独崔浩始终在拓跋珪身旁勤恳做事，且不敢怠慢，有时还终日不归。

明元帝拓跋嗣即位后，崔浩经常为他讲授经书。拓跋嗣非常尊重他，每当去郊外祭祀天地，都让崔氏父子乘坐最高级别的车同往，令他人羡慕不已。后来在关键时刻崔浩力排众议，反驳迁都，劝告明元帝妥善安排贫苦百姓，让国家渡过了难关；当东晋太尉刘裕水陆并进北伐后秦时，崔浩又忠告拓跋嗣隔岸观火，明元帝没有听从而自讨苦吃后，称赞崔浩料事如神，从此便对他言听计从了。

之后崔浩更是成了太武帝拓跋焘最重要的谋臣。他屡次力排众议，准确判断时机，辅佐太武帝灭亡了胡夏、北凉等国，并击破柔然，解除了来自北方和关中地区的军事威胁，打开了北魏通往西域的商道。屡建奇功后，崔浩被太武帝拜为太常卿，迁司徒，封东郡公。

拓跋焘公开表示，朝中任何不能决策的事情，都可先问问崔浩的意见。

崔浩能自由出入宫廷，皇帝也常去他家吃饭谈事，这是莫大的恩宠，崔浩逐步实现了真正的大权在握。不过正所谓：水满则溢，月盈则亏。崔浩本是汉人士族出身，他主持国家改革自然想恢复由汉人士族掌握朝政的局面，但以拓跋鲜卑为主的皇亲贵族本身还保留野蛮的部落文化，对汉人士族有着本能的敌意。但是崔浩觉得自己有这么大权力，朝廷要想维持良好运转也必须要靠汉人的力量，因此他在改革方面就过于激进，这也为他最终的死亡留下了伏笔。

通向死亡的改革

根据《资治通鉴》的记载，崔浩欲大整流品，明辨姓族，表弟卢玄劝阻他说："创制立事，各有其时；乐意做这件事的人，能有几人！请你要三思。"可惜崔浩没有听卢玄的话，一力推行汉化。

虽说是为了国家着想，汉化本身也是没有错的，但是身为汉人士族的崔浩在朝中当政本就引发了鲜卑贵族们的不满，他的这些改革政策更是几乎把鲜卑贵族的利益剥夺得干干净净。后来鲜卑贵族们借着史上著名的北魏国史案，对崔浩开始反攻清算。

拓跋部和宇文部这些有文化的部落不一样，他们在鲜卑部落里是非常落后的，建国之后，拓跋皇族就感受到了压力。他们想尽办法要改变拓跋鲜卑的落后局面，修史是方法之一，通过编修史书让自己部落的历史文化能一直传承下去。可当时北魏朝中没几个人有能力修史书，因此重担就落到了崔浩身上。太延五年（439）十二月，北魏太武帝拓跋焘命崔浩以司徒监秘书事，和中书侍郎高允等人共同编修国史，还特别叮嘱他们，写国史一定要直笔实录。崔浩按照拓跋焘的要

马背上的拓跋鲜卑与汉化有天然矛盾

求,四处收集北魏的史料,花了大量的精力编撰了一部贴近真实的国史,把拓跋部早期到现在建国的大部分历史都很详细地写了出来,包括拓跋部早期一些不太光彩的事情,甚至一些值得避讳的事情都记录了下来,达到了太武帝秉笔直书的要求。

拓跋焘编国史的目的,只是要将其留给皇室后代,以资鉴戒,但《国记》修好后,参与者有不少都建议将其刊刻在石碑上,以彰直笔,崔浩采纳了他们的建议,太子拓跋晃也认同。于是他们在天坛东三里处花大代价建了一个碑林,整个碑林方圆一百三十步,用工三百万才完成。崔浩这一行为闯下了大祸,这些石头就立在道路两旁,行人看了后都纷纷议论不止,鲜卑贵族大怒,纷纷状告崔浩有意"暴扬国恶"。

太武帝早已嫌崔浩自作主张的事太多了,一听这事就更生气,遂即下令抓捕所有参与编写国史的人。最终崔浩的宗族以及姻亲等因此遭株连,被夷灭五族。太平真君十一年(450)七月五日,崔浩被押送至城南行刑,《魏书·崔浩传》记载:"使卫士数十人溲其上,呼声嗷嗷,闻于行路。自宰司之被戮辱,未有如浩者,世皆以为报应之验也。"历史学家陈寅恪认为:崔浩之死,或以为是华夷之辨的民族问题,或以为是佛道之争的宗教问题,其实不然,其主要原因应在社会阶级方面,即崔浩欲"齐整人伦,分明姓族",终因国史之事罹祸。

崔浩这位儒雅英俊的大人物最终在肮脏和唾骂中死去,北方士族的实力也连带受到了沉重打击。对社稷有功的人一般分两种,一种受到帝王尊敬,一种受到帝王忌惮,后者居多,最具有代表性的就是所谓"鸟尽弓藏,兔死狗烹"的韩信。

最是无情帝王家

开创元嘉之治的刘氏兄弟终究反目成仇

刘裕于永初元年（420）代晋自立，定都建康，国号"宋"。永初三年（422），刘裕计划征伐北魏，尚未出师便病逝，庙号高祖，谥号武皇帝。太子刘义符（宋少帝）继位，后因游戏无度被权臣所废，百官上表奉迎武帝第三子刘义隆为帝。

刘义隆即位后寻机诛杀权臣，稳固皇权。元嘉六年（429），司空王弘（出身琅琊王氏，王导曾孙）上表，认为刘义康应该入京辅佐皇帝。在两兄弟的通力合作下，刘宋朝政渐稳，国势蒸蒸日上，开创了东汉末年以来从未有的大好形势，史称"元嘉之治"。

患 难 兄 弟

刘义康为刘裕第四子,比刘义隆小两岁,虽然刘义康自幼聪明过人,记忆力好到过目不忘,但他从不懈怠,为政极其勤奋。刘义康天生就喜欢做官,专心于公文案例,评判是非无不精详,他的府第门前常停有上百辆车子,即使是地位卑下或官职较低的人,也能被他接见,他从不嫌麻烦。

刘义康对官职爵位的授予特别吝惜,选拔标准严格。所有朝士中有才华的人,刘义康都召入府中委以一定官职,也不考虑会不会违背皇帝的旨意。手下的人也都誓死效忠,兢兢业业。

刘义隆有虚损的疾病,常年卧床,思虑过度就觉得心中痛裂,像被绳子勒紧一样。每当刘义隆犯病的时候,刘义康都会入宫侍奉,尽心尽力,有时甚至接连几个晚上不睡觉,数天不脱衣裳。刘义隆被深深感动,于是将朝廷内外大部分事务委托给刘义康全权处理,对刘义康百般信任。比如在谢灵运谋反一案中,刘义隆虽认为谢灵运是被冤枉的,并且因欣赏其才华不忍杀之,但在刘义康的坚持下还是下了一道诏书:"谢灵运罪过深重,确实应该判处死刑。但念他祖父谢玄有功于国家,应该原谅他的子孙,免死充军广州。"

一直到元嘉十六年(439),兄弟两人的关系还不错。

> 谢灵运,出身陈郡谢氏,母为王羲之的外孙女刘氏。谢灵运是第一位全力创作山水诗的诗人,他兼通史学,擅长书法,翻译佛经,并奉诏撰写《晋书》,辑有《谢康乐集》。

最坑不过走狗

只要花够香,蜜蜂必然会飞至;只要权够大,追随者也必然会纷拥而来。随着刘义康权倾天下,包括司徒左长史刘斌、领军将军刘湛、主簿刘敬文等一批重要官员都投靠了他。同时,刘义康喜好排场,私下设置僮仆六千多人。这些人大多是马屁精,连四方的进贡物品都先将最好的挑出来送给刘义康,剩下的留给皇帝。

在门徒的大肆吹捧下,刘义康难免会越发自大,飘飘然忘乎所以。外加刘义康情商偏低,向来不顾客套礼节,自认为是兄弟至亲,连君臣之别都不顾忌。相传有一年冬天,文帝吃柑橘,感叹橘子的形状味道不好,刘义康恰好在场,便说:"今年的柑橘特别好啊。"于是他派人到自己府上取柑橘,竟比皇帝的大三寸,皇帝当然感觉很不是滋味。不过,刘义康根本未察觉自己已在不经意间触犯了龙颜,做事依然毫无顾忌,随心所欲。

通常来说,走狗比主人还要嚣张,刘义康的党羽自然猖狂大胆,甚至觉得刘义隆身体状况不佳,由此萌生了非分之想。刘湛一干人等私下常聚集密谋:一旦皇帝驾崩,应立成年皇族成员为新君。当时太子刘劭才十多岁,成年皇族成员毫无疑问,就是指刘义康。

不久,刘义隆病重,召刘义康商量后事,要他起草顾命诏书,辅佐幼主继位。刘义康回到府第后沉浸在其兄的病情中无法自拔,流着泪将这事告诉了刘湛和殷景仁,刘湛说:"天下艰难,哪里是幼主能控制得了的?"刘义康瞬间惊呆,而殷景仁(刘义隆的亲信)恨不得马上入宫打小报告。不过刘湛对此却浑然不觉,自顾自地策划,等刘义隆一死马上就拥立刘义康继位。

没想到刘义隆居然康复了,从此对刘义康的态度也发生了彻底的大转变，兄弟两人从无话不谈变成无话可谈……元嘉十七年（440）十月，刘义康接皇帝召见入宫，刚进宫便被软禁于中书省，同时其党羽刘湛一干人等全被捕，连刘义隆的外甥徐湛之由于与刘义康交往甚密，也被抓。主角刘义康被贬为江州刺史，出镇豫章（今江西南昌），从此再也没有回来，而江州真正的掌权者是刘义隆的亲信参军萧斌，刘义康实为摆设而已。

盛世仇敌

好在皇室中还有一位重亲情的会稽郡长公主，在刘义隆的兄弟姐妹中排行最长，是他最尊敬和亲密的人。刘义康到南方之后，刘义隆应长公主邀赴宴，姐弟两人相谈甚欢之际，长公主突然起身对刘义隆两次拜伏叩头，悲痛不已，请求他无论如何要留刘义康一命。

刘义隆无奈之下，指着刘裕陵墓发誓：如果违背今天的誓言，我便对不起父皇的陵寝！如此在长公主有生之年，刘义隆没再动刘义康一根毫毛。可惜长公主四年后便去世了，刘义康的命运随即再一次急转直下，无数人想除之而后快。

元嘉二十二年（445），太子詹事范晔等人谋反，就是史上著名才子，二十四史之一《后汉书》的作者范晔，事情还勉强牵涉到了刘义康。据《范晔传》记载，刘义隆下诏破例赦免刘义康死罪，废刘义康及他的儿子泉陵侯允，女儿始宁、丰城、益阳、兴平四县县主为庶人，流放安成郡，并令人率兵看守。

刘义康就像被贴了标签一样，成了谋反专业户的王牌选角。元嘉二十四年（447），刘义康再次成为走狗们谋反的借口，豫章胡诞世、前吴平县令袁恽等人谋反，杀了豫章太守桓隆、南昌县令诸葛智之，聚众占领城池，想再次拥戴刘义康为帝。太尉录尚书江夏王刘义恭等

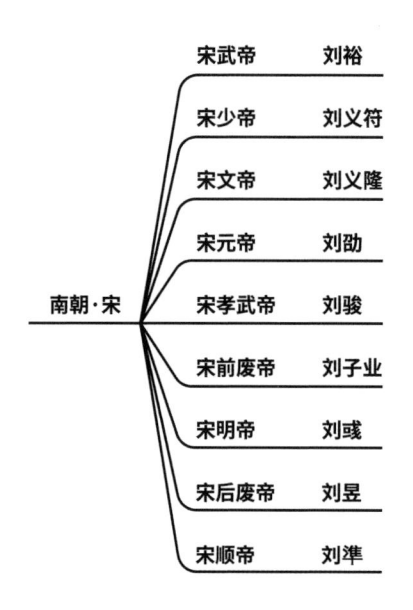

南朝·宋	
宋武帝	刘裕
宋少帝	刘义符
宋文帝	刘义隆
宋元帝	刘劭
宋孝武帝	刘骏
宋前废帝	刘子业
宋明帝	刘彧
宋后废帝	刘昱
宋顺帝	刘準

南朝宋帝王世系

人上奏刘义隆，建议将刘义康流放至广州，不过太子以及尚书左仆射何尚之认为应该除去刘义康。元嘉二十八年（451），刘义隆派中书舍人严龙带毒药赐刘义康死，刘义康不肯服毒药说："佛教里自杀的人来世不能再转为人身，随你采取其他办法。"于是他们用被子捂死了刘义康，朝廷以王侯的礼节将他安葬在安成。

这两兄弟远不及他们的父皇刘裕，就像同时期的其他雄主继承人一样。刘裕在执政期间重用寒士，振兴教育，并多次遣使访问民间疾苦，轻徭薄赋，终结了门阀专权的时代，奠定了南朝"寒人掌机要"的政治格局。不仅如此，刘裕还开创了江左六朝疆域最辽阔的时期，被史家誉为"定乱代兴之君"。

奴隶起家的漠北传奇

柔然崛起，威压草原

南朝一直希望联合强大的盟友，共同制衡强大的北魏。于是在宋顺帝昇明二年（478），刘宋辅政大臣萧道成（后来的齐高帝）派遣骁骑将军王洪范出使柔然，谋求共同抗击北魏。王洪范从南京出发，先到益州（今成都），再向西北经由丝绸之路青海道，北上至柔然，见到了柔然的可汗。昇明三年（479），南朝与柔然一拍即合，双方约定南北夹击，共同伐魏。

柔然是公元 4 世纪末至 6 世纪中期，继匈奴、鲜卑之后，草原上崛起的又一个游牧帝国。柔然在史籍上的名称很多，如"蠕蠕""蝚蠕""茹茹""柔然""哲欧根"等，后来他们进入欧洲就被称作"阿瓦尔人"（目前尚无确切证据）了。《魏书》中记载，"后世祖以其无知，状类于虫，故改其号为蠕蠕"，说明"蠕蠕"是北魏对柔然的蔑称。

奴隶开创的帝国

北方的大漠草原上曾活跃着一个辉煌的古国——柔然，它在蒙古高原上征战150余年，曾打败中原的宗主国北魏，征服周边众多少数民族，是继匈奴、鲜卑之后的又一个强大的政权。

柔然的建国始祖木骨闾，幼年曾经被鲜卑拓跋部掳为奴隶，后因骁勇善战而被升为骑兵，但不久就因"坐后期当斩"而被迫逃至阴山之北一带，投靠了那里的部族，并在那里不断扩充自己的势力。木骨闾的儿子车鹿会比他更加骁勇善战，不断兼并其他部落，势力大增，拥有了不少部众和财富。柔然汗国正式建国是在北魏道武帝天兴五年（402），木骨闾的六世孙郁久闾社仑建号为"丘豆伐可汗"。

柔然崛起后，长期与北魏抗衡

这是一个全民皆兵的国家，国民中几乎所有的男性成年壮丁都被编为骑兵，闲时在草原上放牧，一旦出现战争则全部奔赴战场。为了增加军队的战斗力，柔然实施了许多改革措施，比如：军队中每一千人设为一军，置军将一名；每一百人为一幢，每幢设幢帅一名；战斗中立有军功的人，所夺得的财物归其个人所有；战斗不力者要受到鞭挞的惩罚，临阵退缩者处以死刑。

柔然的崛起成为北魏进取中原的后顾之忧，而北魏的强盛又是柔然南进的阻碍。为了集中力量对付北魏，柔然和后秦、北燕等结成抗魏联盟。北魏道武帝天赐四年（407），郁久闾斛律（社仑弟）献马三千匹于北燕冯跋（北燕第二位君主），娶其女乐浪公主为妻；其侄大檀为可汗期间曾遣使北燕，献马三千匹、羊万只，同时也向南朝刘宋政权朝献（觐见时贡献方物）。

历尽繁华终成空

柔然有着大量的从属部族，这些部族曾被柔然征服过，为柔然西征提供了军事基础。郁久闾社仑正式建立柔然王国后，立即着手向西域地区发展，利用部族的军事力量西征不仅可以扩大自己的版图，还可以乘此机会削弱各部族的军事实力，从而稳固自己的统治，是一条一箭双雕的妙计。这些部族为柔然的开疆拓土做出了重要贡献，但也为柔然以后的统治留下了隐患。在柔然逐渐走向衰败后，这些部族就开始起来反抗柔然的统治，并加速了柔然的灭亡。

从公元402年（北魏道武帝天兴五年）社仑称汗至公元487年（北魏孝文帝太和十一年）敕勒副伏罗部脱离柔然为止，是柔然兴盛时期。到了公元6世纪初，柔然陷入统治危机，因争夺汗位而发生内讧。公元520年（北魏孝明帝神龟三年），丑奴可汗被他的母亲和大臣设计所杀，阿那瓌继承汗位，刚刚登上汗位10天就被另外一位王族赶了下来，随即投归了北魏。此时北魏采取保存柔然以牵制周边日益强盛的高车国的政策，将柔然国分而治之，于是阿那瓌被安置于怀朔镇北的吐若奚泉。

公元522年（北魏孝明帝正光三年），柔然可汗婆罗门叛离北魏，紧接着阿那瓌也在柔玄、怀荒二镇之间聚兵30万占据长城以北漠南地区，自称敕连头兵豆伐可汗，柔然进入了复兴的时期。同时北魏衰亡也给柔然的复兴提供了条件。

但短暂的复兴并不能改变其衰败的命运，到了6世纪中期，另一个少数民族政权突厥强大了起来，并发动了对柔然的战争。阿那瓌兵败自杀，柔然再次分裂，东部余众拥立铁伐为主，西部余众则拥立邓叔子为主，东部柔然后来被突厥击败，基本上瓦解。

公元555年（西魏恭帝二年），突厥大举进攻西部柔然，邓叔子领余众数千投奔西魏，西魏在突厥的一再威逼下，将邓叔子及其手下三千余人交与突厥，其中大部分人都被杀死在长安青门外，柔然至此灭亡。留存下来的柔然民众辗转向西迁移，逐渐与其他民族相融合而消失在历史中。曾经盛极一时，横据亚洲北部大陆，威震漠北、西域的强大民族，就这样黯然消逝在人们的视线里了。

柔然贯穿始终最有名的人物就是茹茹公主了，茹茹公主是柔然首领阿那瓌的孙女。当时柔然欲与东魏加强联系，东魏也需要利用柔然来牵制西魏，双方一拍即合决定和亲，和亲人选正是茹茹公主。茹茹公主嫁到东魏时只有5岁，其丈夫高湛（后来的北齐武成皇帝）也只有8岁。

拜占庭金币，河北东魏茹茹公主墓出土（图片来源于网络）

茹茹公主死于公元550年（东魏文帝大统十六年），邯郸市博物馆中有两枚茹茹公主墓出土的拜占庭帝国金币，一枚为阿纳斯塔修斯一世（公元491—518年在位）时期所铸，金币正面图案为阿纳斯塔修斯一世头戴羽毛装饰的皇冠，身着戎装甲胄和披风的正面胸像，胸像两侧有拉丁字铭文，金币的背面图案为维多利亚女神站像；另一枚金币为查士丁一世（公元518—527年在位）时期所铸，正面图案为查士丁一世戴盔佩甲胸像，背面为女神安淑莎（君士坦丁堡的守护神）。茹茹公主去世距查士丁一世金币的铸造时间只有20多年，金币能在这么短的时间里流入中国，充分证实了当时中西交通往来的顺畅，东魏与东罗马帝国交流频繁。

拓跋与柔然：相伴相生的北方邻居

南朝的刘宋一直关注着北魏和柔然的战事，北魏孝文帝太和二年（478），南朝派骁骑将军王洪范出使柔然，欲联合抗魏。柔然大军陈兵塞上，一面不断"犯塞"，一面加紧与刘宋联络。从这时起直到太和十六年（492），十多年间，战事不断。大家熟悉的《木兰辞》就是以延兴至太和年间，北魏和柔然之间的战争为背景创作的一首叙事诗，该诗的人物原型是生活在当时首都平城、府兵册里登记在册的一位老兵的女儿，名叫"木兰"。

北魏和柔然是一对欢喜冤家，但冲突战争居多，虽然论国力，北魏更胜一筹，但两边基本谁也不能彻底打败谁。平时北魏还要花费大量人力物力来加强对柔然的国防建设，在两国

唧唧复唧唧，木兰当户织。不闻机杼声，唯闻女叹息。

问女何所思，问女何所忆。女亦无所思，女亦无所忆。昨夜见军帖，可汗大点兵，军书十二卷，卷卷有爷名。阿爷无大儿，木兰无长兄，愿为市鞍马，从此替爷征。

东市买骏马，西市买鞍鞯，南市买辔头，北市买长鞭。旦辞爷娘去，暮宿黄河边，不闻爷娘唤女声，但闻黄河流水鸣溅溅。旦辞黄河去，暮至黑山头，不闻爷娘唤女声，但闻燕山胡骑鸣啾啾。

交界地区也修建了一道长城,划分为六个军镇,设重兵防守,就是著名的北魏六镇:沃野镇(内蒙古五原)、怀朔镇(内蒙古固阳)、武川镇(内蒙古武川)、抚冥镇(内蒙古四王子旗)、柔玄镇(内蒙古兴和)、怀荒镇(河北张北)。

事实上,这六个镇在对付柔然方面,除了防守以外,没什么大的贡献,柔然最后还是被新兴的突厥所灭。但这六个镇却大大影响了此后中国的历史走向。无论是最终击垮北魏的尔朱荣,建立北齐的高欢,建立北周的宇文泰,儿子建立隋朝的杨忠,孙子建立唐朝的李虎,还是培养了三位皇后的"史上第一老丈人"且是隋炀帝和唐高祖外公的独孤信,都出自六镇。

万里赴戎机,关山度若飞。朔气传金柝,寒光照铁衣。将军百战死,壮士十年归。

归来见天子,天子坐明堂。策勋十二转,赏赐百千强。可汗问所欲,木兰不用尚书郎,愿驰千里足,送儿还故乡。

爷娘闻女来,出郭相扶将;阿姊闻妹来,当户理红妆;小弟闻姊来,磨刀霍霍向猪羊。开我东阁门,坐我西阁床,脱我战时袍,著我旧时裳。当窗理云鬓,对镜帖花黄。出门看火伴,火伴皆惊忙:同行十二年,不知木兰是女郎。

雄兔脚扑朔,雌兔眼迷离;双兔傍地走,安能辨我是雄雌?
——《木兰辞》

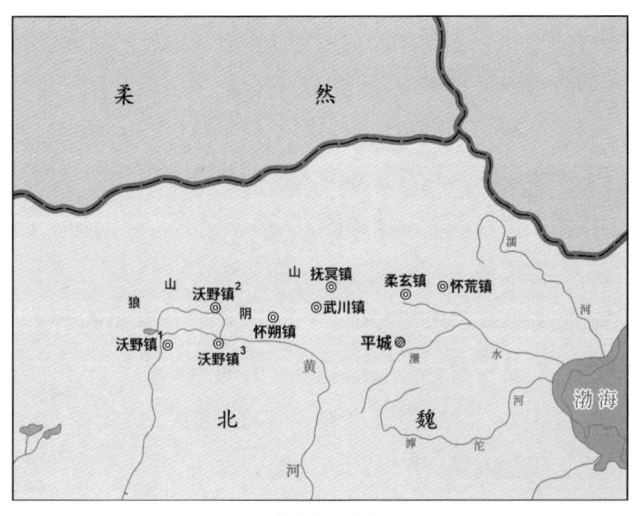

北魏六镇图

丝绸之路青海道的缔造者

吐谷浑，最初指的是人名，是鲜卑慕容廆的庶出兄长，其子孙后来以此作为族名。由于吐谷浑处于黄河的南边，《南齐书》《梁书》《南史》也称其为"河南"或"河南国"。南北朝时期，由于河西走廊被割据政权占领，南朝与西域的交往途径主要在现青海境内，这个区域当时被吐谷浑占据，比如王洪范就是途经吐谷浑才到达柔然的。公元4世纪到7世纪，吐谷浑成了丝绸之路的重要中转站之一。

根据《晋书·吐谷浑传》记载，吐谷浑的父亲涉归以居住的河流——乌候秦水（今老哈河）为其命名，"乌候秦水"在鲜卑语中与"吐谷浑"音相似。涉归把部落的一千七百家分给吐谷浑统领，这一千余家慕容鲜卑便成为后来吐谷浑族的最初组成部分，他们和其他的慕容部落一起在辽东地区活动，因此吐谷浑也被称为"辽东鲜卑"。涉归死后，由于吐谷浑是庶出，部族首领地位只能由嫡子慕容廆继承，两兄弟之间随之出现矛盾，于是吐谷浑率部在晋太康四年到十年间（283—289）向西迁移到了阴山一带（今内蒙古的阴山山脉）。

阴山是匈奴故地，吐谷浑在此仅生活了二十多年，便于晋永嘉年间再度南迁，"始度陇西，至于枹罕（今甘肃临夏附近）"，进入河湟地区。由于枹罕地区在此时处于各方势力争夺之下，先后为前凉、前赵、前秦和西秦所据，吐谷浑在枹罕停留的时间也不长，此后又向西南迁移，最终到达现在的青海境内。在古代，甘青两地东连中原腹地，西控西域要冲，是丝绸之路沿线的重要腹地。

迁徙的过程中，吐谷浑还吸收了不少其他部落民众，在河湟地区更是征服了当地的羌族部落，实力大增，奠定了政权建立的基础。唐建立后，吐谷浑遣使与唐交好，但同时也联合新兴的党项多次对唐边疆诸州发动攻战。唐太宗贞观九年（635），吐谷浑被唐军击溃，王昌龄《从军行》咏其事："大漠风尘日色昏，红旗半卷出辕门。前军夜战洮河北，已报生擒吐谷浑。"同年十二月，唐军进入吐谷浑，册封伏允孙子诺曷钵为可汗。次年，吐谷浑开始使用唐历，奉唐年号，并遣子弟入唐，从此成为唐朝的属国。唐高宗龙朔三年（663），吐谷浑被南面新兴的吐蕃所灭，成为其属国，历时300多年的吐谷浑政权至此正式覆亡。

柔然最强大时，疆域北至贝加尔湖畔，南至阴山南麓，东北至大兴安岭，西与准噶尔盆地相接，甚至一度还延伸至塔里木盆地的广大地区。"可汗"一词也起源于柔然，就是"单于"在柔然语里的发音，此后"可汗"就成了草原最高统治者的称号，比如李世民也自称"天可汗"。

分裂时代下的再分裂

南朝"铁王座"

萧氏恩怨录

南齐永明十一年（493）七月，齐武帝萧赜病逝，由于太子萧长懋已于当年正月先逝，其子萧昭业被立为皇太孙，此时顺理成章继承大统。萧昭业即位后，封其异母弟萧昭文为新安郡王。隆昌元年（484），在西昌侯萧鸾的"安排"下，萧昭文即位称帝，同年被害，萧鸾自立为帝。

八年后，这笔血债由萧鸾的儿子萧宝融替父还了。梁王萧衍抢了萧宝融的宝座，还要了他的小命，更是改朝换代，灭"齐"建"梁"。与萧昭文一样，萧宝融死时，年仅十五岁。

萧宝卷与萧宝融

永泰元年（498）七月，齐明帝萧鸾去世，留下六位顾命大臣辅佐萧宝卷。萧宝卷时年十六，贪玩好色，荒废朝政，顾命大臣们打算另立新君。嗜杀成性的萧宝卷先发制人，把他们全杀了，朝中大臣和地方大员人人自危。太尉陈显达、豫州刺史裴叔业、平西将军崔慧景等人先后举兵反叛，但陆续被镇压。豫州刺史萧懿为萧宝卷立下汗马功劳，平叛后升任尚书令，但萧宝卷忌惮他的实力，赐毒药命其自尽。

萧懿的三弟萧衍时任雍州（今湖北襄阳一带）刺史，手下猛将如云，得知萧懿的死讯后，萧衍决定复仇，于是打起了萧宝融的主意。萧宝融七岁时被萧鸾封为随郡王，萧宝卷继位当年改封他为南康王，并给予他实际官职——西中郎将、荆州刺史，都督七州（荆、雍、益、宁、梁、南秦、北秦）军事。永元二年（500），萧衍起兵，此时萧宝融年方十三岁，实权掌握在时任西中郎长史的萧颖胄手中，萧颖胄诱杀了皇帝萧宝卷派来讨伐萧衍的辅国将军刘山阳，与萧衍合兵一处。

萧衍上书劝萧宝融称帝，目的就是让大家知道，自己起兵不是为了报私仇，而是在明君领导下铲除昏君。一个新的朝廷就此诞生，萧颖胄任左长史，主持内政；萧衍任征东将军，专管军事，率兵直捣首都建康。中兴元年（501）十二月，萧衍围攻都城，城中大乱，征虏将军王珍国等人为了给自己留条活路，乘夜斩杀了皇帝萧宝卷，举城投降。

挥军入城的萧衍，一来推翻了萧宝卷，二来唯一能与之抗衡的尚书令萧颖胄已经去世，已是大权在握。萧衍以宣德太后王宝明的名义发布了两道命令：第一，追谥已故皇帝萧宝卷为东昏侯，并将其妻子贬为庶人；第二，任命萧衍为中书监、大司马、录尚书事、骠骑大将军、扬州刺史，并封为建安郡公。在萧宝融未进京之前，萧衍代行皇帝权力，俨然成了代理皇帝。

坐困江陵的萧宝融迟迟等不来回京的消息，却收到了噩耗：他的三个弟弟邵陵王萧宝攸、晋熙王萧宝嵩、桂阳王萧宝贞都做了萧衍的刀下鬼，六哥鄱阳王萧宝寅投奔北魏，五哥萧宝源据说也命不久矣。

剪了萧宝融的羽翼后，萧衍正式对他下手了。中兴二年（502），萧宝融下诏让位，当了皇帝的萧衍给国家改了名，废"齐"建"梁"，封萧宝融为巴陵王，就地在姑孰安置。可惜萧宝融没当几天巴陵王，大限就到了。

萧衍篡权，以"梁"代"齐"

同为萧姓，萧衍为何不延续萧齐国祚？首先，萧衍不是萧齐宗室。根据《南齐书·列传第二十六·宗室》，宗室列传中只有萧道成两兄弟及其后代，萧衍与其父萧顺之并不在列，所以萧道生之子萧鸾是南齐宗室，而萧顺之不是。尽管萧顺之也被南齐封为临湘县侯，但这并不是因为血缘同族，而是因为"参预佐命"，属于因功获封。宗室在不同朝代涵盖的范围是不同的，宗室有专门的管理机构，有花名册，不是有共祖血缘关系就可以是宗室，判断是不是宗室也和是否封爵无关。

兰陵萧氏皇帝表

序号	庙号	谥号	姓名	简介
1	太祖	高帝	萧道成	字绍伯，南齐开国皇帝。
2	世祖	武帝	萧赜	字宣远，南齐第二位皇帝。

(续表)

序号	庙号	谥号	姓名	简介
3	—	—	萧昭业	字元尚，南齐第三位皇帝。
4	—	恭王	萧昭文	字季尚，南齐第四位皇帝。
5	高宗	明帝	萧鸾	字景栖，南齐第五位皇帝。
6	—	东昏炀侯	萧宝卷	字智藏，南齐第六位皇帝。
7	—	和帝	萧宝融	字智昭，南齐末代皇帝。
8	—	—	萧宝夤	字智亮，魏末齐国皇帝。
9	高祖	武帝	萧衍	字叔达，南梁开国皇帝。
10	—	—	萧正德	字公和，南梁第二位皇帝。
11	太宗	简文帝	萧纲	字世缵，南梁第三位皇帝。
12	—	—	萧栋	字元吉，南梁第四位皇帝。
13	—	贞献王	萧纪	字世询，南梁第五位皇帝。
14	世祖	孝元帝	萧绎	字世诚，南梁第六位皇帝。
15	—	闵帝	萧渊明	字靖通，南梁第七位皇帝。
16	—	敬帝	萧方智	字慧相，南梁第八位皇帝。
17	—	—	萧庄	字不详，南梁末代皇帝。
18	中宗	宣帝	萧詧	字理孙，西梁开国皇帝。
19	世宗	孝明帝	萧岿	字仁远，西梁第二位皇帝。
20	—	孝靖帝	萧琮	字温文，西梁末代皇帝。
21	—	—	萧铣	字不详，隋末梁国皇帝。

其次，"梁"代"齐"是参考"汉魏以来故事"，汉、魏、晋、宋、齐、梁、陈都是这么过来的，本质上是篡权，形式上走的是"禅让"。按照胡三省在《资治通鉴音注》中的分析：当时以豫州之梁郡、历阳，南徐州之义兴，扬州之淮南、宣城、吴兴、会稽、新安、东阳凡十郡为梁公国，梁也是古国（战国时期魏国）名，建国号为"梁"应是以萧衍封国最早的十郡之首梁郡为名，符合旧制。再者，胡三省

注《资治通鉴》曰:"齐宣德太后诏萧衍自建安郡公进爵梁公,衍志也。寻进爵为王,寻受齐禅,国因号曰梁。"所以萧衍和萧道成、刘裕、司马炎、曹丕的做法没有大区别,都是首先拿到封国,从公爵到王爵,再接受形式上的"禅让"继皇帝位,从而在统治阶级内部合法地取得政权。

另外,"齐"这个国号的价值已非常有限,在南北朝政局普遍不稳定的时代中,南齐也是其中最弱的一朝,每一次皇位继承都伴随着高强度的政治震动,这样的萧齐皇统对于萧衍而言,也不是金元宝,自然没必要费心维护。

襄阳,推翻齐朝的"根据地"

襄阳是一个标准的四战之地,南通江汉,东接汉口、信阳,北上中原、洛阳,西去长安、汉中,历代中国发生大事的地区总能和襄阳扯上点关系。如果从北方往南方打,拿下襄阳就可一举截断南方漫长的防线,控制汉江上游,弱宋对此有极为深刻的理解——失襄樊则天下危。西晋灭吴、隋灭陈、蒙古灭南宋,都得益于对襄阳的控制和经营,桓温、刘裕、岳飞等一众大将也都曾在襄阳有所作为。

齐明帝建武四年(497),北魏孝文帝亲率大军接连攻下南齐的新野和南阳,前锋直逼侨置雍州(治所在襄阳)。齐明帝萧鸾赶忙派度支尚书崔慧景、左军司马张稷和萧衍领兵增援。次年三月,崔慧景在邓城(今樊城西北)被北魏的几万铁骑团团包围,萧衍建议趁敌人立足未稳,一鼓作气杀出重围,但统帅崔慧景并未采纳,结果惨败,绝大部分部众溃败逃散,唯有萧衍率领本部人马独力支撑,且战且退,一直退到樊城,便顺势在樊城站稳了脚跟。

萧衍因祸得福,齐明帝任命他为雍州刺史,主持雍州防务。雍州本是陕西的一个州，后来大量雍州移民来到了襄阳一带，朝廷便在襄阳设立了侨置雍州。萧衍任雍州刺史后便以襄阳为根据地，招兵买马，逐步发展自己的势力，并将大量的木料和竹料隐藏在檀溪湖中，做好争夺天下的物资准备，这就是历史上著名的"伐竹沉木"的故事。

> 乃密与弘策修武备，他人皆不得预谋；招聚骁勇以万数，多伐材竹，沈之檀溪，积茅如冈阜，皆不之用。中兵参军东平吕僧珍觉其意，亦私具橹数百张。
> ——《资治通鉴·齐纪八》

襄阳位于中国之中，对南北双方都非常重要，可谓"破襄阳者，得天下！"很多人问，为什么《射雕英雄传》中，襄阳城破后杨过不去支援？不过是因为统一的潮流滚滚而来，就算是压上整个中原武林，也无法逆天改命。

惨遭群殴的北魏皇权

六镇起义，民族融合的曲折形态

继国都平城（今山西省大同市）完善建设后，北魏沿长城陆续设立沃野、怀朔、武川、抚冥、柔玄、怀荒六镇，采用如同京畿地区却非郡县的军政合一的军事管制体制。作为王朝的武力基础和龙兴之所在，以平城为核心的六大军镇聚集了来自不同部落的贵族后裔，还混杂着前来投效的羯胡、匈奴、乌孙、羌氏等蛮族。

北魏迁都洛阳后，国家重心南移，六镇与权力核心的关系不再紧密，六镇的长官逐渐被冷落，留驻当地的北族居民也逐渐被遗忘，与南迁至中原富庶地带的族人判然分划为两个世界。六镇镇民在精神、物质不断崩塌的情况下，步上了沦落为贱民的悲途，进而引发了六镇之乱。

六镇地位的变化

拓跋鲜卑建立北魏政权后，先后打败了高车、库莫奚等部，北方出现了"诸部皆服从，独柔然不事魏"的局面，柔然与北魏对峙。北魏六镇在道武帝时代已初具规模，自西向东大致为沃野镇（今内蒙古五原县一带）、怀朔镇（今内蒙古固阳县一带）、武川镇（今内蒙古武川县一带）、抚冥镇（今内蒙古四王子旗）、柔玄镇（今内蒙古兴和县）、怀荒镇（今河北省张北县）。对于防御柔然而言，这六大军镇具有重要的战略意义，军镇守将在北魏朝廷中的地位也很高，"配以高门子弟，以死防遏"，贵族子弟通过镇守北方往往能得到更多升迁的机会。

北魏孝文帝太和十一年（487），柔然发生内乱，原属柔然的敕勒副伏罗部阿伏至罗与其弟穷奇率十余万部众脱离柔然的统治，建立高车政权，北魏的北方防务压力顿减。太和十八年（494），北魏迁都洛阳，此后，南方成为北魏外交的中心，国家财力也开始向中原地区倾斜，到了北魏后期，六镇地区的经济已经到了无法自给自足的地步。双重作用之下，北方六镇失去了原有的"至高无上"的战略地位，朝廷不再对六镇"高看一眼"。

洛阳地区的鲜卑贵族由于支持孝文帝改革，占据了大部分的朝廷要职，在朝中呼风唤雨。坚守鲜卑旧俗的六镇官员由于地位下降，加之反对汉化，更得不到朝廷的青睐，日益淡出权力的中心。孝明帝正光五年（524），北魏朝廷又下诏："诸州镇军贯，元非犯配者，悉免为民，镇改为州，依旧立称。"这意味着北方六镇的镇民开始转化为"府民"，原有的军籍、军户身份被彻底免除，地位进一步降低了。这一诏令算是彻底改变了六镇内部原有的治理机制，引发了北方六镇的强烈不满，"六镇鲜卑"与"洛阳鲜卑"之间的矛盾日益激化。

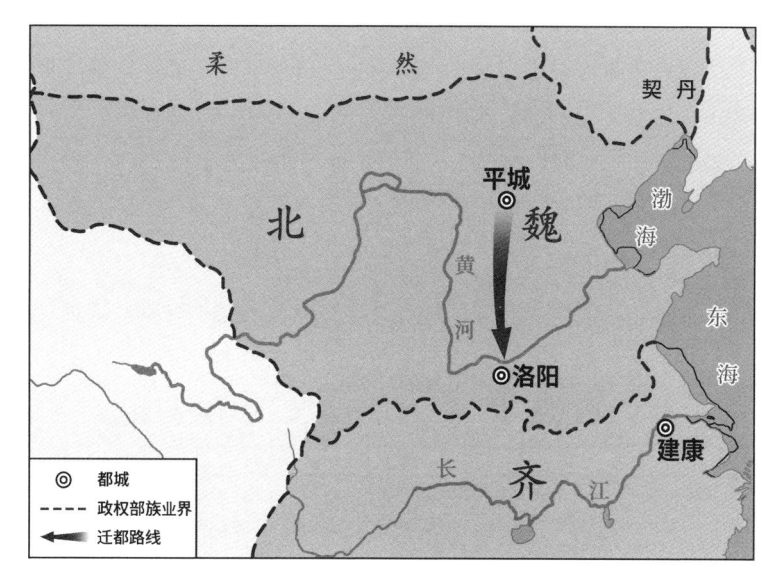

在孝文帝的主持下,北魏将都城自平城迁至洛阳

鲜卑贵族抵触汉化改革

正光五年(524)三月,沃野镇人破六韩拔陵因"高阙戍主,率下失和",遂杀掉戍主(驻守一地的长官)造反,改元真王,起义军旋即攻克沃野镇,然后北进包围了武川、怀朔二镇,北魏朝廷任命临淮王元彧率军讨伐破六韩拔陵。同年四月,高平镇赫连恩等紧接着造反,推敕勒酋长胡琛为高平王,攻下了高平镇响应破六韩拔陵;另一支起义军卫可孤于同月又攻陷了武川、怀朔,当地戍主贺拔胜父子被虏;元彧在五原被破六韩拔陵打败,北魏另一支李叔仁率领的部队也败于白道。北魏改派李崇为北讨大都督,命抚军将军崔暹、镇军将军广阳王元渊等都受李崇的调度。七月,崔暹没有听命李崇的安排,擅

自率军与破六韩拔陵战于白道，不幸大败。不久后，柔玄镇镇民也发动了叛变，莫折大提攻占高平，发动了关陇起义。至此，六镇尽被起义镇民所占领。

孝明帝正光六年（525）二月，北魏派使节带着厚重的礼物出使柔然，希望柔然派兵协助平叛。于是柔然首领阿那瓌率兵十万向西进逼沃野镇，大败六镇之军；同时北魏也派元渊率军自平城出发，进攻怀朔。六月，元渊被破六韩拔陵在五原打败后改变了策略，决定分化起义军并招降，随即乜列河（高车酋长）率三万人投降，元渊又趁破六韩拔陵截击乜列河军之际设下埋伏，打败了破六韩拔陵。破六韩拔陵渡河逃亡，二十多万"降民"被北魏政府强制遣散到冀（今河北冀县）、定（今河北定县）、瀛（今河北河间）三州"就食"（谋生），北魏政府企图对降民用移置分散的办法加以控制。

可事情的发展与北魏统治者的愿望恰好相反，六镇边民到了河北后根本"无食可就"，这些人再度集中起来，并且同当地人搅和在一起掀起了新的反抗斗争。孝明帝孝昌元年（525）八月，柔玄镇兵杜洛周（吐斤洛周）首先在上谷（今北京延庆）聚众起义，改元"真王"，表明他将继续破六韩拔陵的事业。起义军先发制敌，迅速攻下邻近郡县，南围燕州（今河北涿鹿），然后南下，于当年十二月打败降魏的斛律金部。次年一月，安州（今河北隆化）石离、穴城、斛盐三地戍兵响应杜洛周，奋起反魏；十一月，杜洛周率军进逼幽州，一连击败当地的官府武装，并南攻定州，打得北魏政府无计可施，欲救无策。

前仆后继的起义

在杜洛周起义的影响下，河北各族人民纷纷起义响应，其中鲜于修礼领导的义军是较为强大的一支。孝昌二年（526）一月，鲜于修礼领导六镇流民在定州左人城（今河北唐县）起义，其军队大多是原来六镇的镇兵，战斗力很强。定州长史甄楷因"外寇将逼，恐有内应"，就用残暴手段屠杀城内"北人"，从而激起民愤。鲜于修礼进围定州，同杜洛周相互声援，轮番围攻，痛击北魏军队和地方豪强武装。

北魏政府又指派杨津为定州刺史，派大都督长孙稚、河间王元琛一起领兵镇压。孝昌二年（526）五月，鲜于修礼起义军在滹沱河畔的五鹿（今河北平山东南）大败长孙稚，之后北魏政府罢免了长孙稚和元琛的官职，京城洛阳宣告"内外戒严"。北魏朝廷心急如焚，随即又派了广阳王元渊和章武王元融为魏军统帅，加紧镇压鲜于修礼起义军。同年八月，鲜于修礼被混入的元洪业（北魏宗室）所杀，但鲜于修礼另一部将葛荣紧接着杀了元洪业，领导义军继续战斗。

在孝昌二年（526）九月的白牛逻（今河北蠡县境）战役中，葛荣亲率轻骑大胜北魏军队，自称天子，建立了军事政权。不久后葛荣率军攻入定州地区，于博陵（今河北安国）俘斩了广阳王元渊；次年又攻下了殷州（今河北隆尧），杀死殷州刺史崔楷；接着围攻了信都（今河北冀县），俘获冀州刺史元孚。孝昌三年（527）末，葛荣再次大败北魏官军，杀死新任沧州刺史源子邕和都督裴衍。此时正是杜、葛两支起义军应该协同作战扩大胜利果实的关键时刻，不料葛荣野心膨胀，杀死了杜洛周，吞并了他的部众。葛荣的所作所为大失人心，义军内部的不满情绪急剧增长，分裂趋势越来越明显。

孝庄帝建义元年（528）八月，葛荣率军围邺城（今河南安阳北），先头部队抵达汲郡（今河南汲县）。九月，独掌北魏大权的契胡尔朱荣亲自率七千骑兵，从晋阳（今山西太原）出发征讨葛荣。葛荣自恃人多势众，骄傲轻敌，结果为北魏军所败，葛荣被俘，轰轰烈烈的河北各族人民起义以失败告终，葛荣被押到洛阳斩首。

河阴之变

尔朱荣家族是早年投奔北魏帝国的契胡分支，拥有一定的斯基泰中亚血统，又在草原上做过匈奴治下的别部。尔朱荣家族的商业关系网可以直达中亚河中，与康居牧民或粟特绿洲城市关系密切，能成功聚集起大量财富和人脉声望，并借助区域内的混乱局势，迅速团结大批来自羯胡、鲜卑、匈奴、柔然和汉家的豪强，包括高欢、贺拔岳、侯景和宇文泰等日后大名鼎鼎的人物。到了孝明帝时期，尔朱荣家族的契胡集团已基本取代六镇，变身为鲜卑江山之下的最大军事集团，帝国龙兴之地平城也自动成为尔朱荣的区域总部。

此时，一场注定要被载入史册的大型血光之灾也在悄悄逼近那些躲在洛阳的南迁鲜卑贵胄。武泰元年（528）二月，胡灵太后擅权秉政，鸩杀了北魏孝明帝元诩，并诈称潘嫔当月所诞的元姑娘为皇子，拥立为帝，后改立元钊。尔朱荣随即与已故宗室元老彭城王元勰三子元子攸联络，于河阳立元子攸为帝，即敬宗孝庄皇帝。四月，尔朱荣率领精锐的契胡大军以"匡扶帝室"为名进兵洛阳，守城的近卫军不战而降。为了能一劳永逸地解决问题，尔朱荣传唤满朝官员到城北的河阴祭天，在河阴（今河南省洛阳市孟津）一个名叫陶渚的地方，溺死了胡太后和幼帝元钊，纵兵围杀王公百官两千多人，北魏诸王元雍、元钦、元邵、元子正等全部遇害，史称"河阴之变"。

"元姑娘"，北魏孝明帝元诩和潘嫔的女儿，也是孝明帝唯一的骨肉。元姑娘出生后，本应封为公主。父亲孝明帝暴死后，她被掌握实权的祖母胡太后谎称为"皇子"，拥立为帝，年号武泰。

但此后数年间,同为"河阴之变"受益人的元子攸很快地站在恩主尔朱荣的对立面。为了能重现孝文帝改革后的个人集权气象,他不惜亲自上场实施暗杀,终结了尔朱荣。尔朱荣的死还促成了北魏帝国的东西分裂,诸如高欢、宇文泰等重要部将,也纷纷效仿老上司的登顶计划,分割契胡部队并拥立各自能掌控的傀儡君王。至此,北魏王朝的鲜卑江山彻底走向了没落。

虽然孝文帝的汉化改革很大程度上推动了历史向前发展的进程,但北魏的灭亡和孝文帝汉化改革却有着很大的关系。严苛而又急促的政令严重触及了鲜卑旧贵族的利益网络;改汉姓,说汉话,穿汉服,习汉礼,孝文帝拓跋弘身先士卒,将"拓跋"姓改为"元"姓,自此北魏的国姓为"元",这对于鲜卑宗族中的一些旧贵族而言相当于是欺宗灭祖了;六镇的数万军户也没有享受到这场改革的胜利果实;改革中大量重用平齐民(北魏攻陷刘宋青、齐二州后,将其居民迁往平城,设平齐郡管理,史称"平齐民")也触及了鲜卑贵族对本国权力的把控。最终,北魏在这场浩浩荡荡的夷夏之辨中分崩离析了。

绵延四个朝代的"关陇集团"

宇文泰，隋唐帝国的真正缔造者

宇文泰为了把北方六镇武将和关陇豪族的力量统一起来，组建了以八柱国为核心，以大将军、开府为主要成员，以府兵系统为基础的关陇军事贵族集团。这是一个依靠武装力量建立起来的胡汉组合，共同创立了西魏、北周、隋、唐四个王朝。

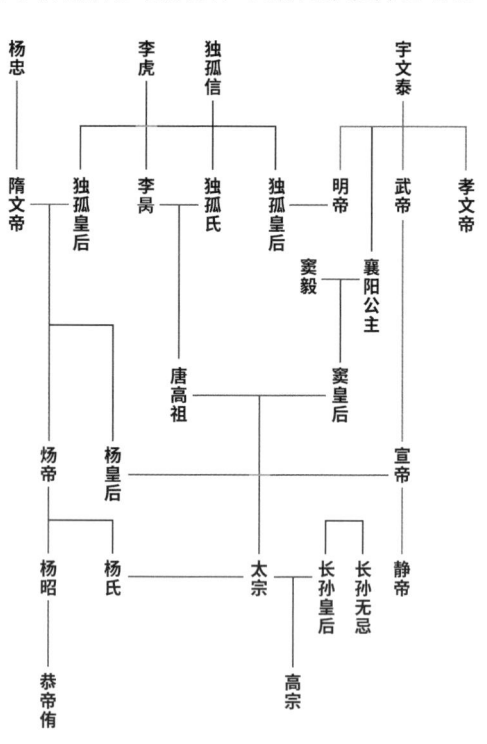

有着"中国第一岳父"之称的独孤信便是关陇贵族八柱国之一，其长女是北周皇后，四女嫁给李渊的父亲，七女嫁给杨坚，两个女婿和一个外孙分别成为三个王朝的皇帝，可见关陇贵族集团对权力的把控程度。

北周、隋、唐皇室间有着复杂的联系

尔朱荣死后的群雄争霸

尔朱荣死后，再也没有人能够压制得住北镇豪杰们，名分最高的洛阳孝武帝集团、实力最雄厚的晋阳高欢势力、荆州的贺拔胜集团、关中的贺拔岳集团，开始各自为政并相互攻打，其中以怀朔镇出身的高欢势力发展得最快和最大，最终攻破了洛阳，取得了北魏朝廷的控制权，基本控制了崤山以东地区，并拥立孝武帝元修称帝，高欢自己则像尔朱荣一样坐镇晋阳，遥控朝政。

孝武帝永熙三年（534），高欢挑拨侯莫陈悦（复姓侯莫陈，武川镇鲜卑人）攻打贺拔岳，侯莫陈悦设计杀死了贺拔岳后，各方势力开始争夺关陇控制权。贺拔岳余部在侯莫陈悦和高欢的夹击之下，极有可能被高欢吞并，如此一来，贺拔岳集团各将领的政治前途将一片黑暗，这些将军们心里都很清楚。

此时，武川赵贵首先提出迎接夏州刺史宇文泰，奉宇文泰为主公，集合大军为贺拔岳复仇！赵贵的主张得到了寇洛、侯莫陈崇、达奚武、梁御、赫连达等主要将领的支持。宇文泰的部将于谨，也极力主张宇文泰火速去平凉接管贺拔岳余部：关中地势险要，沃野千里，可割据以成大业；天子被高欢逼迫，乘机迎接天子来关中，就可以挟天子以令诸侯；当前贺拔岳身死，群龙无首，要立即收拢英雄，这是千载难逢的机会！其说可谓宇文泰时代的"隆中对"。

宇文泰接管贺拔岳集团后，迅速消灭了侯莫陈悦势力，彻底确立了权威，成为关陇集团的核心。宇文泰率领的这些将领大多数都是武川镇人，或与武川镇有着某种关系，因而这个组合也可称为"武川集团"，这是关陇集团发展的基本盘。永熙三年（534），孝武帝元修带着朝廷百官西迁关中，这让关陇集团从正统性上占了大便宜，宇文泰不仅把关陇集团从军事集团打造成了政治集团,还借机消化了各方势力。

以关陇为本,聚胡汉之力

孝武帝来到关中,对宇文泰和关陇集团而言是一把双刃剑。有利的一面在于,孝武帝的到来让关陇集团获得了挟天子以令诸侯的政治优势,可以名正言顺地讨伐高欢和其他势力;同时,忠于北魏王室的人才纷纷投奔关中,进一步壮大关陇集团的势力。弊端也很明显,宇文泰和关陇集团作为割据一方的诸侯从此被看管了起来;并且孝武帝带来的朝廷班子会挤压宇文泰和关陇集团的政治利益,更有可能夺取关中的统治权。

于是宇文泰先毒死了孝武帝元修,立元宝炬为帝,史称"两魏",彻底消除了皇权对武川集团的压制,再安插亲信进入朝廷。宇文泰一边将代表元魏势力的大臣调离政治核心,一边拉拢随孝武帝西来的大臣效忠自己。孝武帝刚刚来到关中时,北魏宗室方面的朝廷大臣有十人,武川集团只有两人;而七年之后,北魏宗室大臣下降到了三人,而武川集团大臣增加到了二十三人。

宇文泰为了更好地控制西魏政权,团结以武川军阀为代表的关陇贵族势力,设置八柱国,分别为:宇文泰、元欣(皇室)、李虎(李渊祖父)、李弼(李密曾祖父)、于谨、赵贵、独孤信、侯莫陈崇。"柱国大将军"很早就出现过,后燕皇帝慕容垂曾设立柱国大将军,北魏末年也曾设置柱国大将军,尔朱荣、高欢等权臣都先后担任过柱国大将军一职。鲜卑族曾经设立了鲜卑八部来管理自己的国家,每一部都设立有一个"八部大人",由"八部大人"来统领各部族。而宇文泰所创建的八柱国,无疑是这一鲜卑旧俗的延续。

"八柱国"虽为八人,但只统领六镇府兵,其中宇文泰为大冢宰,都督中外各军，即总揽丞相和大将军的职责，元欣为虚职，其余六个柱国每人统领一军，这就是六军。各柱国之下还设立了两个大将军，合起来就是十二大将军，分别为：元育、元赞、元廓、达奚武、侯莫陈顺、宇文导、宇文贵、李远、豆卢宁、贺兰祥、杨忠（杨坚父亲）、王雄。一个大将军之下，又设立了两个开府，合起来就是二十四开府，二十四开府各领一军，组成二十四军。西魏文帝大统八年（542）三月，"六军体系"横空出世，标志着关陇集团这个政治军事集团正式确立，并完全掌握了西魏政权。

严格来说，关陇集团又可以分两部分，一部分是以八柱国为首的军事集团，另一部分就是裴、杨等家族聚集的世家集团。世族在魏晋南北朝时期一直存在，只不过有一些世家在永嘉之乱时期南迁到了建康，还有一些世家留在了北方，根据他们对待胡人的态度又可以分成山东集团和关中集团。山东集团（五姓七望为首，包括陇西李氏、赵郡李氏、博陵崔氏、清河崔氏、范阳卢氏、荥阳郑氏和太原王氏）不与胡族联姻，比较高傲；而关中集团（以韦、杨、裴、杜、柳为首）选择和胡族交好，进而成为关陇集团的组成部分。

苏绰改革

来自东魏的进攻压力与日俱增，宇文泰自己也期待能反守为攻，早日出关争雄北方。用今天流行的说法就是，宇文泰的创业团队正遭遇"从优秀到卓越"的瓶颈，亟须挖掘更深层次的制度红利，改革家苏绰由此闪亮登场。不同于宇文泰身边的武川鲜卑军人，苏绰是个地道的汉族名门之后。宇文泰要统辖关陇地区，就必须笼络当地的汉族豪强，苏绰因此受到重用。

大统七年（541），由苏绰主持的改革如火如荼地展开了。苏绰把改革的重点首先放在了提高行政效率和增加财政收入上，提出裁减多余的官员并实行屯田，从而增加财政收入以支撑军用开支。同年九月，苏绰又草拟了历史上著名的"六条诏书"（也称"治国六条"），成为当时西魏推行改革的纲领性文件，可概括为两方面：一方面，整饬吏治，革新社会风气；另一方面，改革土地和赋税制度，增加税收，从而达到国富民强的目的。

苏绰的改革以经济建设为中心，在提出"六条诏书"后，他又提出了十二条新制，最后又扩充为二十四条。宇文泰深知乱世的生存之道就是"枪杆子里出政权"，只是有钱是远远不够的。当时的西魏军队，存在两个突出问题，一是兵源不足，二是战斗力弱，因此西魏接下来的改革重心需由经济建设转向军事改革。

"六条诏书"：第一，先治心；第二，敦教化；第三，尽地利；第四，擢贤良；第五，恤狱讼；第六，均赋役。

追根溯源，造成这两个问题的根本原因，还是民族矛盾。西魏早期的军队，以鲜卑族为主，同时还有匈奴、敕勒、羌胡等民族，汉人很少，即使有也是胡化的汉人。这样光靠胡人打仗，兵员自然是越打越少，而关中本就是汉人的地盘，根本没有足够的胡人兵员。大统九年（543），西魏和东魏在邙山（洛阳市北）发生大战，西魏大败，兵力损失严重，本就兵员不充裕的西魏几乎陷入无兵可用的境地。于是宇文泰将军事改革提上了日程，也就是影响深远的西魏府兵制改革。可惜军事改革还没开始，苏绰就病倒了，只拟定了纲要便撒手人寰。

改革接力赛

宇文泰把苏绰的改革计划交到了卢辩手中。卢辩出身范阳卢氏，为太学博士，儒学积淀非常深厚。宇文泰选择他是经过权衡的，在宇文泰和苏绰共同拟定的改革方案中，还包括了恢复周礼，也就是进行汉化改革，卢辩是符合要求的。

接下来的改革主要涉及两个方面：一是恢复六官制度，即天官（大冢宰）、地官（大司徒）、春官（大宗伯）、夏官（大司马）、秋官（大司寇）、冬官（大司空），以天官（大冢宰）为总，主要是为拉拢关陇地区的汉族豪强，让汉族士大夫看到，虽然统治者是鲜卑人，但他们所要建立的是礼乐文明的国家，代表了汉文化的正统；二是建立府兵制，这对后世影响深远。

邙山之战后，宇文泰以西魏皇帝元宝炬的名义发布诏令，"广募关陇豪右，以增军旅"，府兵制就此登上了历史的舞台。"关陇豪右"指的是汉族兵员，分为两类：一类是乡兵，即附属于汉族地主庄园的民间武装力量；另一类是有地的农民，家底相对殷实，赤贫的农民不算在内。北朝长期以来都流行"鲜卑为兵，汉人务农"的制度，只允许鲜卑人当兵，因为军人社会地位高。府兵制的出台彻底改变了这一局面，"有才力者"都可当兵，这从根本上扩大了兵源。

"寓兵于农，兵农合一"是府兵制最显著的特点，比如府兵免除租调，免除徭役，更重要的是可以平时在家务农，有战事时再参军入伍，十分灵活方便。西魏府兵制的顶端就是八柱国、十二大将军，这也是整个西魏王朝的军政高层。

北周文王碑，刻于北周孝闵帝元年（557），系当时北周将领为追谥北周文王宇文泰而立。（图片来源于网络）

此外，宇文泰为了安抚高层鲜卑将领，以及解决军队内部的民族矛盾，同时也推行起一套"鲜卑化运动"，最主要就是改姓。很多鲜卑人在北魏时期改了汉姓，于是宇文泰规定全部恢复鲜卑姓，就连皇族也从"元"姓改回了"拓跋"姓。汉姓的将领重新赐予鲜卑姓氏，比如李渊的爷爷李虎改姓"大野"，李虎其实是"大野虎"；杨坚的父亲杨忠改姓"普六茹"，杨忠其实是"普六茹忠"。如此一来，军队内部就更能拧成一股绳了，既满足了鲜卑将领的需求，又化解了团队内部的胡汉矛盾。

在皇室与关陇贵族的利益斗争中，若是关陇集团胜出，便江山易主；若是皇权胜出，则关陇集团就退出历史舞台。直到武则天时代，庶族和士族开始得到重用，山东集团崛起，才终结了关陇集团的权势。关陇集团从荣到衰说明了一个道理，赌徒永远都玩不过庄家，世家始终不是庄家。

北齐与北周的生死之争

周武帝统一北方，完成社会整合

永熙三年（534），北魏孝武帝元修西迁关中，直接促成了北朝后期高氏掌政、建立的东魏、北齐政权和宇文氏摄政、建立的西魏、北周政权对峙的局面。不久后，东魏和西魏分别被北齐和北周取代，北齐继承了东魏所控制的全部地盘，北周在关陇地区的基础上对南梁政权发动了兼并战争，扩大了地盘，与北齐在北方呈对峙之势。

尽管一开始盘踞在关内的宇文氏政权实力稍逊，但形势逐渐扭转。建德六年（577），周武帝宇文邕在夺得北齐军事中心晋阳后进攻邺城，荡平了北齐政权，这也是隋朝统一前，中国北方的最后一次大规模战争。

北周的胡人汉化与北齐的汉人胡化

胡人得势时,汉人就胡化;汉人得势时,胡人就汉化。胡人可以汉化,汉人同样也可以胡化,界限并没有那么分明。北魏孝文帝改革,总体上是汉化的改革,鲜卑上层在汉化的同时向当时的汉人士族学习,普通的鲜卑百姓和汉人下层老百姓一样,一起底层化了。比如镇守武川镇的鲜卑军队就和迁徙而来的汉人杂居,外加上当时原鲜卑贵族被边缘化的趋势,武川人的社会地位就开始底层化了。

北魏迁都洛阳之后,六镇已经完全边境化了,所以六镇起义时,种族和民族问题就不那么突出,阶层是更重要的。后来控制了北魏末期政治的权臣基本出自武川镇,武川镇集团经过尔朱荣时期的孵化,成了北魏末期的政治集团,一直延续到北齐和北周。

高欢就是比较鲜卑化的汉人,对汉人的民族身份认同并不强,后来他所建立的北齐大体以胡人主武事,汉人主文事,勋贵集团基本上以胡人武将为主体,北齐皇室也胡化严重。相较之下,宇文泰所控制的西魏和后来建立的北周由于处在关中地区,对比东魏和北齐,各方面都比较落后,为了增加实力,宇文泰把关中各地自从魏晋以来形成的汉人豪族部曲势力纳入到自己的统治体系中,让他们从保境自守逐步变成朝廷可以依靠的武装力量,但核心统治集团依旧是鲜卑人。

汉人高欢所建立的政权反而更依赖胡人的武装力量,并未把关东地区的汉人豪强武装纳入整体武装体系,而作为鲜卑人的宇文泰却恰恰相反,他吸纳汉人建立了府兵制,为之后隋唐重建大一统王朝做了制度上的准备。

变态皇帝遇上玉体横陈

李商隐曾作《北齐二首》:"(一)一笑相倾国便亡,何劳荆棘始堪伤。小怜玉体横陈夜,已报周师入晋阳。(二)巧笑知堪敌万几,倾城最在著戎衣。晋阳已陷休回顾,更请君王猎一围。"诗中的"小怜"是谁?她就是历史上著名的红颜祸水代言人之一,全名叫冯小怜,"玉体横陈"这四字就是形容她的。冯小怜是北齐后主高纬的宠姬,既聪慧又美艳,能歌善舞,后封为淑妃。北齐与北周在晋州交战,高纬受冯小怜的影响,几次错失战机,最终引发了北齐的崩盘。

冯小怜原是皇后穆邪利的婢女,皇后失宠后为了提高自己的地位,就把貌美的婢女送给了高纬,以巩固自己的地位。冯小怜的美丽让变态的后主心醉神驰,爱不释手,就连与大臣们议事的时候,也常常让冯小怜腻在怀里或把她放在膝上。更夸张的是,"独乐乐不如众乐乐",野史云,北齐后主高纬认为像冯小怜这样的美人,只有他一个人来独享未免暴殄天物,于是他让小怜玉体横陈在隆基堂(高纬曾为曹昭仪所筑,雕栏画栋,极尽绮丽)上,以千金一观的票价,让有钱的男人都来一览秀色。

> 齐后主有宠姬冯小怜,慧而有色,能弹琵琶,尤工歌舞。
> ——《隋书》

后来北周打到了北齐边境,高纬御驾亲征,还不忘带上冯小怜。当北周军队猛攻晋州时,高纬正在附近打猎,闻讯后想率大军驰援,但冯小怜玩兴正浓,请高纬"更杀一围",等到这一圈游猎结束时,晋州已破。在之后的平阳攻防战中,北齐大军本来占优势,继续进攻就有可能获胜,而高纬非要冯小怜来观战,要等她到了再打,而冯小怜对着镜子化妆就是不出发,等她来时,北周军队都缓过劲儿了,结果北齐战败。

即使后来在逃亡的路上,冯小怜无聊时还为高纬跳舞,直到高纬被俘,北齐灭亡。高纬被掳至长安时,仍不忘向周武帝乞求把冯小怜还给他。冯小怜后来被赐给宇文达,宇文达被杀后,又被赐予李询,平日做苦活,最终被逼自杀。

实际上,"红颜祸水"是被选择性夸大的历史记忆,古代社会中女性能起到的作用是非常小的(除了武则天等少数女性外),宠妃无非就是皇帝的玩物,就算没有冯小怜,或许还有高小怜、张小怜。北齐的朝政本就昏暗,再加上北齐的君主一个比一个离谱,比如高纬,他是如何对待于国家有功劳的人的?名将斛律光被他勒死,英雄美男高长恭被他毒死,因此亡国是迟早的事情。

周武帝灭北齐之策

通常认为公元555年(北齐文宣帝天保六年,西魏恭帝二年)至公元573年(北齐后主武平四年,北周武帝建德二年)是北周北齐政权均势时代,但周齐之间注定要有一战。自北周天和七年(572)宰执宇文护被诛后,周武帝对军事相关事务更加关注,建德二年(573)六月,周武帝大选军将,同年十一月亲率六军讲武,将伐齐事宜提上日程。

建德四年(575)八月,北周军队进入北齐境内,目标是洛阳城附近的河阴城,然而周武帝患疾,北周军虽攻下了河阴大城却未攻下河阴周围的一些小城,于是在九月班师。建德五年(576)十月,周武帝在朝会上再次提出东伐的主张,此次目标是北齐军事重镇晋州。

武帝安排了齐王宇文宪、陈王宇文纯统领前军,越王宇文盛、杞国公宇文亮、随国公杨坚等六人各领一军负责左右翼,排兵布阵得宜，同时他还亲自督战，晋州"城中惶窘"，晋州城破。同年十一月，因齐后主自并州来援，周武帝为避锋芒将主力撤回长安。十二月，周武帝率军八万再出晋州，与齐军全力决战，北齐军败逃退回并州，守将高阿那肱（高纬的幸臣，曾任大丞相）望风而逃，介休（山西省中南部）守将韩建业举城投降。

周武帝乘胜追击，北周军队很快包围了并州。在并州之战打响前，周武帝下诏示北齐王公以下，诏书的第一部分陈述了北齐忠良见戮，民不见德、不堪重负，武帝作为仁君所肩负的任务是解除在北齐暴政统治下人民的痛苦；

> 周武帝平齐，山东衣冠多来迎，唯士文闭门自守。
> ——《隋书·厍狄士文传》

第二部分展现了北周将士兵锋所指之处，齐将或逃或降；第三部分则是转换口吻，对北齐君臣公布了怀柔优待的政策。周武帝以军事行动施加刚性压力，同时辅以招抚怀柔的政策，收效显著，因而周军入邺城时没有受到太多的抵抗。软硬兼施，加快了北周灭齐的步伐。

在不到两个月的时间内，北齐军事中心（晋阳）和政治中心（邺城）相继被攻克，给北齐政权内部造成了强大的军事威压。同时周武帝颁布招抚怀柔的诏书，通过大赦宽宥、官荣爵赏、铨录起用等方式，敦促北齐将相王公弃暗投明归顺北周。周武帝在入邺城后继续推行宽容的安抚政策，包括废除苛政，释放奴婢，安抚北齐黎庶，封赏降将独孤永业、傅伏等人，礼待北齐国君、宗室，下令征召山东儒士，礼遇拜访儒学宗师等，这些措施获得了北齐黎庶、衣冠文士的好感，规避了齐人的反周情绪，稳定了刚征服的齐地的社会秩序。

文 艺 北 齐

北齐是当时三个并存的王朝中文化程度最高的，其佛教造像艺术更是达到了顶峰。佛教东传中国以来，其佛像雕刻艺术在北齐达到了"形神兼备"的清雅静谧的艺术高峰。北齐佛像的美，在于造像性格的表达——柔和而安静，线条的柔和美充分体现了佛教教义内涵的平和舒缓。如果说北周的佛像叫作微笑，那么北齐的佛像就叫作笑意，意境更胜一筹。

北齐释迦头像（图片来源于网络）

北齐贴金彩绘佛立像（图片来源于网络）　　北齐青瓷莲花尊（图片来源于网络）

除了佛教造像艺术外，出土于河北景县封氏墓群的北齐"青瓷莲花尊"被誉为"青瓷之王"。"青瓷莲花尊"是北朝时期北方青瓷的代表作品，器形高大，气魄雄伟，装饰华丽，胎体浑厚，釉色青中泛黄、莹润光亮。俯视莲花尊，就会看到向外伸展的层层莲瓣，宛如一朵正在盛开的莲花。青瓷莲花尊外沿饰有一对桥形耳，颈、肩部有六个双系环耳；颈部贴塑六团花，六面兽纹；盖为僧帽形，盖顶有方形钮，在盖的四周雕饰有莲瓣纹。整个器物都以莲瓣的造型设计烧制，将刻画、浮雕、堆塑、模印等多种装饰技法施于一体，纹饰繁缛。

北齐的绘画成就也颇高，名家辈出，影响隋及初唐，娄睿（531—570）墓壁画就是北朝中原地区壁画艺术的卓越代表。娄睿墓位于今山西省太原市晋祠王郭村西南一公里处的一土岭，俗称晋王岭，墓内壁画残存200余平方米，是迄今发现的北朝壁画墓中规模最恢宏的。墓主娄睿是鲜卑人，为北齐外戚，生前封大司马、大将军、东安郡王等，自幼丧父，由叔父娄昭（高欢时期的中军大都督，高洋称帝后封为太原王）抚养，其姑母娄昭君是高欢的夫人（齐武明皇后），也就是说，娄睿与北齐皇帝高洋是亲姑表兄弟，地位极其显赫。

娄睿墓道壁画（图片来源于网络）

娄睿墓壁画的整个画面分两大部分：一部分在墓道、天井中的中、下层和甬道、墓室的下栏，以绚丽多彩的大型长卷，描绘了墓主人生前生活的豪华场面；另一部分在墓门、甬道与天井上栏和墓室顶部的上、中栏，绘出了墓主人死后飞升的虚幻境界。壁画采用了线描结合色彩晕染的绘画手法，不但对轮廓的勾勒准确而简练，而且通过色彩晕染将对象的体积感与远近景深关系显示了出来。这种以淡彩稍晕的平涂手法，是唐墓壁画的先期形式。

娄睿墓《鞍马出行图》（图片来源于网络）

娄睿墓壁画中有 200 余匹马的图像，无一重复，动态多样，技艺已达到前所未有的高度，因此，此壁画应当出自熟悉北方戎马生活的宫廷画师之手。北齐"画圣"杨子华善画贵族人物、宫苑、车马，所画马尤其生动逼真，其画作是研究北齐音乐、服饰、内廷、丧葬等礼仪制度的重要资料，有人据此推断娄睿墓壁画为他所作。

南北朝发展至此，南朝已经基本没有什么存在感了，南陈国小兵少，渐趋式微，实际统治的区域只有长江下游的狭长地带，天下的走势和南陈几乎没什么关系了。而北齐和北周几十年的激烈相争，却是异常精彩，更是胡汉两种文化相互影响和兼容的过程。

突厥分裂的受益者

隋朝外交的随机应变

自北魏孝文帝太和十一年（487）开始，柔然与高车相争致两败俱伤，突厥因而得到了自由发展的空间，到了北魏孝明帝神龟三年（520），柔然又发生内讧，突厥趁机悄悄独立。他们首先把目标瞄准了相貌近似的高车，西魏文帝大统十二年（546），突厥人的杰出领袖土门率军东征高车，将五万余户高车部众收为己有，于是突厥摇身一变，成为部落联盟。

突厥人接着把目标对准了草原霸主柔然，西魏废帝元年（552），他们把柔然赶向了西方，将蒙古草原占为己有。土门自称"伊利可汗"，竖起了突厥汗国的大旗。自此以后短短三十余年里，突厥人不断开疆拓土，疆域版图东自辽海，西至里海，南至蒙古戈壁，北至贝加尔湖，东西长万里，南北五六千里，成了名副其实的大国。

新一代霸主的崛起

西魏废帝元年（552），突厥可汗土门率领突厥主力东征，灭了柔然。西魏恭帝三年（556）左右，土门可汗的弟弟室点密率领本部以及铁勒等族十万部众开始西征。西征中，西域原来一些操突厥语的部落如处月、处密、突骑施等加入突厥部落联盟，铁勒各部（葛逻禄、拔悉密等）被迫役于突厥。室点密先与波斯萨珊王朝的国王库思老一世结盟共同攻打西域霸主嚈哒，北周明帝二年（558）左右，突厥和波斯两国军队又在阿姆河会师，并以此河为界瓜分了嚈哒的领地。

不久后，室点密又击败了柔然残部阿瓦尔人，将其逐往伏尔加河一带，因此功绩被封为西部可汗。名义上，室点密受东部总可汗的管辖，但实际已取得了独立地位，就此埋下了日后突厥汗国分裂的种子。此时土门可汗的儿子木杆可汗虽然对室点密日益壮大的势力颇感不满，但相互间还能保持相安无事的局面。

至此，突厥已拓展成了比匈奴疆域更辽阔的汗国，控制了东自辽海以西、西及西海（即里海）、南达沙漠以北、北及北海（即贝加尔湖）的广大地区，可汗的牙帐就建在鄂尔浑河沿岸的于都金山（又称郁督军山，今蒙古杭爱山北山）。

"阿瓦尔人"，自称"马阿鲁拉尔人"，是北高加索达格斯坦人的一部分，早年与柔然、东高加索、黑海沿岸地区的古代部落，以及后来的阿尔班人有密切联系，曾划分成各个支系。

"嚈哒人"，又称"白匈奴"，5—6世纪左右，曾数次侵入萨珊（波斯）和笈多（印度）。根据记载，他们原居住长城以此，称"滑国"，是中亚塞种人（斯基泰人）与大月氏人的后裔。

更难得的是，突厥汗国开始有自己的文字，开创了游牧民族创制文字的先河。正是因为有了文字，突厥统治区内各民族的界限便逐渐模糊了，许多讲突厥语的外族人也自称"突厥"。

\multicolumn{4}{c}{古突厥文字母形式表}
(1)	♪ ⇃ Ⅹ	(21)	⋕ ⋈
(2)	⌐ ⌐	(22)	↰ ↰ ↰
(3)	＞ ＞	(23)	⋏
(4)	⌐ ⌐	(24)	♩ ✓
(5)	Ｎ Ｎ	(25)	Ｙ
(6)	◁ ▷	(26)	𝛾
(7)	↓ ↑	(27)	｜
(8)	Ⅎ Ⅎ	(28)	Ɜ
(9)	⌐ Ｂ Ｂ	(29)	↑
(10)	⋇ ⋇ ⋇	(30)	♩ ⌐ Ｙ
(11)	⋏ ⋏	(31)	⋈ ⌒
(12)	⋏ ⋏ ⋏	(32)	⋏ Ｙ ⋋
(13)	⌐ ⌐	(33)	⋏
(14)	33 33 33	(34)	⋇ ⋇ ⋇ ⋇
(15)	Ｘ	(35)	⋕ ⋈ Ｘ ⋈
(16)	♩ ♩ ♩	(36)	Ｍ
(17)	⋏ ⋏ ⋏	(37)	⌣ ⊙ ⊙ ⊖
(18)	Ｄ Ｏ Ｄ	(38)	Ɜ
(19)	⌐ Ｐ	(39)	⋈
(20)	⌐		

突厥汗国的分裂

之后，室点密可汗的儿子阿史那玷厥继承了汗位（号达头可汗），木杆可汗将正统汗位传给兄弟之子阿史那摄图（号沙钵略可汗）。沙钵略可汗让木杆可汗的亲生儿子阿史那大逻便（号阿波可汗）管辖西域，未曾想阿波与达头会联手对抗自己。隋文帝开皇三年（583），突厥汗国正式分裂为东、西两个部分，阿波与达头的领地称西突厥，沙钵略的领地为东突厥，而突厥汗国分裂的最大受益者便是新生的隋朝。

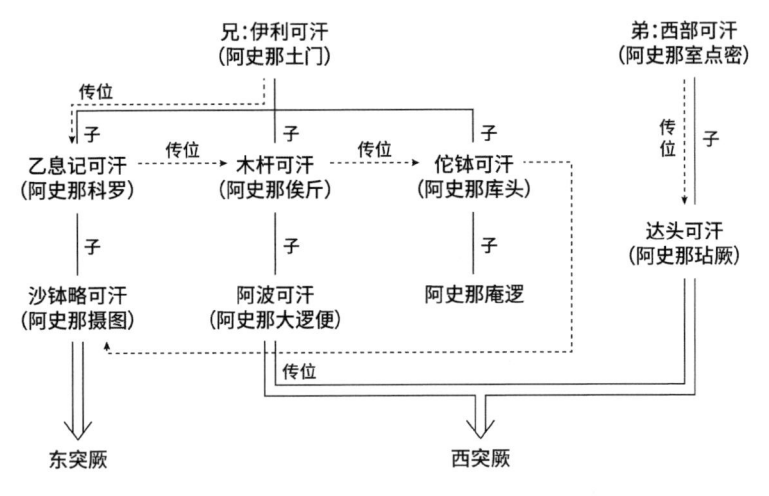

```
                    兄:伊利可汗                           弟:西部可汗
                    (阿史那土门)                          (阿史那室点密)
          ┌─传位─┬────────┬────────┐                    │
          子     子       子       子                    传位
          │     │        │        │                     │
          ↓     ↓        ↓        ↓                     ↓
    乙息记可汗─传位→木杆可汗─传位→佗钵可汗            达头可汗
    (阿史那科罗)    (阿史那俟斤)   (阿史那库头)         (阿史那玷厥)
          │           │            │
          子          子            子
          │           │            │
          ↓           ↓            ↓
    沙钵略可汗      阿波可汗     阿史那庵逻
    (阿史那摄图)    (阿史那大逻便)
          │           │     传位
          │           └──────┐
          ↓                  ↓                           ↓
        东突厥              西突厥
```

东西突厥传承分裂图

在隋朝建立之前，突厥人就把南下中原掠夺人口和财富当成了家常便饭，北朝各国不得不或与之和亲，或对其朝贡，以换几天安稳日子。隋朝建立之初，沿袭了之前的惯例，继续向突厥进贡，却仍遭突厥各部怨恨，理由是进贡太少。于是隋朝采取了"远交近攻、离强而和弱"的反间之策，杨坚先把公主嫁给了小可汗之一的突利可汗（始毕可汗之子，后改名"居民可汗"），以此对抗大可汗和其他小可汗，同时设法不使东突厥瓦解，又让达头有可能以武力统一两个汗国。隋朝离间的结果就是，突厥的可汗们只知火并而无暇骚扰隋朝边关。

阿波可汗东征，沙钵略可汗屡战屡败，只能向隋朝称臣，被安置在隋朝北疆。阿波可汗击败了沙钵略可汗后成了突厥的大可汗，但也引起了达头可汗的不满，于是达头又开始调兵东征，最终击败了阿波可汗。此时，投降隋朝的沙钵略可汗去世，其弟处罗侯即位称"莫何可汗"，随后向北进攻，再次统一了漠北，之后向达头可汗开战。不久莫何可汗去世，都蓝可汗即位，并继续西征。此时达头可汗正被西边的波斯牵制，都蓝可汗趁机大举西进并占据了西域许多地区。直到开皇十七年（597），达头可汗击败了波斯军队，解决了后顾之忧，才发动全面反击，消灭了都蓝可汗，并于次年称大可汗。

都蓝可汗被灭后，北面的启民可汗又和达头可汗争霸，隋朝支持启民可汗。此时突厥四周的民族也乘机进攻达头可汗，达头可汗于隋文帝仁寿三年（603）彻底失败，逃亡至吐谷浑。此后留在西域镇守的泥利可汗自称大可汗，建立了西突厥政权，而启民可汗统治大漠地区，建立了东突厥政权。

嫁了四位可汗的义成公主

与当年汉朝对匈奴的策略类似，和亲是隋朝初期应对突厥的重要策略。隋文帝先是将宗室女册封为安义公主，与东突厥的启民可汗和亲，但是不久安义公主去世。开皇十九年（599），启民可汗上表隋文帝，请求再次和亲，隋文帝将宗室杨谐之女册封为义成公主，继安义公主之后担任和亲重任，成了启民可汗的继任可贺敦（王后）。启民可汗去世之后，义成公主又先后嫁给启民可汗的三个儿子始毕可汗、处罗可汗、颉利可汗为可贺敦。

太业十一年（615），隋炀帝带人到太原汾阳宫避暑，始毕可汗欲派军袭击，义成公主知道情况后，秘密派人报告隋炀帝，隋炀帝遂紧急退入雁门郡。但是始毕可汗的军队又将雁门郡包围，事出突然，隋炀帝没有丝毫准备，雁门郡四十一座城池竟被攻占三十九座。义成公主得知后急忙派人找到始毕可汗，诈称突厥边境有敌情，始毕可汗十分信任义成公主，加上诸郡的援兵相继抵达，于是撤军放过了隋炀帝。

后来隋炀帝在江都被宇文化及弑杀后，远在突厥的义成公主听说萧皇后被羁留在窦建德处，就立即派使者索要萧皇后，又说服处罗可汗立隋炀帝的孙子杨政道为隋王，把留在东突厥境内的中原人全部交由杨政道管治，建立后隋（由数万人组成的小朝廷，定居于定襄），强行为隋朝续命十年。

李渊在太原起兵之初，效仿北方所有的割据者，向突厥称臣，因为他心里清楚，如果不安抚好突厥，是无法安心攻打其他地区的。于是李渊"自为手启，卑辞厚礼"，给突厥可汗写信，称："子女玉帛，皆可汗有之。"义成公主贵为突厥可贺敦，自然是李渊父子的主母，这也成了唐朝历史上无法抹去的耻辱。后来在贞观年间，突厥遭遇百年难得一见的天灾，各部落又在窝里斗，李世民趁机出兵灭亡突厥，还分兵攻破了后隋国都定襄，后隋灭亡。至此，隋朝才彻底退出历史舞台，义成公主也未能完成大隋复国的心愿，最终死于李靖之手。

八月乙丑，巡北塞。戊辰，突厥始毕可汗率骑数十万，谋袭乘舆，义成公主遣使告变。壬申，车驾驰幸雁门。癸酉，突厥围城，官军频战不利。上大惧，欲率精骑溃围而出，民部尚书樊子盖固谏乃止。齐王暕以后军保于崞县。甲申，诏天下诸郡募兵，于是守令各来赴难。九月甲辰，突厥解围而去。丁未，曲赦太原、雁门郡死罪已下。冬十月壬戌，上至于东都。

——《隋书·炀帝纪下》

义成公主身上流淌着隋朝杨氏的血，誓死效忠隋杨皇室，乃至流尽最后一滴血，有着不逊男儿的阳刚与血性。她虽有遗憾，但无愧于隋。

半真半假的颂歌

政权与神权的分分合合

周武帝灭佛与隋文帝兴佛，探寻政权与宗教的平衡点

从北魏开始，佛教在中国北方发展迅速，仅北周境内的佛寺就超过了一万所。佛教中人不用交税，也不用服徭役，越来越多的农民为了避税避难，成群结队地归入佛教，很多大和尚甚至成了大地主。佛教的队伍越来越壮大，朝廷收上来的税赋越来越少，国家也就越来越穷。

虽然统治者会利用宗教来教化民众，进而稳固自己的统治地位，但是当经济独立的寺院王国开始冲击强大的中央政府时，统治者就需要在皇权与神权之间寻找平衡点，这对于统一天下的终极目标尤为重要。最终，皇权不得已打起了灭佛的大旗，浩浩荡荡，声震宇内。

周武帝无奈灭佛

到了南北朝后期,佛教在中国本土快速发展,大量百姓因为种种原因涌入空门。据不完全统计,北周总人口数大约三千余万,僧尼数量约三百余万(已经占到约十分之一总人口数了);南朝总人口约一千五百余万,僧尼数量二十余万,由此可见当时佛教的兴盛程度。可危险也随之而来,当时北周的佛教已经成了社会的寄生虫,寺院的和尚们不当兵、不纳税,且面对灾民时非但不赈灾,反而趁机吞并人口和土地,使农民生活更加困苦。

建德三年(574),在位11年的北周武帝宇文邕发现北周的生产力越来越差,主要原因居然是因为佛教信徒越来越多,严重影响了国家的经济生产。于是周武帝下令"初断佛、道二教,经象悉毁,罢沙门、道士,并令还民,并禁诸淫祀,礼典所不载者,尽除之",一场大规模的、轰轰烈烈的反佛道行动由此展开,这次灭佛行动持续了一年多。还俗的僧人给北周带来了大量的兵源,给社会带来了大量的劳动力,北周的经济也开始蓬勃发展。

建德六年(577),北周灭北齐,周武帝又把灭佛运动推广到北齐境内。僧人地主和寺院的财产全部被收缴国库,寺院被赐给王公贵族当宅第,寺院内的佛像、铜钟等被大肆销毁熔化,重新铸成铜钱和武器。此外,大量僧人被勒令还俗,回家开荒种地,发展农业生产,一些适龄壮年则被编入军队。

周武帝宇文邕灭佛并非是针对佛教本身,而是受当时客观条件所迫。他没有屠杀僧侣,

> 帝逐破前代关、山东西数百年来官私佛法,扫地并尽,融刮圣容,焚烧经典。禹贡八州见成寺庙出四十千(四万),并赐王公充为第宅;三方释子减三百万,皆复军民,还归编户。
> ——《续高僧传·护法上》

而是让几百万的僧侣变成了国家的编户,使国家的力量日益强大起来,更是为后来的隋朝统一天下打下了些许的基础。可惜周武帝在位仅十八年就英年早逝,令人唏嘘,其一生功业为隋文帝杨坚做了嫁衣。

与神佛结缘的杨坚

隋文帝杨坚,西魏文帝大统七年(541)出生于长安的般若寺。根据《续高僧传》的说法,隋文帝杨坚刚出生不久,般若寺外就来了个比丘尼(俗称"尼姑"),法号"智仙"。智仙比丘尼对杨坚的父亲大将军杨忠说:"此子为满天神佛所护佑,身强体健,将来会大有作为。"杨坚出生时生命体征比较弱,一直哭哭啼啼的,可一见到智仙就不哭了,智仙一走开,他就又开始哭起来,于是杨家相信了这孩子的确是与佛有缘,智仙也提出了抚养杨坚的建议,并为杨坚起了个小名叫"那罗延"(意思类似于"金刚不坏")。

于是杨坚就跟随智仙比丘尼生活在寺庙里,直到十四岁出山为官。后来在杨坚三十多岁时,周武帝宇文邕发起了规模庞大、牵连甚广的"灭佛"运动,据说当时智仙就因为躲在杨坚家里而幸免于难。杨坚代周建隋后,迅速抬高佛教地位,这位智仙比丘尼却再无音讯了。

虽然《续高僧传》中记载的故事十分精彩,但有很多夸大的成分。相对权威的史料《隋书·高祖本纪》中简略地提到这位抚养杨坚长大的比丘尼,却并没有提及她的法号、姓名,也没有提及任何有关她的"神迹",仿佛这位比丘尼是凭空出现,凭空消失的,她的存在只是为了证明杨坚和佛门颇有渊源。

佛教著作《续高僧传》(或称《唐高僧传》)需要通过"神化"

杨坚的身世来抬高佛教的地位，而隋朝的官方记载需要通过"包装"这位比丘尼来抬高隋文帝杨坚的身世。杨坚代周建隋时，北周刚刚经历过"灭佛"运动，朝堂上下多的是信佛之人，这时候杨坚需要用比丘尼抚养自己的故事来提升自己在佛教信徒心中的地位，进而获得更广泛的社会面支持。至于《续高僧传》的作者释道宣本就是佛门中人，自然希望通过神化隋文帝与佛门的关系来增强人们的信仰。

转轮圣王阿育王传说的影响

佛教在亚洲大陆的兴起与传播并非简单的宗教信仰输入和扩散，过程还伴随着新的政治意识形态的形成。佛教在中国发展至隋文帝时代，已渗透到社会生活、思想世界和政治活动的各个角落，从皇帝、贵族到普通百姓，普遍受到佛教信仰的影响。在此大背景下，隋文帝进行政治宣传和统一意识形态时，混合了大量的佛教概念和理论元素，对其地位提升和稳固是有舆论帮助的。

在佛教传入之前，"天命"是主要的统治合法性来源，纬学思想扮演着重要角色。君主是"天子"，天授符命于天子，天子顺天命统治人民，君主是否拥有统治人民的符命有赖于图谶和祥瑞的解释，若君主统治有方则可以封禅泰山（向上天报告）。这个体系中的"天命"可以转移，若君主所作所为违背天道，则有灾异出现示警；若君主不思反省，则天命会被上天剥夺。阐明统治合法性更需要政治修辞和理论渲染，在没有现代政治学说可以借鉴的背景下，"太平""祥瑞""灾异""天命"等是中古时期主要的政治语言；而"龙图""凤纪""景云""河清"等，则是主要的政治符号。佛教的传入带来了新的意识形态，为世俗世界的君主们提供了将自己统治神圣化的新理论依据，也为君主权力在世俗和宗教两界的扩张提供了条件。

佛教王权观的核心内容是转轮王，将君主描述为转轮王的传统贯穿了整个隋唐时期。统治者也顺应潮流，在中土本有的"天子"意涵基础上又加上了佛教"转轮王"的内容，形成了"双重天命"的政治论述。与之相关的"七宝""千轮"，成为描述中土帝王之新术语；"灌顶""受戒"，成为帝国仪式的重要内容。隋皇室跟佛教的关系极其密切，皇帝和太子受菩萨戒基本上是一个普遍的现象，不但隋代的文帝、炀帝都受过菩萨戒，而且炀帝的元德太子也受过菩萨戒。

> 佛言：若佛子，欲受国王位时、受转轮王位时、百官受位时，应先授菩萨戒。一切鬼神救护王身、百官之身。
> ——《梵网经卢舍那佛说菩萨心地戒品第十》

对于杨坚护持佛法的立场，民间佛教碑刻往往极尽歌颂，并将杨坚称为护持正法的转轮王。隋文帝模仿的转轮王正是阿育王，为了仿效阿育王，隋文帝在统一南方后有三次分佛祖舍利的行为，并为藏舍利修建佛塔，传说阿育王修建了八万四千座塔，杨坚建塔也达百余座。隋文帝代周而立，"拨乱反正"，将佛教从周武帝灭佛的危险中拯救出来，因此他在佛教徒眼中就是护持正法的君主，具备转轮圣王的格局。

所以在统一全国大功告成之后，杨坚并没有去泰山封禅，而是代之以在全国大规模分舍利建塔。因为封禅是天子所为，而分舍利建塔是转轮圣王的标志，这两种不同的现实政治行为对应的是两种不同的意识形态。

佛教造像的过渡时代

四门塔位于济南市历城区柳埠镇东北方约 4 千米处，塔身通体由巨大的青石砌成，单层，正方形，四面各开辟一个拱门，故而俗称

"四门塔"。塔顶内有"大业七年造"的刻字,由此确定该塔的始建年代为隋代,距今已有1400多年历史,素有"中国第一石塔""华夏第一石塔"等美名。

四门塔外观(图片来源于网络)

四门塔是中国最早发现佛祖舍利的地方,比轰动海内外的西安法门寺发现地宫舍利早15年。隋文帝派高僧法瓒送来的舍利放入塔中的时间,应与四门塔的建筑年代相差无几,舍利函中有水晶珠4颗、黄琉璃珠7颗、绿琉璃珠9颗。

隋代佛像艺术具有承前启后的地位,处于风格的过渡时期,既继承了

四门塔中的佛像(图片来源于网络)

北魏佛像、北周佛像艺术的遗韵,同时又表现出新的发展与变化。西部佛像多延承北周的造像风格,东部多延承北齐的造像风格,总体造像的面相方而不圆,广额丰颐,躯体敦实,脖颈细长,全身比例失准,表现出明显的过渡时期特点。

唐代佛像。隋代佛像虽没有唐代佛像那样健美的体格，饱满且温润如玉的肌肤，但椭圆形已成为人体结构的基本单位，人体结构向更为立体的方向发展，一些造像雕刻技艺纯熟，犹如唐代。（摄于西安博物院）

北齐佛像。隋代佛像的主流面相呈现脸型长圆、温和慈祥、五官圆润，如鼻子一改北朝直上直下的风格，向饱满写实转变。（摄于西安博物院）

隋代佛像。头部较大，身体粗壮，比例略显失调，充分说明隋代佛教造像是由南北朝到盛唐的过渡。（摄于西安博物院）

"三武一宗灭佛"

　　"三武一宗灭佛"指的是北魏太武帝拓跋焘、北周武帝宇文邕、唐武宗李炎、后周世宗柴荣灭佛。这四次灭佛行动在当时历史条件下增强了国家的整体实力，同时断绝了政教合一的可能性。另外，在四次灭佛之后，禅宗大兴，成为中国佛教的主流，因为禅宗主张"自立"而非"供养"，在某种程度上减轻了社会经济压力。

机关算尽的"圣君"
——窥玄武门之变

"玄武门之变"是指唐高祖武德九年（626）六月四日，发生在长安宫廷内的一起重要政治事件。

关于起因，封建史家虽多有论述，但大体是说秦王李世民有创业之功，太子李建成庸劣不能容，而高祖李渊又昏聩不善处，秦王杀兄逼父实有不得已之苦衷。直到陈寅恪先生认为，鉴于"后世往往以成败论人，而国史复经胜利者之修改"，始"疑其间必有未发之覆"。事实究竟如何？

"玄武门之变"的经过

武德九年（626）五月，太白星在秦地（今甘肃天水一带）白天出现，太史令傅奕密奏高祖"秦王当有天下"，劝高祖采取防范措施。六月一日和三日，太白星又连续在白天出现，根据《汉书·天文志》记载，"太白经天，天下革，民更王"，这种五行家说法虽荒诞，但当时的人却深信不疑。于是李渊要李世民做出解释，李世民难以招架之下反告太子李建成、齐王李元吉和高祖的妃子们关系暧昧，淫乱后宫，还说他们二人想为王世充和窦建德报仇，置自己于死地。事关皇家声誉，高祖惊愕，便通知这兄弟三人次日一早入宫接受审问，于是李世民多了一夜的准备时间。

六月三日晚上，高祖的张婕妤得知李世民反告李建成和李元吉的事情后连忙告知李建成，李建成立马找李元吉商量。李元吉主张召集东宫和齐王府精兵数千人，然后称病不朝，静观事态发展；李建成则认为玄武门都是自己的兵，无需多虑，照常上朝，届时自有分晓。此时李世民则派尉迟敬德急召房玄龄、杜如晦、长孙无忌等人潜入秦王府共谋大计，决定兵分三路：李世民率长孙无忌、张公谨等九人为第一路，先埋伏于玄武门内；尉迟敬德率秦王府剩余精锐为第二路，随后增援；李世民的妻舅、雍州治中高士廉率州府吏卒，并释放囚徒用作兵力，为第三路，至芳林门接应。连李世民的妻子长孙氏也亲临玄武门慰问将士，可见李世民动用了一切可以动员的力量，难怪陈寅恪先生称玄武门之变是"太宗一生最艰危之苦斗"！

六月四日一早，李建成和李元吉进了玄武门，行至临湖殿，发现事情有变就立刻掉头撤退。此时李世民从旁跃出，边呼喊边阻拦，李

玄武门之变中主要宫殿位置

元吉急忙拉弓射向李世民,却因惊慌失措,弓弦都没拉开。尉迟敬德率骑兵赶到,箭射李元吉,李元吉随即落马;此时李世民因马受惊逃入林中,也坠落马下,李元吉趁机抢先一步夺了李世民的弓,就要用弓弦勒死他,危急中尉迟敬德跃马大叱,李元吉惊走,欲逃往武德殿,但不幸被尉迟敬德射杀。

此时东宫翊卫车骑将军冯立、齐王府副护军薛万彻、左车骑谢叔方等人率精兵两千赶来增援,猛攻玄武门。主管宿卫的敬君弘、吕世衡等人因事态发展难以预料,原想保持中立,然而保卫玄武门职责所在,不得已率兵迎击,均战死。薛万彻见难以破门,欲行围魏救赵之策,反扑秦王府,此时尉迟敬德持李建成和李元吉首级出现了,东宫和齐王府兵马立刻溃散。事已至此,李世民一不做二不休,直闯内宫,控制了李渊,并将李建成和李元吉的儿子们全部杀死。最终,高祖立李世民为太子，令军国庶事均由太子处理，玄武门之变至此结束。同年八月，高祖李渊退位为太上皇，李世民继位，是为唐太宗。

为何玄武门是唐代政变高发地

在大唐盛世的背后，党争和政变从未停止，自唐太宗李世民开了武力夺位的先例，皇位就变得可争、可得，"玄武门之变"也似乎成了一种惯例。在唐朝289年的统治中共发生了五次"玄武门之变"（其中三次发生在长安，两次发生在洛阳），每一次都是骨肉相残，除去实力背景等因素，相对劣势的一方往往在控制了玄武门之后就能取得最后的胜利，陈寅恪先生也因此感叹"大唐中央政治局面均系于北门卫兵之手"。

首先，玄武门的位置很重要。唐朝长安和洛阳宫城的建筑格局是完全一样的，各以南北向为轴线对称分布，分为外朝和内廷两部分。外朝位于皇宫南向，用于商议朝政、处理公务和举行宴会；内廷位于皇宫北向，用于帝后寝宫和后妃游玩场所。玄武门就位于北面正门，能够直接通往内廷皇帝的居所，所以控制了玄武门，就可以在皇帝的寝宫中畅通无阻。

另外，玄武门因其重要性而往往设有重兵，比如被称之为"北衙"的宫廷卫军司令部，所以预谋政变里最重要的一环就是获得玄武门守卫的支持。玄武门的禁军也容易收买，这些禁军在政变发生的时候所起到的作用有时是决定性的，他们所忠诚的对象不是某一个人，而是"李"这个姓氏，是李姓的某一方所代表的权力，因此他们很会审时度势。

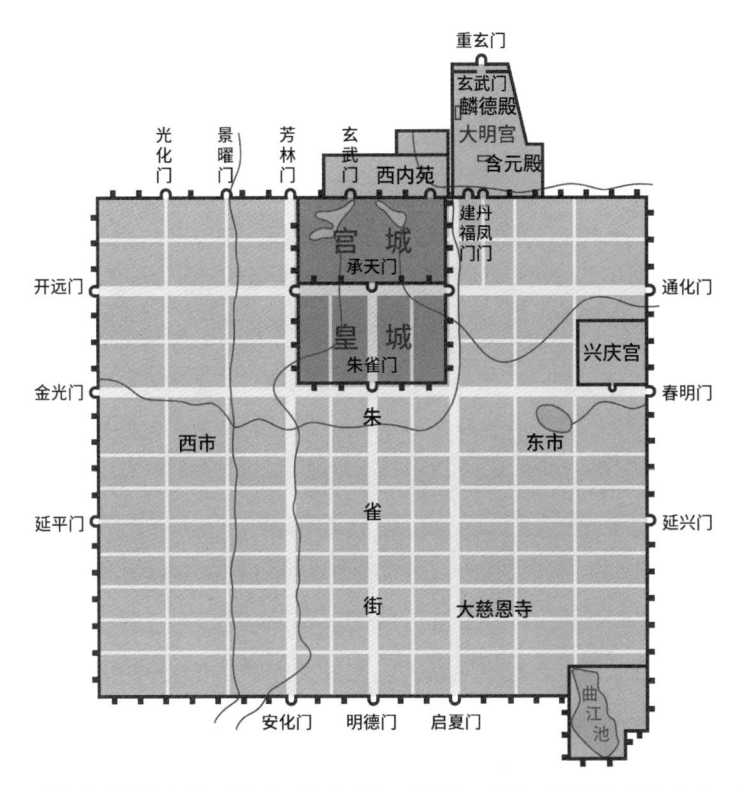

唐长安城是在隋大兴城基础上扩建而成，由宫城、皇城、外郭城三部分组成，宫城为皇帝居处，皇城为百官衙署所在，外郭城为居民区和贸易区。东西十四条、南北十一条大街纵横交错，以朱雀大街为界，外郭城分为一百零八坊和东、西两市。

从《常何墓碑》透视玄武门之变的虚实

一场政变仅靠一晚的准备是完全不够的，双方此前必然准备已久。李建成、李元吉向高祖诬告房玄龄、杜如晦、程知节（程咬金），将他们逐出秦王府；再以金帛收买秦王府护军尉迟敬德、段志玄，未果；又借李元吉抵御突厥需要扩充军队，调用尉迟敬德、程知节、段志玄和秦王府统军秦叔宝及其他精锐之师充实队伍；还买通高祖诸妃，便于传递消息。对手方也毫不逊色，根据敦煌发现的李义府撰《常何墓碑》（现收藏于法国巴黎国家图书馆）记载，李世民不仅与守卫北门（玄武门）的左右屯营高级军官云麾将军敬君弘、中郎将吕世衡勾结，还买通了原为李建成党羽的左右屯营中级军官常何。

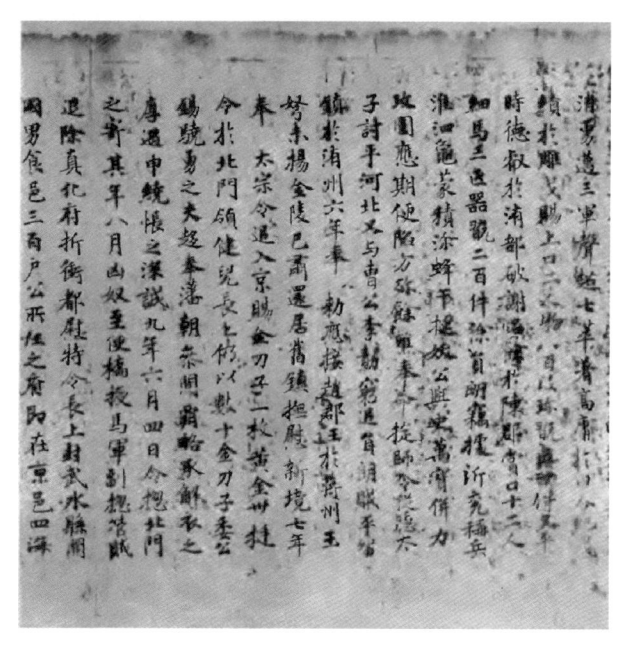

敦煌写本《常何墓碑》（图片来源于网络）

按照唐朝官方史料的说法，李世民发动玄武门之变是为了自保而临时起意，但常何墓碑上却清晰地记载着，在距离李世民发动玄武门之变还有两年的时间窗口，李世民就提前将常何调回京，安插到玄武门值守。为了拉拢常何，李世民赏赐了他金刀子一枚，黄金卅挺；同时又给了常何数十枚金刀子，让他拉拢玄武门的看守，暗中为其效命。可见，李世民发动玄武门之变，绝不是临时起意，而是早早便开始谋划。

作为李世民的内应，常何的潜伏工作相当到位，他在玄武门值守两年，没有被李渊更换，可见其深得李渊和太子的信任。李建成和李元吉一直以为常何是自己人，所以也没有防备，结果二人刚入城，常何便下令关闭城门。之后，等在玄武门之外的太子亲军得知李建成已死，欲集结大军进攻玄武门为太子和齐王报仇，也正是因为常何与张公谨的阻拦，才没让太子亲军攻破城门，否则李世民的政变很可能功亏一篑。从常何的墓碑内容可以看出，李世民并不像自己所说的那样"本无心皇位"，只是因被太子逼急了才发动政变，官方所记载的不过是胜利者的一面之词，事实上，李世民很早就为日后的政变开始谋划了。

（武德）七年，奉太宗令追入京，赐金刀子一枚，黄金卅挺，令于北门领健儿长上。仍以数十金刀子委公锡骁勇之夫。趋奉藩朝，参闻霸略，承解衣之厚遇，申绕帐之深诚。九年六月四日，令总北门之寄。
——《常何墓碑》

如同在隐蔽战线工作的人员一样，常何在史书中默默无闻，虽然在玄武门之变中立下大功，但李世民却不能过度表彰他，否则就是变相承认了自己提早谋划的事实。常何直到贞观六年（632）才被任命为太中大夫、泾州刺史等职，贞观十九年（645）才被予授平壤道行军副大总管，作为张亮的副手从海路征讨高句丽。常何的待遇与这场政变的其他功臣相比，简直天差地别。

破坏史官制度，只为"造神"

李世民是一个复杂矛盾，且有巨大影响力的历史人物，一方面他高度重视历史，要发扬"以史制君"的思想，推动谏官制度、史官制度的发展；另一方面，他始终走不出"玄武门之变"这起敏感政治事件的阴影。正如欧阳修所说，唐太宗好名，特别是身后之名，得国时做贼,难免心虚,如何让邪恶的行径转正?唯有把己方的行为包装成正义的行为,方能使自己变成天然好人。

唐太宗要看档案记录,这是对史官独立制度的公然破坏,太宗皇帝为自己找的借口是"知前日之恶,为后来之戒",也就是知错能改或就错改错。谏议大夫朱子奢便委婉上言,希望确保史官的独立性,使史官不至于沦为当权者的吹鼓手,才能确保史书的真实性。然而唐太宗并不理会,于是房玄龄只能与许敬宗等人推倒了原始记录,重新书写。于是唐代的官修《国史》和《实录》不复原来的样子,于是一个又一个朝代的官修《国史》和《实录》亦不复有真实的样子。李世民更是亲自参与《晋书》的编写并撰写史论,后来那些独夫民贼宣扬的混淆是非、颠倒黑白的历史记录,绝大部分可以说是自李世民始,太宗皇帝的所作所为为往后的伪史开了一个极其恶劣的先河。

> 《纵囚论》是欧阳修所写的一篇史论文章,主要评论了唐太宗李世民假释死刑囚犯,犯人被释归家后又全部按时返回,太守因而赦免他们这一史实。文章中用君子与小人相比较,论析指出唐太宗的做法有悖人情,违反法度,是沽名钓誉的一种手段。

生前就如此粉饰帝王之路,生后就更少不了歌功颂德,例如著名的"昭陵六骏"。它们是中国美术史上最有名的浮雕艺术品之一,最初立在昭陵北司马门内两侧,现在有四块收藏在西安碑林博物馆,其余两块(拳毛䯄、飒露紫)则在20世纪初被盗卖至美国,如今收藏在费城

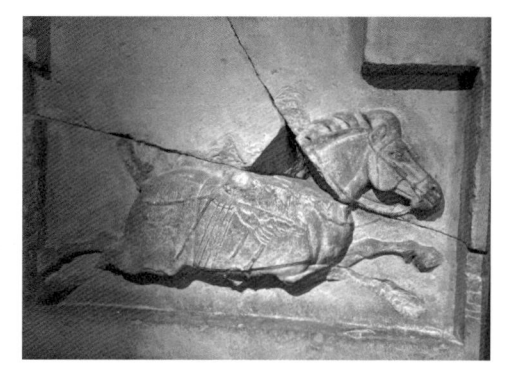

什伐赤(摄于西安碑林博物馆)

宾夕法尼亚大学考古与人类学博物馆。拳毛䯄、飒露紫、什伐赤、白蹄乌、特勒骠、青骓，这些名字带有浓厚异域风情的骏马，每一匹都承载着李世民的辉煌功勋。例如，拳毛䯄为平定刘黑闼（隋末唐初割据势力）时所乘；什伐赤为平定王世充、窦建德时所乘；白蹄乌为平定薛仁杲（隋朝末年陇西割据军阀）时所乘；特勒骠为平定宋金刚（隋朝末年农民起义军首领，曾屡次打败唐军）时所乘。

唐太宗李世民是历史上最为人所津津乐道的帝王之一，"及其成功，复归美于下，此前世帝王之所不及也"。然而李世民通往皇权之路与隋炀帝有许多类似之处，甚至更为血腥，但在传统史家的笔下，二者的评价却有天壤之别。杀死兄弟、逼父退位的李世民通过修改史书"造神"，诠释了其帝位的合法性，从而走向"圣君"之路。

作为"标配"的和亲公主

吐蕃是唐朝最强悍的对手

唐朝享国 289 年（618—907），但是从太宗贞观十二年（638）松赞干布率兵二十余万进攻松州起，至懿宗咸通十年（869）吐蕃全境平民暴动导致分裂止，吐蕃的威胁以及双方的来往征战基本贯穿了整个唐朝。在这两百多年的交战中，吐蕃处于攻势时间极长，甚至在代宗广德元年（763）一度攻占长安并另立傀儡皇帝，可见吐蕃国力之强盛。

唐朝和吐蕃的争夺主要集中在吐谷浑、安西四镇、南诏、河陇四处，唐朝前期采取主动进攻吐蕃战略，然胜少败多，到安史之乱后对吐蕃转为全面被动防御，直到平凉劫盟后才联合回纥、南诏、大食全面反攻吐蕃。

吐蕃王朝的兴起

今天的青藏高原条件艰苦，人口稀少，但古时的自然条件可能并非如此。传说古代雍布拉康、钦瓦达则一带长满了红柳，而在今天琼结、乃东一带的雅砻河谷并没有树林，也没有老虎之类的猛兽。再比如，今天的阿里地区人口稀少，可是古代阿里地区的象雄古国一度国势强盛，号称士兵十万，都城在当惹雍错附近。

"吐蕃"一词源于唐代汉文史籍，藏语中则为"博巴"，意为"藏族之先民"。两千多年前，西藏原始部落开始逐渐演变为一些较小的邦国，长时间攻杀兼并后，西藏高原形成了十二邦国林立的局面，随后这些小邦国又形成了象雄、苏毗和吐蕃三个势力较大的部落联盟。定居在雅鲁藏布江雅隆地区的吐蕃经过首领达布聂西、囊日论赞父子的不懈努力，活动区域逐渐扩张到拉萨河流域，传至松赞干布时已是三十二世。

7世纪初，藏民中的"天之骄子"松赞干布成为吐蕃首领，藏民在其带领下连续击败并吞并周边的苏毗以及羊同、白兰、党项等羌族，整个青藏高原均被藏民占领。松赞干布随后将首都迁至逻些（今拉萨），正式建立了后来强盛一时的吐蕃王朝。松赞干布励精图治，内平叛乱，外拓疆土，使吐蕃的势力范围北达吐谷浑，南接尼泊尔、天竺，东与正在复兴的大唐王朝接壤。

吐蕃王朝的活力持续时间之久，在古典王朝中是罕见的，从松赞干布立国到朗达玛被杀后内乱瓦解，吐蕃的强盛持续了两百余年。灭亡了东西突厥和高句丽的唐朝面对吐蕃，经历了大非川之战、素罗汗山之战的接连惨败，到了唐玄宗时代一度扭转过战局，但安史之乱后，吐蕃再度反攻，先后攻陷了河西、陇右、安西、北庭大片地区，一度攻入长安城。甚至唐穆宗时期还和吐蕃议和,承认了吐蕃占领的大片唐土,这些地方直到唐宣宗时期乘着吐蕃内乱才被收复。

吐蕃第一权臣世家噶尔家族

吐蕃王朝鼎盛的二百余年历史中,如果噶尔家族自称权臣第二,没有人敢称第一,这个家族共培养出五任大相。噶尔家族的发展起源于禄东赞(噶尔·东赞宇松),禄东赞去世后,其二子赞悉若(噶尔·赞聂多布)和钦陵(噶尔·钦陵赞卓)相继担任大相,掌控朝政长达五十年,因此有学者把噶尔家族掌权的时期称为"噶尔政权时期"或"噶尔专国时期"。

禄东赞作为松赞干布最重要的大臣,在吐蕃的政治、经济、军事、法制、外交领域都做出重要的贡献,甚至在出使唐朝时,李世民也发现了他的才能,一度想以公主许婚的方式留下他。

高宗永徽元年(公元650年),松赞干布逝世,其子贡日贡赞先于父亲亡故,其孙芒松芒赞继位。当时芒松芒赞尚在襁褓之中,国家大权便落入禄东赞之手,根据《旧唐书·吐蕃传》记载:"弄赞子早死,其孙继立,复号赞普,时年幼,国事皆委禄东赞。"禄东赞没有辜负松赞干布的托付,先帮助吐蕃王室完成了赞普权位的交接,而后在其担任大相的18年

> 时戎王遣相东赞为使来迎,不矜其仪,不惮于素,召见顾问,进退合旨。诏以琅邪公主外孙女妻之。东赞自陈以本国有妻,又以赞普未谒公主,陪臣不敢先受殊宠。太宗嘉之,又奇其对,抚以厚恩,遂有归化之心。
> ——《骠骑大将军论公神道碑铭并序》

里继续推行了松赞干布的帝国战略，甚至有所延展。

禄东赞的五个儿子，个个都是人中龙凤，《旧唐书·吐蕃传》描述道："禄东赞有子五人，长曰赞悉若，早死；次钦陵，次赞婆，次悉多干，次勃论。及东赞死，钦陵兄弟复专其国。"长子赞悉若（噶尔·赞聂多布）和次子钦陵（噶尔·钦陵赞卓），一文一武，尤其是次子钦陵，为吐蕃不世出的将才，纵横沙场三十年，未尝一败。

作为曾入学国子监的蕃夷留学生，钦陵不但精通汉语，还了解唐军的运作方式。他的出道成名之战便是高宗咸亨元年（670）四月，率军穿越昆仑山入南疆，攻陷西域白州等十八州，而后又联合于阗周边的突厥部落，攻陷了龟兹拔换城。西域遽起的败局逼得唐朝黯然罢黜龟兹（今新疆库车）、于阗（今新疆和田）、焉耆（今新疆焉耆）、疏勒（今新疆喀什）四镇，撤安西都护府回天山北麓的西州（今新疆吐鲁番交河城）。而后在唐朝大规模反击时，钦陵又在青海草原发挥吐蕃骑兵的机动能力，先以二十万军围歼唐将郭待封部，再以四十万大军围攻唐军主力。吐蕃不但以此战彻底打消了唐朝恢复吐谷浑故地的念头，还凭此一击在周边诸羌中奠定了与大唐分庭抗礼的霸主地位。

"主旋律"作品《步辇图》

贞观八年（634），松赞干布遣使入长安觐见唐太宗，当时唐朝已横扫塞北，灭亡东突厥，李世民被众多少数民族尊为"天可汗"，还真没把从西南冒出来的吐蕃放在眼里，只派了使臣冯德遐回访吐蕃。冯德遐见了松赞干布之后，为了宣扬唐朝威德远布，极力渲染唐朝和周边民族的联姻关系，于是松赞干布知道了突厥、回纥、吐谷浑的国王都娶了唐朝公主，并且他认为吐蕃也是泱泱大国，实力一点也不比它们差,也应"标配"一位唐朝公主。

于是吐蕃第一次向唐朝提出求取一位公主,结果被李世民当面拒绝。李世民此时对吐蕃的情况依旧一无所知,再加上西南地区也确实不是唐朝关注的焦点,他觉得没有必要拉拢吐蕃。松赞干布被拒绝之后十分不满,于是在贞观十二年(638)联合象雄在青海地区痛打依附于唐朝的吐谷浑,但他发现唐朝居然还是没反应。于是同年八月,松赞干布大举兴兵,大张声势直取松州,并放出"公主不至,我且深入"的狂言。此时李世民回过神来了,除了恼火有人敢捋他的虎须之外,他还闻报川西诸羌纷纷倒向吐蕃军队,这对于唐朝在川西的边境造成巨大的威胁。

李世民终于开始重视这个叫作松赞干布的对手,他派吏部尚书侯君集为帅驰援松州,最终吐蕃军队退去,松州之战以平局告终。松州之战的意义在于令唐朝和吐蕃都认识到,对方不是一下半下就能打倒的,于是联姻和亲这些政治手段就可以翻到明面儿上谈了。正是在此背景下,唐朝才开始了对吐蕃的和亲政策,才有了之后的文成公主下嫁吐蕃。

《步辇图》,现藏于故宫博物院(图片来源于网络)

中国十大传世名画之一的《步辇图》,描述的就是贞观十五年(641)李世民接见吐蕃赞普松赞干布的求婚使者禄东赞的场面,是当时汉藏两大民族往来的历史见证。画的一侧是唐太宗坐着"步辇",六名宫女肩负、手抬着这个坐具,两名宫女掌着扇,一名宫女持着红色伞盖;另一侧站在前面红袍虬髯的可能是当时的典礼官员,中间穿着民族服装拱手致敬的是吐蕃使者禄东赞,白衣人可能是翻译官。

每一个中原王朝的兴亡都与周边少数民族政权息息相关,而兴起于西藏高原的吐蕃王朝,便是唐朝数百年历史中挥之不去的阴霾。

朝鲜半岛上的"大唐荣耀"

高句丽一直渴望脱离唐帝国所建立的东亚秩序

历史在某些时候会出现某种巧合,在中原三国时代结束数百年后的隋唐时期,朝鲜半岛的百济、新罗和高句丽三个国家也为了各自利益展开了政治、军事、经济的全方位较量,其中高句丽所占面积最广,实力最强。这三个国家当时都对大唐俯首称臣,接受唐朝的册封。

虽然唐朝立国之初,高句丽便遣使称臣,但是双方潜在的矛盾依然很尖锐。唐太宗贞观十六年(642),高句丽权臣泉盖苏文(实为渊盖苏文,避唐高祖李渊之讳)弑杀高句丽王,并联合百济攻取新罗四十余城,阻断了新罗朝贡之路。此举严重挑战了唐朝的权威,唐朝与高句丽之间脆弱的和平局面被打破。

朝鲜半岛三国并列

唐灭百济之战

随着高句丽和百济对新罗的日益挤压，新罗决心和中原王朝共同打退高句丽和百济的夹击，而中原王朝也希望能通过新罗这枚重要的棋子，恢复中原王朝在朝鲜半岛的全面影响力。隋朝时期，隋炀帝派军队多次协助新罗进攻高句丽。唐朝时期，李渊册封新罗国王为乐浪郡王、新罗王。

百济不仅倚仗高句丽的支持多次侵犯新罗，还联合高句丽阻碍新罗和唐朝的经贸往来。与此同时，唐朝在辽东地区攻打高句丽，收效甚微，不得不调整了针对朝鲜半岛的策略，确定先派兵渡海，与新罗联手打击百济，待渡海远征军在半岛取得立足点后，再与辽东方面的唐军南北夹击高句丽，"欲吞灭高丽，必先诛百济，留兵镇守，制其心腹"。

显庆五年（660）三月初十，唐高宗命左武卫大将军苏定方为神丘道行军大总管，率左骁卫将军刘伯英等十万水陆大军渡海，进行登陆作战；同时任命新罗王金春秋为嵎夷道行军总管，率新罗兵五万与苏定方配合作战。最后百济宣告灭亡，下一个目标就是高句丽。

七征高句丽

高句丽是少数民族扶余的一个支系，史载"其人性凶急，有气力，习战斗，好寇钞，沃沮、东濊皆属焉"，也是古代东北地区第一个建立政权的民族。早在西汉时期，高句丽一带就在大汉版图内，元封三年（前108），汉武帝征服东北诸民族，在平壤设乐浪郡（相当于现在的市），把辽东一带（今辽宁省新宾满族自治县）的区域命名为高句骊县。汉元帝建昭二年（前37），朱蒙在高句骊县建立政权，并沿用其名，称高句骊国，但仍为汉附属国，每年向汉朝庭进贡财物；北魏始光四年（427）迁王城至平壤城。

东汉、魏晋时期，高句丽虽然时反时服，但仍归顺中原霸者。到了南北朝，由于战乱，中原诸国已无力顾及辽东，高句丽趁机厉兵秣马，对外蚕食扩张，对内发展经济。到了隋朝，高句丽的国力也达到鼎盛，共有城一百七十六座，民六十九万余户，约三百五十万人口。于是高句丽倚仗鸭绿江天堑，开始狂妄自大，目空一切，不再进贡，断绝了与隋朝的来往，并堵塞百济、新罗进贡的道路。

高句丽一直渴望摆脱隋唐帝国所建立的东亚世界秩序，从隋开皇十八年至唐贞观二十二年（598—648），隋文帝、隋炀帝、唐太宗一共七次远征高句丽，均以失败告终（第七次因太宗病逝而罢）。隋唐远征高句丽的难度其实非常大，辽东地区每到八九月就降寒霜，草枯水冻，补给困难，士马难以久留。因此隋唐每次征伐，时间窗口其实只有半年多，时间一到，若不成功，就要回国，前功尽弃。高句丽与西域小国不同，那些都是城郭之国（一座城就是一个小国家，和春秋战国时期的城池小国类似），而高句丽有山险、坚城为守，即使战败，若依城而守，也不会轻易被攻下。因此，隋唐虽强，但灭高句丽，比灭陈、西域诸国的难度还要大。

唐灭高句丽之战

贞观十九年（645）二月，李世民点兵十万御驾亲征，率后备部队坐镇幽州指挥，这是唐朝第一次东征高句丽。三月李勣军攻克玄菟城，李世民从幽州移师至定州坐镇；四月攻克盖牟城，李世民随后渡过鸭绿江和李勣会师于辽东城下，亲临前线指挥作战；五月攻克高句丽重镇辽东城；六月攻克白岩城；八月，李世民率大军进攻安市城，安市城在高句丽名将杨万春的指挥下顽强抵抗，唐军想尽一切计谋就是攻不下该城。当时辽东早寒，草枯水冻，士马难以久留，且粮草将尽，李世民便班师回朝。大名鼎鼎的薛仁贵就在攻安市之战中崭露头角，李世民对薛仁贵说："朕不喜得辽东，喜得卿也。"

贞观二十一年（647），李世民又准备第二次亲征高句丽，大臣们不认同，认为高句丽经上次之战后已元气大伤，如果派几支部队不停骚扰他们，使他们疲于奔命，影响其耕种生产，几年内可令其不战自败。贞观二十二年（648），李世民准备发兵三十万一举灭掉高句丽，只可惜次年四月驾崩于含风殿，二征高句丽之事也只好作罢。

龙朔元年（661）四月，在经过充分准备后，唐朝第二次派大军征讨高句丽，唐高宗任命任雅相为浿江道行军总管，契苾何力为辽东道行军总管，苏定方为平壤道行军总管，与夫馀道行军总管萧嗣业及诸胡兵共三十五路兵马，水陆两路同时进攻高句丽。诸军所战皆捷，苏定方部于七月就包围了平壤城，平壤毕竟是高句丽首都，筑垒多年，城坚甲固，粮食充足，苏定方部久围不下。到了龙朔二年（662）暮春，大雪纷飞，天寒地冻，士兵惧寒，粮食又快吃完，苏定方不得不带兵撤退，第二次征讨高句丽又以失败告终。

乾封元年（666），高句丽大将盖苏文去世，内部权力动荡，于是唐朝趁机第三次派大军东征。六月，唐高宗派遣契苾何力、薛仁贵、庞同善、高侃等大将征讨高句丽。十一月，唐高宗又派经验丰富的李勣作为主帅，统一指挥辽东各军。乾封二年（667）二月，李勣率大军渡过辽水；九月攻取前面几次东征未能攻克的军事重镇新城；总章元年（668）二月攻克扶余城，扶余川中40余城亦望风归降；总章元年（668）九月，唐军诸道兵马会师平壤城下，合围平壤月余，后来高句丽僧信诚叛变为内应，打开平壤城门，唐军冲入城中。至此，建国 705 年的高句丽终为唐所灭，隋唐对高句丽的战争前后持续了 70 年。

安东都护府

总章元年（668）十二月，唐朝在高句丽故地设置安东都护府，其统辖范围为原高句丽旧境和东北诸靺鞨部落。安东都护府设有 9 个都督府、42 个州、100 个县。在当地的各级地方官员中，既有亲唐的高句丽官员，也有中原汉官，他们和驻守武将共同负责当地的各项管理事宜，其治所回迁到辽东郡故城后，当地任职的汉官皆由高句丽人取而代之，大有"高句丽人管理高句丽人"的意思。此外，安东都护府下属羁縻府州的高句丽官员，亦实行世袭制。

尽管唐朝在高句丽故地驻有重兵，但根本不能消除高句丽遗民的反抗情绪，因此薛仁贵赴任后开启了移民潮，"徙高丽户三万八千二百于江淮之南，及山南、京西诸州空旷之地，留其贫弱者，使守安东"。移民的目的很简单，就是为了便于监视怀有复国情绪的原高句丽上层和贵族子弟。

咸亨元年（670）四月，唐朝委任安东都护薛仁贵为逻娑道行军大总管，率军西援吐谷浑，辽东防务一时空虚。更致命的是，辽东道

> 高丽国旧分为五部，有城百七十六，户六十九万七千；乃分其地置都督府九、州四十二、县一百，又置安东都护府以统之。擢其酋渠有功者授都督、刺史及县令，与华人参理百姓。乃遣左武卫将军薛仁贵总兵镇之。
> ——《旧唐书·高丽传》

安抚使刘仁轨在完成羁縻州县的建设后，也离任回京。刘仁轨、薛仁贵都是灭亡高句丽的功臣，他们的存在就是对高句丽遗民的最大威慑，两人离去之后，高句丽旧臣便蠢蠢欲动。原高句丽将领钳牟岑（一作剑牟岑）觉得时机成熟，于是"率众反，立藏外孙安舜为主"。高宗得知此讯后，立即派高侃和李谨行（粟末靺鞨人）二人，率偏师（在主力军翼侧协助作战的部队）前往辽东平叛，经过四年的拉锯战才平定了这场遗民叛乱。

新罗崛起，唐朝势力退至大同江以北

咸亨元年（670）三月，新罗派遣大将薛乌儒，伙同高句丽旧臣高延武，率兵万余，渡过鸭绿江，占领了乌骨城（位于今辽宁凤城边门镇）。与此同时，在朝鲜半岛的西南部，也就是唐朝控制下的熊津都督府（即百济故地），新罗也发起了攻势，攻占了82座城池，唐朝与新罗的关系彻底决裂。咸亨三年（672），新罗吞并熊津都督府全境，唐将薛仁贵被迫退回内陆。面对新罗的步步紧逼，唐高宗在咸亨五年（674）二月任命大将刘仁轨为鸡林道行军大总管，李谨行为副手，率大军再次进攻新罗。上元二年（675），刘仁轨大破新罗重镇七重城，之后在买肖城又三败新罗。

经过多年战争，新罗国力大损，意识到通过战争无法使唐军退出朝鲜半岛，因此在买肖城之战后便向唐朝遣使谢罪。而唐朝也意识到，以现有驻朝鲜半岛的唐军，已经很难将新罗击败，况且西线的吐蕃已经成为唐朝的心腹大患，中央已无力派遣多余的军队去经营朝鲜半岛。唐高宗接受了新罗的谢罪，唐朝与新罗的战争也宣告结束。战争结束后，虽然新罗再次成为唐朝的藩属，但是两国的关系已经大不如前。

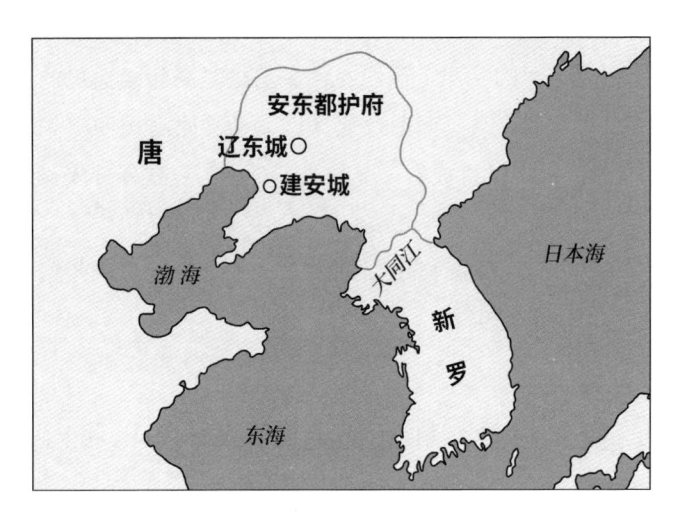

安东都护府治所北迁辽东城

唐罗战争后,安东都护府的治所平壤城已破败不堪。上元三年(676),安东都护府的治所从平壤迁至辽东郡故城(今辽宁辽阳),安东都护府也"降格"为安东都督府,"徙熊津都督府于建安故城(今辽宁盖州青石关古城),其百济户口先徙于徐、兖等州者,皆置于建安"。治所的迁移标志着安东都护府的统治中心由朝鲜半岛转移到辽东,唐朝在朝鲜半岛,尤其是大同江以南的统治也就日渐衰弱了。

安史之乱爆发后,唐朝对东北地区的统治遇到了严重的危机。许多高句丽遗民选择投奔渤海国,"自是高丽旧户在安东者渐寡少,分投突厥及靺鞨等,高氏君长遂绝矣"。

维护西域统治的四大支柱

安西四镇,唐廷征战扩张和保卫领土的抓手

7世纪中叶开始,唐朝通过一系列军事行动,拓宽了与西方往来的商路。为巩固这一具有重要政治、经济、文化意义的东西通路,太宗贞观十四年(640),唐朝平定高昌后在其地设西州都护府,治所在西州,同年九月在交河城(今新疆吐鲁番西雅尔郭勒)设安西都护府以制衡西突厥。

贞观二十二年(648)击败龟兹国后,唐朝将安西都护府迁至龟兹,始创安西四镇。根据《旧唐书·龟兹传》记载:"先是,太宗既破龟兹,移置安西都护府于其国城,以郭孝恪为都护,兼统于阗、疏勒、碎叶,谓之'四镇'。"

唐灭高昌

高昌国故地在今新疆吐鲁番地区，原为车师前国的领地，公元前1世纪，西汉大将赵破奴扫边扩疆，攻克车师后，高昌与交河古城随之归属汉王朝。魏晋南北朝时期，这里先后为前凉、前秦、后凉、北凉、西凉所有，后来又被柔然占领，屡屡更迭统治者。北魏太和二十三年（499），金城郡（兰州）榆中人麴嘉成为高昌王，子嗣沿袭，在这片土地上统治了140余年。高昌麴氏有两支，来自兰州榆中的一支为中央王族，来自青海西宁的一支为地方旁支，虽然高昌国内多民族杂居，但仍属于汉人建立的政权。

唐高祖时期，高昌王麴文泰向唐朝进贡了一对狗，唐太宗时期又进贡了一件狐皮裘以示友好，唐太宗高兴之下赐麴文泰妻子姓李，高昌王麴文泰归藩。西域诸国看到麴文泰亲唐，随即便在突厥与大唐之间站队，实际上麴文泰首鼠两端，一面归藩大唐，一面又勾结突厥，利用高昌国占据丝路交通要道之便，扣留、阻挠大唐商旅使节，甚至勾结突厥袭击大唐。唐朝发觉后派使者到高昌警告麴文泰守规矩，不然就派兵灭了他，不料麴文泰对使者说："鹰飞于天，雉伏于蒿，猫游于堂，鼠叫于穴，各得其所，岂不能自生邪？"唐太宗知道后大怒，于贞观十四年（640）派侯君集带15万大军攻灭高昌。

在熟悉地形的唐将契苾何力（蕃将，复姓契苾，名何力，铁勒族）带领下，15万唐军很快来到了高昌国，末代国王麴文泰一听有15万人马，吓得面如土色，惊惧之下一命呜呼。麴文泰的儿子麴智盛在恐惧中向侯君集投降，唐太宗册封麴智盛为金城郡公，他的弟弟麴智湛为右武卫中郎将、天山县公。武周天授元年（690），麴智湛的儿子麴崇裕被武则天授为左武卫大将军、交河郡王，享受皇族待遇。

唐灭高昌国后，在其地设立西州和庭州，同时疏勒和于阗也归附唐朝，这意味着唐朝从此进入西域，开始大规模经营丝绸之路。

碎叶，一座西陲重镇

碎叶城位于今吉尔吉斯斯坦楚河州托克马克市西南8公里处，从中亚地理形势来看，碎叶城位于中亚中心地区，依山面河，战略地位十分重要。"碎叶"因临碎叶水而得名，碎叶是突厥语（意为"两水交汇处"），最初也叫"楚河"。

6世纪中叶，突厥摆脱柔然的统治，逐步称雄漠北，至6世纪末分裂为东西突厥，于是从阿尔泰山以西直至里海为止的广大区域，都在西突厥的统治下。东突厥听命于隋朝，隋末

"楚河"西汉以前称塞河，是夹在咸海以东锡尔河与天山西北额尔齐斯河中间的一条河，位于现在吉尔吉斯斯坦与哈萨克斯坦境内。公元前36年，西汉王朝驱逐匈奴出天山以西至锡尔河一带后，筑城驻守，城名"楚"（当时将士多楚人），逐改塞河为"楚河"。

碎叶城地理位置

时，东突厥之地已悉数归属隋朝。后来随着唐朝统一事业的推进，西突厥与唐廷关系也日益密切。在唐初阿史那贺鲁（西突厥汗国大将，室点密可汗五世孙）没有叛乱前，西突厥的统治者都要由唐庭册封任命后才能行使职权，西突厥和唐朝已经完全是一种臣属的关系。

自贞观七年（633）唐朝首次册立西突厥可汗，至贞观十三年（639），"弩失毕部落酋帅迎咥利失弟伽那之子薄布特勤而立之，是为乙毗沙钵罗叶护可汗。乙毗沙钵罗叶护可汗既立，建庭于睢合水北，谓之南庭。东以伊列河为界……累遣使朝贡，太宗降玺书慰勉。贞观十五年，令左领军将军张大师往授焉，赐以鼓纛。于时咄陆可汗与叶护频相攻击，会咄陆遣使诣阙，太宗谕以敦睦之道"，表明西突厥地区的咄陆和弩失毕两部的可汗人选最后得由唐庭表态，且日常的内部矛盾也由唐廷裁决，当两部不和时，唐朝也会派使劝谕慰解。文中所称的"睢合水"即为碎叶水的谐音。

高宗显庆三年（658），唐朝平定了阿史那贺鲁叛乱，在西突厥本土设立羁縻府州，碎叶城归唐廷管辖。同时分西突厥置昆陵、濛池二都护府（皆隶属于安西大都护府），令阿史那弥射和阿史那步真分主碎叶水东、西——东边咄陆诸部归阿史那弥射统辖，拜兴昔亡可汗兼昆陵都护；西边弩失毕诸部归阿史那步真统辖，拜继往绝可汗兼濛池都护。其中濛池都护府的治所即为碎叶，不过唐廷并未派军进驻其地。

斛瑟罗镇碎叶

从高宗龙朔二年（662）年起，唐朝与吐蕃势力开始在西域正式交锋，由唐朝控制的西域地区出现了唐朝与吐蕃反复争夺的局面，西突厥阿史那氏王族成了双方争相扶植的对象。在这一时期，由唐朝册立并担任唐朝官爵的西突厥可汗有阿史那弥射、阿史那步真、阿史那元庆、阿史那斛瑟罗，而投靠吐蕃与唐朝为敌的西突厥可汗则有阿史那都支、阿史那车薄、阿史那俀子、阿史那仆罗、阿史那拔布。龙朔二年（662），吐蕃夺取了龟兹及唐领西突厥，阿史那弥射旧部阿史那都支和阿史那步真旧部李遮匐"附于吐蕃"，合称二蕃，导致唐军一度退守西州、庭州、伊州，而碎叶即李遮匐牙庭所在地。

高宗调露元年（679），唐安抚大使裴行俭平定匐延都督阿史那都支等人的反叛后，又重置四镇，"立碑于碎叶城，以纪其功"。裴行俭留其副将安西都护王方翼统兵镇守，这是唐朝军队进驻碎叶的历史开端。故从此时起，安西四镇是碎叶、龟兹、于阗、疏勒，可见碎叶置镇始于此年。出于屯兵备战的需要，王方翼修建衙署。恢复四镇之后，西域形势并没有彻底安定，高宗永淳元年（682），西突厥阿史那车薄与三姓咽面（西突厥别部）率部反叛，围攻弓月城，王方翼在战斗中负伤。武后垂拱元年（685），西突厥首领他匐发动了反唐叛乱，碎叶镇失守，垂拱二年（686）阿史那斛瑟罗（西突厥继往绝可汗，阿史那步真之子）击平他匐叛乱，重新夺取碎叶。

武周天授元年（690），后突厥可汗骨咄禄向西域展开猛烈的攻势，攻陷碎叶。次年，突骑施首领乌质勒（后被唐中宗封为"怀德郡王"，与安西大都护共守西方边境）大破东突厥，光复碎叶。在这一年，乌质勒主动交回碎叶，碎叶重新取代焉耆，备列安西四镇。武周长寿元年（692），武威军总管王孝杰等率军击破吐蕃，收复四镇，在吸取安西四镇几度失陷的教训后，唐廷为巩固西疆的边防，遣军两万四千人常驻四镇，从此安西四镇的形势才稳定下来。武周圣历二年（699），碎叶镇又陷于后突厥，乌质勒移衙碎叶。到了武周久视元年（700），朝廷采纳阿史那忠节的建议，令"西突厥竭忠事主可汗斛瑟罗为平西军大总管，镇碎叶"，并设有汉军驻防。

来回搬迁的安西都护府

贞观十四年（640），唐太宗派吏部尚书侯君集为交河道大总管，和薛万均、萨孤吴仁、契苾何力、牛进达等率军击灭了高昌国，准备在高昌地区设立和内地一样的州县以治理。首先在平服了的高昌国地区设西州，由唐朝直接派官员统治，同时设立统领西域的最高军政机构——安西大都护府。

都护的主要责任是"抚慰诸蕃，辑宁外寇，觇候奸谲，征讨携贰"，都护府既是行政管理机关，又是军事指挥机关，所以都护府是统治西域的最高军政机构。都护府分大、上两种，大都护府比上都护府的组织要大。安西属大都护府，设有大都护一人，从二品；副大都护四人，正四品上；还有长史、司马、录事参军等官职。

贞观十八年（644）起，焉耆在西突厥贵族的煽动下发动叛乱，安西都护郭孝恪率兵灭焉耆国；到了贞观二十二年（648），唐廷又派大将阿史那社尔、契苾何力、郭孝恪等发铁勒十三部兵十万讨平龟兹国（都伊逻卢城，今库车县），西域震慑。于是即在龟兹设龟兹都督府，在焉耆设焉耆都督府，在疏勒国（都伽师城，今喀什市）设疏勒都督府；在于阗（都西山城，在今和田县治西）置毗沙都督府，又将原设于西州的安西都护府移置龟兹，统辖焉耆、龟兹、疏勒、毗沙四都督府。

高宗永徽二年（651），西突厥瑶池都督阿史那贺鲁发动叛乱，安西都护府只好仍然移置西州。高宗显庆三年（658）平定叛乱后，又将安西都护府迁回龟兹。为了更有效地治理西突厥地区，即在原瑶池都督府所属区域分设了昆陵（在碎叶东）、濛池（在碎叶西）两都护府，在锡尔河、阿姆河流域及其以南地区分设都督府州，归属安西都护府统领。高宗咸亨元年（670），龟兹被吐蕃贵族攻陷，因而从公元670年至692年的二十多年期间，安西都护府迁至碎叶城。

在安西都护府下还有著名的安西四镇，即龟兹、疏勒、于阗、碎叶，前三镇在塔里木盆地，碎叶则在中亚的楚河流域，有时以焉耆代替碎叶，特别是在碎叶地区属北庭都护府管辖后，焉耆就固定地成为安西四镇之一。怛罗斯之战后不久，唐朝就爆发了"安史之乱"，吐蕃趁机攻陷了河西走廊，几十年后，唐朝在西域的据点包括碎叶相继被吐蕃攻陷。

"都护制"首创于西汉，在盛唐大放光彩。唐朝曾设九个都护府，到唐玄宗开元、天宝时还有六大都护府：安东都护府、安北都护府、单于都护府、安西都护府、北庭都护府、安南都护府，这六大都护府是唐帝国对外扩张、对内镇压的利器。

抱火卧薪的盛世

继承人风波

武则天深幽难测的最后岁月

圣历元年（698），群臣奏请召庐陵王李显回京，武则天再次封李显为皇太子。久视元年（700），武则天大宴李唐宗室和武氏子弟以缓和两家关系，武则天似乎已经开始考虑身后事，在做长远的政治安排了。武则天称帝后本有心让武氏子弟接班，但后来随着形势变化权衡再三，最终还是定下了还位李唐的政治方针。

公元701年，武则天决定自洛阳重返长安（也许是准备在长安交接班），改年号为"长安"并大赦天下。而此时，武则天越来越重用男宠张易之、张昌宗兄弟，李重润（中宗子，时封邵王）与其妹永泰郡主及郡主的驸马武延基对此不满，私下议论，张易之得知后在武则天面前诬毁这三个年轻人。武则天听后十分恼怒，赐死李重润、永泰郡主及武延基。既已准备交班给李显，武则天为什么还要杀死李显的孩子、自己的皇孙呢？推测可能是武则天让李显处理此事，李显过度恐惧中直接或间接杀死了儿子李重润和女婿武延基，永泰郡主受惊吓后难产而死，而李唐皇室就把这笔账全记在了武则天头上。

暗流汹涌

武则天是一位可以为了权力不顾一切的君主,唐高宗的第一任太子李忠因为不是武则天所生,很快就被废黜杀死;武则天的长子李弘被立为第二任太子,但在一些思想观念上冲撞了母亲,后来"暴薨",原因不明;次子李贤是高宗朝的第三任太子,也因为不甘心做傀儡被废,在放逐地巴州自杀。

李显是唐高宗李治和武则天生的第三个儿子,在唐高宗的八个儿子中排序第七,先是被封为周王,后改封英王,有三个哥哥做"榜样",李显自然事事唯母亲命令是从。永隆元年(680),李显被立为皇太子,唐高宗病逝后,即位为唐中宗。即位不到一个月,不满足监国地位的武则天就以李显一句要给岳父韦氏授官的气话为由废黜了他,被降封为庐陵王的李显,从此开始了漫长的囚禁生涯。被软禁的李显明白,自己不论是在囚禁地暴薨,还是被赐死,都是意料之中的事,因此他整日提心吊胆。根据《旧唐书》记载,"上每闻敕使至,辄惶恐欲自杀",李显每次听到有长安的使者前来,就间歇性精神失常,惶恐地要找刀子自杀。

圣历元年(698)九月,武则天派徐彦伯迎庐陵王回长安,差一点儿自杀的李显突然间又成了太子,重回政治舞台的中心。回到长安后,李显除了继续夹着尾巴做人外,还变得聪明了许多,决心向武家靠拢,通过与武家联姻来稳固地位。他将一个女儿(永泰郡主)嫁给了武则天的侄孙武延基,又将另一个女儿(安乐郡主)嫁给了武则天的另一个侄孙武崇训。武则天非常在意武氏和李氏在自己死后的关系,现在她有意扶为继承人的李显主动与武家搞好关系,令她十分满意。

晚年的武则天有两个判断是正确的：其一，她心里很清楚自己死后，武周王朝将被颠覆，李氏皇族将复辟唐朝；其二，她意识到了武家子弟的权力基础完全建立在自己身上，武周王朝被颠覆后，武家子弟也会落得一个身死族灭的下场。为了避免这样的结局，最起码要保证武家子弟的安全，武则天要抓住有限的时间进行布局，但她的布局被男宠张易之和张昌宗严重破坏了。

张易之与张昌宗二人倚仗女皇的宠幸，专权跋扈，朝廷百官都畏之如虎，引起了许多人的不满。李重润、李仙蕙兄妹俩暗地里讨论二张专权，张易之得知后添油加醋向武则天进谗言。武则天严令李显鞫问子女，万般无奈的李显只得逼死了儿子和女儿，张氏兄弟又将永泰郡主的丈夫武延基下狱逼死。如此，张氏兄弟将李氏和武氏都得罪了，这两家人在反对张易之兄弟一事上很快达成了共识。

武则天听信谗言

神 龙 政 变

长安四年（704）十二月，80岁的武则天因病避居迎仙宫，同时开始为身后挑选合格的丞相，选中的人就是后来因功进封为汉阳郡王的张柬之。公元705年，武则天改年号为"神龙"，这一年就被称为神龙元年，暮年武则天在这一年以非常方式被迫离开了权力竞技场，后人称其为"神龙政变"，武则天精挑细选的辅政丞相竟然是这场政变的主谋之一。

张柬之能够成为丞相简直是个奇迹，张柬之虽然能力出众，但在神龙元年（705）的时候已经80岁了，那个年代能活到这个年纪的人简直就是"人瑞"了。早先狄仁杰曾极力推荐张柬之接替自己，因此张柬之一度入京为官，但不久就因违逆武则天的旨意被逐出京师，外放地方为官；后经姚崇推荐，很快升迁为凤阁侍郎，负责朝廷政事。张柬之虽老，却渴望着建功立业，他心怀李唐王朝，所以很快就联系了若干正直的大臣和部分羽林军将领，出面组织、策划了铲除二张、复辟李唐的计划，连一向懦弱怕事的李显也同意参与其中。至此，一个以李显为名义首领、张柬之为主谋的政变集团迅速形成了，同时，张柬之安排了桓彦范和敬晖二人担任羽林将军，掌握禁军以为政变提供保障。

神龙元年（705）正月，几乎只有张易之、张昌宗侍奉在武则天左右，外人不得入内，从迎仙宫传出的消息越来越少，政变集团以此为由开始发难。张柬之、崔玄暐、桓彦范与左威卫将军薛思行等人率领左右羽林兵五百余人来到神都紫微城北门玄武门，虽然在宫门口与守卫发生了小规模冲突，但众人簇拥着李显轻易斩关而入。

武则天正在迎仙宫的集仙殿养病，张易之、张昌宗二人听到外面喧嚣，拿着兵器出来察看时被汹涌而来的羽林军将当场杀死。武则天听到外面人声嘈杂，心知有变，于是强撑病体坐起来，当她看到张氏兄弟横尸廊下，张柬之等人持剑而来，便大致知道了情况。众人推拥着李显来到武则天病床前，说："以前高宗皇帝将太子殿下托付给陛下，现在太子年纪已长，天意人心都归顺太子。臣等不忘太宗、高宗皇帝的厚恩，所以奉太子诛贼，请陛下立即传位太子，上顺天心，下孚民望。"武则天已经没有精力再跟儿子和大臣们理论了，只能默默地低下头同意了。

迁都洛阳之谜

唐高宗于显庆二年（657）改洛阳为东都，此后频繁往返于两都之间，但以住洛阳居多。武则天称制后于光宅元年（684）迁都洛阳，改"东都洛阳"为"神都洛阳"，意为"神州大地之都"，洛阳自此成为武周时代的政治中心。

从政治角度来看，长安是大唐的象征，是李唐皇室的大本营，而武则天在长安永远都有曾经武才人的烙印，只有到了洛阳，她才能算是权倾天下的大周皇帝。

就地理位置而言，洛阳适宜作国都。唐朝历经太宗、高宗两朝，疆土不断扩大，至高宗总章元年（668）左右达到了顶峰。由于长安在版图上的位置偏西，失去了居中而摄天下的作用，而洛阳西接关中盆地，东连华北平原，自古就被称为"天下之中"。洛阳北枕黄河，隔河遥峙太行、王屋等山，北面又有邙山作天然屏障；南有险峻的伊阙，再南遥峙熊耳、少室诸山；西控崤、函之险；东扼虎牢、黑石等关；中有土壤肥沃的伊洛平原，粮食足以自给。因此洛阳是一个"控以三河，固以四塞"的形势要地，具有制内御外的优越军事条件。

就经济而言，洛阳所在的关东地区的经济条件要优于长安所在的关中地区，自古以来农

> 唐兴，高祖改郡为州、太守为刺史，又置都督府以治之。然天下初定，权置州郡颇多。太宗元年，始命并省，又因山川形便，分天下为十道：一曰关内，二曰河南，三曰河东，四曰河北，五曰山南，六曰陇右，七曰淮南，八曰江南，九曰剑南，十曰岭南。至十三年定簿，凡州府三百五十八，县一千五百五十一。明年，平高昌，又增州二，县六。其后，北殄突厥颉利，西平高昌，北逾阴山，西抵大漠。其地：东极海，西至焉耆，南尽林州南境，北接薛延陀界；东西九千五百一十一里，南北一万六千九百一十八里。景云二年，分天下郡县，置二十四都督府以统之。
>
> ——《新唐书》

业就很发达。然而关中地区的农业经济自东汉以来,其重要性便日益下降,加上关中适宜农耕的土地面积有限,导致粮食供应成为长安的一大难题。陈寅恪先生认为:"夫帝王之由长安迁居洛阳,除别有政治及娱乐等原因,如隋炀帝、武则天等兹不论外,其中尚有一主因即经济供给之原因是也。"隋唐时,"大运河"的核心中转就在洛阳,"漕运"供应方便,这条大动脉很容易将长江以南的稻米及其他物资运送到洛阳。

壁画背后的悲剧

17岁的郡主(李仙蕙)和她19岁的哥哥(李重润)、20来岁的丈夫(武延基)死在一个堪称太平盛世的时代……李显复位后决定重新礼葬哥哥李贤和儿女李重润、李仙蕙,他将李贤的墓由巴州迁回长安,将儿子和女儿的墓葬规格提升为陵,成为乾陵的陪葬墓,并追封李仙蕙为"永泰公主",追封李重润为"懿德太子",让他们享受了生前没能得到的荣耀。

一个为三位冤魂重新建造与其身份相应的陵墓的工程就此启动,以山水画闻名朝野的画家李思训(李唐本家)成了工程总指挥。李思训还选出了一批能胜任这项具有重大意义的工程的设计师和画师,这些人既要熟悉宫廷生活,也要拥有一流的绘画水平,阎立本的弟子、吴道子(画圣)等都在其中,他们所作的壁画再现了唐代宫廷生活的千姿百态。

懿德太子墓的墓道两壁以楼阙城墙为背景,描绘了太子出行仪仗;甬道及墓室壁面绘以持物宫女、伎乐侍奉等宫廷生活画面;墓顶绘天象。《阙楼仪仗图》是懿德太子墓壁画的一部分,三出阙超越了太子使用二出阙的标准,显然是因此墓"号墓为陵"而依天子之礼构筑。"三出阙"楼,一座母阙、两座子阙,阙楼乃砖砌台基,台上雕刻的花纹、阙楼的挑檐及斗拱、鸱尾等都描绘得清晰可辨,再衬托山峦、树木之景，更见阙楼气势恢宏。下列三军仪仗，包括步兵、骑兵和车马队，画中众人皆仰首以待，不禁让人联想到王维诗"九天阊阖开宫殿，万国衣冠拜冕旒"所描绘的大唐盛世。

懿德太子墓墓道西壁《阙楼仪仗图》局部（左）及《内侍图》局部（右）

（图片来源于网络）

《永泰公主墓宫女图》局部（图片来源于网络）

永泰公主墓墓冢为覆斗形，墓道两侧彩绘有青龙、白虎和武士组成的仪仗队。墓室墙壁画有6幅宫女图，尤以东侧南首之图为代表：画中人物为九位风姿绰约的宫女，她们头梳高髻，肩披纱巾，长裙曳地，个个体态丰盈，婀娜多姿。她们手捧方盒、酒杯、拂尘、如意、团扇、蜡烛等物，在为首女官的引领下款款徐行，或低语、或回顾、或凝神，神态被描绘得细致入微，生动传神，体现了大唐喜好秀丽丰满、华贵妩媚的女子的风尚。

虽说公元701年的政局暗潮涌动，但李白（701—762）和王维（693？694？701？—761）这两位伟大诗人诞生于这一年，似乎让这一年有了名垂千古的味道。王维15岁入长安，20岁高中进士，仕途相对平坦；而李白一直浪迹江湖，怀抱远大政治理想却一生没有参加科举，走了一条异于常人的路，直至41岁时被唐玄宗召入长安才获一朝荣宠。

"二次元"青年李隆基

做个才子真绝代，可怜薄命作君王

在古代，皇帝是一种近乎神圣的存在，其中有开疆拓土建立盛世的，也有沉迷享乐不思进取的，更有不务正业的"艺术家"天才，附庸风雅的乾隆帝在唐、宋的皇帝前辈面前，简直就是"三脚猫功夫"。宋朝皇室专业培养书画家，全球巡展都能艳压群芳；唐朝皇室专业培养顶级声乐舞蹈团，从"李隆基＋杨玉环"到"李煜＋周后"的夫唱妇随，惊艳了世界艺术舞台。

若是生活在现代社会，唐玄宗李隆基就是"网红"或者"顶流"明星，他擅长专业策划和制作精品文化节目，与时俱进，与民同乐。开创了"开元盛世"后，李隆基觉得余生的使命应该是丰富年轻一代子民的文化生活！

洞晓音律，由之天纵

历代君王中，李隆基对音乐的研究是最深入的，他精通各种吹拉弹奏乐器，创作更是不在话下。大名鼎鼎的《霓裳羽衣曲》融歌、舞、器乐演奏为一体，演绎了道教仙人在上界的生活情状，历来被赞为仙乐。李隆基的创作心路历程是怎样的？是完全原创，还是重新编曲的？是中国宫廷雅乐的延续，还是兼容并包了域外的艺术特点？主流的说法大致有三种。

一种观点认为《霓裳羽衣曲》就是《婆罗门曲》，依据《唐会要》所记载的，天宝十三载（754），太乐署将"婆罗门改为霓裳羽衣"。

一种观点认为《霓裳羽衣曲》是玄宗登三乡驿高处望女儿山仙女庙，产生联想后创作的，但只写了前半部分，后来听到《婆罗门曲》才借之续成全曲，并配以歌舞。

一种观点是玄宗游月宫后作《霓裳羽衣曲》，这个观点最为大众所接受。虽然传说荒诞神奇，但也有历史依据。唐玄宗一向尊崇道教，经常想入非非，某次神情恍惚梦游月宫时闻奏仙乐，进而激发了创作灵感。时值西凉都督杨敬述进献《婆罗门曲》，与其声调相符，于是以月宫中听到的仙乐为"散序"，以《婆罗门曲》为"腔"，作成此曲。

"散序"，隋唐燕乐大曲的开始部分，节奏自由，器乐独奏、轮奏或合奏，但不歌不舞，白居易的《霓裳羽衣歌（和微之）》中就有提到："散序六奏未动衣，阳台宿云慵不飞。"

"腔"，乐曲的调子。

异域曲源，中西合璧

婆罗门即天竺，《婆罗门曲》为天竺舞曲，是从西域、中亚诸国传入唐朝的。据史书记载，十六国时期，即有各类天竺乐器和乐舞曲传入中国；前秦吕光西伐龟兹及焉耆，又把西域的许多乐器和乐曲带到凉州，《婆罗门曲》差不多就是在这一时期传入凉州，成为西凉乐舞的组成部分。

《婆罗门曲》本是佛曲，此类乐曲的产生和僧侣望月修行的仪式有关。《佛说月喻经》以满月之明净比喻僧侣内心之澄明，故在《增一阿含经》中有："犹如婆罗门，月初生时，随所经过日夜，光明渐增，稍稍盛满，便于十五日具足盛满。一切众生，靡不见者。"由此可见，《婆罗门曲》也和"望月"有着紧密的联系。

开元九年（721），突厥侵犯甘、凉诸州，凉州都督杨敬述战败，但他向唐玄宗进献了《婆罗门曲》。这支与唐朝流传的曲子有较大不同的外国乐曲，结束时轻声拖音，渐缓煞尾，不似普通大曲，曲终声音高亢，戛然而止。此曲令玄宗耳目一新，满心喜欢，所以尽管杨敬述打了败仗被削去官爵，但仍然以白衣检校凉州都督。

即使《霓裳羽衣曲》的部分创作借鉴了《婆罗门曲》，但这不是简单的曲目移植，而是以中原的清商乐为主，糅合《婆罗门曲》，进而创造了符合大唐审美的极美仙境，使人有亲临神仙天府的感觉。乐曲既有中原的主流曲调，又有取自西方印度的佛曲元素，并以此表现中国道教的神仙故事，在艺术上是有独创性的，也是盛唐兼收并蓄的文化风貌和高度艺术底蕴的体现。

绝代才子，夫唱妇随

白居易在七古长篇《霓裳羽衣舞歌》中对此曲的结构和舞姿作了细致描述：全曲共三十六段，分散序（六段）、中序（十八段）和曲破（十二段）三部分。散序为前奏曲，全是自由节奏的散板，不舞不歌；中序又名拍序或歌头，是一个慢板的抒情乐段，中间也有由慢转快的几次变化，按乐曲节拍边歌边舞；曲破又名舞遍，是全曲高潮，以舞蹈为主，繁音急节，乐音铿锵，速度从散板到慢板再逐渐加快到急拍，结束时转慢，舞而不歌。

《霓裳羽衣曲》在宫廷中备受青睐，在盛唐时期的音乐舞蹈中占有重要地位。李隆基亲自教梨园弟子演奏，采用了磬、筝、箜篌、筚篥、箫、笛、笙等金石丝竹独奏或轮奏，由宫女30人演唱，宠妃杨玉环领舞。《霓裳羽衣曲》的乐、舞、服饰都着力表现虚无缥缈的仙境和舞姿婆娑的仙女形象，引得唐代文人骚客为其歌咏笔录，白居易盛赞《霓裳羽衣曲》"千歌万舞不可数，就中最爱霓裳舞"。

自公元618年建国，至发展成一个盛世帝国，大唐一直胸襟开阔，接纳世界各国宗教、文化和艺术，在这种氛围里，中原的音乐和舞蹈得到了空前的发展，并远播海外，影响至今。尤其唐代文士礼佛及与佛教僧徒交往之风盛行，细密精深的佛理、意味幽远的禅意也使得唐代艺术文化创作中弥漫着浓郁的佛学气息，直指内心的深层，表达了心灵深处的生命意向和对生存状态的终极关怀。

我昔元和侍宪皇，曾陪内宴宴昭阳。千歌万舞不可数，就中最爱霓裳舞。舞时寒食春风天，玉钩栏下香案前。案前舞者颜如玉，不著人间俗衣服。虹裳霞帔步摇冠，钿璎累累佩珊珊。娉婷似不任罗绮，顾听乐悬行复止。磬箫筝笛递相搀，击㧒弹吹声逦迤。散序六奏未动衣，阳台宿云慵不飞。中序擘騞初入拍，秋竹竿裂春冰坼。飘然转旋回雪轻，嫣然纵送游龙惊。小垂手后柳无力，斜曳裾时云欲生。螾蛾敛略不胜态，风袖低昂如有情。上元点鬟招萼绿，王母挥袂别飞琼。繁音急节十二遍，跳珠撼玉何铿铮！翔鸾舞了却收翅，唳鹤曲终长引声。当时乍见惊心目，凝视谛听殊未足。一落人间八九年，耳冷不曾闻此曲。湓城但听山魈语，巴峡唯闻杜鹃哭。移领钱塘第二年，始有心情问丝竹。玲珑箜篌谢好筝，陈宠觱篥沈平笙。清弦脆管纤纤手，教得霓裳一曲成。虚白亭前湖水畔，前后只应三度按。便除庶子抛却来，闻道如今各星散。今年五月至苏州，朝钟暮角催白头。贪看案牍常侵夜，

唐玄宗与杨贵妃

这首于唐王朝最兴盛时期创作的《霓裳羽衣曲》于安史之乱后渐渐失传，随着唐王朝的衰落，一代名曲居然落到了"答云七县十万户，无人知有霓裳舞"的地步。两百年后，南唐后主李煜与其昭惠后周娥皇曾试图补缀成曲，复原了部分《霓裳羽衣曲》，令其重现当年的荣光，可是终究在金陵城破时被李煜下令付之一炬。

不听笙歌直到秋。秋来无事多闲闷，忽忆霓裳无处问。闻君部内多乐徒，问有霓裳舞者无？答云七县十万户，无人知有霓裳舞。唯寄长歌与我来，题作霓裳羽衣谱。四幅花笺碧间红，霓裳实录在其中。千姿万状分明见，恰与昭阳舞者同。眼前仿佛睹形质，昔日今朝想如一。疑从魂梦呼召来，似著丹青图写出。我爱霓裳君合知，发于歌咏形于诗。君不见我歌云"惊破霓裳羽衣曲"，又不见我诗云"曲爱霓裳未拍时"。由来能事皆有主，杨氏创声君造谱。君言此舞难得人，须是倾城可怜女。吴妖小玉飞作烟，越艳西施化为土。娇花巧笑久寂寥，娃馆苎萝空处所。如君所言诚有是，君试从容听我语。若求国色始翻传，但恐人间废此舞。妍媸优劣宁相远，大都只在人抬举。李娟张态君莫嫌，亦拟随宜且教取。

——白居易《霓裳羽衣舞歌》

1400年前唐代宫廷所演奏、表演过的乐曲和舞蹈绝大部分已失传，如今我们也只能根据存世文物严谨复原唐代乐器，谨慎解译残存的唐乐古谱，感受那一丝盛唐艺术，仿佛能从中一瞥当年大唐的辉煌。

东突厥死灰复燃

千年石碑，正面歌颂唐朝，背面挖苦控诉

唐玄宗励精图治，发展经济，开创了"开元盛世"。不过盛唐的周边局势却不容乐观，西部的吐蕃更加强盛，对河西走廊、西域，甚至长安都虎视眈眈；东北的渤海国崛起，不断吞噬辽东；西北的突骑施汗国也在崛起，成为唐朝难以驾驭的力量；西南地区，南诏统一，唐朝势力被迫退出。

与此同时，漠北的后突厥汗树起了复国大旗，在一代雄主毗伽可汗的带领下迅速重振国威，进入了中兴时期。毗伽可汗原名默棘连，是后东突厥建立者阿史那骨咄禄的长子，在默啜可汗时代担任突厥左贤王。开元四年（716）默啜可汗死后，毗伽之弟右贤王阙特勤起兵杀默啜之子，接着在开元七年（719）奉兄长默棘连即位。

漠北走一回

古代的"漠北"就是指戈壁滩和阴山以北的蒙古高原地区，这里自古以来就是游牧帝国的"龙兴之地"，匈奴、鲜卑、柔然都曾在这里崛起。而阴山之南的"漠南"则是游牧民族和农耕民族长期争夺的地区，若是游牧民族占据漠南，他们就会长驱直入中原；若是农耕民族占据此地，他们就会修建长城、屯田驻军、移民固边。中原王朝最早从战国时期开始占据漠南，隋朝时期，突厥内乱，隋文帝将启民可汗安置在漠南，后来东突厥席卷大漠，开始强盛起来。

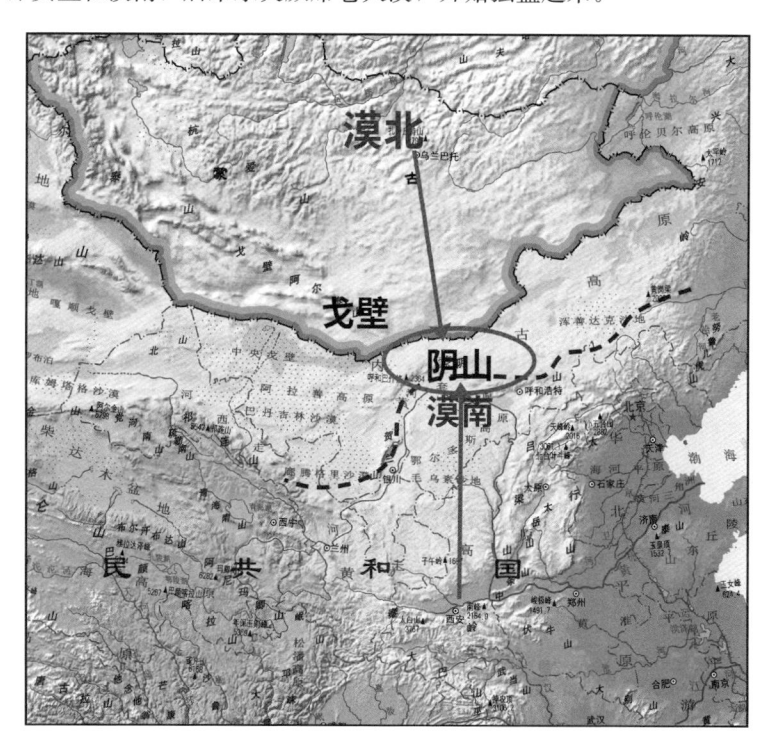

漠北与漠南

当时的漠北还有一股非常强大的势力叫"铁勒"(在汉时被称为"丁零"),与突厥势同水火。"铁勒"有回纥、仆固、契苾、浑、同罗、思结、拔野古、拔悉蜜、葛逻禄等九大部族,合称"铁勒九姓"。隋炀帝大业八年(612),铁勒被迫臣服于东突厥,直到唐太宗贞观二年(628),铁勒各部推举薛延陀部的俟斤夷男为可汗,再次建立了薛延陀汗国,并很快统一了漠北,使东突厥的强盛昙花一现。贞观三年(629),唐廷和薛延陀组成了联盟,南北夹击彻底消灭了东突厥,此后的大漠一分为三:薛延陀占据漠北,强盛一时;东突厥的残余势力——车鼻可汗(阿史那斛勃)盘踞在阿尔泰山一带;投降于唐朝的突厥部落则被安置在漠南,受控于瀚海都护府。

东突厥灭亡后,薛延陀汗国强盛,因而唐太宗将东突厥残余势力安置在漠南,以此来抵御薛延陀,此举引发了薛延陀的不满。贞观十三年(639),薛延陀发兵入侵漠南的突厥部落,被唐朝军队击败,薛延陀和唐朝的关系彻底地闹僵。贞观十九年(645),夷男可汗去世,薛延陀陷入了内乱,唐太宗在贞观二十一年(647)趁机派遣李勣出征薛延陀,铁勒各部纷纷投降,并尊称唐太宗为"天可汗",这标志着唐朝的势力正式进入了漠北地区。高宗永徽元年(650),唐朝又出兵灭了代表东突厥残余势力的车鼻可汗。不过唐朝灭了薛延陀和车鼻可汗后并未在漠北驻扎军队,而是将军队撤回到了漠南,并在漠南受降城设置了燕然都护府来遥控漠北。漠北地区深处蒙古高原,无法屯田,粮食需要远距离运输,因此难以长期驻军。

唐朝又在漠北铁勒各部置都督府或州,大部落置都督府,小部落置州,以其部落首领为长官,名义上归属于燕然都护府节制(这种制度在唐朝称之为"羁縻",在元、明、清称之为"土司")。这些部落中,回纥悄悄地发展强大起来,开始成为铁勒各部的首领,唐朝在贞观二十一年(647)以回纥部为瀚海都督府。高宗龙朔三年(663),

唐朝又将回纥的瀚海都督府提升为瀚海都护府（公元669年改名为"安北都护府"），相当于官方承认了回纥对漠北各部的控制。此举表面上看是唐朝终于将都护府（军事基地）迁徙到了漠北，实际上却意味着都护府名存实亡，唐廷势力撤出漠北。

东突厥的复国大计

高宗调露元年（679），东突厥发动叛乱，攻陷了单于都护府，踏上了复国之途，北部二十四州群起响应，蜂集数十万众，河东、河北诸道震动。唐朝扶持东突厥残余势力终酿成了大患，裴行俭两次出征，虽重创了突厥势力，但未能消灭其复国的火种。高宗永淳元年（682），阿史那骨咄禄收拢部众，于漠北乌德鞬山（今蒙古国杭爱山）设牙帐，黑沙城（内蒙古呼和浩特）设"南牙"（南庭），以其弟阿史那默啜为"设"，咄悉匐为"叶护"，重建了突厥政权。

因其政权重建于东突厥故地，为别于东突厥汗国，史称后突厥汗国。永淳二年（683），后突厥兵分两路，南路进攻唐朝，基本将唐朝军事实力赶出了漠南，北路进攻回纥。当时漠北发生了旱灾，铁勒各部又不甘被回纥统治，于是纷纷趁机叛变。武后垂拱元年（685），同罗部和仆固部对回纥部发动内战，回纥请求唐朝援助，然而唐朝的安西军队基本以游牧民族充任，难以管束，他们到达漠北后反而加重了漠北的混乱。此战后，回纥势力被严重削弱，唐朝名义上的安北都护府也宣告灭亡，东突厥得以乘机统一漠北。武周长寿二年（693），阿史那骨咄禄病卒，由于其子年幼，其弟默啜自立为可汗，标志着后突厥汗国全盛时期的到来。

后突厥汗国崛起期间，恰逢李唐与武周切换，唐朝内部政治斗争的波云诡谲，严重牵制了其对突厥势力的打击，一定程度上导致了突厥骑兵频频南下掠夺，定州、妫州、蔚州、朔州、代州、并州、岚州、幽州、会州等地屡遭血洗。到了中宗时期，唐朝对后突厥汗国开始采用强硬政策，任命张仁愿接任朔方道大总管，他一改之前消极防御的策略，力主增加战略防御纵深，在黄河北岸构筑了具有攻击性的防御体系。睿宗景云二年（711），默啜可汗遣使请和，并改变披发左衽（头发披散着，衣襟开在左边，古代北方少数民族的装束）的习俗，"幞头，衣紫衫，南向再拜，称臣"。

> 中宗即位，默啜又寇灵州鸣沙县。灵武军大总管沙吒忠义拒战久之，官军败绩，死者六千余人。贼遂进寇原、会等州，掠陇右群牧马万余匹而去，忠义坐免。中宗下制绝其请婚，仍购募能斩获默啜者封国王，授诸卫大将军，赏物二千段。又命内外官各进破突厥之策。
> ——《旧唐书·列传第一百四十四上·突厥上》

为缓解国内的经济压力，南下受阻的默啜被迫向西、北攻掠，这又导致西域的突骑施、西突厥、葛逻禄，东北方向的铁勒诸部、奚、契丹，纷纷投向唐朝以寻求庇护。如此一来，以唐为首的反突厥联盟形成了，玄宗开元四年（716），唐庭发布《命薛讷等与九姓共伐默啜制》，联合九姓铁勒南北夹击后突厥。虽然默啜在与铁勒拔野古部交战中获胜，但是在班师途中遇袭而死，首级被送到了长安。

默啜死后，后突厥政局顿时陷入动荡。默啜之子虽继位可汗，但旋即被前可汗骨咄禄之子阙特勤绞杀，阙特勤斩杀默啜诸子及亲信后，拥立其兄为毗伽可汗。开元二十二年（734），毗伽可汗被大臣毒杀；开元二十九年（741）登利可汗被大臣斩杀，其子初立即被杀，其弟另立也被杀；再往后则是权臣与可汗们杀作一团，城头王旗变幻。直到天宝四载（745），回纥可汗骨力裴罗斩杀后突厥最后一任可汗阿史那鹘陇匐白眉特勒（白眉可汗），自此回纥汗国成了北方草原的霸主，跃马弯弓百余年的突厥逐渐消失在历史的尘烟中。

两边人，两面文

19世纪末，俄国人在蒙古国境内呼舒柴达木湖畔发现了一块石碑，碑圭首上镌刻着汉字楷书"故阙特勤之碑"，因此这块碑被称作《阙特勤碑》。该碑立于唐玄宗开元二十年（732），是毗伽可汗为了悼念其弟阙特勤所立。从唐高宗到唐玄宗时期，大唐和东突厥打了几十年仗，直到开元九年（721），毗伽可汗派使者入唐表示臣服，因此阙特勤的陵墓和碑都是唐玄宗派遣的中国工匠建造。

《阙特勤碑》的正面及左右侧刻突厥文，背面为唐玄宗亲书的汉文，汉文内容为唐玄宗悼念已故突厥可汗阙特勤的悼文。但是汉字和突厥文的内容却大相径庭，对唐朝与突厥关系的描述呈现出南辕北辙的有趣画面。唐玄宗所题碑文除了赞扬阙特勤的功绩外，还宣扬了突厥归顺唐朝后，双方的关系非常融洽，没有尔虞我诈，强调了唐玄宗对毗伽可汗和阙特勤两兄弟如儿子一般非常爱护，"……特勤，可汗之弟也；可汗，犹朕之子也。父子之义，既在敦崇，兄弟之亲，得无连类，俱为子爱，再感深情，是用故制作丰碑，发挥遐徼，使千古之下，休光日新……"

突厥文内容很长（突厥是第一个拥有文字的草原民族），大意是告诫突厥人一定要记住亡国之痛，保持对唐朝的警惕、防范甚

阙特勤碑（图片来源于网络）

至敌视。碑文大意是："原来的老爷们成了中国人的奴仆，原来的太太们成了中国人的婢女。突厥的伯克（首领）们放弃了突厥官衔，在中国人那里重新拥有了中国人的官衔，并听命于中国的可汗，侍奉他五十年之久……中国人的话语始终甜蜜，中国人的物品始终精美，他们利用甜蜜的话语和精美的物品进行欺骗，以这种方式与远方的民族拉近关系。中国人不让真正的智者和真正勇者有晋升的机会，若有人犯了错误，中国人决不赦免任何一个，还会株连，从其直系亲属直到氏族、部落。你们这些突厥人啊，曾因受其甜言蜜语与精金良玉之惑，大批人遭到杀害……突厥的诸首领和普通民众，听着！你们应该如何生活和治理诸部，我已记录在此；你们将如何因不忠诚于你们的可汗而遭灭亡，我也记录在此。"

《阙特勤碑》中突厥文对唐朝的控诉，真实反映了游牧民族与农耕民族在短暂和平时期的诡谲关系。人们只知道唐朝强盛时期，北方臣服的游牧民族称唐朝皇帝为"天可汗"，却不知唐朝在衰落后亦称回鹘可汗为"天可汗"（《九姓回鹘可汗碑》的汉文部分多次称回鹘可汗为"天可汗"）。

东突厥复国的政治诉求和军事抗争背后，是他们民族意识的重新觉醒。尽管唐朝采取的措施相对宽松，但其固有的国家政权蕴含的民族自我意识，在外界和内部条件的刺激下，很容易被激化出来。这种强烈的意识与他们居处的长城沿线有密切关系，这里民族众多，关系复杂，民族意识在与他族的对比中得到彰显，突厥人聚族而居的生活方式又为其意识的强化提供了催化剂。

唐代"周杰伦"

乐圣李龟年的命运浮沉

唐朝是中国历史上最为强盛和开放的朝代之一,文化思想兼容并蓄,文化艺术领域更是涌现了诸多"大咖",如李白、杜甫、李龟年、颜真卿等等。所谓"诗歌",本质上就是诗词、音乐一体,唐诗的流传离不开与音乐的融合,唐乐能悠扬远播也离不开唐诗的传唱。

在酷爱音乐的帝王的影响下,传唱诗歌在当时是一种流行时尚,从宫廷到民间都涌现了大批音乐人,他们能说会唱,李龟年就是其中的佼佼者。诗圣杜甫的《江南逢李龟年》,诗佛王维的《江上赠李龟年》,这两首名篇都与他有关。李龟年不仅是一位优秀的作曲家、演奏家,更是一位空前绝后的歌唱家,被后人称为我国古代的歌圣、乐圣。

漫画李龟年

家庭式"流行天团"

李龟年出身"音乐世家",史书记载李龟年父母皆为倡人(演艺世家),从事艺术工作。据《明皇杂录》记载,李龟年三兄弟皆是"乐工"出身,社会地位不高,但都刻苦好学,写得一手好诗,在当时"皆有才气盛名"。正由于他们都有深厚的文学基础,后来才能在音乐方面取得非凡的成就。

李龟年兄弟三人在音乐上各有特长:李鹤年善歌,所演唱的流行歌《渭城曲》独步一时;李彭年善舞,其水平在宫廷舞者中称得上是上乘;李龟年是三兄弟中音乐造诣最高的,精通唱歌和作曲,还是击打羯鼓的能手和吹奏筚篥的行家。李家三兄弟共同创作的《渭川曲》名扬天下,在当时的长安"娱乐圈"反响极大,也得到了唐玄宗的赏识,玄宗召兄弟三人入宫为专职乐工。

众所周知,唐玄宗精通音律,与同样精通音律并擅长歌舞、琵琶的杨贵妃是当时"乐坛"的伉俪,著名的《霓裳羽衣曲》便是其代表作。此外,唐玄宗很注重教授音乐,宫廷内的梨园就是"皇家音乐学院",李龟年正是在这样的环境中成长为梨园弟子的头面人物。

由于得到皇帝的青睐,李家三兄弟在长安城"演艺圈"的身价一路飙升,兄弟三人组成了一个"唱跳"组合,就像当今的偶像男团,

> 玄宗……垂拱元年秋八月戊寅,生于东都。性英断多艺,尤知音律,善八分书。仪范伟丽,有非常之表。
> ——《旧唐书·本纪第八·玄宗上》

> 上精晓音律,以太常礼乐之司,不应典倡优杂伎;乃更置左右教坊以教俗乐,命右骁卫将军范及为之使。又选乐工数百人,自教法曲于梨园,谓之"皇帝梨园弟子"。又教宫中使习之。又选伎女,置宜春院,给赐其家。
> ——《资治通鉴·唐纪二十七》

活力帅气。作为当时的"流量王",三兄弟平日里在皇宫梨园献艺,一有空闲档期就到贵族豪门表演赚钱,一场演出动辄就是天价出场费。

一代音乐家帝王的知音

唐玄宗虽是高高在上的帝王,但与"乐工"出身的李龟年却是音律上的知音,君臣二人都很喜欢写词、擅长作曲,并都以自己出神入化的羯鼓演奏技艺为豪。李龟年一介梨园弟子,却因为音乐上的才华得了唐玄宗千万赏赐,他在东都洛阳通远坊(现位于洛阳市瀍河区北)建造的宅第规模甚至超越了公侯府第。

李龟年能演奏很多种乐器,拿手绝活就是敲打羯鼓。羯鼓是一种由西北传入内地的少数民族乐器,声乐急促、热烈、高亢。恰巧唐玄宗酷爱羯鼓到了痴迷的程度,他认为羯鼓是八音领袖,在乐器中有王者风范。唐玄宗常常一个人在皇宫里苦练羯鼓,据说他击鼓时双手轮飞,鼓槌势如急雨,而头却保持纹丝不动。唐玄宗听说李龟年的羯鼓演奏也很厉害,就特地找他来比画比画。当李龟年演奏完一曲《秋风高》后,唐玄宗心里便有数了,问李龟年:"卿打坏过多少杖?"李龟年对曰:"臣共打断了五千杖。"唐玄宗自豪地说:"那你还不如我,我已敲断了三大竖柜了。"二人刻苦从艺的精神,真是令人瞠目结舌。

李龟年还精于歌唱,他不仅深谙丰富的演唱技巧,还有一副好嗓子,是当时著名的男高音歌唱家。根据《新唐书·礼乐志》记载,当时政府下设机构和宫廷中的专职音乐歌舞、百戏杂技等艺人,最多时有数万人之多,其中一类人被称为"音声人"。如此多的优秀音乐人参与到音乐的制作和传播事业中,极大地推动了唐朝音乐的繁荣,并且为词的萌生和发展奠定了基础。当年的李龟年就好似今天的周杰伦,是流行歌曲的重要传播者。

朋友圈名流云集

李龟年一生最为人津津乐道的事,就是他参与了李白《清平乐》的创作。根据《唐诗纪事》的记载,玄宗开元中期,某月夜,唐明皇携爱妃杨玉环乘着步辇到沉香亭赏花,宫中梨园弟子组成的乐舞队伍跟从。乐队领队李龟年手捧檀板,率领着众乐手准备为皇帝、贵妃月下赏花高歌一曲以助兴。皇帝突发奇想,要有高手写新歌,于是立即把翰林学士李白请来了。李太白宿醉未醒,醉意中提笔就作出了《清平调词》三章:"(一)云想衣裳花想容,春风拂槛露华浓。若非群玉山头见,会向瑶台月下逢。(二)一枝红艳露凝香,云雨巫山枉断肠。借问汉宫谁得似,可怜飞燕倚新妆。(三)名花倾国两相欢,长得君王带笑看。解释春风无限恨,沉香亭北倚阑干。"

这三首绝妙好诗,该夸的一个没漏,赢得了李隆基和杨贵妃的大力赞赏。唐玄宗命李龟年马上谱成新曲并独唱。李龟年演唱时,唐玄宗亲自吹奏玉笛伴奏,贵妃十分高兴,对李白和李龟年赞赏有加。李龟年也因此身价暴涨,常对知音们说这是他生平最得意的唱作。

李龟年也经常出入诸王贵戚之门,和玄宗的兄弟宁王、岐王等一同开"音乐研讨会"和歌舞盛会。李龟年善辨音色、音腔、音调,在当时乐界颇负盛名。有次,他在岐王府第,闻内宅有琴声,立刻判断是"秦声",之后又听到另一种琴音又马上辨出是"楚声"。唐朝时,"秦"指今陕西甘肃一带,"楚"指今湖北、湖南直至今安徽、江苏长江南北地区,岐王命人进宅对证,果然前一弹者是陇西人沈妍,后一弹者为扬州乐伎薛满,在座的名流更崇拜李龟年了。

除了李白外,文学界大佬王维、杜甫,以及朝中要员也常和李龟年来往。岐王宅里、崔九堂前,是当时文艺名流的雅集之处,而崔九的全名是崔涤(唐玄宗为其改名为崔澄),他是大唐宰相崔湜的弟弟,出自望族博陵崔氏。杜甫诗作"岐王宅里寻常见，崔九堂前几度闻"，写的便是他们在岐王和崔相国的宴会上相见的情景。精通音律的王维与李龟年之间有着深厚的友谊，李龟年直到落魄之时仍唱着王维的诗。

至死不忘的知音感怀

对于红得发紫的李龟年来说，安史之乱是一场刻骨铭心的劫难。叛军一路烧杀掠夺，相继占领洛阳和长安，唐宫的梨园乐队被彻底打散，唐玄宗带着宫眷仓皇出逃。覆巢之下安有完卵？李龟年无奈之下也只得逃命去了。

李龟年几经辗转流浪到了湖南湘潭，开始了街头卖艺生涯。歌圣李龟年与诗圣杜甫在此相遇了，诗圣留下了千古绝唱《江南逢李龟年》。李龟年也曾为宴会客人唱王维的诗作，一首为"红豆生南国，秋（春）来发几枝。劝君多采撷，此物最相思"。一首为"清风朗（明）月苦相思，荡子从戎十载余。征人去日殷勤嘱，归雁来时数附书"。这两首诗歌都表达了对战乱中亲友的思念之情，李龟年唱得荡气回肠，让人想起了尚在流亡中的玄宗皇帝，不禁凄然。

李龟年最终流落至江南地区，每逢良辰美景他就会唱几首十分伤感的曲子，听曲子的人常热泪盈眶。这位歌唱家一生都热爱歌唱，直至郁郁而终，客死他乡，虽然后人对他的评价褒贬不一，但那些大诗人为他留下的名诗足以证明其熠熠生辉的才华。

作为一名由宫廷流落至民间的伶人，李龟年经历盛世与乱世，他用音乐诠释了那个时代。烽火硝烟的战乱纷扰，腥风血雨的朝代更替，历史的一举一动化成了他脑海中的一景一幕。某个月明人静的夜，江南的一叶小舟上传来幽怨之音，缓缓而来又淡淡消散，诉说着紫陌红尘中的那些故事。

一场意外的战争

怛罗斯之战,东西亚两大帝国的首次军事摩擦

公元750年,正是盛唐的天宝年间,尽管李隆基此时已日益沉醉于酒色之中,繁荣的社会表面下隐伏着严重的危机,但唐帝国在那时还算得上是世界上最令人尊敬的强国之一。这时期的阿拉伯人也在迅速崛起,自穆罕默德先知和四大正统哈里发以来,穆斯林已经控制了连亚述人、波斯人和罗马人想都没敢想过的辽阔版图,从阿拉伯半岛上的几个部落扩张成为一个横跨欧亚非三大洲的空前大帝国。阿拉伯帝国也成为中原王朝、吐蕃之外,影响西域的另一极强的力量。

"怛罗斯之战"发生在唐玄宗天宝十载(751)七月至八月,是唐朝与阿拔斯王朝(即"黑衣大食")在中亚发生的战役("怛罗斯"现在的名称叫"塔拉兹",为哈萨克斯坦江布尔州首府)。怛罗斯之战是一场当时世界上最强大的两个帝国间的碰撞。

唐军出征

"石国事件"点燃战火

天宝初年，吐蕃以武力迫使小勃律（今克什米尔的吉尔吉特）与之联姻，由于小勃律地处吐蕃通往安西四镇的要道，于是西北二十余国皆臣服于吐蕃并中断了对唐朝的贡献。天宝六载（747），高仙芝（高句丽遗民）被唐玄宗任命为行营招讨使，长途远征平定了小勃律国，活捉小勃律国王及吐蕃公主。天宝九载（750），高仙芝再度奉命击破亲附吐蕃的车师国，俘虏其国王勃特没。这两次艰难的远征令高仙芝在西域获得了极大的声誉，也标志着大唐帝国在中亚地区的扩张达到了顶点。

同年，高仙芝以石国"无藩臣礼"为名，领兵征讨。石国请求投降后，高仙芝允诺和好，但不久便违背承诺，攻占石国城池，掳走男丁，格杀老人和妇幼，搜取财物，并俘虏石国国王。天宝十载（751）正月，高仙芝入朝，将被俘的石国贵族献于玄宗，并将石国国王斩首，其本人因赫赫战功被授予右羽林军大将军。

几乎同一时期，阿拉伯帝国内乱，公元750年阿拔斯王朝（史称"黑衣大食"）取代了倭马亚王朝（史称"白衣大食"）。侥幸逃脱高仙芝血洗的石国王子向阿拔斯王朝求救，大食援军计划袭击唐朝西域四镇。高仙芝决定先发制人，于是率领大唐联军长途奔袭，深入七百余里主动进攻，最后在怛罗斯与大食军队遭遇。唐朝若想在中亚树立霸权，就必须击败阿拉伯人，而阿拉伯人要完全控制中亚则必须击退唐朝的挑战。

高仙芝连续攻城五天都没有取得实质性进展，不料另一队大食援军赶到，从背后袭击唐军，双方在怛罗斯河两岸展开了决战。高仙芝部队中的葛逻禄部雇佣兵见事不妙突然叛变，唐军顿时阵脚大乱。阿拉伯人乘机出动重骑兵突击唐军阵营的中心,连日征战的唐军在内外夹击下终于溃败,高仙芝在夜色掩护下单骑逃脱。此役唐军损失惨重,两万人的安西精锐部队几乎全军覆没,只有千余人得以生还。

中亚的伊斯兰化

虽然这场战役的细节并无详细的历史记载,但可以想象的是,阿拉伯军队在数量和补给方面,由于有中亚各国的共同支持,应该远胜于唐军。唐军虽可凭借重骑兵以及重装步兵的优势,与阿拉伯军队短暂相持,但持久战的局势势必对唐军造成不利,唐军会因补给困难而失利。

此战后,黑衣大食并没有趁胜追击,因为本次战役不过是他们的封疆大吏呼罗珊总督的一次军事行动,主要为驱逐中原王朝势力,并不是为帝国扩张的征战。此时阿拔斯王朝把主要精力投入到了与东罗马帝国的战争中,西线才是阿拉伯人所重视的区域,他们并不想在中亚继续节外生枝。因此,此战过后,阿拔斯王朝与大唐帝国仍互相遣使,双方经贸关系也没有受到重大影响。与此同时,唐军也继续派兵在西域活动,西域各国也多向唐朝朝贡,虽然有些小国投靠阿拉伯,但也有背叛阿拉伯重新倒向唐朝的。

虽然怛罗斯战役不能改变国际局势,却带来了个副产品:中国造纸术的外传。唐军随军书记官杜环作为俘虏中的一员来到了大食,被俘之后遍游黑衣大食全境,并由此开始其传奇的游历生涯,成为第一个到过北非的中国人,他还将一路的所见所闻写成了游记《经行记》。可惜《经行记》早已亡佚,并未能全部留下来,目前我们所能看到的是他的伯父杜佑在其所著的二百卷《通典》中保留下来的片段,但他的"经行"仍然有着重要的价值。

《经行记》是最早记载伊斯兰教的汉文典籍,杜环也成为第一位相对准确理解伊斯兰教的中国人，杜环被俘期间正是伊斯兰教"率土禀化，从之如流"的兴盛和繁荣时期。此外，《经行记》还记载了唐朝被俘士兵中有不少身怀绝技的金银匠、画匠、绫绢织工、造纸匠等，他们将这些当时世界先进的技艺（包括造纸术）带到当地，比如在撒马尔罕开办了造纸作坊，之后逐渐扩展到大马士革、开罗以及摩洛哥与西班牙的一些城市，平滑柔和、适于书写的中国纸张很快取代了此前广泛使用的埃及纸草、羊皮、树皮等书写载体。

真正使阿拉伯人独霸中亚的契机是接踵而至的"安史之乱"和藩镇割据，唐王朝自废武功，大量安西军被迫回到内地镇压安禄山的叛军，唐朝自此无力涉足帕米尔高原以西之地，并退出了对中亚霸权的争夺。原本臣服于唐朝的中亚诸国转而臣服于阿拔斯王朝和吐蕃王朝，华夏文明从此退出中亚，这一地区开始了整体伊斯兰化的进程。

高仙芝为何要进攻石国？

高仙芝进攻石国真的仅是因为石国"无藩臣礼"那么简单吗？根据阿拉伯史学家阿西尔记述：回历133年（公元750年8月—751年7月），拔汗那王和石国国王之间反目，拔汗那王求助于唐朝，唐朝派遣了十万大军围攻石国国王，于是石国国王向唐朝皇帝乞降。

拔汗那就是汉朝时期的大宛国，唐朝时期称为"宁远国"，是历代中原政权最重要的属国之一，当拔汗那国与石国交恶，甚至还受到石国的军事威胁，唐朝的安西节度使自然会站在更亲近的拔汗那国一边。不仅如此，石国还与唐朝的敌人黄姓突骑施（突骑施人的一支，为突骑施归化可汗娑葛所领的部落，藐视黑姓突骑施）勾结，暗中组成反唐小团体，因此高仙芝此次征伐也是借援助盟国拔汗那国之名，行歼灭对唐朝阳奉阴违的石国，顺带消灭唐朝在西域的大患黄姓突骑施之实。

在唐玄宗之前，唐朝对于葱岭以西的西域地区一直采用羁縻政策，并扶植代理人，代唐军征伐，而唐朝的军事力量主要用来保护葱岭以东的西域，并且还要随时应对吐蕃。吐蕃人要进攻西域，就要避开唐朝重兵把守的军镇，他们需要绕道向西，借道拔汗那国。为了颠覆亲唐的拔汗那国，吐蕃还与阿拉伯帝国联合拥立了一个亲吐蕃的君主。后来吐蕃和唐朝在西域达成均势，这种微妙的平衡却被高仙芝的冒险行动打破了。

高仙芝是高句丽人，他继承了祖先善于山地战的传统，带领唐军完成了一次难以想象的远征。小勃律是吐蕃的属地，是吐蕃军队从西路进攻安西都护府的重要通道，如果能攻占小勃律，犹如在吐蕃的国门前立了一道天堑。高仙芝一举攻陷了小勃律，创造了古代军事史上的奇迹，也震惊了整个西域，中亚小国自此纷纷遣使要求内附唐朝。

> 自安西行十五日至拔换城，又十余日至握瑟德，又十余日至疏勒，又二十余日至葱岭守捉，又行二十余日至播密川，又二十余日至特勒满川，即五识匿国也。
> ——《旧唐书·列传第五十四·高仙芝》

"小勃律国"，位于今克什米尔西北部，都城孽多城（今吉尔吉特）。唐朝时是葱岭（今帕米尔高原和喀喇昆仑诸山地区）上两个较大的国家之一。

著名史学家陈寅恪在其所著《唐代政治史述论稿》中指出："唐关中王畿，故安西四镇为保护国家中心之要地，而小勃律（今巴基斯坦北部）所以成唐之西门也。玄宗之世，华夏、吐蕃、大食三大民族皆称盛强，中国欲保其腹心之关陇，不能不固守四镇。欲固守四镇，又不能不扼据小勃律，以制吐蕃，而断其与大食通援之道。"

天宝九载（750），高仙芝率领唐军到达石国时，石国的君主选择不战而降，正常情况下，唐军只要稍微地惩办一下首恶即可。然而高仙芝却贪婪于石国的宝藏，背信弃义地逮捕了石国国王，并纵兵大掠。通过此战，高仙芝抢得十几斛瑟瑟，五六匹骆驼驮运的黄金，很多好马和宝玉。高仙芝赚了家产，唐朝却输了信誉。石国的王子在战乱中逃了出来，他在中亚各国四处宣扬唐军的暴行，扬言要进攻安西四镇，最终中亚各国纷纷依附阿拉伯人。

黑衣、白衣和绿衣大食

公元656年，穆斯林世界的第三任哈里发奥斯曼被刺杀，次年爆发"绥芬战役"。穆阿维叶以武力推翻了先知穆罕默德的女婿阿里，引发大规模内战。公元661年，穆阿维叶在战争中取胜，宣布自己是新的哈里发，建立了帝国。因为穆阿维叶出生于倭马亚家族，所以他所建立的帝国又叫倭马亚王朝，因王朝尚白，服饰也为白色，于是被称为"白衣大食"。白衣大食建立后奉行对外扩张，向东一直打到帕米尔高原附近，其势力和唐朝在里海东边、南边相碰，呈东西对峙的局面。

再往后，穆罕默德的叔父阿拔斯的后代阿布·阿拔斯·萨法赫联合什叶派穆斯林，于公元750年推翻了白衣大食的统治，建立了阿拔斯王朝。由于阿拔斯王朝的王朝旗帜和服饰尚黑色，所以被称为"黑衣大食"。

黑衣大食创建之初，什叶派屡遭统治者镇压迫害，一部分人集体迁往北非。公元909年，在北非的赛义德·伊本·侯赛因被艾布·阿卜杜拉和柏柏尔军拥立为哈里发，赛义德自称是先知穆罕默德女儿法蒂玛的子孙，故立国名为法蒂玛王朝。法蒂玛王朝由于服饰尚绿色，所以被称为"绿衣大食"。赛义德即位后，在政治上与黑衣大食相抗衡，他和他的后代攻打黑衣大食，将王朝的疆域扩张至阿尔及利亚、摩洛哥、利比亚及意大利西西里岛。

阿拔斯王朝建立后五年，从大屠杀中逃出去的年轻的阿卜杜勒·赖哈曼到达了远方的西班牙的科尔多瓦，他是倭马亚王朝唯一的卓越的苗裔,并于公元756年建立了一个辉煌灿烂的王朝,该政权在倭马亚王朝崩溃之后,长期以科尔多瓦为中心,统治伊比利亚半岛广大地区,成为欧洲最重要的伊斯兰教政权,也被继续称为"白衣大食"。

事实上,唐朝时期的很多对外战争并不是我们认为的"正义"的战争,而是为掠夺财富和人口,和突厥对唐朝的战争无异。

唐朝续命的药方

藩镇与中央的博弈

唐朝开元、天宝年间,由于土地兼并日益严重,均田制难以维系,在均田制基础上所建立的府兵制度也就逐渐瓦解了,再加上唐玄宗时期对外征伐较多,所以天宝年间的军制实际已经改为募兵制了。与府兵制不同,募兵制的士兵长期归将领统领,再加上唐玄宗在地方设节度使,为地方拥兵自重创造了条件。

安史之乱之前,唐中央对地方尚有较强的管辖力,但安史之乱冲击了中央政府,使其力量被大大削弱。另外,安史之乱并不是以真正的平叛告终,而是以叛首史朝义(史思明长子)自杀,众叛将归降落幕。这些叛将大多是一方节度使,他们投降的条件是中央不能控制他们已有的行政权力和军队,自然地,地方藩镇问题随后便一下子显现出来了。

一场妥协的胜利

唐玄宗李隆基为防止周边各族的进犯,大量扩充防戍军镇,设节度使,赋予其军事统领、财政支配及监察管内州县的权力。其中,北方的一些节度使权力集中更为严重,经常一人兼任两三镇节度使,安禄山就是凭借身兼范阳、平卢、河东三镇节度使,而有了发动叛乱的资本。"安史之乱"由安禄山在玄宗天宝十四载(755)发动,直至代宗宝应二年(763)结束,历时七年,唐王朝几乎耗尽了国力却无法取得完胜。

安史之乱的源头

肃宗上元二年(761),史思明被其子史朝义弑杀,标志着安史之乱开始走向终结。此前唐王朝与安史叛军在战场上还互有胜负,甚至安史叛军气势更盛,但是史朝义弑父自立后,叛军内部开始离心离德，逐步走向衰亡。宝应元年（762）十月，唐军收复洛阳，史朝义狼狈逃往范阳，此时叛军中的大将开始纷纷投降唐朝。

宝应二年（763），田承嗣、李怀仙、李宝臣、薛嵩等人相继投降，众叛亲离的史朝义自杀身亡，收复洛阳后不到半年，安史之乱宣告平定。唐廷几乎不惜一切代价地急于结束敌对行动，不但愿意给叛军赦罪，还确保叛乱将领的权力和官阶。田承嗣据魏博；薛嵩（其祖父是大名鼎鼎的河东名将薛仁贵）据相卫；张忠志赐名李宝臣，据成德；李怀仙任幽州大都督兼平卢节度使；董秦赐名李忠臣，任淮西节度使。

事实上，唐军对安史叛军并没有进行摧毁性打击，安史之乱的平定是消灭了叛乱的首领，但没有消灭叛乱的根基或叛军的主体。与其说是镇压叛乱，倒不如说是唐王朝通过妥协结束了叛乱。

河朔故事

叛乱结束后，分布于今天北京、天津、河北、河南北部、山东北部和西南部的河朔藩镇，对中央统治集团构成了严重挑战。其中，尤以卢龙、成德、魏博三镇为典型，号称"河朔三镇"，称之为"河朔故事"。

"河朔故事"作为一种政治诉求，包括河朔藩镇的节度使以土地传之子孙的世袭特权，蕴含着这些藩镇的某种"自治"，是唐廷与河朔藩镇之间经过博弈达成的妥协与共识。成德节度使王武俊、卢龙节度使朱滔、魏博节度使田悦、淄青节度使李纳"称王"时，联合起来与唐廷进行军事对抗，他们效仿春秋战国诸侯称王，但仍然奉唐朝正朔，表明他们在追求藩镇最高权力世袭的同时，仍然愿意留在唐朝的政治体制之内。

河朔藩镇具有"游离性"（摆脱中央的倾向）与"依附性"（不否定中央的倾向）双重特点，平衡的界限就是"河朔故事"。只要"河朔故事"为唐廷所承认，河朔三镇便乐于为唐廷所用，比如昭义军刘稹之乱时，唐廷讨伐叛军，魏博和成德两个河朔藩镇出力甚多。但当"河朔故事"被否定时，河朔藩镇就会与唐廷对抗，比如唐宪宗进行的削藩战争虽然一度打破河朔藩镇的割据局面，但是最终仍然在长庆元年（821）引起了"河朔复叛"，唐廷与河朔三镇之间的平叛与反平叛战争一直持续到"河朔故事"被重新承认，才终于结束。

与此同时，河朔藩镇的上层权力斗争也很激烈，"父子弟兄"之间尚且"迭相屠灭"，异姓之间为争夺最高权力而兵刃相见更是难以避免。在此恶劣的竞争环境中，走上藩镇权力前台的节度使不能只依靠血缘上的"父死子继"，还必须有能服众的政治和军事能力。

四 镇 之 乱

建中元年（780），唐德宗登基后，先是彻底改革了税制，又迫不及待地要把不听话的藩镇全部削平。建中二年（781），河北割据藩镇成德节度使李宝臣死，该镇要求遵循割据藩镇的习惯，以李宝臣子李惟岳继任节度使，请朝廷批准。唐德宗觉得机会来了，于是发动各镇军队攻打成德。

李惟岳被杀后，唐德宗便想一鼓作气消灭藩镇之患，于是用尽各种手段挑拨河北诸镇自相残杀。不过最后局势失控，平定成德的河北诸镇对唐廷积怨颇深，四大割据藩镇幽州朱滔、魏博田悦、淄青李纳和淮西李希烈又联合起来造反，还妄自称王，史称"四镇之乱"。

其中以身居唐朝腹心的淮西节度使李希烈对唐廷威胁最大，他最后居然称帝，杀遍河南地带。虽然唐廷有马燧、李抱真等猛将，军队尚可一战，但毕竟还没从安史之乱中恢复过来，财政非常紧张，因此在各个战场只能和割据藩镇形成拉锯局面。唐廷不断从西北藩镇抽调边军增援河北战场，最后激起了几乎灭亡唐廷的"朱泚之乱"。兴元元年（784），朱泚之乱最后被平定，但是唐廷为了平朱泚，只能承认河北藩镇割据的既成事实，之后都采取姑息政策。

通过唐代宗和唐德宗的多次努力和尝试，唐廷已认识到以现有实力尚不足以彻底消灭藩镇势力，在这种情况下，与藩镇达成和议显然是最稳妥的选择。此外，只有在达成内部和平之后才能腾出手来，将用于平叛的武力转移到西北边境抵抗吐蕃的入侵。对于藩镇来说，想要武力推翻唐朝也很难，无论谁取代唐朝政权，都难以得到其余藩镇的认可和拥戴。既然如此，继续承认唐朝的权威，但不放弃各自在自有领地内享有自治和世袭的实际利益，无疑是藩镇们一种更为明智的选择。

"朱泚之乱"，一般指泾原兵变。建中四年（783），李希烈发兵三万围攻河南襄城，唐德宗为解襄城之围，诏令泾原（今甘肃泾原）等各道兵马援救。泾原节度使姚令言率五千士卒抵长安，当时天寒地冻，士兵又累又饿，泾原兵不满京兆尹王翃犒赏太少，于是哗然兵变。泾原兵拥立朱泚为主帅，攻入长安，与河北各藩镇相呼应。唐德宗在宦官的护卫下狼狈逃往奉天（今陕西乾县），并被叛军包围一月余，大唐天子的威严完全扫地，之后中央权力进一步被削弱，皇帝又开始重用宦官。

藩镇割据的"有利"作用

对于"溥天之下，莫非王土，率土之滨，莫非王臣"的皇帝来说，对藩镇妥协显然是屈辱的，无论当时还是后世，评价都极低。实际上，对唐朝政权而言，其原本已摇摇欲坠的地位由于获得了最强大的地方势力的承认，才获得了真正意义上的重新确立。

其实，除了河朔三镇以外的其他藩镇，大部分是朝廷的普通政区，朝廷握有人事调动权在内的正常权力，哪怕是河朔三镇，一旦朝廷有战事，照样要派兵援助。此外，在今陕西、四川以及江淮以南的藩镇，绝大多数服从朝廷指挥，贡赋输纳中央，职官任免出于朝命，江南的节度使所辖地区还是唐中后期朝廷财政收入的主要来源。根据藩镇与唐中央关系的不同，大致可将安史之乱后的藩镇分为四类。

唐代藩镇的分布

【河朔割据型】 包括魏博、成德、卢龙、易定等镇。政治方面，节度使不由中央委派而由本镇拥立，除了因内乱而发生节度使的易姓之外，大多遵从父死子继、兄终弟及的继承制度；财政方面，基本将赋税截留而不上缴中央；军事上则自主招兵买马，大肆培植自己的势力并倚之与中央抗衡。

【中原防遏型】 包括宣武、忠武、武宁、河阳、河东等藩镇。他们是唐中央牵制河朔藩镇和其他骄藩的重要力量，在政治和军事上听命于中央；经济上，由于此类藩镇驻兵甚多，因而其赋税收入几乎全部用于军费开支，接近自给自足。

【边疆御边型】 包括西北边疆的凤翔、泾原、振武、银夏、灵武等镇，西南边疆的山南西道、西川、东川、安南、岭南等镇。它们是唐朝防御外族的重要军镇，这些军镇安置大量的军力以阻止吐蕃、回纥等来犯。由于唐廷要依靠它们支撑危局，加上边境地区的藩镇环境恶劣，因此中央会在财政上予以补贴。

【东南财源型】 包括浙东、浙西、淮南、湖南、荆南、江西、福建等藩镇，与唐朝在政治、军事、财政方面保持高度一致，唐王朝之所以在安史之乱后苟延残喘了百余年，东南财源型藩镇的支撑起了重要作用。

安史之乱后，朝廷和藩镇在一定程度上既相互竞争又相互合作。因为相互竞争，所以双方的斗争一直或明或暗地进行；因为相互合作，所以双方实力在短期内都得到迅速发展。唐朝能在安史之乱后又维系了一百多年，藩镇之间的势力平衡是原因之一，用藩镇来制衡藩镇，收效明显。

黯晦消沉的贵族阶层

末代唐朝的最后荣光

艰难坎坷的唐蕃会盟之路

唐德宗即位后,帝国的统治危机四伏,内部藩镇割据,外部边患严重,吐蕃、回纥、南诏等政权对唐王朝构成了很大威胁。最后,唐德宗决定团结一切可用的力量"以困吐蕃",希望打破南诏依附吐蕃的局面,实现南诏归唐,进而双方联合共同抗击吐蕃。

帝国最大的威胁

安史之乱后,唐朝在经济、军事等多方面都出现了巨大问题,来自西边的吐蕃势力是最大的威胁之一。由于唐朝抽调了大量对付吐蕃的军队去平乱,使得西部防务空虚,吐蕃趁机占领了陇右、河西属于大唐的大片地区。赤松德赞在位时期,吐蕃王朝的辖地大大扩张,东面与大唐大致以陇山为界,北面以宁夏贺兰山为界,南面以南诏为属国。

公元760年,唐肃宗上元元年,吐蕃举兵入侵,河西、安西等地危在旦夕,名将郭子仪举荐了其侄子郭昕前去稳定局势。郭昕到达安西后,与伊西北庭节度观察使李元忠(原名曹令忠)配合,抵抗住了吐蕃几次强烈的进攻,风雨飘摇中,稳住了西域的局势,直到德宗建中二年(781),郭昕通过一位使者与唐朝取得了联系,那时中央政府以为安西早已被吐蕃所占领。唐德宗遂即对他们进行了嘉奖,任命李元忠为北庭大都护,郭昕为安西大都护、四镇节度观察使,并诏令北庭将士均按等级破格提拔。

德宗贞元三年(787),吐蕃再次聚集力量攻击西域,由于当时唐帝国已经自顾不暇,因此对北庭、安西等地的管控也较少,再加上大将李元忠去世,北庭在吐蕃的进攻之下最终沦陷了。吐蕃与回纥对丝路北道的激烈竞争,导致安西与中原的联系被迫彻底切断,安西都护府孤军坚守,"声问绝者十余年"。

贞元五年(789),吐蕃发兵30万围攻庭州(唐廷在今新疆境内所置三州之一),还带着葛逻禄和白突厥两个帮手,北庭节度使杨袭古急忙向回纥求援。贞元六年(790),双方展开血战,唐回联军惨败,庭州失守后,杨袭古奔走西州。贞元七年(791)西州又沦陷,至此，陇右十八州全境入了吐蕃，龟兹、疏勒、焉耆、于阗安西四镇也随之陷于吐蕃。

传奇大理段氏的前身

隋唐时期，云南地区错杂散居着许多部落，主要有"白蛮"与"乌蛮"。从7世纪初期到中期，乌蛮征服了白蛮，建立了六个诏（乌蛮称王为诏，六个诏就是六个王国），分别是：河蛮人的浪穹诏（今洱源）、邆赕诏（今洱源邓川）、施浪诏（今洱源青索），哀牢人的蒙舍诏（今巍山）、蒙嶲诏（今漾濞），摩些人的越析诏（今宾川）。蒙舍诏位于其他五诏南部，又称"南诏"。7世纪中后期，吐蕃势力开始渗入洱海湖区北部，六诏中的南诏距离吐蕃最远，受威胁较小，唐朝为了抵御吐蕃，大力支持南诏进行统一战争。

太宗贞观二十三年（649），细奴逻当上了蒙舍诏诏主，改国号为大蒙国，称"奇嘉王"；玄宗开元二十六年（738），皮逻阁完成了统一六诏的丰功伟绩，被敕封为"云南王"，次年迁都太和城（今云南大理太和村）。

在唐朝的影响下，南诏社会发展迅速。实力壮大后，南诏左右开弓，与唐朝和吐蕃同时进行了斗争。德宗贞元十年（794），南诏出兵反抗，摆脱了吐蕃的抑制和压迫；文宗太和三

"蛮"，隋唐时期，华夏民族将中国西南一带社会发展水平低于中原的群体泛称为"乌蛮"，社会发展水平与中原相近的群体泛称为"白蛮"。"乌蛮"与"白蛮"不是专指哪个民族，只是特定时代对特定人群的一种泛称。

西爨，白蛮也。东爨，乌蛮也。当天宝中，东北自曲靖州，西南至宣城，邑落相望，牛马牧野。
——《蛮书》

西爨者，南宁之渠帅，梁时通焉。自云："本河东安邑人，七世祖事晋，为南宁太守。属中原乱，遂王蛮夷。"
——《通典》

年（829）底，南诏攻陷成都，掠夺了唐朝大量人口和珍货。

安史之乱爆发后，唐廷西部守军东撤，边防空虚，南诏乘机入侵，时任西泸（今四川西昌）县令的郑回为南诏所俘。因通儒学，郑回得到了南诏王阁罗凤的赏识，担任凤迦异、异牟寻、寻阁劝三代南诏王室子弟之师，协助异牟寻改革内政，并作为清平官辅佐异牟寻处理南诏大政，其间恢复与唐朝的臣属关系，积极推进了南诏的汉化。

南诏与大唐

昭宗乾宁四年（897），南诏权臣郑买嗣（郑回七世孙）指使杨登杀死南诏王隆舜。昭宗天复二年（902），郑买嗣起兵杀死舜化贞及南诏王族八百余人，灭亡南诏，建立大长和国。后唐明宗天成三年（928），杨干贞杀了大长和第三位皇帝郑隆亶，建立了大义宁国。后晋高祖天福二年（937），出身南诏国武将世家的段思平，灭大义宁国，建大理国，这就是大家所熟知"大理段氏"。

维州之战的逆转

唐蕃双方自德宗贞元十七年（801）七月至贞元十八年（802）正月间，在相隔数千里的剑南、朔方两地开启大战，因其主战场在剑南维州（今四川理县），史称"维州之战"。贞元年间发生的数次唐蕃战争，没有一场影响力能与之相比。

战役始于盐州（今宁夏盐池县与陕西省定边县交界地区），贞元十七年（801）七月十八日，吐蕃兵犯盐州，后攻入麟州（今陕西神木县）。唐德宗遣使敕命剑南节度使韦皋从东南线向吐蕃纵深进军，迫使其兵力分散，减缓西北边地的军事压力。唐军多路并进，在剑南的崇山峻岭间与吐蕃展开了连番血战，从八月一直持续到十二月，双方主力在雅州（今四川雅安）城外的决战，以吐蕃惨败告终。雅州决战后，唐军在战场上占据了主动，对吐蕃败兵展开了持续追击。

其中南渡泸水（大渡河）的唐军与南诏军队配合，在泸水一带夹击吐蕃驻军。唐军将领发现吐蕃营帐所立之处地势低洼，于是决堤水淹吐蕃军营，吐蕃军队向鹿危山方向溃败。唐朝和南诏军队趁势追击，并派少量精兵由当地羌人带路，昼夜兼程绕道鹿危山之后设伏。等到吐蕃军队在鹿危山麓整顿残军，迎击唐朝追兵之时，提前设伏的唐军暴起。鹿危山一战，唐军大胜，因这场战役在泸水之南，也被称为"渡泸之役"。

唐军在剑南方向也进展顺利，根据《资治通鉴》的详细记载，"韦皋屡破吐蕃，转战千里，凡拔城七，军镇五，焚堡百五十，斩首万余级，捕虏六千，降户三千，遂围维州及昆明城"。

在韦皋颇有斩获，追亡逐北之时，朔州却是另一番景象，吐蕃大相论莽热率领大军在攻击盐州后并没有心满意足，继续率领他的铁骑在鄂尔多斯草原上奔驰攻掠。唐军镇守朔方的部队实在无力与吐蕃在草原上野战，无奈放弃了驻守八年之久的盐州城。

就在论莽热准备在北方继续施压之时，赤德松赞要求论莽热领兵南下，救援维州困局。贞元十八年（802）正月，论莽热帅兵十万入川以解维州之围，韦皋以逸待劳，在南诏、诸羌的协助下派剑南唐军据险而守，最终吐蕃援军折损大半，大相论莽热也在乱军中被俘。志得意满的韦皋将吐蕃大相论莽热绳捆索绑，遣使送入长安，论莽热也成为唐蕃二百年战争史上，被俘官职最高的吐蕃将领。

拉萨大昭寺门前的"唐蕃会盟碑",汉藏文字对照(图片来源于网络)

经此大战,吐蕃损失惨重,大量的青壮年战士战死,这对于本来人口就处于劣势的吐蕃而言无疑是个沉重的打击,因此之后很长一段时间内,吐蕃和唐朝在剑南保持着脆弱的和平,谁都无力再次掀起波澜。战场的均势让两国朝堂上的博弈开始变得频繁,公元821年(唐穆宗长庆元年,吐蕃彝泰七年)双方迎来了"长庆会盟",亦称"甥舅和盟",之后唐蕃边境再无战事。自此21年后,吐蕃王朝崩盘;86年后,唐朝灭亡。

"甥舅和盟碑",即"唐蕃会盟碑",因吐蕃赞普松赞干布、弃隶缩赞先后与唐朝文成公主、金城公主联姻,碑文中吐蕃赞普可黎可足自称为甥,称唐穆宗为舅,因此而得名。

诸葛转世的韦皋

安史之乱后,唐德宗对吐蕃采取强硬措施,处于关键战略地位的剑南西川以及节度史韦皋被推上了历史的舞台。作为关中望族韦氏子弟,韦皋19岁入仕,先后担任过监察御史、左金吾卫大将军等职,于德宗贞元二年（785）官拜检校户部尚书，接替张延赏出任成都尹、御史大夫、剑南西川节度观察使。

韦皋将西川定位为边疆防御性藩镇，制定了通联东蛮、南诏等少数民族共同抗击吐蕃的策略。西南蛮族多位于剑南道南部与南诏之间，他们自成一体，长期在唐、吐蕃与南诏三大势力间周旋。这些蛮族因临近吐蕃，受其挟制，立场总是在唐朝和吐蕃之间摇摆不定，以东女国、西山八国羌人为代表，史称其为"两面羌"。这些蛮族所处的地理位置非常重要，加上他们反复无常的两面性，若与唐朝离心，就可能充当南诏、吐蕃抗击唐朝的向导和侦察兵；若能收为己用，当唐朝想要联合少数民族以抗击吐蕃时，他们就能发挥极大的助力。

此时南诏首领已经是异牟寻，南诏也从吐蕃兄弟国的平等地位，降为其附属国，加之吐蕃赋敛繁重、索求无度，南诏对其产生了诸多不满，异牟寻的老师兼宰相郑回多次劝其弃蕃归唐。韦皋了解到异牟寻的思想转变，于是展开招抚行动，多次通过东蛮首领带信给异牟寻，劝其归附唐朝。

南诏首领异牟寻一直在吐蕃和唐朝之间徘徊，一方面想归附唐朝，数次通过东蛮各部暗中向韦皋示好；另一方面又畏惧吐蕃的军力，不敢正大光明打出亲唐的旗帜。韦皋一方面用连环手段破坏南诏与吐蕃联盟；另一方面不断派出使者到南诏，与郑回暗中联络，想方设法劝异牟寻与唐朝交好。终于，贞元十年（794），唐朝与南诏盟誓于点苍山，南诏重新归附唐王朝。

在招抚南诏的过程中，韦皋发挥了重要作用。他开路置驿，为抚南诏抗吐蕃打下了基础，同时积极投身于治蜀和练兵，增强了西川地区的综合军事力量，再以此为后盾，对蛮羌实行招抚，联合了所有可能的力量共同对抗吐蕃。

四十余年的政坛拉锯战

从观点之争到个人恩怨

"牛李党争"的主角是牛僧孺、李宗闵、李德裕,恩怨起始于唐宪宗元和三年(808)。党争的双方不仅因个人恩怨斗争,在对待藩镇、选拔朝臣等政务方面也持不同意见,处处针锋相对。最优秀的一批知识分子无心国事,宦官坐收渔翁之利趁机发展壮大,文官集团沦落为宦官势力的附庸,把唐朝推向了毁灭的深渊。

首先,以李德裕为首的"李党"在对待藩镇问题上,主张遏制弹压藩镇,而以牛僧孺、李宗闵为首的"牛党"则希望对藩镇采取姑息的策略。其次,唐朝时期虽然科举制度已经成型,但此前传统意义上的士族官僚并没有完全走下历史舞台,因此朋党之争实际上也是士族官僚与通过科举进入朝堂的官员之间的争斗,如"李党"的李德裕,其父与祖父都是数朝重臣,而"李党"中地位仅次于李德裕的郑覃,其父更是德宗时期的宰相。除此之外,宦官势力的发展也加剧了文官之间的冲突,在宦官专权的压抑政治氛围中,派系斗争越来越激烈。

得罪了一批人的文章

元和三年（808），为了选拔品德端正、直言敢谏的人才，唐宪宗组织了一场科举考试，庶族出身的官员李宗闵和牛僧孺参加了此次考试并金榜题名。宰相李吉甫看过李宗闵和牛僧孺的文章后，发现他们在试卷中批评朝政、讽刺自己，将矛头对准了朝中的"主战派"，认为当权者贪恋武功，打了不该打的仗。

此时，唐廷刚取得了平定蜀中、夏绥等藩镇叛乱的胜利，当时朝中最大的主战派是皇帝唐宪宗本人，其余包括宰相李吉甫、武元衡，掌管神策军的宦官吐突承璀等人。唐宪宗因此获得了安史之乱后前所未有的崇高威望，正准备再接再厉继续"统一"事业。

文章一出，首先把吐突承璀彻底得罪了，宦官集团非常不满，若是皇帝采纳了主和建议则势必会影响到他们的利益；其次，唐宪宗也不高兴，批评主战就是影射他，批评宦官也相当于在指责他；最后，士族出身的李吉甫本来就瞧不起出身低微的庶族官员。

结局就是考官被降了职，李宗闵和牛僧孺没有得到提拔和重用。这件事看似无关紧要，实际上却悄悄拉开了"牛李党争"的序幕，更严重的是，这种主和观点成为李宗闵一党今后四十年的政治主张，李党对藩镇和外敌都采取姑息、怀柔态度，不但加剧了与李德裕（李吉甫之子）的矛盾，还令唐朝在摇摆的态度中失去了明确的战略方向。

风水轮流的党争

元和九年（814），宰相李吉甫去世；元和十五年（820），唐宪宗被宦官害死，唐穆宗继位，李吉甫的儿子李德裕被提拔为翰林学士，成了士族官僚的首领。长庆元年（821），朝廷组织了一场进士科考试，礼部侍郎钱徽主持，右补阙杨汝士担任主考官，宰相裴度的儿子裴撰、中书舍人李宗闵的女婿苏巢和主考官杨汝士的弟弟杨殷士等人高中。前宰相段文昌对唐穆宗说，此次考试因主考官钱徽徇私舞弊才会让这些人考中，唐穆宗找来李德裕、李绅等人询问，大家都说段文昌的揭发属实。

唐穆宗非常生气，于是又组织了一次考试，结果原来考中的十四个人中只有三个人再次金榜题名。唐穆宗便认定钱徽徇私舞弊，便将他贬为江州刺史，李宗闵和杨汝士也受牵连被贬外地。李宗闵和杨汝士认为李德裕故意陷害他们，对其恨之入骨，同样出身庶族的牛僧孺非常同情李宗闵和杨汝士。

唐文宗太和年间，四朝元老的宰相裴度向唐文宗举荐李德裕担任宰相，不过当时宦官的权势极大，甚至能够左右皇帝登基，为了扳倒对手，李宗闵通过贿赂宦官的方式当上了宰相。李宗闵常在唐文宗面前称赞牛僧孺，于是牛僧孺很快就被调到京城担任兵部尚书、中书侍郎等职。此后，李宗闵和牛僧孺开始安排牛党成员担任要职，并把李党成员排挤到地方做官，连李德裕也被赶到了西川担任节度使。

西川与南诏、吐蕃接壤，地理位置非常重要，李德裕到任后提高了唐军的战斗力，使吐蕃和南诏不敢再来骚扰。太和五年（831），吐蕃维州守将悉怛谋投降唐军，李德裕派兵占领了维州，并把这个好消息上报给朝廷。但牛僧孺嫉妒李德裕立下大功，竟然不顾国家利益，请求唐文宗把维州归还给吐蕃，把投降的悉怛谋等人交还吐蕃处理，于是维州这块刚刚收回的领土重新被吐蕃占领。这件事让李德裕气愤至极，从此之后，李德裕与牛僧孺的党派之争愈演愈烈。

开成五年（840），唐武宗即位，李德裕被封为宰相，他开始排挤李宗闵、牛僧孺等人。会昌六年（846），唐武宗去世，唐宣宗即位，唐宣宗非常讨厌李德裕独断专权，于是李德裕失势，被贬为崖州（今海南三亚）司户参军，李党的其他官员也相继被贬，朝廷再次重用李宗闵、牛僧孺等人。再往后，唐懿宗之初，牛党宰相相继被贬，李党后进人士也有拜相者（徐商、刘瞻、郑畋），但"牛李党争"的恩怨已逐步淡去，朝局开始进入路岩、韦保衡等人新一代的朋党之争。

"牛李党争"实际为主战、主和的冲突

从表面上看，"牛李党争"的起因是两党核心人物的出身不同。其实，出身背景的因素被夸大了，牛僧孺、李逢吉等牛党核心成员也不是贫民，他们至少是中下层次的贵族（李德裕是顶尖贵族）。

牛僧孺先祖是隋朝吏部尚书牛弘，虽然后来家道中落，牛僧孺父亲"官卑"，但他也不是普通百姓；李宗闵是皇族郑王李元懿的后人，其父李翱曾任宗正卿、华州刺史，堂兄李夷简在元和初期是御史中丞，元和后期还当了几年宰相。而李德裕虽然不是进士出身，但出仕后也以文才著称，与李绅、元稹三人并称"三俊"（又称为"翰林三俊"），所以李德裕不是不具备进士及第的能力，而是宰相之子的出身决定了他没有必要走那条路。

牛李两党之间冲突的核心在于政治观念的差异——对藩镇和外敌的态度不同。李德裕延续了元和朝李吉甫、武元衡、裴度坚决削藩维护中央权威的战略；而李宗闵和牛僧孺的主张是元和朝李逢吉、令狐楚等人主和观点的延续。主战、主和两派的争斗早已明显，只是初期并未掺杂过多个人感情色彩而已；而到了后期，李宗闵、牛僧孺等人已意识到要维护中央权威，但由于他们一直以来都是主张对藩镇和外敌妥协，因此演变成为了反对李德裕而反战。最后，牛李两党执政都变成为了反对而反对，而不是真正为了王朝的安危着想。

除此之外，还有隐藏在幕后的宦官势力。从唐宪宗到唐文宗，宦官起初只是依附于皇帝的一支非独立力量，"甘露之变"后，他们成为能够左右唐王朝命运的政治集团。"牛党"中牛僧孺依附宦官势力起家，李逢吉、李宗闵也与宦官势力保持紧密联系；而李吉甫、裴度从开始就与宦官保持距离。

不和谐的文官集团

与"牛李党争"相映衬的是唐朝后期宦官势力的日渐膨胀，皇帝也成了宦官手中的玩物和操纵的傀儡，有志于重振朝纲的唐文宗登基后，决心摆脱天子受制于家奴的局面，"甘露之变"就发生在这一时期。

所谓"甘露之变"是一次以文官为首的南衙和以宦官为首的北司之间的权力争斗，最终以文官集团一败涂地而告终。然而，在"甘露之变"中策划诛灭宦官和皇帝主要依靠的大臣，正是同时将牛李两党主要人物都排挤出朝廷的李训、郑注，他们的目的是要自立一党，压制文官集团中已成型的牛李二党和宦官集团。

甘露之变

结果就是宦官集团将文官集团诛灭，而作为文官集团的主要力量，已经被贬到外地的牛李二党则从头至尾未参加此次政变，宦官诛灭的正是排挤他们的人，因此后世有人评价："牛李两党是宦官的同谋、互相勾结。"但事实并不尽然，甘露之变后，宦官集体疯狂，天下之所以未酿成大乱，正是因为在外地的牛李两党主要成员回归朝廷收拾残局。唐文宗后期，牛李两党的宰相杨嗣复、郑覃等人也因此才有机会论战朋党。

朝廷内，朋党是外臣，宦官是内臣，两者是内外臣之争。外臣权重时，内臣会依附外臣；内臣权重时，外臣会依附于内臣。朋党作为外臣，与皇帝的关系是君臣关系，而宦官与皇帝则为主仆关系，为了朝廷内部权力的平衡，皇帝会左右两派的势力，为自己谋求最大的控制力。对于皇权而言，阉人不可能觊觎皇位（因为宦官没有子嗣），他们依附于皇帝，而外臣则不然。

朝廷外，藩镇是地方，朋党、宦官和皇帝是中央，两者是中央与地方之争。权力中心的不同派系在争斗时都会想方设法提高自己的实力，与藩镇相勾结就是很好的办法，而藩镇为了自己的相对独立，也不得不寻求朝廷的支持。

始，郑注与李训谋，至镇，选壮士数百，皆持白梃，怀其斧，以为亲兵。是月，戊辰，王守澄葬于浐水，注奏请入护葬事，因以亲兵自随。仍奏令内臣中尉以下尽集浐水送葬，注因阖门，令亲兵斧之，使无遗类。约既定，训与其党谋："如此事成，则注专有其功，不若使行余、璠以赴镇为名，多募壮士为部曲，并用金吾、台府吏卒，先期诛宦者，已而并注去之。"

左神策出兵三百人，以李训首引王涯、王璠、罗立言、郭行余，右神策出兵三百人，拥贾餗、舒元舆、李孝本献于庙社，徇于两市。命百官临视，腰斩于独柳之下，枭其首于兴安门外。亲属无问亲疏皆死，孩稚无遗，妻女不死者没为官婢。百姓观者怨王涯榷茶，或诟詈，或投瓦砾击之。

——《资治通鉴·唐纪六十一》

大家都为各自阶层团体的利益而生。宦官依附于皇帝为权力而生，地方藩镇则力图摆脱中央控制以攫取更大的利益。皇帝会求助于藩镇或朋党来压制宦官的力量，宦官会勾结藩镇来压制皇帝或朋党，藩镇也会勾结宦官或朋党来求取朝廷的支持。总之，一切的政治友谊都是利益的结盟，一切政治的冲突都是利益的矛盾。

宦官的"神策军"

"甘露之变"是一场针对宦官的失败反击，表明宦官势力已到了难以消除的程度。反击失败后，宦官势力加速膨胀。中国古代真正意义的宦官专权只出现在唐代，尤其在唐朝中后期，宦官废立皇帝如同儿戏。东汉也有宦官专权，但那不过是皇帝的信任和放纵，明代的宦官专权，无论是王振、刘瑾、魏忠贤，都没能完全控制皇帝，比如刘瑾被皇帝凌迟，魏忠贤也被崇祯皇帝逼到自杀。宦官真正能控制皇帝的就是在唐朝，核心原因就是安史之乱后唐王朝最精锐的一支部队——神策军，逐渐被宦官牢牢掌握。

唐玄宗宠信宦官，于开元二十年（732）设置监军使，宦官监军开始成为一种固定模式。经历安史之乱、异族入侵的唐朝皇帝对领兵大将多有猜疑，宦官因护驾有功更受宠信，同时皇帝也

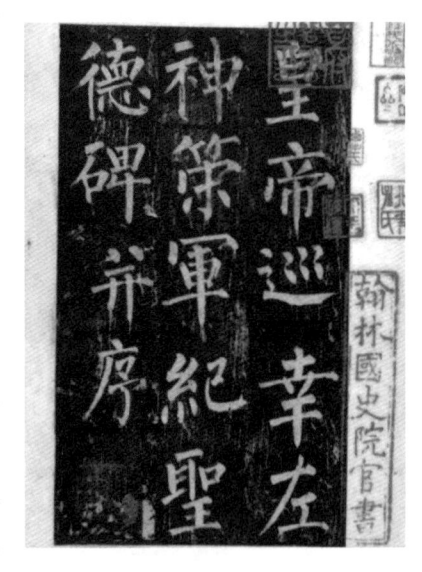

柳公权书《神策军碑》拓本
（图片来源于网络）

认识到必须拥有一支自己能够直接调动的、实力强劲的亲卫部队，才能够有效地维护皇权，于是宦官鱼朝恩的神策军一跃成为禁军中地位最高的部队，并不断地扩编。到了唐宪宗时期，除了皇宫禁苑中驻守的左、右神策军之外，神策军势力已延伸至长安以西的秦、陇六州和长安以北的十三州，形成了拱卫长安、环环相扣的军事屏障。

神策军成为禁军后，鱼朝恩自恃功高，最终被唐代宗诛杀，唐代宗顺势不再让宦官掌管神策军。但到了唐德宗时期发生了泾原兵变，唐德宗开始担忧身边的神策军若发生叛乱，后果将不堪设想，于是他决定重新起用对自己忠心不二的宦官掌管神策军。说到底，宦官专权根本还是皇权专权，是皇权的异化。

在此后的一百多年间，神策军始终被牢牢掌握在宦官手中，宦官集团凭借神策军这一权柄，"立君、弑君、废君，有同儿戏"（赵翼之语）。直到唐朝灭亡，唐朝的皇帝们再也没有能够收回宦官手中的权力。"甘露之变"时，皇帝试图联合朝臣清除宦官的势力，结果宦官立即派五百神策军出击，屠杀宰相李训及其部属千余人，宦官头目仇士良加特进、右骁卫大将军，文宗自此成为傀儡。仇士良在朝期间一共杀了两个亲王、一个皇妃、四个宰相！

集权主义表面上看是大一统的，实际上派系斗争非常激烈，压抑的政治氛围会扭曲人的精神状态。"牛李党争"之激烈和官僚集团的巨大能量无法释放有着分不开的联系，宦官长期专政下，两党的钩心斗角只会愈演愈烈。

最后的勇士

从敦煌到长安,张议潮走了一辈子

敦煌莫高窟 156 窟有一幅长达 8 米的珍贵壁画,描绘了一位将军出巡的盛景:画中百余人,走在最前方的是以军乐和歌舞为主的仪仗队,八名骑兵头戴毡帽,腰系革带,击鼓吹角;随后是高举牙旗的骑兵和演奏乐队;紧接着是舞伎两队,一队身着汉装,一队穿吐蕃服饰,翩翩起舞。壁画的中心人物则身穿红袍,骑白马,正要纵马过桥,前有将士护卫,后有仆从相随。

壁画中的这位主角,名叫张议潮,这幅画主要展现其率军抗击吐蕃,收复河西十一州的雄壮气势。

吐蕃占领河西走廊

唐朝为平定安史之乱，将河西的精锐部队尽数撤回内地。代宗大历五年（770），劫后余生的唐朝尚未从安史之乱中恢复过来，雄踞青藏高原的吐蕃趁机拿下凉州、甘州、肃州、瓜州后，直扑河西最繁华的沙州。沙州也称"敦煌"，源自"敦，大也，煌，盛也"一说，根据《资治通鉴》记载，"是时中国盛强，自安远门西尽唐境万二千里，闾阎相望，桑麻翳野，天下称富庶者无如陇右"，可见沙州之繁盛。

沙州刺史周鼎知晓朝廷无力救援，一边坚壁清野，一边遣使赴回纥请求援兵，然而此时的回纥自身难保，无暇顾及沙州求援。尽管当时沙州和唐廷的联系已中断，城中军民仍不肯束手就擒，茫茫大漠中，一脉唐民孤城就这样又坚守了两年有余，直至粮草军械全部用完。自此，坚守十一年的沙州城还是沦陷了，河西人民惨遭吐蕃蹂躏，丁壮者沦为奴婢，种田放牧，年老体弱者遭到杀害。吐蕃攻下大唐在河西最后一块领土沙州后，河西、陇右一带就彻底从唐王朝的版图中被分割出去。

唐德宗贞元十五年（799），一个注定将改变这个地区命运的孩子出生了，他就是张议潮。张氏家族是沙州豪门，世代为州将，其父张谦逸更是官至工部尚书。张议潮长大后私下结交了很多豪杰，如敦煌的望族索氏、张氏、李氏等，这些家族实力雄厚，他们在之后张议潮起义和收复河西的过程中立下了汗马功劳。

孤臣丹心为归国

经过唐武宗多年的经营，大唐已有中兴之象，而此时吐蕃却因赞普王位之争陷入内乱，大将拥兵相互攻伐，国势大颓。唐宣宗大中二年（848），张议潮见时机成熟，顺势振臂一呼，与当地望族、豪杰义士联合发动起义，汉人闻之百应，迅速光复沙州，沉陷六十七年的敦煌终于再次回归大唐。正如《张淮深碑》中的记载，张议潮在沙州"论兵讲剑，蕴习武经。得孙武、白起之精，见韬钤之骨髓。上明乾象，下达坤形。观荧惑而芒衰，知吐蕃之运尽。誓心归国，决意无疑"。

沙州起义军

为了及时获得朝廷支援，张议潮拿下沙州后立即遣十队信使，共持十份相同文书，各自从不同方向朝长安进发。河西走廊南面是巍峨雄壮的祁连山脉，北面是黄沙大漠，东面被吐蕃封锁，万般艰难之下，唯独由敦煌高僧悟真率领的一队从东北方向贯穿茫茫大漠，到达天德军镇所（今内蒙古乌拉特前旗），后在天德军防御使李丕的庇护下，又历时两年，于大中四年（850）到达长安，朝堂上下大为震撼。

唐廷一时也难以发兵相助，张议潮便整顿兵甲，发展生产，做好独自应敌的准备，同时利用吐蕃内乱势穷，在吐蕃的河陇两大势力尚婢婢和论恐热之间纵横捭阖。大中五年（851），张议潮已接连率领沙州军众收复瓜州、伊州、西州、甘州、肃州、兰州、鄯州、河州、岷州、廓州等十一州之地，河西走廊除凉州以外已尽数被收复。为表示对唐廷的忠心，张议潮于同年派其兄张议潭为使者携十一州地图再次前往长安告捷，并留张议潭于长安为质。

河西于唐德宗建中二年（781）完全沦丧，唐宪宗之后的历代君王都试图收复河陇，再造帝国之荣光，然而却忙于内政无力顾及，孰料万里之外的西域竟有如此英雄人物。唐宣宗听闻张议潮奇迹后，大赞"关西出将，岂虚也哉"，便以其为"归义军"节度使，全权掌管这十一州的行政军务。

随着瓜、沙、肃、甘诸州的收复及归义军的建立，吐蕃军败退于凉州。凉州是北朝、隋唐以来的河西重镇，唐朝前期，这里一直是横断吐蕃和突厥的河西节度使驻地，吐蕃统治时期又是统辖河西东部的大军镇驻地，为了有效地控制河陇，张议潮便于大中十二年（858）开始东征，经三年血战，克复凉州，至此，陷没百余年之久的河、湟故地全部收复。

敦煌、晋昌收复已迄，时当大中二载。题笺修表，纡道驰函，上达天闻。皇明披览，龙颜叹曰："关西出将，岂虚也哉！"

——《敕河西节度兵部尚书张公德政之碑》（又名《张淮深碑》）

张议潮统军出行图

《张议潮统军出行图》是唐代佚名创作的壁画，即张议潮被敕封为节度使后统军出行的写照，现位于莫高窟第156窟。画面从右至左依次画了鼓、角手各4人，分左右列队；鼓、角手后面有武骑两队，每队5人；再后面是文骑两队，每队也是5人；两队文骑之间有舞乐一组，共8人，分两组对舞，旁边立乐师12人，后面跟着6名执旗者，再后跟随着衙前兵马使3骑，散押衙2骑；张议潮位于画面中部，穿圆领红袍，系革带，骑白马；射猎、驮运部分有20余骑。总计下来，这幅画绘有两百余人。

敦煌莫高窟著名的《张议潮统军出行图》（图片来源于网络）

　　壁画充分展现了张议潮统军出行抗击吐蕃、收复河西的雄壮气势，且从出行队伍可以看到唐代军队的仪卫制度和多民族杂居的河西地区军旅的特点。

　　壁画全图作散点、鸟瞰式布局。虽然画中人物众多，但构图虚实得当，秩序井然，还呈现了队形的变化：前面仪仗队作对称双列并行，以华丽的色彩和生动写实的造型呈现出仪仗的威武雄壮，表现了一支威仪赫赫的凯旋之师；中间载歌载舞的舞乐，渲染了欢乐热烈的气氛。作为全画中心人物的张议潮，其人体和乘骑魁梧高大，其余作为衬托的小人物，其坐骑呈红、赭、白等色，也烘托了整队人马的威武庄严。

吐蕃的崩溃

吐蕃是公元7世纪到9世纪时兴盛于青藏高原地区的强权势力，其兴盛始于松赞干布时期，而灭亡是在末代赞普朗达玛时期。极盛时，吐蕃疆域包括整个青藏高原、川西北高原、云南西北高原、河西走廊、宁夏、内蒙古阿拉善地区、南疆和中亚东部地区、阿富汗走廊、克什米尔、喜马拉雅山南坡到恒河北岸地区，可谓疆域辽阔、盛极一时。

在吐蕃之前，青藏高原形成过一个辉煌的古象雄文明，当时由于受印度文明影响，再融合高原原始巫术信仰，诞生了一个新的宗教"苯教"。后来发源于山南拉萨河地区一个叫吐蕃的部落逐渐强大起来，并建立起了与苯教僧侣贵族结合的王权统治。后来唐朝文成公主和金城公主两次入藏，为吐蕃带来了大量的汉传佛教文化，佛教在高原上吸收传统苯教因素，逐渐形成了新的藏传佛教。由于赞普不满权力受到强大的苯教贵族制约，急于寻找新的政治力量进行平衡，于是王权与新的教权相结合，赞普借助藏传佛教力量，大肆压制清洗苯教势力，巩固王权。

苯教贵族不甘心权力的转移，与藏传佛教贵族和赞普展开了长期的政治斗争，数位赞普被苯教贵族所杀，而吐蕃末代赞普朗达玛则是被佛教势力所杀。苯教与藏传佛教借宗教名义展开的政治斗争几乎伴随了整个吐蕃历史，两边的长期厮杀耗去了吐蕃大量国力，并引发了严重的阶级矛盾，这是吐蕃衰落的一大原因。此后朗达玛两个儿子争位，吐蕃正式走向分裂。

此外，吐蕃仿唐朝创立节度使制度，导致尾大不掉，也是加速其衰败的一大因素。吐蕃在青海和河西等地分派了大量贵族担任地方节度使，其中比较有名的就属论恐热和尚婢婢，他们是吐蕃后期东北部镇将混战的主角。唐武宗会昌三年（843），吐蕃陇西大将论恐热率兵二十万攻打鄯州（今青海乐都）守将尚婢婢，拉开了吐蕃东北镇将混战的序幕。此后二十余年，吐蕃陇右和河西地区大大小小的镇将节度使都卷入了这场混战，边将为争权夺利还数次援引唐朝和回纥势力为自己撑腰，长期混战几乎撕裂了吐蕃。

回纥汗国与黠戛斯汗国

历史上，回纥与唐朝关系十分密切。回纥最初比较弱小，受突厥人的奴役和统治，为了反抗突厥的压迫和奴役，隋唐时期，回纥联合铁勒诸部中的仆固、同罗等部组成了回纥部落联盟。在唐军的支持下，回纥起兵反抗东突厥汗国，并先后打败了西突厥汗国、后突厥汗国。

唐太宗贞观二十年至高宗开耀元年（646—681）是回纥汗国发展的第一个兴盛期，汗国经济实力不断增强，在各部中的威望和对唐朝的影响均大大增加。唐玄宗天宝三载（744），统一了回纥各部的首领骨力裴罗因功被唐朝册封为怀仁可汗，建立了回纥汗国，立牙帐于乌德鞬山（于都斤山，今蒙古国鄂尔浑河上游杭爱山之北山），控地"东极室韦，西金山，南控大漠"，回纥每一任可汗都要经过中央册封承认。唐德宗贞元四年（788），回纥

> 龙朔中，以燕然都护府领回纥，更号瀚海都护府，以碛为限，大抵北诸蕃悉隶之。
> ——《新唐书·列传第一百四十二·回鹘上》

> 元和四年，蔼德曷里禄没弭施合密毗迦可汗遣使改为回鹘，义取回旋轻捷如鹘也。
> ——《旧唐书·列传第一百四十五·回纥》

统治者上书唐朝，自请改为"回鹘"。

后来回鹘内部矛盾不断激化，唐文宗开成四年（839），漠北发生瘟疫，又连遭大雪，在天灾人祸中回鹘汗国迅速走向衰亡。开成五年（840），回鹘被黠戛斯攻破，回鹘人除一部分迁入内地同汉人融合外，其余分三支：一支迁往吐鲁番盆地和现今吉木萨尔地区，建立了高昌回鹘王国；一支迁往河西走廊，与当地诸族交往融合，形成裕固族；一支迁往帕米尔以西，后分布在中亚至今喀什一带，与葛逻禄、样磨等部族一起建立了喀喇汗王朝。

黠戛斯汗国的崛起和衰落几乎是在很短的时间内，灭了回鹘后没多久黠戛斯就瓦解了。契丹人崛起的时候，黠戛斯又恢复成了在叶尼塞河一带的部落联盟。

归义军这样高度独立的政权是朝廷所不愿看到的，尤其当河西尽数收复后，归义军与朝廷表面君臣，实则屡生龃龉。唐懿宗咸通八年（867）二月，在长安留为人质的张议潭去世，69岁的张议潮离开沙州前往长安，将河西职务交给了张议潭之子张淮深。张议潮此举是为替代其兄作为归义军的新人质，以示对朝廷的忠诚。

惨绝人寰的惊天杀戮

农民起义浪潮中的"反智主义"

"待到秋来九月八,我花开后百花杀。冲天香阵透长安,满城尽带黄金甲。"这首《不第后赋菊》的作者是黄巢,他在科举落第之后写下了这首诗。

黄巢是唐末农民起义军的领袖,和朱元璋、李自成这些农民起义头目不同的是,黄巢出身于私盐世家,是个资深的私盐贩子,因此自小生活条件还不错,他学过骑射,文采也尚可,但是科举一次都没中过,于是黄巢觉得社会对不起自己,对朝廷心生恨意。唐朝末年,各地到处都是自然灾害,百姓走投无门,黄巢便借机召集起了一支队伍,踏上了他的造反之路。

"有志"青年黄巢

黄巢,曹州冤句(今山东曹县西北)人,由于盐贩子本身从事的就是非法买卖,所以黄巢家实际上是有"黑社会"背景的。因为常出去和那些不要命的盐贩打交道,偶尔还要和官府动动刀子,所以黄巢的武功也是过硬的。黄巢不仅武艺好,也爱读书,因此他想通过科举考试转作仕途,把"黑社会"这个污点洗干净,但屡次应试落榜后,他发现自己赖以自豪的那点文采不足以博得功名。从此,黄巢把他的"心有不甘"转化成了一种对唐王朝的愤怒,报复社会的心理油然而生,他开始为了证明自己的价值而活着,为了成功不惜一切。

爆发大规模农民起义通常有几个基本条件:一个是苛捐杂税太重,政治黑暗;另一个是遭遇百年一遇的天灾,民不聊生。唐僖宗乾符元年(874),自然灾害频发,各地经济都不景气,偏偏朝廷仍大肆征税。次年,以王仙芝等为首的上千人于长垣揭竿而起,很快攻陷了濮州(今河南范县)、曹州。黄巢看到了王仙芝的作为后兴奋极了,证明能力的机会摆在了"有志"青年面前。黄巢立即把族中的兄弟子侄召来商量,大家一致赞成参加起义军,捞点实惠。黄巢等人根本不是快饿死的饥民,相反,他们有吃有喝,参加起义不过是他们投机一把而已。

黄巢与同族子弟黄存、黄揆、黄思邺及外甥林言等八人聚众数千人,响应王仙芝,各地饥饿的农民争先加入起义军。乾符三年(876)七月,天平节度使宋威在沂州(治今山东临沂)城下击败了义军,宋威误以为王仙芝被打死(实际逃跑了),于是奏报贼乱已平并下令

> 而巢喜乱,即与群从八人,募众得数千人以应仙芝,转寇河南十五州,众遂数万。
> ——《新唐书·列传第一百五十下逆臣下·黄巢》

撤军，这便给了王仙芝和黄巢喘息的机会。经过短暂休整之后，王仙芝和黄巢转战河南，迅速攻占了许多城池，声威大震，连洛阳都被震动了，他们的下一个目标是郑州。义军围攻了几个月都没有打下郑州，粮食补给问题随之摆在眼前，王仙芝和黄巢开始纵兵抢掠，干起了杀人放火的勾当。

面对巨大的压力，唐廷开始使出招安之法，王仙芝欣然接受了官职。实际上，招安只是障眼法，官军趁着王仙芝放松警惕之际偷袭了他，王仙芝知道自己上当后大怒，于是进兵荆南，不久在黄梅兵败战死。黄巢聚拢王仙芝余部继续起义，走上了历史的中心舞台。

登上私盐贩子的"顶峰"

黄巢率军南下与王仙芝旧部王重隐会和，接连攻下了虔州（今江西赣县）、吉州（今江西吉安）、饶州（今江西波阳）、信州（今江西上饶）等地后，开始进攻宣州（今安徽宣城），在南陵被官军打败后又进入浙东，经婺州至衢州然后攻入福建。僖宗乾符六年（879）三月，黄巢带兵冲进了福州，见人就杀，见房就烧，唯一放过的是崇文馆校书郎黄璞家，因为这伙人比较迷信，害怕杀了大儒会遭报应。在此期间，黄巢曾致书浙东观察使崔璆、岭南东道节度使李迢，要求朝廷封自己为天平节度使，朝廷没有同意。

同年九月，广州失守。那时的广州已经成为海上丝绸之路的重要港口城市，有很多跨国商人，黄巢发现这是一个不同于中原的世界，不仅非常富庶，还融合了外夷文化和各种宗教。经过连番血战，黄巢军队的粮草早已殆尽，所以新的烧杀抢夺开始了。黄巢发现广州港口有大批外国商船和唐朝要出使外国的商船停靠，船上的货物不计其数，于是立即下令把商船上的货物全部收缴充当军费。码头的水手和各国的商人们无论反抗与否，都被处死。与此同时，秉承着"非我族类，其心必异"的原始民族观，黄巢下令将成千上万的各宗教信徒统统杀死。

接着，黄巢率军离开广州，向西北进发，起义军人数已逐步扩充到近二十万人。唐僖宗广明元年（880）十一月，势不可当的黄巢起义军占据了洛阳，接着又轻松攻下潼关，国都长安危在旦夕，"冲天香阵透长安，满城尽带黄金甲"，黄巢多年的夙愿就要实现了。从潼关退下来的乱军一下子拥进了长安城，唐僖宗在田令孜神策军的护卫下狼狈逃往成都，长安的文武百官及诸王、嫔妃全部被抛弃。左金吾卫大将军张直方与群臣没有办法，只能接受现实，向黄巢投降，黄巢不费一兵一卒便占领了这座古都。

只过了几天，黄巢的军队就开始挨家挨户地上门索取财物，后来连穷人的家里都已经空无一物了，富人的家里更是重灾区。当官的被黄巢军逮到，全部杀头，其宅邸也被没收，宗室皇亲们也基本被全部灭族。驸马都尉于琮拒不投降，黄巢怒斩了于琮，其夫人广德公主也因大骂黄巢而遇害。广明元年（880）十二月十三日，黄巢称帝，建立大齐政权，建元金统。

嗜杀的报应

黄巢未得天下就沾沾自喜，长安有人因此题诗讥讽黄巢奢靡腐化，黄巢大怒，彻查此事却没查出结果，索性把长安城中三千多无辜的儒生都砍了头。就在黄巢养尊处优时，各路藩镇在各地连连痛击黄巢军。由于黄巢连年挥霍，早先在各地抢掠的财物已经消耗殆尽，再加上入主长安后过起了坐吃山空的日子，于是没过两年，军粮危机就来了，可怜长安附近的百姓成了黄巢军队的口中之食。

唐僖宗中和元年（881），王处存（兴元节度使王宗之子）与各路官军进逼京师，黄巢大慌而逃，百姓们一片欢呼。王处存本以为黄巢已经跑远了，没想到黄巢迅速组织了反击，把王处存又赶出了长安。当黄巢再次夺回长安时，愤恨百姓背弃他而支持官军，于是下令屠城，长安街道血流成河。

就当黄巢屠杀长安城的百姓时，他派出去攻打邓州（今河南省西南部）的大将朱温却投降了唐朝。与此同时，黄巢的命中克星——沙陀人李克用登场了，李克用和他的儿子以一万沙陀军大胜近十万黄巢军，不费吹灰之力就杀进了长安城。

黄巢的军队只能掉头回起兵的河南，很快就先到了陈州（今河南淮阳）。陈州刺史赵犨早在陈州周围设下了埋伏，先一举袭击了孟楷（黄巢军将领之一）部，愤怒的黄巢迅速集结了唐朝降将秦宗权部，合兵围攻陈州。陈州这一围就是百日，双方都在苦苦地挣扎，并且面临粮食短缺的问题。黄巢军开始见到活人就杀，然后吃掉，黄巢还下令制造了数百座巨碓，让陈州周围瞬间变为了大型的"肉联厂"（史称舂磨寨），大批活生生的乡民、俘虏被悉数纳入巨舂，顷刻磨成肉糜，以供黄巢军食用。许、汝、曹、徐、兖等数十州百姓，除了陈州（赵犨守卫）和汴州（黄巢的叛将朱温守卫）外，备受其害。

就在黄巢围攻陈州时，时任河东节度使的李克用亲率蕃、汉五万混编军队前来增援。黄巢见官军四面围来，只得从陈州撤军，他最铁杆的兄弟尚让竟然在此时投降了唐廷。黄巢率残兵败将向东北逃去，李克用又追杀到封丘（位于河南省东北部）。黄巢的外甥林言见大势已去，便偷袭杀了黄巢。林言还将黄巢的兄弟妻子尽数杀害，提着他们的人头向唐朝军队乞

> 贼俘人而食，日杀数千。贼有舂磨寨，为巨碓数百，生纳人于臼碎之，合骨而食，其流毒若是。
> ——《旧唐书·列传第一百五十下·黄巢》

降，不过沙陀人顺带把林言也杀了。

建立四个政权的沙陀人

沙陀原名"处月"，乃西突厥别部。唐代将"处月"音译成"朱邪"，以此作为沙陀统治者的姓氏。当时的处月主要分布在金娑山南、蒲类海东的一片名为"沙陀"的大沙漠区域，因此也被称作沙陀突厥，大致位于现在新疆尼赤金山南与新疆东北部巴里坤湖东一带。沙陀人和其他游牧民族一样，实行"兵民合一"，矫健的西域战马，精湛的御马骑术，加之勇猛的作战风格，造就了沙陀人最强大的骑兵，战力惊人。

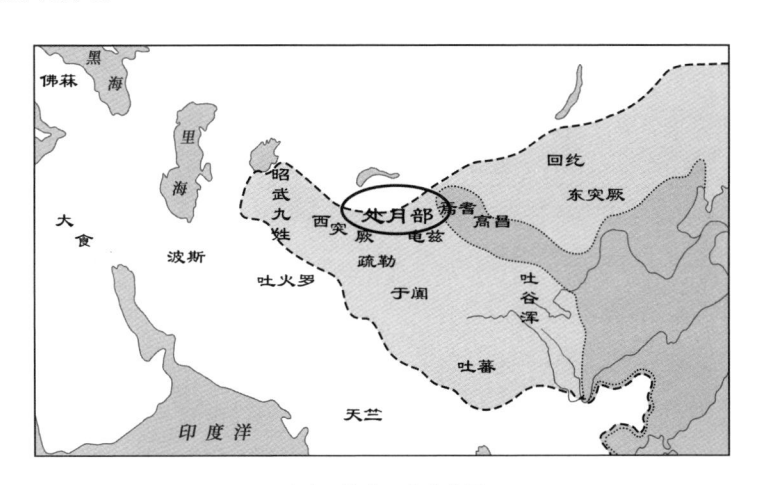

沙陀（处月）大致范围

因力量有限，沙陀人长期在大唐、突厥、吐蕃等势力的夹缝中挣扎求生，因此他们从来不是哪个政权或势力的坚定支持者，而是"朝三暮四"。贞观末年，处月部隶属于突厥的阿史那贺鲁；武周长安二年（702），处月酋长沙陀金山随唐朝军队从征立功，被授予金满州都督；唐德宗贞元六年（790），受吐蕃所逼，沙陀首领率领部族七千帐归附吐蕃；公元9世纪初，吐蕃怀疑沙陀与回纥勾结，打算将其再迁到黄河以西地界，于是沙陀首领朱邪尽忠和长子朱邪执宜于唐宪宗元和三年（808）率部众三万人归附唐朝，并成为唐朝的雇佣军；唐懿宗时，执宜之子朱邪赤心率领沙陀骑兵助唐朝镇压了庞勋起义，被授予大同军节度使，赐姓李，名国昌，至此，沙陀人开始在中原权利争霸中发挥举足轻重的作用。

【李存勖建立后唐】 由于李国昌恃功骄横，李国昌及其子李克用被唐朝军队击败后北奔鞑靼。黄巢起义爆发后，唐朝只能放低姿态招抚李克用，要求他率领沙陀、鞑靼军前来救援。唐僖宗中和三年（883），李克用率军在梁田坡击败义军，黄巢被迫退出长安，唐僖宗擢升李克用为河东节度使，李克用顺势占领太原，与另一位镇压义军的将领朱温形成互争的局面。唐哀帝天祐四年（907），梁王朱温推翻唐朝建立后梁政权，后梁龙德三年（923），李克用之子李存勖灭掉了后梁，建立后唐，这是历史上沙陀一族建立的第一个中原政权。

【石敬瑭建立后晋】 石敬瑭，后晋高祖，沙陀人。石敬瑭跟随李克用的养子李嗣源四处征战，成了一员骁将，李嗣源还把女儿嫁给了他。李嗣源养子李从珂登基后，石敬瑭受到猜疑排挤，向契丹耶律德光求救，并向其许诺割让燕云十六州，每年进贡大批财物，以"儿国"自称。在契丹军队的帮助下，石敬瑭大败后唐军，建立了后晋。

【刘知远建立后汉】 刘知远，即后汉高祖，沙陀人。刘知远原本是石敬瑭的得力干将，石敬瑭以屈辱性条件引契丹兵时，他是反对的。石敬瑭死后，其子石重贵登基，契丹进犯京师并将石重贵俘虏北去，后晋灭亡，刘知远便顺势建立了后汉。

【刘旻建立北汉】 刘旻原名刘崇，刘知远之弟。后周广顺元年（951），郭威推翻后汉政权建立后周，刘崇随即也在太原称帝，建立北汉，但治下仅有十二州之地，是后汉政权的延续，但没过几年就被后周所灭。

沙陀人因为持续的迁徙和战争，与中原民族的接触越来越深，伴随着长期与汉人杂居、通婚，甚至改汉姓，沙陀人渐渐开始汉化。随着几个沙陀政权的覆灭，后周和北宋政权相继建立，沙陀人与汉人及其他民族的融合大大加快，逐渐淹没在历史的尘烟之中，后世再无沙陀。沙陀军先后建立的"后唐""后晋""后汉"以及"北汉"四个政权却是推动那个乱世政治军事变革发展的重要力量，影响深远。

黄巢起义基本毁掉了唐朝的政治和经济基础，导致社会体系崩溃，破坏力史上罕见。封建时代的农民起义大多有反精英、反理性的特征，一旦掀起反智主义的浪潮，社会就将变成人间地狱。

大唐余晖消失殆尽

贵族阶层的落幕悲歌

虽然长达十年的"黄巢起义"最终被镇压,但黄巢每到一处都会烧杀抢掠,屠戮当地的乡绅和官员,很大程度削弱了各地门阀世家的势力,本就摇摇欲坠的贵族群体也被屠戮殆尽,长安、洛阳附近的高门贵族几乎濒临灭绝。

正所谓屋漏偏逢连夜雨,为了扫清夺取皇权道路上的障碍,唐哀帝天祐二年(905),军阀朱温的手下将唐朝仅剩的贵族们赶尽杀绝,延续了两千多年的贵族阶层至此消亡。

如泣如诉的唐诗巨制

唐僖宗广明元年（880），黄巢军攻入长安，僖宗出逃成都，韦庄因应试而留在城中。兵乱中，他与弟妹一度离散，又卧病多日，不得已成了这场震撼神州大地的社会巨变的亲历者和目击者。唐僖宗中和三年（883），韦庄将当时耳闻目睹的种种乱离情形，通过一位从长安逃难出来的女子（秦妇）之口叙说出来，创作了长篇叙事诗《秦妇吟》，描写了黄巢起义军攻占长安、称帝建国，与唐军反复争夺长安以及最后城中被围绝粮的情形。全诗238句，1666字，几乎是白居易《长恨歌》的两倍，还原了一千余年前的一幅幅真实的历史画面，道出了百姓在晚唐熊熊不绝的战火中丧乱漂沦的苦难。

《秦妇吟》一经问世即传遍天下，时人多称作者韦庄为"秦妇吟秀才"。全诗共分五大段，首段叙述诗人与一位从长安东奔洛阳的妇人于途中相遇，第二段为秦妇追忆黄巢起义军攻占长安前后的情事，第三段写秦妇在围城义军中三载怵目惊心的各种见闻，第四段写秦妇东奔途中所见所闻所感，末段通过道听途说对刚平定的江南寄予一线希望。妇女在战时往往被作为一种特殊战利品而遭到非人的待遇，

> 中和癸卯春三月，洛阳城外花如雪。东西南北路人绝，绿杨悄悄香尘灭。路旁忽见如花人，独向绿杨阴下歇。南邻走入北邻藏，东邻走向西邻避。北邻诸妇咸相凑，户外崩腾如走兽。家家流血如泉沸，处处冤声声动地。舞妓歌姬尽暗捐，婴儿稚女皆生弃。夜卧千重剑戟围，朝餐一味人肝脍。鸳帏纵入岂成欢，宝货虽多非所爱。尚让厨中食木皮，黄巢机上刲人肉。东南断绝无粮道，沟壑渐平人渐少。华轩绣毂皆销散，甲第朱门无一半。含元殿上狐兔行，花萼楼前荆棘满。昔时繁盛皆埋没，举目凄凉无故物。内库烧为锦绣灰，天街踏尽公卿骨！
>
> ——《秦妇吟》节选

《秦妇吟》不但直接通过一个妇女的悲惨遭遇来展示战乱风云,还以秦妇口述周围女伴不幸的方式,刻画出了大乱中的长安女子群像。

"长安寂寂今何有,废市荒街麦苗秀",洛阳是"东西南北路人绝,绿杨悄悄香尘灭",而一个妇人"朝携宝货无人问,暮插金钗唯独行",到处是死一般的沉寂,较之汉魏古诗"出门无所见,白骨蔽平原"是一种更恐怖的气氛。尤其是"内库烧为锦绣灰,天街踏尽公卿骨"这些描述,引起了当时公卿贵族的愤怒。韦庄迫于压力曾向各处去回收抄本,但这首诗已广泛流传,以至达到了许多人家的屏风、幛子上都写有这首诗的程度。韦庄临终遗嘱上还写着不许家里悬挂《秦妇吟》幛,韦庄的诗集《浣花集》中也没有收录这首诗,因此在晚唐至清代漫长的千年时光中,这首诗一度隐没不见。

直到公元1900年,尘封近千年的敦煌藏经洞被意外发现,数万件珍贵文书重见天日,包括《秦妇吟》。经过整理,年代最早的版本是唐哀帝天祐二年(905)张龟的写本(这时韦庄还在世),其次是后

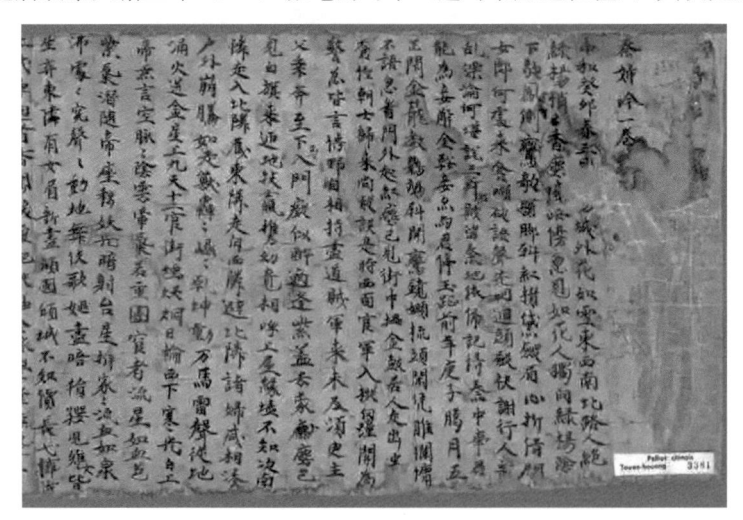

《秦妇吟》局部,现藏于法国国家图书馆(图片来源于网络)

梁末帝贞明五年（919）安友盛的写本（韦庄死后不久）。经王国维、陈寅恪等著名学者对此诗的校勘和考释，《秦妇吟》终于重新回到文学史中。

中央内部争斗激化

"黄巢起义"被镇压以后，虽然外来的威胁暂时消除了，但统治阶级内部原来相对缓和的矛盾却再度被激化。内部掌权的宦官与外廷朝臣间的矛盾异常激烈，各自拉拢强大的藩镇为后援展开了惨烈斗争，加剧了本就摇摇欲坠的唐政权的危机。

首先，统治者与宦官之间，藩镇与宦官之间矛盾重重。光启初年，在长安附近发生了藩镇反对田令孜并且欲废唐僖宗的政变，这是一个导致唐僖宗时期中央权力分配格局变动的契机。自这场兵变之后，唐僖宗和朝臣对田令孜专权擅政的不满加剧，但田令孜却如有紧箍咒般死死勒住僖宗不放，史称："令孜益骄横，禁制天子，不得有所主断。上患其专，时语左右而流涕。"光启元年（885），田令孜与河中节度使王重荣为争夺河东盐利发生摩擦，田令孜要调王重荣为秦宁节度使，王重荣坚决抵制，田令孜就下令禁军征讨王重荣，王重荣拉上兵势强劲的李克用帮忙，田令孜惨败。

其次，宦官集团内部存在着错综复杂的矛盾。杨复恭和杨复光兄弟两人是宦官集团中比较有力量且能与田令孜抗衡的实权人物，杨复光长期任监军，执掌军权，在收复长安的过程中尤有建树，被唐僖宗提拔为天下兵马都监，田令孜不得不对他畏惧三分。田令孜对此一直怀恨在心，伺机报复，当杨复光于中和三年（883）病死军中时，田令孜即刻罢免了杨复恭的枢密使之职。唐僖宗趁机采取了"以宦制宦"的策略，想借遭田令孜排挤的杨复恭之力铲除田令孜，可惜如意算盘落空。

各地军阀并起

黄巢起义之前，由于中央政府力量的强大和绝大多数藩镇的忠顺，藩镇都须通过中央的任命，才能名正言顺地成为一方之主。黄巢起义期间，一方面藩镇出于维护自身利益的考虑，必须要寻求自保之路；另一方面中央禁军无暇顾及擅自拥立者，于是各地军阀纷纷称霸一方。黄巢起义之后，唐朝分崩离析，陷入了军阀混战，其中实力最强的分别是朱温和李克用。

朱温原是黄巢手下的大将，起义军占领长安之后被派到长安的外围抵御唐军的反攻，可后来朱温向唐军大将秦宗权投降，反手屠杀黄巢军，获封左金吾卫大将军，还取了个新名字"朱全忠"。李克用是以骁勇善战著称的沙陀人，他带领沙陀骑兵进关参与讨伐黄巢起义军，因为沙陀军队全部穿黑衣，所以又叫"鸦军"，李克用大败起义军，是当时将领中年纪最小但立功最高的。

黄巢率领的起义军被迫撤出长安后，仍有相当强的实力，在各地艰苦转战，攻击唐军。当时朱温在其管辖的汴州（今河南开封）被黄巢包围后，向李克用求救，李克用率沙陀骑兵火速增援，大败起义军。后来朱温在汴州盛情款待李克用，李克用酒后失言伤害了朱温的脸面，朱温很生气，觉得李克用以后会是他的劲敌，所以对李克用起了杀意。朱温率领将士夜袭李克用的住所，李克用和他的亲兵趁着雷雨交加突围，亲兵为了掩护他全部战死，李克用最后顺着绳子爬下城墙，才免于一死，从此，李克用和朱温结为世仇。朱、李两家的战争持续了几十年，朱温在世时基本打得李克用抬不起头，朱温死后（李克用也死了），李克用的儿子李存勖打得朱温的儿子朱友珪、朱友贞满地找牙，最后李存勖灭掉了朱友贞。

那个时代的恶棍并非"有第一没第二，第三差十万八千里"，这些流氓没有最坏，只有更坏。黄巢、朱温都是"标杆"级的人物，几乎无人能在"滥杀无辜"上望其项背，但同时期的混蛋中能与之并肩甚至更胜一筹的就是桀燕的开国皇帝刘守光。刘守光的父亲刘仁恭早年担任卢龙节度使，刘守光囚父杀兄夺取实权后迎来了人生巅峰，坐拥沧州、幽州两处宝地，成为五代十国时期实力强劲的军阀之一。不过刘守光醉心于享乐，寻常的乐子已无法满足他的欲望，他开始研究酷刑，发明了许多比凌迟更能折磨人心态的酷刑，"每刑人必以铁笼盛之，薪火四逼，又为铁刷刷剔人面"（《旧五代史》），这种"剔剥"之刑只是其中之一罢了。后来李存勖率大军灭桀燕后，把刘仁恭押到雁门，剖腹取心祭奠先王，并且斩杀了刘守光。

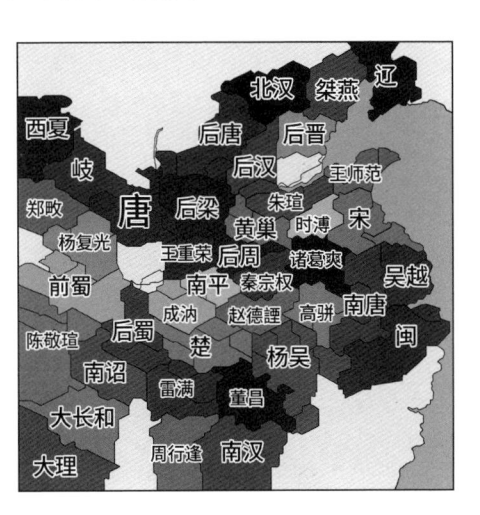

五代政权林立

在那样一个乱世，哪有那么多王者，能成为霸者就不错了。历史上又何曾有几个王者？所谓"得民心者得天下"，只不过是暴力掠夺合法化的逻辑。谁的武力强大谁就是王者，就能得到民心。

功过是非任评说

耶律阿保机的帝国梦

用血与火，刀与剑绘出的画卷

公元907年（唐哀帝天祐四年），朱温干掉了最后一个名存实亡的唐朝皇帝，唐帝国名义上正式崩溃，由此引发了多米诺骨牌式的效应。原来军阀虽然各自独立，但不会称王，现在都可以举起正义的大旗堂而皇之地称王了。

同年，契丹迭剌部的首领耶律阿保机统一了各部，继可汗位。契丹是北方草原少数民族的一支，唐代早期受中原王朝打压。唐朝由盛转衰后，无力压制契丹，契丹兴起的外部条件已经成熟。

冉冉升起的契丹

契丹一族大致发源于潢河和土河流域（现内蒙古赤峰市西拉木伦河和老哈河一带），东邻高句丽，西有强大的游牧部落集团柔然，北部是与其同系的地豆于、室韦、豆莫娄等。最初契丹势力弱小，常依附于其他部族，比如乌桓、鲜卑宇文部、库莫奚等。北魏道武帝登国三年（388），北魏将库莫奚部击溃后，契丹开始走上独立发展的道路，各部族间通过简单的结盟形成军事联盟组织，这就是"契丹八部"。

一直以来，契丹都在列强的打击下艰难求存，利用周边大国间的矛盾获取最大利益，以"狠如狼、黠如狸"来形容契丹人，是再合适不过了。契丹与唐朝之间，既有朝贡和贸易，也有战争和掳掠。唐初，契丹部落联盟的君长为大贺氏，唐太宗贞观二年（628），大贺摩会率部落联盟背弃突厥，归附唐朝，后来唐太宗为了管理契丹还设置了松漠都督府（今赤峰、通辽一带），任命大贺窟哥为松漠都督，赐姓李氏。这一时期，汉人开始与契丹人杂居，契丹的政治、经济、文化加速发展，到了遥辇氏部落联盟时期，契丹内部已有分管军事决策、兵马调动、法律以及联盟各项事务职能的官员和相应的权力机构，为之后的建国打下了基础。

唐玄宗天宝四载（745），唐朝与回纥联军灭了后突厥汗国，突厥逐步销声匿迹，随后统治漠北草原的回纥不像突厥那样有侵略性，这使长期受制约的契丹迎来发展的窗口期。安史之乱后，唐朝实力锐减，再也无力掌控北方草原部落，同样也放弃了对契丹的征讨。此时的回纥一边南下助唐平定叛乱和掠夺财富，一边向西与吐蕃争战，因此契丹西面、北面的军事压力也大大减轻了，加之回纥灭亡后，黠戛斯势力远在西北，契丹人周围已没有强大的敌对势力了。由于处于一个相对有利的环境之中，契丹即将迎来高光时刻。

契丹八部中，各部部长称为大人，再由八部大人推选一人为首领，统率八部，任期为三年。八部中的迭剌部由于距中原较近，借助北方汉人带来的先进生产技术，其发展很快超过了其他七部。"耶律"是迭剌部的首领姓氏，迭剌部拥有世选"夷离堇"（官名，部落的军事首领）的特权，地位仅次于八部联盟首领。在遥辇氏联盟后期的权力争夺中，耶律阿保机实力大增，于唐昭宗天复元年（901）任迭剌部夷离堇兼联盟军事首领，专事征伐，天复三年（903）担任于越，独揽军政权力，其间先后攻伐了室韦、奚、霫、吐浑等部，南下参与了唐末藩镇间的角逐，又趁中原混乱、渤海势力衰微之际控制了辽东。后晋天福三年（938），契丹从石敬瑭手中得到了燕云十六州，国土面积扩展到今山西北部，实力也进一步增强，漠北草原上的新兴王朝诞生了，历史上又一个骁悍对儒弱的时代即将开启。

"于越"，契丹官职，地位仅次于部落联盟长（可汗），但在夷离堇之上，据有联盟的军事和行政实权。契丹部落联盟时期已设置这一职位，耶律释古为第一任于越。公元903年，耶律阿保机继任于越，并兼任夷离堇的军职，掌握了部落联盟大权，此后耶律辖底被任为新于越，但阿保机不让新于越掌握实权。

阿保机的帝国之路

耶律阿保机才智过人，武功高强，且胸怀大志，据《辽史》记载，其"身长九尺，丰上锐下，目光射人，关弓三百斤"。阿保机的祖父耶律匀德实在他出生时就死于残酷的政治斗争，其伯父在阿保机身上看到了重振耶律家族的希望,于是有意识地让阿保机参与政务。伯父被杀后,阿保机便继承了伯父的职位,掌握着联盟的军事和行政事务。唐末,幽州节度使刘仁恭多次出兵进攻契丹,契丹人饱受其苦,八部大人皆认为是可汗无能所致,于是要求改选可汗,阿保机借机大肆渲染可汗对中原的软弱让步,最终以实力和威望登上了八部联盟可汗之位。

按传统制度,可汗之位三年改选一次,由于汉人谋士经常说中原的帝王从来不改选,所以阿保机开始筹谋建立终身制和世袭制。此举先是引起了本家族中其他贵族的强烈不满,因为可汗实行的是家族世选制,可汗之位转入耶律氏后要由耶律家族的成年人轮流担任,阿保机不让位,其他人就没有机会当选,于是阿保机本家族的兄弟们首先起来反对他,这就是契丹历史上的"诸弟之乱"。

兄弟们的叛乱一共有三次,第一次在后梁太祖乾化元年(911)五月,阿保机的弟弟剌葛、迭剌、寅底石、安端谋反,阿保机最后赦免了他们。次年七月,兄弟们又在辖底(辽肃祖的孙子夷离堇帖剌之子)的带领下再次反叛,最终以诸兄弟请罪收场。但可汗宝座的诱惑毕竟比兄弟之情要大得多,"诸弟之乱"在乾化三年(913)三月进入高潮,阿保机的大弟剌葛趁阿保机外出之机,命二弟、四弟带兵去攻打路途中的阿保机,又派三弟攻打留在宫帐中的述律平,最终阿保机将参加叛乱的兄弟及他们的亲属上百人全部处死。

阿保机所部终于在一片血雨腥风中归于平静,然而另外七部的贵族仍然在暗中谋划推翻

> 北宰相实鲁妻余卢睹姑于国至亲,一旦负朕,从于叛逆,未置之法而病死,此天诛也。
>
> ——《辽史·本纪第一太祖上》

阿保机。后梁末帝贞明元年（915），七部贵族终于等到了机会，在阿保机征讨黄头室韦部返回的路上乘其不备将他抓住，刀架在脖子上，逼阿保机下台让位。阿保机只好暂时认输，辞去可汗之职，带着自己的部落迁徙至滦河一带。阿保机开始大量任用汉族知识分子，模仿汉地建起了一座城市，并改变契丹的游牧习俗，大力发展农业、盐铁，进而握住了其他七部的经济命脉。时机成熟后，阿保机亲赴各个部落，盛情邀请七部酋长欢聚并商议新盐的分配。就在七部酋长都喝得七倒八歪时，阿保机一声令下，早已安排好的伏兵一拥而上，挥起砍刀，七个酋长顿时人头落地。阿保机随即带兵杀出滦河，以所向披靡之势统一了契丹八部。

贞明二年（916）三月十七日，阿保机祭青牛白马旗告示先祖：大契丹国成立。随后登基称帝，建元神州。耶律阿保机称天皇帝，妻子述律平称地皇后，立长子耶律倍为太子，其目标是建立一个南到黄河、北至漠北的北方大国。从统一契丹诸部到开拓疆土建立一个万里大国，耶律阿保机用了不过二十年。

海东盛国折戟沉沙

为了向东发展势力，耶律阿保机又率领大军东征渤海国。渤海是东北地区的一个区域性的民族政权，政治和文化都在北方各民族之上，素有"海东盛国"之称，但其时国力已经在下降。契丹骑兵最终将渤海国的领土纳入了大辽版图，并将其改名为东丹国，任命太子耶律倍为东丹国国王，称"人皇王"。此外，在黑龙江和乌苏里江流域广置官府，实施管理，从而结束了唐末以来东北地区的分裂局面，重新实现了统一。

早在渤海国强盛之前，东北地区就诞生过一个强盛的高句丽，高

辽初版图

句丽曾雄霸辽东与朝鲜半岛,最终在唐高宗总章元年(公元668年)被唐朝所灭。在这之后,留在当地的绝大部分扶余人被临近的黑水靺鞨吸收同化,促进了一个崭新国家的诞生。武周圣历元年(698),粟末靺鞨首领大祚荣建立靺鞨国,次年自立为王,号震国王。先天二年(713),唐玄宗册封大祚荣为渤海郡王,统辖忽汗州,加授忽汗州都督,从此粟末靺鞨政权以渤海为号。

大祚荣在位期间,多次派儿子或臣僚入唐朝拜,中原文明开始源源不断地输入渤海,渤海的贵族子弟也纷纷远赴中原学习,"数遣诸生诣京师太学,习识古今制度",有的还经过科举考试后留作唐官。同时唐朝也多次派人赴渤海,双方贸易往来十分频繁。唐代宗宝应元年(762),唐廷诏令渤海为国。其都城初驻旧国(今吉林敦化),唐玄宗天宝元年(742)迁至中京显德府(今吉林和龙),天宝十四载(755)迁至上京龙泉府(今黑龙江宁安),唐德宗贞元元年(785)再迁东京龙原府（今吉林珲春），贞元十年（794）复迁上京龙泉府。

鼎盛时期，渤海国控制了松花江沿岸的肥沃平原，南边与朝鲜半岛和中原辽东接壤，西部与游牧部落契丹毗邻。境内定居着靺鞨、扶余、汉和室韦等大大小小数十个民族，成为当时东北地区一支举足轻重的力量。直到辽太祖天赞五年（926），为辽国所灭。渤海传国十五世，历229年。

如何在语言文字、风俗习惯乃至制度机构上都存在很大差距的区域之间，建立一个统一和谐的国家？阿保机本着"因俗而治，得其宜"的原则，在政治、法律、经济等制度上采用了番汉分治的方法，提供了一种契丹和汉人能融合接受的统治形式，将契丹发展成为兼跨农牧混合带两侧的强大内亚边疆帝国。

票友皇帝的"演艺生涯"

战神李存勖，用长戟建立后唐；

票友李天下，用戏曲摧毁一个王朝

就像爷爷辈喜欢听戏，父母辈喜欢看电视剧，年轻人喜欢网剧，各种形式的戏剧魅力可不是一般人能抗拒得了的。历代皇帝中热爱戏剧艺术的也为数不少，比如唐玄宗李隆基、宋徽宗赵佶、明武宗朱厚照、清高宗弘历，不过顶级票友还得数后唐庄宗李存勖。李存勖要是活在今天，他的理想估计就是一统演艺圈了。

生子当如李亚子

"十三太保"这个名号诞生于五代十国,听起来就很霸气,最初指晚唐军阀李克用的十三个儿子——大太保李嗣源、二太保李嗣昭、三太保李存勖、四太保李存信、五太保李存进、六太保李嗣本、七太保李嗣恩、八太保李存璋、九太保李存审、十太保李存贤、十一太保史敬思、十二太保康君立,以及十三太保李存孝。十三太保中只有李存勖是李克用的亲生儿子,作为后唐的开国皇帝,李存勖的一生充满了传奇色彩。

前半生的李存勖,可以称得上是一代猛将和霸主,他东取河北、南击后梁、西并河中、北却契丹……在那个动乱年代,李存勖可以称得上是最厉害的人物之一了,甚至连他的死敌后梁太祖朱温也对他称赞有加:"生子当如李亚子!"

李存勖本是西突厥沙陀部人,原姓朱邪,小字亚子。其祖父朱邪赤心因镇压庞勋兵变有功而被唐懿宗李漼赐李姓(即后唐献祖李国昌),其父李克用又因镇压黄巢起义,救驾唐昭宗李晔,居功而官封河东节度使、爵拜晋王,成为晚唐最大的割据势力之一,并与另一大军阀朱温之间有着非常尖锐的矛盾。

李存勖自幼跟着父亲开启了戎马生涯,被寄予厚望。后梁太祖开平二年(908),晋王李克用去世。传说他去世前将三支箭赐给儿子李存勖,并且嘱咐说:"梁朝是我的仇家,燕王是我扶植起来的,契丹也曾和我相约拜为兄弟,

> 帝闻夹寨不守,大惊,既而叹曰:"生子当如李亚子,克用为不亡矣,至如吾儿,豚犬耳。"
> ——《资治通鉴·后梁纪一》

> 世言晋王之将终也,以三矢赐庄宗而告之曰:"梁,吾仇也,燕王,吾所立,契丹与吾约为兄弟,而皆背晋以归梁。此三者,吾遗恨也。与尔三矢,尔其无忘乃父之志!"庄宗受而藏

但他们都背叛了我而归顺了梁朝。这三者,是我遗留下来的恨事!现在给你三支箭,你千万不要忘记你父亲未了的心愿!"李存勖接受了这三支箭,并将它们供奉在宗庙里,后来每次出兵作战都要将其请出来放在锦囊里,让人背着走在队伍的前面,等凯旋归来后再把箭放还宗庙。这就是著名的"晋王三矢"的典故。

之于庙。其后用兵,则遣从事以一少牢告庙,请其矢,盛以锦囊,负而前驱,及凯旋而纳之。
——《新五代史·伶官传》

倾心于"演艺事业"

李存勖继晋王位,在内忧外患中先清除了叔父李克宁的威胁,接着挥兵攻破梁军铁桶般的夹寨,解了潞州之围。梁太祖朱温闻讯,惊得瞠目结舌。同时,李存勖全面进行内政整顿,举贤才,罢贪官,宽租赋,抚孤穷,伸冤枉,禁盗贼,实行了一系列安国利民的措施,境内大治,巩固了根据地。最重要的是,他还强化军队训练,制定了严格的军纪。

后梁末帝初年(913),李存勖攻破幽州,擒获燕王刘仁恭与其子刘守光;龙德四年(923)四月,李存勖在魏博加冕称帝,为标榜正统,收拢人心,建国号为大唐,改元同光,定都洛阳。同年十月,李存勖挥师攻克开封,灭了后梁政权。当李存勖用绳子捆绑起燕王父子,用匣子盛着梁朝君臣的头颅送进宗庙,把箭还给先王并将成功的消息报告亡灵时,"其

三垂冈"夹寨"之战:

朱温与李克用反复争夺上党,主要城池、关隘几度易手。公元907年,朱温篡唐自立为皇帝后再攻上党。李嗣昭闭关坚守,梁军久攻不克,便在上党城郊筑起一道小长城,状如蚰蜒,内防攻击,外拒援兵,谓之"夹寨"。战事进入胶着状态后,李存勖亲率大军进抵三垂冈(山西长治市郊的一座奇山),借大雾的掩护直捣梁军"夹寨",梁军仓促不及应战,被晋军斩首万余级。

意气之盛，可谓壮哉！"

李存勖完成了李克用托付的三个"小目标"，认为"仇雠已灭，天下已定"后，却发现自己的心灵空虚了，雄图伟业都是浮云……李存勖突然间就跟换了个人似的，不再领兵打仗了，更无心打理朝政，他顺着自己的意愿做起了风流天子，更是将全部的精力投入到了自己的"演艺事业"中。

李存勖平生最喜爱三件事：一是打仗，二是打猎，三是唱曲演戏，尤其在唱曲演戏方面造诣颇深。李存勖开始经常不理朝政，面涂粉墨，穿上戏装，登台表演，并自取艺名为"李天下"。一次上台演戏，他四顾而呼曰："李天下，李天下何在？"一个伶人上去扇了他一耳光，周围人都吓得出了一身冷汗，李存勖问为什么打他，伶人阿谀地说："叫'李天下'的只有皇上一人，你叫了两声，还有一人是谁呢？"李存勖听了之后不仅没有责罚这个伶人，反而予以赏赐。

封官授爵的追星模式

伶人，也称优伶，是古代的演艺人员，他们以音乐、歌唱、杂技、戏曲表演等才艺表演为生。历史上，伶人的地位极其低下，不过当一个帝王沉迷于戏曲时，他们的地位立刻便会有翻天覆地的变化。后唐庄宗时期，伶人不但可以为官，而且可以自由出入宫廷，与皇帝打打闹闹，侮辱戏弄朝臣，甚至左右国政。

喜爱戏剧的人都免不了"追星"的癖好，李存勖也是如此。相较于现代土豪追星以金钱开道，李存勖追星的套路要"高端"得多，比如赏官。在他称帝之前，就曾赐名宠爱的伶人杨婆儿为李存儒，并任命其为卫州刺史，委以军事重任。卫州本是与朱梁争锋的最前沿，然而李存勖却把军事重地的防务交给了戏子。结果这个李存儒一点都不争气，到了卫州后不仅没有重点安排城防，还绞尽脑汁搜刮民脂民膏，结果导致卫州失陷，令李存勖阵脚大乱。

不过李存勖对此并不介意，称帝后又任命了几个伶人当刺史，其中的佼佼者景进，甚至官至银青光禄大夫、检校左散骑常侍兼御史大夫、上柱国，作为李存勖的耳目监视群臣，深得信任。大臣们不得不巴结和贿赂他以保平安，不然就会被构陷，文武百官都对他忌惮不已，敢怒不敢言。另外，史彦琼任邺都监军时，只顾着大肆贪污争权，一临战就立马变怂，拱手将魏博六州送给了军阀赵在礼。

李存勖对随他打天下的功臣猜忌防范、吝啬赏赐，为他舍命拼杀的将士最终一无所得，而于君于国于民毫无贡献的伶人却骤得高位，朝堂上下人心离散。这些伶官把后唐的政治搞得乌烟瘴气，加速了后唐的崩溃，也为李存勖的最终惨死埋下了伏笔。

> 晋卫州刺史李存儒，本姓杨，名婆儿，以俳优得幸于晋王。颇有膂力，晋王赐姓名，以为刺史；志事掊敛，防城卒皆征月课纵归。
> ——《资治通鉴·后梁纪六》

空前绝后的死亡

郭从谦，伶人出身，艺名郭门高，因演技出众受到李存勖喜爱，后得官，又因立下军功而晋升为马直（戍卫京师的骑兵）指挥使。但是不知道什么原因，郭门高当上大官之后跟李存勖的关系反倒生疏了，不仅认枢密使郭崇韬为叔父，不久后还当上了李存勖的弟弟睦王李存乂的养子。

同光四年（926），郭崇韬被皇后刘氏和宦官李从袭等人联手构陷而死，与其交好的李存乂由此"心怀怨望"，也被李存勖所杀。这下子郭门高在朝中的两大靠山都没了，他心怀怨恨，打算寻机报复。

同年，邺城发生叛乱，李存勖令他的义兄李嗣源率军平叛。结果李嗣源被石敬瑭与叛军联手控制，一转眼的工夫就成了叛军首领……

李存勖闻讯大怒，扔下深爱的演艺事业打算御驾亲征。结果就在他筹备出征，京城兵荒马乱之际，郭门高抓住机会发动了叛乱并火烧兴教门，混乱中，李存勖被流矢射中而死，史称"兴教门之变"。李存勖气绝后，有个伶人拣了些丢弃的破烂乐器放在李存勖身上，点火焚尸，当李嗣源攻入洛阳时，只找到他零星的尸骨。

虽然李存勖的悲剧结局还有纵容皇后干政、猜忌和杀戮功臣、背信杀降、横征暴敛、吝啬钱财等诸多因素，但最为人津津乐道的还是李存勖的"戏瘾"，一代枭雄终究因宠幸伶人而灰飞烟灭。

五代十国大乱炖

即使是生活在当时的人，
都不一定能记得清谁是皇帝

　　黄巢之乱后，各藩镇开始加速占地为王，分裂的"萌芽"加速成长。五代十国分为"五代"与"十国"，两者大部分时间线是重合的，国与国之间打仗，顺序混乱，各国换皇帝也频繁，皇帝之间的血缘关系更混乱，同宗篡位，外姓篡位。甚至有些政权并不是严格意义上的"国"，只是一股割据势力，而且也不止十五个政权，所谓的"五代十国"只是约定俗成的说法。

　　后梁太祖开平二年（908），割据河东的晋王李克用病逝，其子李存勖继任河东节度使，袭封晋王，紧接着李存勖就大杀四方，连耶律阿保机在其活着的时候也不敢南下。后梁末帝龙德三年（923），李存勖在魏州称帝，沿用"唐"为国号，以示为唐朝的合法继承人，史家称之为"后唐"。李存勖勇猛无敌，基本统一了北方，后唐也成为当时最强大的国家，各地藩镇纷纷遣使称臣，唯一没有臣服于后唐的前蜀国也被他派兵平定。

混乱的割据势力

"五代"之名源于宋初范质的《五代通录》,分别为"梁、唐、晋、汉、周",为了区别于之前的朝代,史书上称"后梁、后唐、后晋、后汉、后周",他们主要分布在北方,是当时所谓的正统政权,但并不是同时并存的。"十国"之名源于欧阳修的《十国世家》,主要是指中原地区之外的政权,大多分布在南方而且基本上是并存的,史书称之为"前蜀、后蜀、南唐、吴越、闽、楚、南汉、南平(荆南)、北汉"。

五代十国存续时间表

政权	时间	朝代	政权	时间	朝代
五代	907—923	梁	十国	907—951	楚
				907—925	前蜀
	923—936	唐		907—978	吴越
				909—945	闽
	936—947	晋		917—971	南汉
				918—937	吴
	947—950	汉		924—963	荆南
				934—965	后蜀
	951—960	周		937—975	唐
				951—979	北汉

唐天祐四年(907),朱温逼唐哀帝禅位,建立了后梁政权,标志着"五代十国"的开始。后梁建立后,朱温的老对手李克用割据北方,其子李存勖继位后建立了后唐,建国同年便南下攻灭后梁,后定都洛阳。后唐传至末帝李从珂(李嗣源养子)时,大将石敬瑭成了朝

廷最大的威胁，后来他认契丹首领耶律德光为父，并以燕云十六州和年年进贡为代价换取了契丹的支持，最终攻灭后唐，建立了后晋，直到后晋出帝开运四年（947），后晋被契丹所灭，契丹人将中原劫掠一空后撤军。此时，原后晋大将刘知远抓住了时机，建立了后汉政权并迁都汴州，但仅称帝一年便去世，其子刘承祐继位后开始对朝中的重臣下手，大将郭威因身在邺都而幸免于难，后来直接起兵杀进都城，建立了后周。最终，后周被北宋所代替。

前蜀的开国君主王建曾贩卖私盐，被捕后逃出监狱，接着当了强盗，又机缘巧合加入了忠武军，因战功被封蜀王，唐朝灭亡后趁势自立威望，建立前蜀，最后被李存勖所灭。前蜀被灭后，李存勖很快死于兵变，西川节度使副使孟知祥趁机建立后蜀。此时，唐末的淮南节度使杨行密割据一方，被封为吴王，唐灭亡后，他便建立吴国，但并没有称帝，直到后唐明宗天成二年（927），其子杨溥正式称帝，后来南吴被南唐烈祖李昇所灭（李昇本是南吴大将徐温的养子，因战功掌握了南吴朝政）。吴越是十国中较为特殊的存在，先后尊唐朝、后梁、后唐、后晋、后汉、后周为正统并表示臣服，因此吴越国也是当时最为安定和平的地区。

后梁册封的闽王王审知建立了闽国，他去世后，次子王延钧弑兄夺位，正式称帝，最终被南唐趁着内乱消灭。楚国的建立者马殷原是木匠，从军后成了割据湖南的大将，并被后梁封为楚王，被后唐封为南楚国王，后被南唐攻灭。南汉的建立者刘隐被后梁封为南海王，后称帝，因地处偏远，存世五十余年。南平由荆南节度使高季兴建立，他被后唐封为南平王（占据今天的湖北一带）。后汉建立者刘知远的弟弟刘崇在后周灭后汉之后占据了河东，在契丹人的扶持下建立了北汉，最终被北宋所灭。

前蜀后主短暂的一生

朱温篡唐建梁朝后，占据蜀地的王建也称帝于成都，国号蜀，改元永平，史称前蜀。前蜀疆域包括现今的四川、甘肃东南部和陕西南部，疆域中多山地，且蜀道是出了名的易守难攻。即使前蜀与后梁关系恶劣，但前蜀与后梁之间还隔着李茂贞的割据政权，王建与李茂贞合作抗衡后梁，所以前蜀在建国初期尚能远离中原战乱，维持正常运转。

前蜀的衰落是从第二任皇帝王衍开始的，最终也终结在他手中。王衍是一个正宗的皇二代纨绔子弟，继位时年仅17岁，每天只想着吃喝玩乐，沉迷于酒色中不可自拔。前蜀实力急剧衰减，朝政腐败，百姓民不聊生。而此时李存勖已经灭亡了后梁，并采纳了高季兴的建议，决定在吴、蜀两地中选择更为富庶的前蜀先行进攻，但同时也派使者前往前蜀，假意向王衍示好。天真的王衍喜出望外，全然不顾后唐在边境频繁调兵遣将，肆意出游玩乐。

同光三年（925）九月，李存勖任命魏王李继岌为西川四面行营都统，枢密使郭崇韬为东北面行营都招讨制置等使，率兵六万伐前蜀。十月，郭崇韬命排阵斩斫使（武官名）李绍琛与招抚使李严为前锋，急速行军，欲采用

> 衍为人方颐大口，垂手过膝，顾目见耳，颇知学问，能为浮艳之辞。元膺死，建以幼王宗辂貌类己，而信王宗杰于诸子最材贤，欲于两人择立之。而徐妃专宠，建老昏耄，妃与宦者唐文扆教相者上言衍相最贵，又讽宰相张格赞成之，衍由是得为太子。……
>
> 衍年少荒淫，委其政于宦者宋光嗣、光葆、景润澄、王承休、欧阳晃、田鲁俦等；以韩昭、潘在迎、顾在珣、严旭等为狎客；起宣华苑，有重光、太清、延昌、会真之殿，清和、迎仙之宫，降真、蓬莱、丹霞之亭，飞鸾之阁，瑞兽之门；又作怡神亭，与诸狎客、妇人日夜酣饮其中。
>
> ——《新五代史·前蜀世家》

奇袭战术灭前蜀。李绍琛的先头部队进攻威武城，威武蜀军猝不及防，不战而降。李绍琛与李严占领威武后，马上加速急行，径直奔向凤州（今陕西凤县凤州镇）。武兴军节度使王承捷对唐军来伐竟毫无所知，看见敌方的影子就缴械投降了，于是李绍琛、李严长驱直入，这时郭崇韬的主力大军已入散关。

当后唐军队接连取得胜利时，王衍还在游山玩水，等知道后唐已攻占许多据点时才开始慌忙组织抵抗，但逃不过兵败如山倒。王衍从前线逃回成都，不料他父亲的养子王宗弼发动政变，迫使王衍投降后唐。同光三年（925），前蜀的第二代君主王衍带着棺材并且自缚出城迎接后唐大军，前蜀灭亡。唐军袭蜀，共用七十余天就大功告成了。王衍投降后，李存勖又召他去洛阳，许诺保障他的生活，傻乎乎的王衍信了，带着几千人浩浩荡荡地奔向洛阳，中途就遭遇了李存勖的大刀，年仅28岁的前蜀后主王衍走完了短暂的一生。

夹缝求生的高季兴

同光二年（924），高季兴受后唐李存勖的册封为南平王，南平政权正式建立，又被称作"荆南"（"荆南"最初是朱温给高季兴封的官，即荆南节度使）。高季兴虽然称王，但南平辖地非常小，只有江陵和后来的峡州、归州（今湖北宜昌、秭归）。南平在后唐、杨吴、前蜀等大国的夹缝中求生存，是割据势力中最弱小的，高季兴谁都不敢得罪，只能一应地讨好巴结。

高季兴是后梁太祖朱温养子朱友让的养子，也就是朱温的干孙子。朱温篡唐建梁后，派兵把别人占据的荆南镇夺了回来，让干孙子高季兴任荆南节度使，这就是荆南（南平）政权的开始。从家奴到封疆大吏，高季兴深知不易，于是颇为用心经营这块地，除了招抚百姓、发展生产外，还干起了"打家劫舍"的勾当。荆南地处交通要道，是蜀、闽、楚、南汉四国向中原朝贡的必经之路，于是高季兴就指使人打劫来往的客商，甚至连南方政权向北方大国进贡的财物也不放过，一旦送贡品的人前来问罪，他马上向人家赔礼道歉，等人家一回去又接着打劫。因此诸国送了他"高无赖"或"高赖子"的绰号，谁都不愿意搭理他。

当然后梁也不能保护高季兴一辈子，后梁被李存勖灭掉之后，高季兴立刻改换门庭。他首先改名字，"高季兴"并非其本名，他的本名是"高季昌"，但"昌"字犯李存勖祖父李国昌之讳，于是他就将名字由"季昌"改为"季兴"，并去往洛阳向李存勖称臣，成为第一个朝见后唐君主的地方藩镇。高季兴此行有两大收获：一是成功攀附上了后唐这棵新的大树；二是发现李存勖荒于酒色，认为后唐早晚要被消灭，得开始物色新的靠山。

李存勖被杀后，继任者李嗣源不再忍让高季兴三番五次地趁火打劫，派大军征讨荆南。高季兴再次改换门庭，于后唐明宗天成二年（927）向杨吴称臣，被册封为秦王。两年后高季兴去世，其子高从诲继位，高从诲认为吴国距离太远，不能保护自己，于是重新向后唐称臣。就这样，荆南这块弹丸之地，凭借着在大国之间的反复横跳，一直延续至公元963年（宋太祖乾德元年）被北宋消灭。

> 高季兴，字贻孙，陕州硖石人也。本名季昌，避后唐献祖庙讳，更名季兴。季兴少为汴州富人李让家僮。梁太祖初镇宣武，让以入赘得幸，养为子，易其姓名曰朱友让。季兴以友让故得进见，太祖奇其材，命友让以子畜之，因冒姓朱氏，补制胜军使，迁毅勇指挥使。
> ——《新五代史·南平世家》

"黄袍加身"第一人

郭威是顺州刺史郭简之子，18岁加入潞州节度使李继韬的军队，深受赏识。随着李继韬被李存勖所灭，郭威被收编入李存勖的亲军"从马直"。后晋天福十二年（947），郭威协助后汉高祖刘知远称帝有功，被升为枢密副使、检校司徒，成为统军的将领，官至宰相。不久刘知远病死，郭威和苏逢吉同受顾命，拥立其子刘承祐继位，郭威也被任命为枢密使，执掌全国兵权。

恰逢河中节度使李守贞、永兴节度使赵思绾和凤翔节度使王景崇相继拥兵造反，朝廷屡次征讨，均是无功而返。后汉乾祐元年（948），刘承祐命郭威率兵平叛，最后李守贞自焚而死，赵思绾和王景崇相继投降，之后郭威又北伐大败契丹。但刘承祐与其宠臣对郭威等有功将士十分疑忌，于是诏令邺都行营马军都指挥使郭崇威诛杀宣徽使王峻、郭威等人，诏令镇宁军节度使李弘义诛杀侍卫步军都指挥使王殷，企图一举铲除旧将势力。不料李弘义给王殷通风报信，王殷立即向郭威告急，情急之下郭威采用了谋士魏仁浦的计谋，伪造诏令，宣称隐帝（刘承祐）命郭威诛杀诸位将士，瞬间群情激愤，大家推举郭威作为首领，以"清君侧"名义起兵讨伐刘承祐。朝中大臣见郭威率领的军队士气高昂，暗中归顺，奉命抵抗郭威的将领也秘密投降了郭威，众叛亲离的刘承祐只能亲自出兵作战，最后被乱兵杀死。

打江山主要靠武装力量，而坐江山就要得到文臣的支持。郭威希望后汉群臣顺势拥戴自己即位，尤其希望当时非常有威望的冯道能支持他，结果冯道对他一如平常，看见他后只是淡淡地说了一句"侍中此行不易"。不过冯道也并没有强烈责备郭威，面对政局巨变，他唯一能做的就是尽己所能让社会尽快安定，让百姓少受些苦。而郭威由于打着"清君侧"名义出兵，此时不得不做戏做全套，只能将禅让之事暂缓，让太后临朝听政，假意拥立刘氏宗室刘赟即位。

此时契丹突然入侵，郭威带兵离开京城前去抵御契丹大军。途经澶州时发动兵变，有将领把黄旗撕下裹在了郭威身上，高呼万岁，这就是初级版的"黄袍加身"。于是将士们趁机拥护郭威返回开封登基称帝，建立了五代中最后一个朝代——周，史称"后周"。

> 周祖入京师，百官谒，周祖见道犹设拜，意道便行推戴。道受拜如平时，徐曰："侍中此行不易。"周祖气沮，故禅代之谋稍缓。
> ——《旧五代史·周书·太祖纪》

玩转五代的奇人

在五代十国的乱世中，冯道是那个时代的标杆人物，甚至有些割据一方的诸侯都没他重要，他先后辅佐了5个朝代（后唐、后晋、后汉、后周、契丹）的11位君主，朝朝公卿，全身而退，被称为"不倒宰相"。五代乱世，有人追求权势，有人追求钱财，至于冯道，冯道自号"长乐老"，他对形势有着清醒的认识，如同他在《长乐老自叙》中说的那样："时开一卷，时饮一杯，食味别声、被色，老安于当代耶！老而自乐，何乐如之！"

冯道的仕途一帆风顺，他于后唐庄宗时任户部侍郎、翰林学士，明宗时出任宰相；后晋高祖、出帝时连任宰相；契丹灭晋后，他被任命为太傅；后汉代晋后，又任太师；后周代汉后，依然任太师。不过纵然是"一人之下，万人之上"，冯道依然不失"职业经理人"的本色。比如对待君主，冯道不做让皇帝猜忌的事情。他深知乱世兵权为重，虽为重臣但不插手军事，避免引起猜忌，当后晋高祖问其用兵打仗之事时，冯道以出身"书生"为借口，将自己定位为维系旧有政治体制的角色,对军事不予置评。冯道这种谨慎理智的政治素养是他多年官场不倒的重要因素之一。

不过冯道虽然在官场上已是很圆滑,但其政治生涯最终还是断送在直言劝谏上。后周世宗要御驾亲征北汉刘崇时,冯道劝阻,"人心未稳,不宜轻动",可周世宗自比唐太宗,冯道出言讥讽,"陛下未可比唐太宗",周世宗一怒之下罢了他的相位,命他负责修陵,冯道在陵修好不久后就去世了。

> 陛下历试诸艰,创成大业,神武睿略,为天下所知,讨伐不庭,须从独断。臣本自书生,为陛下在中书,守历代成规,不敢有一毫之失也。臣在明宗朝,曾以戎事问臣,臣亦以斯言答之。
> ——《旧五代史》卷一二六《冯道传》

后世对冯道毁誉参半,因为很多人觉得他在改朝换代中不断为官,屹立不倒,是一种为臣不忠的表现。欧阳修就认为:"见其自述以为荣,其可谓无廉耻者矣,则天下国家可从而知也。"司马光对他的评价是:"滑稽多智,浮沉取容。"但也有很多人认为他擅为人臣,比如李贽褒扬他:"使百姓卒免锋镝之苦者,道务安养之力也。"作为一名职业官僚,冯道虽然多次随着朝代的更替改变效忠对象,但他一如既往地尽到了人臣的责任,同样也保民有功。

李存勖自幼长于戎马之间,在晋军生死存亡的危急关头继承父志,扶广厦之将倾,历经十五年奋斗一雪前耻,了却其父李克用的三矢遗愿。然而仅仅用时三年,后唐庄宗李存勖就从巅峰跌到谷底,将一个天纵之骄的剧本演成了逸豫亡身的悲剧。宴安鸩毒,不可怀也。

权力之巅的人生赢家

真实的大辽萧太后

对于契丹人和他们建立的大辽帝国,大多数人的认识是来自于小说,比如金庸的《天龙八部》。事实上,这个民族的历史很精彩,叱咤风云近千年,建立过统治三百年的王朝,不仅有曲折离奇的故事,还有独具特色的政治制度和声名远扬的影响力。

说到大辽,萧太后是无法绕开的话题,看过《杨家将》的人都会对萧太后印象深刻,她多次在辽国与北宋的交战中大败宋军,杨家满门忠烈尽数折于她手。作为杰出的政治家、军事家和改革家,萧太后一手将镔铁之族契丹,推向了鼎盛辉煌。

虽说历代有不少后宫女性掌握国家大权,但终究逃不了夫妻反目、母子相争,或者晚年不幸的结局,萧太后是一个例外。在历朝称制的太后中,萧太后波澜壮阔的一生虽然历经挑战,但结局是幸福的,全面收获了功业、家庭、爱情,可谓生前儿孙孝敬,身后千秋功业。

铺垫巾帼豪杰之路

宋、辽、金、元时期，多民族的竞争加剧，宋朝为汉族、辽朝为契丹族、金朝为女真族、元朝为蒙古族统治。首先是宋辽并立，宋在南，辽在北，形成对峙。后金崛起，快速灭辽后又南下，于靖康二年（1127）占领宋朝都城汴梁，俘虏宋徽宗和钦宗，北宋灭亡。赵构在临安建立南宋，与金在淮河一线形成对峙。再接着，蒙古和南宋联手灭金，忽必烈于南宋度宗咸淳七年（1271）建立元朝，八年后灭南宋。

萧氏在辽朝的政治舞台上占有十分重要的地位，自耶律氏建辽以来，便有与萧氏家族联姻的传统，因此辽朝皇后多出于萧氏家族，史料上记载的萧太后一般就是指辽景宗耶律贤的皇后萧燕燕。萧燕燕，名萧绰，辽北院枢密使兼北府宰相萧思温之女，萧燕燕原本在萧氏家族中就有着既善解人意又精明能干的美名，皇室更为她施展才华提供了绝佳平台。在汉族的皇室中一直有男尊女卑的传统，但北方的少数民族却并不歧视女性，也为萧燕燕青史留名创造了良好的外部环境。自幼身体不好的辽景宗面对混乱的朝政局面时，除了依靠蕃汉大臣，就是依靠萧燕燕，为她登上辽国的政治舞台做了铺垫。

辽乾亨四年（982），辽景宗便抛下30岁的萧燕燕和年仅12岁的儿子（辽圣宗）离开了人世，临终颁下遗诏，军国大事悉听皇后裁决。次年辽圣宗即位，萧燕燕被尊为皇太后，总摄军国大政，辽圣宗率群臣给萧燕燕奉尊号为"承天皇太后"，就此开启了辽代历史上著名的"承天后摄政"时期。

是老情人，更是战友

从被封为皇后起，萧燕燕便开始了长达13年的辅政生涯，协助辽景宗治理国家。辽景宗去世后，她不再以辅政的身份，而是以统治者的身份登上辽国政治舞台。再精明能干的人，在当时内忧外患的政治环境下也会产生恐惧，一来内政还不是很稳定，诸王宗室近百人都拥兵掌权虎视眈眈，而且萧太后没有兄弟，因此新帝也没法借助外戚力量；二来，南面的北宋王朝尽管不如以往的中原王朝强盛，但瘦死的骆驼比马大，仍然不可小觑。面对这种局面，萧太后想到了一个人，就是未来为辽朝立下不朽功业的韩德让。

萧太后与韩德让的关系远非普通君臣关系可比拟，早在萧太后14岁之时，双方就确定了婚姻关系，但在生米煮成熟饭前，萧太后被辽景宗相中，于是她与韩德让的准婚姻关系被迫中止。辽景宗的死为萧太后和韩德让的再续前缘创造了条件，萧太后认真思考后决定改嫁韩德让，借助韩德让的军事实力和才能控制复杂的政局。于是萧太后派人鸩杀了韩德让的妻子李氏，此后，韩德让便无所避讳地出入于萧太后的帐幕，辽圣宗对韩德让也以父事之。

在韩德让的忠心辅佐下，萧太后采取了一系列整顿和改革措施，力挽狂澜，辽国迅速发展壮大。军事方面，立下严明军纪，赏罚分明；文化方面，任用汉人，采用汉族的科举考试制度选拔官员；农业方面，鼓励农民垦荒耕种，

> 萧后幼时，尝许嫁韩氏，即韩德让也，行有日矣，而耶律氏求妇于萧氏，萧氏夺韩氏妇以纳之，生隆绪，即今房主也。耶律死，隆绪尚幼，袭房位，萧后少寡，韩氏世典军政，权在其手，恐不利于孺子，乃私谓德让曰："吾尝许嫁子，愿谐旧好，则幼主当国，亦汝子也。"自是德让出入韩幕，无间然矣。
> ——《乘轺录》

减轻农民的税收负担。

澶渊之盟

大辽在萧太后的治理下国力日益强大,萧太后于是发兵南下。宋真宗景德元年(1004),辽军避实击虚,绕过宋军固守的城邑,长驱直进。是年十一月,辽军抵达黄河之滨的重镇澶州(今河南濮阳),直接威胁北宋的都城东京。

萧太后兵临城下时,北宋朝廷已乱成一锅粥。胆小的文臣主张南下迁都到升州(今南京)或益州(今成都),只有宰相寇准在极力说服宋真宗御驾亲征。皇帝亲临战场第一线,宋军士气大振,与萧太后的铁骑又大战了几个回合,各有胜败,战争进入相持阶段。辽军虽攻占宋朝一些土地,但伤亡惨重,驸马都尉萧挞凛都被宋军射死,战况急转直下,萧太后的处境极为不利。

宋辽议和

此时萧太后展现出政治家的灵活姿态，她一边派使者提出罢战言和的愿望，一边派兵加紧攻打宋境其他城池，为谈判增加筹码，此外还盘算着利用宋廷的怯战胁迫宋归还当年后周从辽手中夺去的关南十县。不料在北宋皇帝督战下，宋军几仗打得有模有样，宋真宗也坚持寸土不让，不过要钱要物倒是好商量。于是双方几番交锋后签订了"澶渊之盟"，规定宋每年送给辽岁币银10万两、绢20万匹。此后宋、辽百余年间不再有大规模战事，礼尚往来，双方互使共达三百八十次之多，双边百姓也享受了百余年和风细雨的生活。

统治了27年11个月后，萧太后将权力交还辽圣宗，结束了摄政生涯。辽圣宗统和二十七年（1009），萧太后于出巡途中去世，走完了辉煌的一生，终年57岁。为了感激她一生为辽国做出的巨大贡献，群臣给她上尊号为"睿德神略应运启化法道洪仁圣武开统承天皇太后"。

卧榻之侧，岂容他人鼾睡乎

赵匡胤的大一统步伐

后周世宗显德二年（955），名臣王朴为柴荣献上了统一中原的战略方针《平边策》，堪称五代隆中对，主张"攻取之道，从易者始"。战略上先近后远，先南后北，先易后难；战术上避实就虚，声东击西，扰敌疲敌，逐步蚕食；统一步骤上，先平定南方，后取幽州，再下北汉。《平边策》为柴荣提供了一个切实可行的战略指导方针，也为之后宋朝统一中原提供了范本。

柴荣迅速按计划开启统一战争，首先夺取后蜀的秦、凤、成、阶四州，后攻打南唐，发起夺取淮南江北十四州之战。显德五年（958）三月，柴荣三次御驾亲征尽吞十四州之地，南唐彻底被打成了残废。按《平边策》的规划，柴荣本应一鼓作气彻底拿下南唐，但他却答应了李璟的求和转而调头北伐契丹，一举收复两州三关十七县，平定关南。次年五月，柴荣准备乘胜夺取幽州，可惜被手下诸将劝阻，不久后柴荣因病在开封病逝，终年三十九岁。七岁的柴宗训即位，乱世中年幼皇帝被废的事件屡见不鲜，柴宗训也没能逃过一劫。

黄袍加身，坐收渔翁之利

郭威称帝后的第三年（953），柴荣升任开封府尹（从这时开始有了开封府尹为储君的先河，延续到了宋仁宗时期），赵匡胤转到柴荣麾下，任开封府马直军使，开始了跟随柴荣的生涯。赵匡胤因屡立战功，三十多岁便当上了殿前都指挥使，与当时手握实权的诸多将领关系匪浅，还拜了把子，号称"义社十兄弟"，其中几人就是后来兵变的核心人物。柴荣在位时，由于军中有"点检做天子"的流言，而时任都点检这一职位的是大将张永德，也是皇亲国戚，于是柴荣把张永德调离，同时让看似更可靠的赵匡胤担任这个职位。

柴荣的这个决定无疑是败笔，柴宗训即位的第二年，一场兵变便发生了。当时北面的辽国联合北汉共同发兵攻打后周，年幼的柴宗训显然不能胜任乱世中的君主，只能依靠朝中大臣，宰相范质便派赵匡胤率领大军北上抵御，局势由此一发不可收拾。大军刚出发，"册立点检为天子"的流言就到处传开，当赵匡胤行至陈桥驿时，手下的将士们按捺不住，乘赵匡胤饮酒大醉，将早已准备好的黄袍披在了赵匡胤身上并大呼万岁，兵变的主谋是赵匡胤的弟弟赵光义和后来位居宰相的赵普（号称"半部

> 攻取之道，从易者始。当今唯吴易图，东至海，南至江，可挠之地二千里。从少备处先挠之，备东则挠西，备西则挠东，彼奔走以救弊。奔走之间，可以知彼之虚实、众之强弱。攻虚击弱，则所向无前矣……则江北诸州乃国家之所有也。既得江北，用彼之民，扬我之兵，江之南亦不难而平之也。如此，则用力少而收功多，得吴，则桂、广皆为内臣，岷、蜀可飞书而召之……吴、蜀平，幽州亦望风而至。惟并州为必死之寇，不可以恩信诱。必须以强兵攻之，但亦不足以为边患。

论语治天下"的那位）。陈桥驿兵变只是其中一环，赵光义和赵普早就派人传信回开封（后周都城），"义社十兄弟"中的石守信和王审琦得信打开城门，赵匡胤大军兵不血刃地接管了开封。当时的副都指挥使韩通听说兵变，急忙集结军队想要镇压，可惜军队还没集结完毕，韩通就被王彦升（北宋开国功臣）擒杀，唯一的抵抗力量就此被消灭。

黄袍加身

赵匡胤进城后先去见了范质，最终，范质在软硬兼施的压力下，只能召集文武百官在朝中举行了禅让仪式。

由于兵变不怎么光彩，所以史书往往把赵匡胤描绘成"被逼无奈"的形象，"陈桥兵变"明显是精心策划的。首先，兵变的重要时机是辽国联合北汉侵略后周，赵匡胤率大军抵御，但兵变大军返回开封后，契丹和北汉竟全撤兵了，明显像有人谎报军情来创造契机；其次，无论是黄袍加身之前的流言，还是之后的亲信接管城门，在通信不发达的古代，这一系列操作明显有周密的提前安排。

大一统的步伐

相较于历代腥风血雨的篡位谋反，赵匡胤"轻而易举"地得了皇位。公元960年，赵匡胤建立宋朝，定都汴梁，后改为东京（今开封），并设陪都南京（今商丘）、西京（今洛阳），开启了统一全国的事业。开宝元年（968）冬天，在赵普的建议下，赵匡胤确定了先南后北，先易后难的统一方针，这就是著名的"雪夜定策"。

赵匡胤对赵光义进一步阐述了策略："中国自五代已来，兵连祸结，帑藏空虚，必先取巴蜀，次及广南、江南，即国用富饶矣。河东与契丹接境，若取之则契丹为患，我当之也。姑存之以为我屏翰，候我富实则取之。"此后宋朝统一的顺序为——赵匡胤时期：先行假途灭虢之计灭亡了南平和南楚，再下后蜀（其间攻打北汉失败），再克南汉，再灭南唐；赵光义时期：先收吴越，再克北汉，后征幽云（失败）。

太祖心心念念统一全国，还设立了封桩库（宋朝内库之一）来储蓄钱财布匹，希望日后能够从辽朝手中赎回燕云十六州。开宝九年（976）八月，赵匡胤再次北伐，但十月忽然去世，全国统一事业暂告停止，还留下了"斧声烛影"的历史疑案。随后其弟赵光义即位，赵光义在稳固了统治地位后，继续统一事业。

> 初，太祖别置封桩库，尝密谓近臣曰："石晋苟利于己，割幽蓟以赂契丹，使一方之人独限外境，朕甚悯之。欲俟斯库所蓄满三五十万，即遣使与契丹约，苟能归我土地民庶，则当尽此金帛充其赎直。如曰不可，朕将散滞财，募勇士，俾图攻取耳。"
> ——《续资治通鉴长编·太宗太平兴国三年》

艰难的外交斡旋

宋太祖建隆二年（961），南唐后主李煜继位，奉北宋为正统，每年向宋廷进贡财物以保平安。南唐入宋进贡的使者都是李煜千挑万选的，比如冯延鲁、韩熙载、徐铉、周惟简等，其中又以徐铉入宋的故事最出名。

徐铉是南唐著名的才子，与韩熙载齐名，被称为"韩徐"，徐铉又和自己的弟弟徐锴被称为"江东二徐"，总之徐铉博学有辩才，是出使北宋的最佳人选，不过徐铉的几次外交出使都不怎么愉快。

按规定，使者入朝要有专门的人接待，这样不至于失了礼节。当知道南唐派出的使者是大才子徐铉后，北宋官员们都犯愁，连窦仪、陶谷这样的知名学士也不肯与徐铉直面交锋。赵匡胤出身武行，自是没什么文化，但徐铉又必须要接待，于是他另辟蹊径，找了文盲侍卫接待徐铉，这件事记载于冯梦龙的《智囊全集》，用冯梦龙的话说就是"以愚困智"。所谓"秀才遇到兵，有理说不清"，对付徐铉这样的大才子只能用这样的方法才能让他自己乖乖闭嘴，"以智角智，智者不服"，不如"以愚困智"。

开宝七年（974），赵匡胤以祭天为由召李煜入京，李煜心里清楚此行凶险，便托病推辞。赵匡胤听说后立刻派兵水陆并进，施压于李煜。李煜被逼得彻底和北宋打了起来，还想以唇亡齿寒的道理拉拢吴越王钱俶一起抵抗，但钱俶从心底就不看好李煜，反倒向赵匡胤投了诚，协助攻打南唐。开宝八年（975）六月，北宋与吴越会师后进发润州（今江苏镇江），虽然洪州节度使朱令赟发兵十五万救援南唐，却因天气问题全军覆没，李煜看没了指望，便派徐铉出使北宋协商缓兵。

徐铉到北宋朝廷后说的第一句就是："李煜无罪，陛下师出无名。"接着又说："李煜以小事大，如子事父，未有过失，奈何见伐？"

赵匡胤冷漠地回了一句："尔谓父子者为两家可乎？"徐铉听后乖乖闭上了嘴，明白了此次缓兵任务无法完成。

十一月，徐铉和周惟简再次奉命北上入奏，徐铉言辞恳切道："李煜事大之礼甚恭，徒以被病，未任朝谒，非敢拒诏也，乞缓兵以全一邦之命。"不料赵匡胤霸气地说："不须多言，江南亦有何罪，但天下一家，卧榻之侧，岂容他人鼾睡乎！"徐铉吓得赶紧退了下去，后来南唐被灭，李煜也被迫迁往开封，最后凄惨去世。而赵匡胤那句"卧榻之侧，岂容他人鼾睡"则流传千年，专门用来指自己的势力范围不容他人染指。

> 铉言："李煜以被病未任朝谒，非敢拒诏也，乞缓兵以全一邦之命。"其言甚切至。帝与反覆数四，铉声气愈厉，帝怒，因按剑谓铉曰："不须多言！江南亦有何罪，但天下一家，卧榻之侧，岂容他人鼾睡乎！"铉惶恐而退。帝复诘责惟简，惟简甚惧，乃言："臣本居山野，非有仕进意，李煜强遣臣来耳。臣素闻终南山多灵药，他日愿得栖隐。"帝怜而许之，仍各厚赐遣还。
> ——《续资治通鉴·宋纪》

唇亡齿寒的无奈

钱俶算是一代明君，其治下的吴越国与长期战乱的中原相比，算得上是乱世桃源。北宋发动伐南唐之战后，李煜遂遣使至吴越请求吴越王钱俶出兵相助，同时赵匡胤也令钱俶配合讨伐南唐。南唐和北宋给钱俶出了个大难题：如果助宋攻唐，那么南唐灭亡后，吴越就要直面北宋了，此为唇亡齿寒之境；如果助唐而拒宋，南唐的实力明显不敌宋军，胜算甚微，到头来还会惹祸上身。此时钱俶想起祖父钱镠的遗训："要度德量力而识时务，如遇真君主，宜速归附。圣人云：顺天者存；又云：民为贵、社稷次之。免动干戈，即所以爱民。如违吾语，立见消亡；依我训言，世代可受光荣。"简而言之，识时务者为俊杰。

开宝八年（975）年末，江宁城破，李煜出降。钱俶自知统一之势已成，听闻赵匡胤想一鼓作气攻灭吴越的风声后，钱俶主动北上拜见赵匡胤并献上吴越地图以示臣服。钱俶还私下贿赂宋朝重臣，希望大臣们能为他求情以保住吴越。据传，西湖畔的雷峰塔就是他于宋太宗太平兴国二年（977）为祈求国泰民安而建。

太平兴国三年（978），宋太宗赵光义召钱俶入朝，钱俶只能硬着头皮前去。果不其然，钱俶被扣留于开封，他识时务地纳土归降。自伐南唐之役后，钱俶考虑的已是如何保住钱氏家族与当地百姓，吴越小朝廷只能听天由命了。钱俶归降后安分守己，北宋为之加官进爵封为邓王，结局大体不错。钱氏家族也一直兴旺发达，清代著名学者钱大昕，当代科学家钱学森、钱三强、钱伟长，历史学家钱穆等都是吴越钱氏的后人。

一场南唐旧梦

南唐后主李煜从父亲李璟那儿得到的已是一片残破的江山，后周早就威胁着南唐的安全。李煜一方面屈辱求和，一方面又百般猜疑来自北方的官员，进而导致整个南唐统治集团内部斗争激烈。比如重臣韩熙载，原为北方贵族出身，父亲因事被诛，家道中落才逃至江南投顺南唐，韩熙载出于自我保护而故意醉生梦死，避免让李后主觉得他是个有政治野心的人。

一日，韩熙载在家设宴款待亲朋好友，载歌行乐，李煜听闻后派了擅长捕捉细节的专业画家顾闳中到他家去探虚实，命他把所看到的一切画下来，大智若愚的韩熙载当然明白他们的来意，于是将计就计。顾闳中凭着敏捷的洞察力和惊人的记忆力，把夜宴全过程默记在心，回去后即刻挥笔绘制成《韩熙载夜宴图》，高度还原了当时的场景，坐实了韩熙载贪图享乐的性格，并作为"政治情报"呈上，李煜看过后便打消了对韩熙载的猜忌。

《韩熙载夜宴图》（图片来源于网络）

《韩熙载夜宴图》以连环长卷的方式描摹了韩熙载设宴载歌行乐的场面，为中国十大传世名画之一。顾闳中按照故事发展的先后顺序，巧妙地使用屏风分割为"古画版超时空同居"，呈现听乐、观舞、暂歇、清吹、散宴五段场景。顾闳中看见的是韩熙载自导自演的一场声色犬马的宴会，只是这场大戏演到最后，骗了所有的人，却唯独骗不了韩熙载自己。大幕已经落下，在一片歌舞升平的欢愉场景中，韩熙载郁闷不展的愁容传达出了一个清醒灵魂的痛苦与无奈。

宋朝之所以重文轻武，或说是偃武修文，和太祖赵匡胤定的"强干弱枝"国策有一部分关系，宁肯花钱买平安，也决不允许任何一个干将在军中树立自己的威信。但事实证明，花钱是买不来平安的，赵匡胤和赵光义的子孙一直被西夏、辽、金欺压，最后被蒙元铁骑所灭。

争夺燕云十六州

失岭北则祸及燕云，丢燕云则危及中原

后唐末帝清泰三年（936），镇守太原的后唐河东节度使石敬瑭起兵谋反，遭后唐大军围剿。为了能自立更生，石敬瑭向北方的辽国称臣、称子。在辽国援军的帮助下，后唐大军被击溃，石敬瑭称王，建立后晋。作为回馈，石敬瑭将燕云十六州割让给辽国，自此开封北面的河北平原一马平川，尽失藩屏。

燕云十六州，也称"幽云十六州""幽蓟十六州"，占尽地势险要之处，涵盖了现在的京津冀、山西东部，甚至部分河南北部地区，燕山和太行山也尽在其中，是古代中原北方最大的缓冲区域。辽国得此十六州，如同将一把利刃架在了中原王朝的脖子上，契丹人从此进入中原如探囊取物。为了改变这种不利局面，刚统一中原的北宋便迫不及待地想收回这片旧疆。

被吊打的北伐

宋太宗太平兴国四年（979），灭了夹在北宋和辽之间的北汉之后，赵光义挟胜利余威亲自挥师北上讨辽，在强攻幽州（现北京）时，于高梁河（今北京西直门附近）一带惨败，赵光义也受了重伤，幸以神乎其技的"车技"，乘着一辆驴车从乱军中逃回了涿州城。高梁河之战后，宋军损失惨重，对辽军的策略只能转为被动防御。辽景宗趁机一边巩固燕云十六州的防线，一边不断南侵骚扰北宋，宋辽之间不断有小规模战争发生。

太平兴国七年（982），辽景宗在游猎途中突染重病，不治身亡，年仅12岁的太子耶律隆绪登基，是为辽圣宗，萧太后临朝称制。此时的北宋经数年的休养生息，已从当年的惨败之中恢复了过来，此外赵光义在解决了弟弟赵廷美和赵匡胤的儿子等潜在皇位威胁后，也彻底坐稳了皇位，可以腾出精力专注对付辽国了。随着《太平御览》的编纂完成，赵光义文治的成就已得到证明，只差一场军事大捷来证明武功的成就。

雍熙三年（986），辽国皇帝年少、母后当权的消息传到宋朝后，无疑给赵光义重启北伐计划提供了强有力的理论支持，于是赵光义开始调集国内精锐、粮草辎重向宋辽边境集结，企图一举夺取燕云十六州，史称"雍熙北伐"。

先是，贺令图等言于上曰："契丹主少，母后专政，宠幸用事，请乘其衅，以取幽蓟。"
——《宋史·列传第十七·曹彬》

雍熙三年（986）春，北宋兵分三路——以曹彬为东路军统帅，集结了北宋绝大多数名将，向涿州、幽州方向推进，以期牵制辽军主力；以米信、田重进为中路军统帅，分别从雄州、飞狐方向推进，负责拱卫东、西两路大军的侧翼，随时准备接应两路大军；以潘美、杨业为西路军统帅，从雁门出击，直扑辽国兵力空虚的山后九州，切断辽国驰援的道路，再行攻略山前，配合曹彬一举歼灭辽军主力。

战争一开始，西路军与中路军进展神速，潘美的西路军连续拿下晋北四州，中路军也取得了重大胜利。反观东路军，由于在进军过程中过于急躁，辽国耶律休哥采用疲敌战术令宋军首尾不得相顾，同时又派遣军队截断宋军粮草，最终使宋军不得不从涿州南撤，辽军骑兵趁势追击，宋军"死者数万，沙河为之不流"。东路军原本要承担吸引主力为其他两路创造攻略山后的机会，但随着东路军的惨败，中西两路军的推进变得毫无意义，即使占领了山后地区，也没有机会实施对幽州的战略包围了。

东路军的失败也使得中路军与西路军被迫撤退，南撤途中为了阻击辽军，杨业率军与辽军激战于朔州，最后败退陈家谷口，身陷重围，负伤被俘，绝食而死。结局就是，此前战果悉数丢失，宋朝再次全面转入防御状态，此后终北宋一朝，再也没能发动一场像样的大规模北伐了。

过度包装的杨家将

《宋史·忠义传》记载了一位叫康保裔的将领，出生于河南洛阳，武艺高强尤其擅长骑射，对下属士兵也非常好，深得宋真宗器重。康保裔的祖父康志忠战死于后唐长兴年间，其父康再遇随赵匡胤征战四方，也死于军中，康保裔继承了其父的官职继续为宋朝征战沙场并屡立战功。宋真宗咸平二年（999），萧太后率军南下，意欲夺取宋朝的镇、定、高阳关地区，都部署（战时指挥官）傅潜拥兵八万，却畏敌如虎，还连累出战的高阳关都部署康保裔战死。康保裔祖孙三代战死沙场，后被混编入杨家将的故事。

说到杨家将，大家肯定都不陌生，"七郎八虎"、佘老太君、穆桂英挂帅……事实上杨家将的历史原型与他们在戏剧、小说中的艺术形象绝对是两码事，只有杨业、杨延昭、杨文广祖孙三代人是真实存在的主要人物，没有杨宗保，也没有穆桂英，除了佘老太君，也没有其余的杨门女将。杨业是第一代，杨延昭是杨业的长子，杨文广是杨延昭的第三子。杨业父辈在神木（现陕西榆林）发家，唐宋时期，神木为麟州地，杨业的父亲杨弘信（也称杨信或杨宏信）为一方土豪，曾以"麟州地方土豪自立为刺史"；至于杨业的妻子"佘太君"则出自府谷折氏（现陕西榆林），折氏家族属党项羌人，是北蕃大族，五代和宋元时期守卫着北部边陲。

"杨家将"

杨业生于乱世，数改其名，每次更名换姓都记录着他的人生转折历程：麟州少年杨崇贵，北汉大将杨继业（青壮年时期），北宋抗辽名将杨业（成年时期）。杨业自渡黄河到太原，在山西为将用兵三十余年，先后与后周、契丹、北宋打过仗，由于他骁勇善战，故有外号"杨无敌"之赞。不过杨业一生为宋朝征战的时间只有八年，只因降将不得重用，直到他镇守雁门关以三千兵力大败辽军，才终于洗刷了降将的名声。直至在与辽作战的过程中被俘，绝食而亡，爱国气节冠宋臣，忠勇善战留史乘。

杨延昭是杨业的长子，成名之战是在遂城。真宗咸平二年（999），辽军南下进犯，遂城城小又没有做好防守的准备，当时正值隆冬，杨延昭命人担水浇在城墙上，一夜之间就冻成了坚冰，城墙光滑难登，辽军只好撤退，杨延昭因此功被授予莫州刺史。咸平四年（1001），辽军又南下进攻，杨延昭在羊山埋伏精兵，自己率领部队将辽军引诱到伏击圈，与伏兵一起夹击，辽军大败且大将被斩，杨延昭被加封为莫州团练使。杨延昭镇守边关二十余年，辽国人迷信北斗七星中的第六颗星主镇幽燕北方，是他们的克星，于是就把他当作天上的六郎星宿下凡，故称"杨六郎"。后来杨延昭的第三子杨文广继承了他的衣钵，抗西夏，平叛将，屡立战功。

杨家将的出名还和文学大家欧阳修有关，欧阳修曾给杨延昭的侄子杨琪写过一篇墓志铭，杨琪的官阶不大，只是一个"供备库副使"。欧阳修在《供备库副使杨君墓志铭》中称赞杨业、杨延昭"父子皆名将，其智勇号称无敌"。由于北宋最终为外敌所灭，南宋遗民英雄崇拜的情结强烈，面对屈辱求和的南宋朝廷，他们对那些血战保国的将领更加敬仰和怀念，因此民间艺人就把杨家将故事编成了话本，在流传的过程中又不断融入了许多神奇的故事和人物。最具代表性的当属南宋遗民徐大焯所著的《烬余录》，书中把与杨延昭同时代的将领杨嗣的功绩也安到了杨延嗣身上，又创造了杨宗保这个人物，还构想了杨家将父子舍命救援宋太宗的情节。

信息错配的澶州对峙

宋真宗咸平六年（1003），辽萧太后与辽圣宗耶律隆绪以收复瓦桥关（今河北雄县旧南关）为名，亲率大军深入北宋，发动了孤注一掷的"景德之役"。辽军来势汹汹，宋真宗都想到了迁都南逃，幸好宰相寇准阻止并说服他亲临澶州御驾亲征。"景德之役"有几个阶段，最终敲定"澶渊之盟"的是宋辽二帝直接对峙的澶州之战。

战役起初，辽军主将萧挞凛攻破遂城，生俘宋将王先知，随后力攻定州，俘虏了宋朝云州观察使王继忠，绕开久攻不下的定州南下直扑澶州。辽军一路长途奔袭杀到澶州后已是强弩之末，宋军虽然战力不如辽军，但背靠黄河依托坚城严阵以待，因此双方在澶州城下是对峙胶着的状态。不料此时辽军主将萧挞凛外出巡视军情，被宋军伏弩射杀，辽军上下士气受挫，但辽主并不知道宋真宗比他们更心虚。

只有宋主知道而辽主不知道的是，此时统领定州十万大军的王超不听宋廷调遣，大概率不来了，辽主却一直担心被宋真宗和王超前后夹击。只有辽主知道而宋真宗不知道的是，辽军主将萧挞凛意外身亡。在这种诡异的局势下，谁都干不掉谁，谁都觉得自己可能先玩完，既然都不出招，那就和谈吧！

和谈结果令双方都十分满意，以岁币换取和平的"澶渊之盟"诞生了，双方于真宗景德二年（1005）一月达成停战协议，开启了近120年的和平。辽国从法理上确认了幽云十六州的所有权，并且获得梦寐以求的边境榷场（互市市场）；北宋每年输辽岁币银十万两、绢二十万匹，即"岁币"，得到了辽国不再南侵的保证，自此可以高枕无忧，专注发展经济和文化。此外，辽圣宗称宋真宗为兄，宋真宗称辽圣宗为弟，称萧太后为叔母，互约为兄弟之国，皆大欢喜。其实对宋辽双方来说，打破现状要付出的代价都比维持和平要高。

对于辽来说，燕云十六州是辽国经济最发达的地区，也是辽国的基础，能够维持边境稳定，还能有一笔不错的收入，何乐而不为？再者，辽国已不是突厥那种部落联盟，不需要通过不断的战争来维系联盟和提升威望，辽国已经跨进了文明的门槛，这也是达成一个持续和平盟约的基础。

对于北宋来说，澶渊之盟前，宋对辽就已陆续打了25年，一直没有收复燕云十六州，长期处于消极防御的状态。但消极防御并不意味花费的成本低，宋朝在河北防御付诸了大量的人力、物力、财力，但辽仍屡次南下侵犯中原，在华北平原上充分发挥骑兵优势，让宋朝损失惨重，如果适当付出一些财物就可以获得北方的安宁（银10万两和绢20万匹真的是九牛一毛，宋真宗天禧五年的岁赋为150 850 100贯，折合白银也有7 000万两，岁币远小于战争的支出），走向和平几乎就是必然了。

从现实主义国家关系而言，宋辽之所以能长期和平，本质上是因为达成了一种相互的制约关系。双方通过军事、财物、领土划归等方式达到了一种平衡状态，是理性之下的妥协。

刘娥，史上最励志的皇后

还原"狸猫换太子"的女主

"狸猫换太子"的故事桥段流传已久，大概情节就是：宋真宗最宠爱的刘妃买通御前太监用一只狸猫换下了李妃所生之子，宋真宗一怒之下将李妃打入冷宫，李妃之子宋仁宗继位后查清了真相，迎回了生母并处置了养母刘氏等一帮奸臣贼子。

历史上，宋真宗为了安慰不能生育的宠妃刘娥，将李宸妃所生之子（后来的宋仁宗）交给刘妃抚养，并对外宣称是刘妃所生，宋仁宗继位后，刘娥晋升为皇太后。不过这个刘娥确实不简单，一个毫无根基的蜀地孤女竟然得宋真宗赵恒专宠四十年，更是成了历史上屈指可数的传奇皇后——北宋真宗章献明肃皇后。这个宋朝第一位临朝称制的女主，常与汉之吕后、唐之武后并称，后世称其"有吕武之才，无吕武之恶"。

漫话狸猫换太子

从华阳到汴梁

刘娥应该出生于公元968年（宋太祖乾德六年），与宋真宗同岁。乾德二年（964）十一月，宋太祖发兵攻伐后蜀，次年一月，孟昶投降。因此刘娥出生时，蜀地刚归入宋朝的版图。关于她的出生还有个粉饰的传说，其母庞氏曾梦见明月入怀，于是有孕生了刘娥。

刘娥祖籍太原，祖父刘延庆在五代十国的后晋、后汉时任右骁卫大将军，父亲刘通是宋太祖时的虎捷都指挥使，领嘉州（今四川乐山）刺史，因此举家迁至成都华阳（其父祖的事迹也许是后人故意为其贴金）。刘娥出生不久后父母双亡，襁褓中的刘娥成了孤女，被寄养在母亲庞氏的娘家。

寄人篱下的刘娥迫于生计，稍长大就成了歌女，不但歌声婉转动听，还善于播鼗（一种类似拨浪鼓的乐器），很小就嫁给了蜀地一个叫龚美的银匠（刘娥后来发达了，称其为"哥哥"）。乱世中的成都一直都算是相对太平的后花园，宋军到来后却横征暴敛、任意劫掠，很快就激起了蜀地的反叛，两年的平叛又是一场杀戮。当时朝廷也不把蜀地当"亲生的"对待，对其各种搜刮，因此宋初时四川一带动荡不安，刘娥和龚美这对小夫妻在华阳谋生不易，于是两人逃往京师（东京汴梁）谋生。

两人坐船顺江而下，边走边卖艺，后至南

> 章献明肃皇后，其先家太原，后徙益州，为华阳人。祖延庆，在晋、汉间为右骁卫大将军；父通，虎捷都指挥使、嘉州刺史，从征太原，道卒。后，通第二女也。初，母庞梦月入怀，已而有娠，遂生后。后在襁褓而孤，鞠于外氏。
> ——《宋史·列传第一后妃上·章献明肃刘皇后》

> 章献明肃初自蜀中泛江而下，舟过真州之长芦，有闽僧法灯者，筑茅庵岸旁。灯一见，听其歌声，许以必贵，倒囊津置入京，继遂遭际。及位长乐，灯尚在。后捐奁中百万缗，命淮南、两浙、江南三路转运使创建大刹，工巧雄丽，甲于南北，俾灯住持，赐予不绝。李邯郸为之碑。
> ——《挥麈录余话》

京北郊长江边的长芦镇（北宋时为真州），遇到一个和尚，和尚慧眼识贵人，认为刘娥日后必会发达，便倾囊资助他们去京城。四十多年后，刘娥当了太后，依然记着当年所遇僧人雪中送炭的恩情，于是花巨资重建了长芦崇福禅寺。

隐忍十余年

小两口到了汴梁之后生计艰难，时年十五岁的刘娥被龚美卖进了三皇子赵恒的府邸（这位三皇子当时名为赵德昌），据《宋史》记载"后年十五入襄邸"。不料三皇子对刘娥一见钟情，刘娥终于遇到了真命天子。

宋太宗见三皇子憔悴消瘦，就问赵恒的乳母发生了什么？乳母本就不喜欢刘娥，遂趁机告状。太宗听闻皇子与出身卑贱且来历不明的民间女子厮混，大怒，命赵恒将刘娥赶出王府。赵恒不敢违抗父皇之命，又难舍刘娥，遂将刘娥秘密安置在王府指挥使张旻（后更名为张耆）家中，时不时地私会。张耆见是皇子钟爱之人，小心侍奉刘娥，为避嫌，张旻从此不敢回家居住。

太平兴国八年（983），宋太宗为三皇子赵恒赐婚，新娘出身名门，为宋朝开国功臣潘美的女儿。雍熙三年（986），三皇子又改名为赵元侃，后改封襄王。本来三皇子既非嫡子也非长子，太子之位轮不到他，但事情突然起了变化。先是大皇子赵元佐因为四叔赵廷美的死而发狂，于雍熙二年（985）被废为庶人；接着，勤奋聪慧的二皇子赵元僖于淳化三年（992）暴毙，据说是被自家不省心的小妾张氏害死的。至此，三皇子赵元侃的机会来了，淳化五年（994），赵元侃进封寿王，任开封府尹（宋初储君的实习岗位）；至道元年（995），赵元侃被立为太子，并改名为赵恒，仍兼任开封府尹。

这十多年间，藏在别院的刘娥除了和王爷幽会，就是在张旻府中读书，弥补了她和皇子之间巨大的文化鸿沟。至道三年（997），宋真宗即位，刘娥进宫了。刘娥并不与后宫嫔妃们争宠，后宫杨氏（即日后的杨淑妃）极受恩宠，与刘娥几乎不相上下，但刘娥一生都与其情同姐妹，在后宫中共同进退，连儿子都一起养，杨氏死后都跟着得了一个皇后的名分。

宋真宗景德元年（1004），史书上终于出现了刘娥的身影，她被封为四品美人，三十六岁才熬到这位分也是不容易。

熬死两任原配终登后位

除皇后外，宋朝后宫分为六等，一等为贵、淑、德、贤四妃；二等为太仪、贵仪、淑仪、淑容等各种封号的嫔；三等为婕妤；四等为美人；五等为才人；六等为贵人。刘娥被封为美人后，又连续晋升为修仪、德妃，这位高龄宫妃的光辉岁月才刚刚开始。刘娥是个孤女，没有父母，也没有其他家人，于是认龚美为兄，龚美也自此改姓刘。

景德四年（刘娥入宫的第十年）（1007），郭皇后驾崩，连生三子均夭折。宋真宗一边求子心切，一边想立刘娥为后。这时以寇准为首的重臣一边以"出身微贱"为由极力阻拦立后之事，一边推荐宰相沈义伦的孙女沈氏进宫为才人，这也是天禧末年刘娥与寇准等人激烈对抗的根源之一。

李宸妃，杭州人也。祖延嗣，仕钱氏，为金华县主簿；父仁德，终左班殿直。初入宫，为章献太后侍儿，庄重寡言，真宗以为司寝。既有娠，从帝临砌台，玉钗坠，妃恶之。帝心卜：钗完，当为男子。左右取以进，钗果不毁，帝甚喜。已而生仁宗，封崇阳县君；复生一女，不育。进才人，后为婉仪。

——《宋史·列传第一后妃上·李宸妃》

宋真宗不悦，他对刘娥的爱是经过时间沉淀的，一心想与她共享帝后之位，共育一子。但刘娥肚子一直不争气，最终只能让自己的贴身侍女李氏给宋真宗侍寝，三年后李氏为宋真宗生下了当时唯一的皇子（便是日后的宋仁宗）。孩子一出生，宋真宗便将他归到刘娥名下，对外声称为刘娥之子，由杨淑妃代为抚养。

大中祥符五年（1012），刘娥被册立为皇后。虽依旧遭到群臣抵抗，但刘娥不卑不亢，将后宫诸事处理得井井有条，并常伴宋真宗处理政事到深夜，绝对是贤妻的典范。宋真宗在政事上也越来越依赖心思缜密的刘娥，史载"后性警悟，通晓书史，闻朝廷事，能记本末，真宗深重之"。

临朝称制，宋廷传奇

宋真宗天禧三年（1019），太白昼现，经占卜得出结论："女主昌。"恰逢皇帝多病，皇后刘娥渐渐把持了朝政，宋真宗心中不安，怕刘娥危及赵氏江山，于是向心腹周怀政透露有让太子监国之意。宰相寇准得知后，进宫与宋真宗密议，不料事情泄露，摇摆不定的宋真宗以"不记与准初有成言"的借口将事情甩锅给寇准。寇准一伙人见谋划失败，于是铤而走险策划兵变，准备废皇后刘娥，让太子登基，宋真宗退位为太上皇。不料周怀政的手下在兵变的前一晚向刘娥的党羽告密，结局就是周怀政被杀，寇准连遭三贬，发配充军。

乾兴元年（1022），宋真宗驾崩，遗诏"尊皇后为皇太后，军国大事权取皇太后处置"。宋仁宗天圣二年（1024）十一月，刘娥身穿帝王龙袍（衮衣），接受宋仁宗和群臣所上尊号：应元崇德仁寿慈圣皇太后。刘娥曾在上朝时问群臣："唐朝的武后是什么样的人？"众人回答："是罪人，差一点就断送了大唐的江山社稷。"刘娥听后沉默不语。

不久，殿中丞方仲弓上书，请刘娥"行武后故事"，入朝拜相的程琳还献上了《武后临朝图》暗示刘娥称帝。刘娥询问朝臣的看法，众臣皆不敢言，只有刚直的鲁宗道说："这样做置当今皇帝于何处？"最终，刘娥还是将鼓动她称帝的奏章撕碎并表态："我不做这种对不起大宋列祖列宗的事！"

明道二年（1033）三月，刘娥染病，下令大赦天下，不久崩逝。宋仁宗召见群臣哭道："太后临终前数度拉扯身上衣服，是何意？"参知政事薛奎说："许是太后不愿先帝于地下见她身穿天子之服。"宋仁宗恍然大悟，立刻下令给刘娥换上后服入殓，同年十月，宋仁宗率群臣将刘娥下葬，陪葬真宗永定陵，谥号"章献明肃皇后"。旧制，皇后的谥号本是两字，从刘娥开始，临朝称制的皇后，谥号为四字。

刘娥，一个从小父母双亡的卖艺孤女，跟着一个不知道是哥哥还是丈夫的小银匠，打着拨浪鼓从成都流落到开封讨生活，最后却能"逆风翻盘"，成为宋真宗心中的"白月光"，不仅做了正宫皇后，更做了垂帘听政十年的太后，镇抚中外，天下晏然。

后 记
那些我们习以为常，却又似是而非的往事

我们在读历史时，往往会不由自主地代入自己的情感，比如对研究对象先入为主的看法，以至于那些似是而非的认知很容易深入脑海。史料，即便是所谓最客观的史料，其本身并不一定就是真实的记录，因而也不能描绘真实的历史，不然也就无须研究了。相应地，我们被灌输的历史知识与观点也都是研究的成果，是研究者心智与思维的成果，很大程度上带有一定主观色彩。

历史学家和哲学家克罗齐曾提出过一个著名命题：一切真历史都是当代史。管理学大师詹姆斯·马奇也曾说过异曲同工之语："我们认为的真理，不过是人类可理解的共识，往往与真相无关。"人死后，是非功过任随别人评说，政治家随着当前的局势变化对历史人物进行褒贬，世人根据当前的社会价值观对历史人物进行褒贬，正如陆游所作的，"身后是非谁管得？满村听说蔡中郎"。

谁控制着"我们"所认知的有关过去的一切？那就是主流叙事，历史叙述是具有竞争性的，这种竞争性和记忆有关，即我们选择记住什么，又或者我们选择遗忘什么。虽说历史是一门求真的学科，但记忆就一定是真实的吗？当然不是，每个个体在与他人分享过去的记忆时，基本会添油加醋。史家要制衡各种有瑕疵的记忆，尽可能纠正记忆的问题，"使用记忆"是为了"超越记忆"。记忆会随着时间的推移

和现实政治的变化而变化，比如某些保留下的"记忆"就是会刻意抹黑他人，毕竟历史总是由胜利者书写。

所以对于历史的理解，也许我们应该更加关注理解人物和事件的过程，那些人是怎么想的？事件背后有哪些诱发因素？所谓的"事实"被推导的过程是什么样的？而非结论本身。

历史的有色眼睛

英国史学家克拉克曾提出三种"错误"：

● 时代错误：我们用来回顾这个时期的概念和范畴，是很久之后才形成的。

● 预期描述法：个熟悉的词语在过去被广泛使用……于是想当然地认为，这个词语早已具有了今天的所有含义。如：家族、民族、革命。

● 目的论：根据想象出来某种事物的结果来确认其本质特征。

对照克拉克的观点，历史学家葛兆光先生在其《中国思想史》中提到，思想史对于精英与经典的历史性的位置确认，依据的是怀有某种意图的官方或控制着知识和思想话语权力的精英的历史。简单理解就是，那些历史的叙述者常常是出于"溯源的需要""价值的追认""意义的强调"等诉求来进行"回溯性的追认"。

所以在历史的叙说中，一些常识被知识化，就好比现代"民族主义"的概念源于 19 世纪，与 18 世纪及以前经常出现的相关表述的意义完全不一样。这种所谓的"常识"成了后世的我们被当下历史认识所局限的视界，若以此回顾历史，就好似戴上了有色眼镜，极易形成色差。

学习历史是体验时间穿梭的一种模式，若没有置入时间元素，就无法置事件于过去之中，而是会将其视为实际的或正在发生的事情。所以重要的不是历史是什么，而是认识到哪些被接受的叙述在经加工后成为集体的共识。

选择性简化与漠视

史学家在叙述过往时代时，常试图把描述对象放在更宏大的框架中，比如研究阿奎那神学思想的人会把他放在中世纪的大时代背景下，研究马丁·路德的人会把他放在宗教改革的时代背景中。但事实上，阿奎那并不会觉得自己生活在中世纪，马丁·路德也不会觉得自己生活在宗教改革年代。所以，我们在看过去发生的具体事件时，容易不自觉地将其置于一个事先已经安排好的框架中。

再比如，类似经济学中的理性人假设、完全竞争市场理论、无差异曲线一样，史学家也会对历史进行简化处理。虽然我们总觉得历史研究应是具体的，但事实就是，绝大部分历史著作并不会直接告诉你过去具体发生了哪些事。且不说那些历史事件发生在离我们很遥远的时代，就以近现代很多战争为例，恐怕都少有史家能把这些战争事无巨细地记录下来。当然，历史著作也不需要事无巨细地讲述，否则就等同于去档案馆查阅档案了。

同理，在不断简化中，我们把研究对象或是与之密切相关的东西看成变量，除此之外的好像都是理所应当的，事实上已过去的时代和我们现在所处的时代，天差地别。我们还习惯于用"以小见大"的方法去评判很多现象，但这些微观事件和人物真的就能反映大道理么？

太多的历史叙述者想承担说教者的角色，进而便有了官修正史和教科书的市场，用来凝聚和肯定历史上的某个共同体、国家、民族、宗教等等。绝大部分时候，每一个历史判断的基础都是实践的需要，它赋予了"历史"以"当代史"的性质，无论两者相距的时间跨度有多长，"历史"总会尽力迎合当时代的诉求。我们常自诩知道很多有关过去的真相，但这样的真相其实大多是史家所建构的，是一种"偏见"。事实上，我们当下看到的历史更贴近官方塑造的主流记忆，除了这些主流记忆外，其他记忆都烟消云散了，或者，就算没有烟消云散，也不会被大部分人所熟知。我们知道的历史其实很模糊，很简约，只能反映一部分的真相。

一个纯粹的旁观者

谈论中国古代史时，无论是宽泛讨论抑或细致研究，"断代"已成为一种最基本的分类方法。"朝代"的概念具有两个不同层面上的意义：某一段时间和某一个政权。这里的断代不仅指的是狭义的朝代，也包括了一些比较宏观的、广义的时期，例如魏晋南北朝虽然涵盖了很多个朝代，但它也是一种广泛意义上的"断代"。

但"断代"这种分类方法不一定公允，因为历史不是简单地记流水账。每一个朝代的历史往往有着各自最为后人所关心的焦点。虽然这些不是历史的全部，但会成为先入为主的片面理解，比如秦史比较关注为什么"二世而亡"，晚明史更多聚焦于"亡国的历史教训"。由于核心焦点的差异，故而不同朝代的历史为后人所汲引的角度不同，一些共通点也会表现出不同的叙事样貌。因此，对某一朝代的充分了解是基本知识点储备，而对其他朝代历史的认识是与整体古代史对话的基础，若将在一个朝代中看起来颇为普通的问题置于更宏大一些的视野中（尤其是相关联过渡时期），看到的历史纵深往往大不同。

自 2019 年末中亚穿行回国之后，似是被封印了起来。脚步停了，闲暇之余把过去几年踏足过的地方、读过的书，都拾掇了起来，结合自己的一些浅薄理解整理成了文字，算是在这具有纪念意义的时代中存下了自己记忆，于是便有了这本《壁上观千年》。洋洋洒洒的一本书，更像是学习笔记，尤其在听了田野派学者王抒老师的《中古中国的记忆碎片》课后，和过往阅读的书籍相互参考，主要有文史编辑部所编《门阀、庄园与政治：中古社会变迁研究》，陈寅恪先生的《魏晋南北朝史演讲录》和《唐代政治史述论稿》，钱穆所著《两汉经学今古文平议》，姜士彬所著《中古中国的寡头政治》等等。相较于专业的学术论著，我的这本笔记从阅读史料的难度上来说，是大大降低了，纯粹从一个历史爱好者的角度娓娓道来。那些重要的事件，那些具有影响力的人物，构成了具有特殊意义的历史时期。本书以新朝的建立者王莽为始，以宋朝第一个临朝称制的女主刘娥为终，讲述从公元 1 年至 1 000 年间的风云变幻。

公元 1 年是古典时代的一个全球格局分水岭，东方的大汉帝国（西汉）基本走到了尾声，西方则是基督纪年（耶稣降生之年）的开始，世界各地的文明都开始进入了自己的帝国时代。从汉末开始，至唐末宋初，这一时期在历史的发展过程中属于承上启下的阶段，中华文明开始全面与外来文明相互影响，然后融合，再走向成熟的阶段，比如佛教是最典型的例子，此外，基督教、伊斯兰教、拜火教也在华夏大地上开始展露。此外，汉民族与周边少数民族在这一时期开始融合共存，慢慢形成了如今的大中华文化体系。

西汉（前206—8）末，8年王莽篡汉改国号为新，旋即被推翻，25年汉光武帝刘秀登基，步入东汉（25—220）；百余年后东汉陷入割据，220年曹丕篡汉建曹魏，开启了三国时代（220—280）；孙吴政权于280年被晋武帝司马炎篡魏所建的西晋所灭，三国时代正式落幕，进入大一统的西晋（265—317）；在八王之乱和五胡乱华的内外夹击下，晋室于317年南迁至长江中下游一带，司马睿建立东晋（317—420），北方被"花式"割据；刘裕篡东晋建立刘宋（420—479），南朝时期开始了，479年萧道成篡刘宋建立南齐（479—502），502年萧衍篡南齐改国号为梁（502—557），557年陈霸先篡南梁建陈（557—589），刘宋、南齐、南梁、南陈此四朝为南朝；同时期北魏统一北方，北朝（439—581）开始了，534年北魏分裂为东魏和西魏，550年高洋篡东魏建立北齐，557年宇文觉篡西魏建立北周，后灭北齐；581年杨坚篡北周建立隋，587年并入西梁，589年隋灭南陈，南朝结束，进入国祚仅39年的隋朝（581—618）；李渊推翻隋朝建唐（618—907），两朝合称"隋唐"；黄巢之乱将唐朝推向了割据的五代十国（907—960年为五代，902—979年为十国）；960年赵匡胤黄袍加身，建立北宋（960—1127）。而公元1 000年之后的时代，则被一些学者称为"全球化的开端"，所以先且看这1 000年吧，往后的1 000年，往后再聊。

最后简单说说书名，《壁上观千年》取自《史记·项羽本纪》："诸侯军救巨鹿，下者十余壁，莫敢纵兵。及楚击秦，诸将皆从壁上观。""壁上观"常比喻坐观成败，不偏向任何一方，因此，不带入个人情感地冷眼看历史也就算是一种客观之外的"主观"态度了。至于"千年"的时间跨度截取，我想，其实冥冥之中，人类社会似乎每隔1 000年，都是重要的转折点。

希望我的一系列学习分享能为大家更理性地认识过去和当下，提供一种不同于教科书的视角，实事求是地思考历史，认识到历史叙述的多样性，在多视角的连续变化中一气呵成地回望过去。若有叙述不足之处，请各位读者予以包涵。

思如